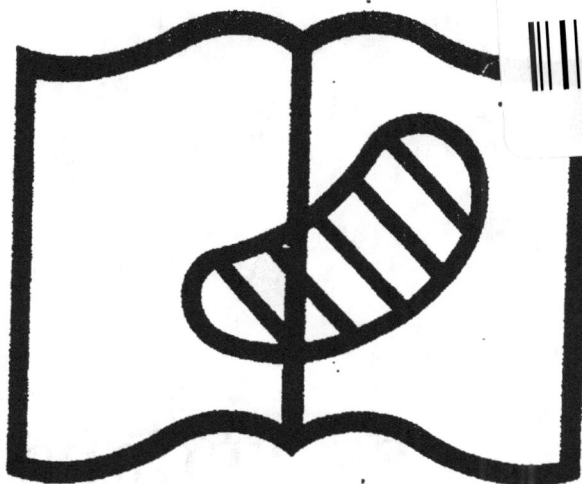

Original illisible

NF Z 43-120-10

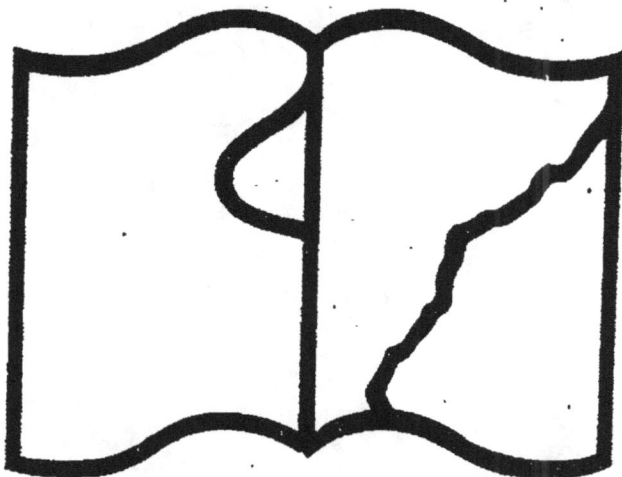

Texte détérioré — reliure défectueuse

NF Z 43-120-11

"VALABLE POUR TOUT OU PARTIE
DU DOCUMENT REPRODUIT".

LES NÈGRES

DE

L'AFRIQUE SUS-ÉQUATORIALE

Imprimeries réunies, B, rue Mignon, 2.

BIBLIOTHÈQUE ANTHROPOLOGIQUE

IX

LES NÈGRES

DE

L'AFRIQUE SUS-ÉQUATORIALE

(SÉNÉGAMBIE, GUINÉE, SOUDAN, HAUT-NIL)

PAR

ABEL HOVELACQUE

PROFESSEUR A L'ÉCOLE D'ANTHROPOLOGIE DE PARIS

Avec 33 figures intercalées dans le texte

PARIS

LECROSNIER ET BABÉ, LIBRAIRES-ÉDITEURS

PLACE DE L'ÉCOLE-DE-MÉDECINE

1889

TABLE DES MATIÈRES

LIVRE II.

*
* *

TABLE DES CARTES ET DES FIGURES

AVANT-PROPOS

On rencontre des populations de peau noire, ou noi-râtre, en Afrique, en Asie, en Océanie.

Dans cette dernière partie du monde, ce sont les Papous de la Nouvelle-Guinée, les naturels des îles Viti, ceux de la Nouvelle-Calédonie, les Australiens.

En Asie, ce sont entre autres les Dravidiens du sud de l'Inde, les indigènes des îles Andaman.

Dans l'Afrique méridionale, ce sont les noirs bantous, qui occupent le Congo, le Benguela, tout le centre du continent, les pays de Zanzibar, du Zambèse et la Cafrerie proprement dite. Dans l'Afrique sus-équatoriale, ce sont les nègres de la Sénégambie, de la Guinée, du Soudan, du haut Nil.

C'est de ces derniers (Sénégambiens, Guinéens, Sou-daniens, Nilotiques) que nous parlerons dans ce livre.

On peut dire, d'une façon générale, qu'ils forment un ensemble ethnique.

A la vérité, leurs voisins du sud, les noirs bantous, doivent être, eux aussi, considérés comme des nègres, mais un certain nombre de caractères les dissocient des peuples nigritiques sus-équatoriaux. Pris dans leur ensemble, ils appartiennent généralement à un type plus élevé.

Parmi les principaux caractères qui différencient du nègre de l'Afrique septentrionale (Sénégambie, Soudan, etc.) le noir de l'Afrique du sud (Congo, région des lacs, Cafrerie, etc.), nous noterons sommairement les suivants.

Chez les noirs du sud, la forme générale du visage est, pour l'ordinaire, moins bestiale que dans le nord; les traits sont moins dissemblants des nôtres. L'ovale de la figure est assez prononcé; le nez est loin d'être toujours épaté, parfois même il est plus ou moins convexe; les lèvres sont fortes, mais point à l'excès, comme c'est le cas chez les noirs du nord; le cheveu est laineux, mais moins grossier; la barbe, sans être fournie, est plus développée; le mollet est mieux indiqué, la peau est moins foncée. Les Bantous sont des nègres métissés, qui l'emportent sur leurs voisins du nord par une civilisation plus développée.

Cette distinction rapidement établie entre les populations nigritiques du nord et du sud de l'Afrique, indiquons l'habitat géographique des nègres proprement dits, des noirs sus-équatoriaux auxquels cette étude est consacrée.

Toute la partie septentrionale de l'Afrique est habitée par des Sémites (Arabes) et des Berbers : ceux-ci beaucoup plus nombreux que les premiers et les ayant précédés de longtemps dans l'occupation de cette contrée.

Vers l'ouest, c'est-à-dire du côté de l'Atlantique, c'est aux environs du vingtième degré de latitude septentrionale que les populations à peau blanche avoisinent les peuples noirs.

Ces blancs qui, au nord-ouest, confinent des populations nigritiques de la Sénégambie, sont les Maures, voisins extrêmement redoutables, qui vivent de rapines et de brigandage. Caillié, Mollien, Mungo Park, Cochelet, Raffenel, Douls, tous les voyageurs qui ont été en contact avec eux ont tracé des Maures un triste tableau. Le Maure, dit Raffenel, est à l'homme civilisé ce que le chat-tigre est au chat domestique. A la saison des basses eaux, les Maures ne manquent point de passer les rivières qui les séparent des noirs sénégambiens et ils se livrent alors à un pillage effréné. Les malheureux noirs fuient le plus souvent, sans résister, devant ces redoutables incurseurs dont la vaillance et l'audace sont légendaires.

Si nous continuons à suivre vers l'est la frontière qui sépare les nègres de leurs voisins du nord, nous voyons que ces voisins sont les Touaregs, population berbère nomade qui parcourt une grande partie du Sahara. « La ligne qui sert aujourd'hui de limite entre la race blanche et la race noire dans l'Afrique occidentale, dit Faidherbe, passe par le point le plus septentrional du cours du Sénégal, et par le point le plus septentrional du cours du Niger (Dhioliba) à Tombouctou ; mais entre ces deux points, cette ligne s'incline vers le sud, comme le cours même de ces rivières, et descend jusque vers le quinzième degré de latitude. » Au nord du lac Tchad le pays nigritique s'étend, avec le territoire des Tibbous, jusqu'à 26° de latitude, borné à l'ouest par des nomades berbers, à l'est par des nomades arabes.

Quant à la limite orientale, c'est le pays du haut Nil et l'Abyssinie, le territoire des Gallas. Du côté de l'orient les nègres proprement dits ne touchent donc pas à la côte de la mer Rouge ou de la mer des Indes.

Au sud, ils dépassent un peu la ligne équatoriale ; leur frontière extrême au sud-est est la contrée des grands lacs.

C'est, au total, une immense région, comprenant de l'ouest à l'est environ cinquante degrés, et quinze du nord au sud.

Dans tout ce pays la race est loin d'être homogène ; un peu d'expérience fait aisément distinguer les unes des autres la plupart des populations nigritiques. Il faut ajouter, d'ailleurs, que nombre de peuplades noires sont aujourd'hui extrêmement métissées. Ce que nous disons ici vaut particulièrement pour les nègres de l'est : ceux qui habitent au nord et à l'est du lac Tchad, ceux du Darfour, du haut Nil et des environs du lac Victoria ont dans les veines une part de sang qui n'a rien de nigritique. C'est ce que nous exposerons plus loin, lorsque nous aurons à parler des habitants de ces pays.

Il ne faut pas oublier, d'autre part, qu'au cœur même du pays des nègres, occupant une grande partie de la région située entre le lac Tchad et l'Atlantique, a pénétré et s'est installée une population conquérante de race rouge, les Peuls, ou Pouls, originaires de l'est, et qui n'ont rien de commun avec les races au milieu desquelles ils se sont violemment établis. Le territoire des Peuls, qui a une longueur d'environ cent cinquante lieues, est coupé à mi-chemin par le Niger. La population peule est incontestablement supérieure à celle des noirs ; partout où elle a rencontré cette dernière, elle lui a fait subir son influence, et, au point de vue ethnique, nombre de peuplades métisses se forment aujourd'hui grâce au mélange des deux races, la noire originaire et la rouge envahissante.

Quelques mots, maintenant, sur l'ordre que nous suivrons dans cet exposé sommaire.

Nous parlerons, en premier lieu, des nègres du nord-ouest, soit des Sénégambiens et de leurs voisins immédiats, c'est-à-dire des populations du Haut-Niger. En second lieu nous traiterons des Guinéens. En troisième lieu nous nous occuperons des Soudaniens; enfin des noirs du haut Nil.

Le système d'exposition le plus clair nous a paru devoir être celui des monographies successives, et c'est à ce système que nous nous sommes arrêté: monographie des Wolofs, monographie des Sérères, monographie des Féloups, et ainsi de suite. Nous reconnaissons volontiers qu'une certaine uniformité peut résulter de l'adoption de ce plan, mais pour les personnes pressées de trouver un renseignement, une information, sur tel ou tel des peuples dont il est ici question, il a le grand avantage de faciliter les recherches.

En manière de conclusion, nous ferons suivre ces différentes monographies d'un résumé sociologique qui permettra d'embrasser d'un coup d'œil général l'ensemble de tout le sujet.

LES NÈGRES

DE L'AFRIQUE SUS-ÉQUATORIALE

(SÉNÉGAMBIE, GUINÉE, SOUDAN, HAUT-NIL)

LIVRE PREMIER

ETHNOGRAPHIE SPÉCIALE

I. — LES WOLOFS

Grâce aux établissements français du Sénégal, les mieux connus de tous les noirs sus-équatoriaux sont les Wolofs. On a beaucoup écrit sur leurs mœurs et leurs coutumes. C'est dans la basse Sénégambie qu'ils résident. « Leur pays, dit Bérenger-Féraud, s'étend au nord jusqu'au fleuve du Sénégal qui les sépare des Maures du Sahara. Au sud, il est limité par les populations riveraines de la Gambie (Sérères, Mandingues, etc). A l'ouest, ils touchent à l'océan Atlantique. A l'est ils sont limitrophes des Torodos (Toucoulors du Toro), du Fouta sénégalais et du Djiolof. Ils occupent donc un espace à peu près quadrilatère, ayant environ 220 kilomètres du nord au sud, et 150 kilomètres de l'est à l'ouest. » Leur langue, dit Kobès, est parlée « dans les royaumes du Diolof, du Valo, du Kayor, de Dakar, du Baol, du Sine et du Saloum, et dans les villes coloniales de Saint-Louis du Sénégal et de Sainte-Marie de Gambie. Elle a été importée en plusieurs points du littoral par les traitants, les ouvriers et les matelots sortis des colonies du Sénégal et de la Gambie, et elle est devenue en ces localités la langue des ouvriers[1] ».

Le type des Wolofs est incontestablement un des plus élevés parmi ceux des peuples noirs. Fr. Moore, à la suite de la relation de Ledyard et Lucas [2], s'exprime en ces termes sur leur compte : « Ces naturels sont beaucoup plus noirs et aussi plus beaux que les Mandingues ; car ils n'ont pas comme eux, et comme les Floups, le nez large et les lèvres épaisses. . En un mot tous les peuples voisins, dont j'ai vu un grand nombre d'individus, n'approchent pas des Jalofes pour la noirceur de la peau et la beauté des traits. » Mungo Park rapporte qu'ils n'ont pas le nez aussi épaté, les lèvres aussi épaisses que les autres nègres[3].

Pour ce dernier caractère il faut faire une réserve ; comme les autres noirs, le Wolof est franchement lippu, mais il est moins prognathe que beaucoup d'autres, ses maxillaires sont moins saillants et forment moins un museau ; les dents ne sont pas projetées en avant ; le menton n'est véritablement pas fuyant. Le front est assez élevé, le nez un peu épaté, mais beaucoup moins qu'il ne l'est chez la plupart des autres nègres de la Sénégambie, de la Guinée, du Soudan [4].

---

1. *Grammaire de la langue voloffe*, 1869. — Boilat, *Esquisses sénégalaises*, p. 270. — Cust, *The modern Languages of Africa*, t. I, p. 173. Londres, 1883.

2. Ledyard et Lucas, *Voyages en Afrique*, trad. par Lallemand, p. 338. Paris, 1804. — Cf. Lindsay, *Voyage to the Coast of Africa in* 1758, p. 77. Londres, 1759. — Golberry, traduct. allem., t. I, p. 51. Leipzig, 1803.

3. *Voyage dans l'intérieur de l'Afrique en* 1795, etc., par Mungo Park, trad. de l'anglais par J. Castéra, t. I, p. 24. Paris, an VIII.

4. *Bulletins de la Société d'anthropologie*, t. I, p. 128. — Tautain, *Revue d'Ethnographie*, t. IV, p. 65.

Le crâne du Wolof est très allongé d'avant en arrière :
l'indice céphalique est donc faible. On appelle indice céphalique le rapport en centimètres de la largeur à la longeur de
la boîte cranienne. La longueur étant évaluée 100, la largeur
est de près de 70 chez les hommes wolofs, de plus de 73 chez
les femmes ; celles-ci sont donc moins dolichocéphales, c'est-
à-dire ont la tête moins allongée. Cela, bien entendu, en
moyenne.

Le crâne wolof est d'ailleurs relativement capace. Sans
cuber autant que les crânes européens, il l'emporte avec ses
1,495 centimètres cubes (*op. cit.*, p. 361, nombre relatif à
des crânes d'hommes) sur le crâne des autres noirs sénégambiens[1].

La peau est d'un beau noir, d'un noir d'ébène[2], veloutée.
Les cheveux sont laineux, comme ceux de tous les vrais nègres,
mais, sur le corps, le système pileux est fort peu développé.

La jambe est mieux faite que ne l'est généralement la jambe
des autres noirs : le mollet est plus indiqué ; le talon est
moins proéminent. Mais le pied est encore assez plat, et le
système musculaire de l'ensemble des membres inférieurs le
cède d'une façon notable à celui de l'homme blanc.

Disons, enfin, pour terminer ce tableau, que le Wolof est
un nègre de grande taille, robuste, de tournure dégagée,
alerte. Tautain considère les Wolofs comme formant une race
homogène, exempte de métissage. Nous arrivons aux descriptions ethnographiques proprement dites.

La case commune de presque tous les nègres est de forme
cylindrique. Le cylindre qui appuie sur le sol est en paille ou

---

1. Les *Crania ethnica* citent les cubages suivants, faits d'après le procédé
de Broca : Wolofs et Sérères, 13 hommes : 1,490 ; 9 femmes : 1,295. Un
homme féloup : 1,445. Un crâne féminin papel : 1,305. 10 hommes mandingues :
1,460 ; une femme : 1,285.

2. Ellis, *The Land of Fetisch*, p. 3. Londres, 1883.

en terre séchée; il est recouvert d'une toiture de paille se terminant en pointe. En fait, une sorte de ruche.

C'est ce qu'a bien décrit Labat[1], d'après André Brüe : « Toutes les cases des nègres sont rondes comme des colombiers et couvertes en pointe. Ils n'y font point de fenêtres, le jour n'y vient que par la porte qui est assez basse; elles sont bâties de fourches de médiocre grosseur plantées en terre, jointes ensemble par une sablière d'un bois rond et pliant, pour faire plus aisément la circonférence. Ils attachent sur cette sablière des gaulettes qui servent de chevrons s'unissant au centre et qui font la pointe. Ils les couvrent avec des feuilles de roseaux fort proprement, et font leurs couvertures assez épaisses pour n'avoir rien à craindre de la pluie et de la trop grande chaleur du soleil. Les murs qui environnent ces cases sont de roseaux fendus, ou d'une espèce d'osier qui croît en abondance dans tout le pays. Ils y appliquent dedans et dehors une couche de terre grasse bien battue, et ceux qui sont propres et tiennent quelque rang y passent une couche de chaux. Cela leur donnerait un air de propreté s'ils n'y avaient pas toujours du feu; mais elles deviennent toutes noires en peu de temps, et sentent si fort la fumée qu'il faut y être accoutumé pour n'en pas être incommodé. Les meubles n'y occupent pas beaucoup de place, on n'y voit pour l'ordinaire que des pots de terre et des paniers. »

Geoffroy donne une description non moins précise : « La plupart des cases des nègres, dit-il, sont rondes; les plus grandes ont douze ou quinze pieds de diamètre. Pour les établir, les nègres coupent de jeunes palmiers de sept à huit pieds de hauteur qu'ils enfoncent dans la terre de la longueur d'un pied ou dix-huit pouces, et dont ils forment l'enceinte de la case. Le haut du palmier est entaillé pour recevoir le

1. *Nouvelle Relation de l'Afrique occidentale*, t. II, p. 311. Paris, 1728.

toit. Ces petites poutres ou pieux sont unis entre eux par plusieurs lianes circulaires qui entourent l'enceinte de la case...
Le toit est de forme conique et recouvert en pailles de roseaux.
Les cases des environs de Gorée sont beaucoup mieux faites
que celles des villages près du Sénégal. Les premières sont
larges, aérées, le toit en est très artistement tressé avec des
feuilles de palmier, et recouvert en paille. Il y a peu d'ouvrage
de vannerie fait en Europe avec plus d'art; la porte en est
haute et large, tandis que les autres, toujours enfumées, ont
des portes qui n'ont pas trois pieds de hauteur. Les cases n'ont
jamais d'autre ouverture que la porte[1]. »

Mollien représente les cases des Wolofs comme n'ayant
qu'une seule ouverture. La partie fixe est en jonc, la porte en
paille; les murs sont peu épais et l'on peut converser du
dedans au dehors. La forme est circulaire, comme celle d'une
ruche. « Chaque Wolof, ajoute-t-il, possède deux cases, l'une
où il couche, l'autre qui lui sert de cuisine. Pour tous
meubles, quelques nattes. Comme ustensiles de ménage, un
mortier en bois servant à piler le millet, des calebasses, une
chaudière de fer ou de terre, un ou plusieurs coffres de bois.
Deux cornes de bœuf, placées sur le comble, distinguent la
case d'un chef. Hors de l'enceinte des villages, on trouve de
grands paniers de jonc placés sur des pieux et destinés à garder les grains[2]. »

A vrai dire, toute la construction n'est pas toujours en jonc
ou en paille. Il y entre souvent de la terre glaise qui donne
plus de solidité. Mais le toit, de forme conique, est, en tout
cas, de matière végétale.

Lorsque trois ou quatre cases rassemblées appartiennent à
une même famille, on leur donne souvent un entourage de

1. *L'Afrique, ou Histoire, Mœurs, Usages et Coutumes des Africains. Le Sénégal et le Dahomey*, par R. G. V. Paris, 1814-21.
2. *Voyage dans l'intérieur de l'Afrique*, t. I. Paris, 1822.

haies. « Cette palissade, dit Béranger-Féraud, est parfois recouverte d'une sorte d'argile détrempée; elle s'appelle alors
tapade[1]. Ainsi entourée, l'habitation du nègre a une cour
dans laquelle bêtes et gens passent la journée, souvent la nuit.
Dans cette cour sont les ustensiles de ménage, la cuisine, des
poules, des canards, des moutons, la vache; un chien, plusieurs chats complètent la population. Le poisson pêché la
veille sèche sur la toiture; les animaux morts récemment
pourrissent dans les environs, avec les intestins de moutons,
de volailles et de poissons. Tout cela, joint à la malpropreté
sordide habituelle au nègre, fait que l'atmosphère des villages est toujours viciée. » En temps de guerre, les huttes qui
d'ailleurs sont groupées au hasard et sans ordre, sont, autant
que possible, enveloppées toutes par une enceinte de branchages et d'argile.

L'habillement consiste en une sorte de longue chemise de
coton, généralement de couleur blanche, appelée *boubou*,
descendant jusqu'aux genoux, parfois jusqu'aux mollets. Les
manches sont larges et peuvent se relever facilement vers les
épaules; quelquefois elles font défaut et le boubou offre de
chaque côté une ample ouverture pour donner passage aux
bras. Pruneau de Pommegorge appelle le boubou une espèce
de robe coupée en chasuble avec grandes manches plissées[2].
Sous le boubou sont des hauts-de-chausse ramassés par
derrière et le long des cuisses : « une culotte large et à grands
plis », dit Pommegorge. D'ailleurs les jambes et les pieds
restent nus. Seuls, les gens de qualité portent parfois des sandales attachées au gros orteil au moyen d'une courroie.

Les femmes, elles aussi, se vêtent du boubou, généralement

---

1. Cf. Adanson, *Histoire naturelle du Sénégal*, p. 21. Paris, 1767.
2. *Description de la Nigritie*, Amsterdam, 1789. — Cf. Adanson, *Histoire
naturelle du Sénégal*, p. 22. Paris, 1767.

rayé ou de couleur, parfois en mousseline ou en gaze. Durant
les grandes chaleurs elles le laissent souvent tomber et ont le
torse complètement nu. Le bas du corps est couvert par un
pagne. « Large morceau d'étoffe carrée, dit encore Bérenger-
Féraud, qui entoure les reins et se fixe par le simple chevau-
chement des extrémités supérieures, ce qui fait qu'à chaque
instant la femme noire est menacée de perdre ce qui constitue ses jupons. » Parfois, au lieu d'un boubou, la femme
wolove porte un autre pagne autour des épaules. En tout
cas, celui qui lui ceint les reins ne descend pas plus bas que
les genoux et laisse à nu toute la partie inférieure des jambes.

Le tableau que donne Mollien se rapproche assez de ce qui
précède : « Les Yolofs qui habitent le royaume de Cayor ont
tous la tête et les moustaches rasées, mais portent la barbe
longue. Leur habillement est simple; tout ce qui est inutile
devient un fardeau sous ce climat brûlant. Deux pagnes composent tout l'accoutrement d'un nègre; l'un est noué autour
de ses reins et descend au-dessous du mollet; l'autre jeté
négligemment sur une épaule laisse l'autre à découvert. Les
chefs portent une large culotte d'une couleur jaunâtre, et ont
une chemise de coton outre le pagne. Le costume des femmes
est également simple; couvertes depuis les genoux jusqu'à
la poitrine, cette partie du corps reste à nu. Si elles y jettent
un pagne, c'est pour les aider à porter leurs enfants derrière
le dos. Des colliers, des bracelets d'or ou d'argent sont les
seules marques qui distinguent les rangs; mais esclaves ou
maîtresses, elles travaillent toutes pour le maître commun.
Les négresses se débarrassent de tout poil superflu, sans en
excepter d'autres parties que la tête, qu'elles arrangent avec
beaucoup de soin. En effet, pour effacer l'aspect désagréable
que présenteraient leurs cheveux courts et laineux, elles

---

1 Voir nos *Débuts de l'humanité*, p. 136. Paris, 1881.

en forment des boucles très minces et bien luisantes de beurre. » (*Op. cit.*, t. I, p. 162.)

La coiffure ordinaire du Wolof est un bonnet de calicot blanc ou un large chapeau de paille. La femme a la tête rasée, jusqu'à l'âge de la puberté ; dès lors, elle prend un soin particulier de sa chevelure, l'orne d'amulettes, de verroteries, de pièces de métal, de morceaux de corail et se coiffe de foulards qu'elle enroule. Les soins donnés à cette partie de la toilette réclament de longues heures ; la chevelure est minutieusement graissée et regraissée : l'édifice, s'il est réussi, s'il conquiert les suffrages des connaisseurs, doit durer plusieurs jours, et même plusieurs semaines.

Chez tous les noirs africains ce souci de l'art de la coiffure est poussé à un point extrême, et l'on ne s'aperçoit en aucune façon de la saleté souvent incroyable qu'entraînent la confection et la conservation de semblables monuments.

Un autre ordre de parure consiste dans les bracelets de métal ou de corail que les femmes portent aux bras, aux poignets, aux jambes, aux chevilles ; dans les verroteries dont elles s'entourent les reins ; dans d'énormes et pesantes boucles d'oreilles. L'homme wolof, lui aussi, aime singulièrement les bijoux, surtout s'ils sont clinquants. Nous verrons un peu plus loin combien le luxe du brillant et de l'éclatant va à son caractère.

En dehors du fusil que lui ont apporté les Européens, le Wolof a, comme armes propres, le couteau et le sabre.

A propos du mode d'alimentation des Wolofs, Mollien s'exprime ainsi dans l'ouvrage que nous avons déjà cité :

« Les Yolofs ne sont pas plus recherchés dans leur manière de se nourrir que dans leurs vêtements ; la frugalité règne aussi dans le choix de leurs mets. Du couscous, quelquefois du lait ou du poisson sec composent toute leur nourriture.

Ils ne font que deux repas par jour, l'un au lever, l'autre au coucher du soleil. » (T. I, p. 165.)

Le couscous se prépare en un mortier de bois dans lequel les femmes, au moyen d'un pilon d'une longueur de cinq pieds, écrasent du millet. Le son est séparé de la farine grâce à une lente projection faite de haut. La farine est ensuite broyée pendant un temps assez long dans un peu d'eau, la cuisson est faite au bain-marie, puis cette préparation est consommée avec de la viande ou du poisson bouilli[1]. Voici d'ailleurs la description que donne Geoffroy dont nous avons cité plus haut déjà l'intéressant ouvrage sur l'Afrique : « Le mets principal des nègres se nomme *requeré* en ouolof, couscou en langue maure. On le prépare de cette manière. Longtemps avant le jour les femmes pilent le mil dans un mortier de bois, de quinze à dix-huit pouces de profondeur, avec un pilon de cinq pieds de haut, fait d'un bois dur et long ; elles le réduisent en farine, le versent sur de petits paillassons, que l'on nomme *layots*. En versant de sa hauteur le mil pilé, le vent emporte le son à deux ou trois pieds, et la farine plus pesante tombe directement sur le paillasson. Cette farine est mise dans une grande sébile de bois ; on y mêle un peu d'eau et à force de remuer avec la main cette farine humectée, on lui fait prendre la forme de petits grains : on la met alors dans un vase de terre presque de forme sphérique et dont le fond est percé de quantité de petits trous. Ce vase sert de couverture à celui qui contient la viande ou le poisson et les légumes. Tous les deux sont lutés parfaitement ensemble avec de la pâte, et posés sur le feu. La vapeur de la viande ou du poisson pénètre la farine, fait l'effet du bain-marie, et donne déjà au mets un goût agréable. Lorsque le tout est cuit, on trempe la farine avec le bouillon, on y ajoute du sel et du

---

1. Pruneau de Pommegorge, *op. cit.*, p. 37.

beurre; mais le bouillon seul ne suffit pas pour détremper entièrement la pâte, il faut y ajouter du *lalo*, qui est la poudre sèche des feuilles de l'arbre nommé *baobab*, et par les Français, pain de singe. Cette nourriture est fort saine et rafraîchissante. » (T. IV, p. 152.) Nous empruntons une autre description à Demanet : « On pile le mil, avec lequel on veut faire du couscous ou du sanglet; et, après qu'on l'a réduit en farine, et qu'on l'a passé dans un tamis, pour en ôter le son et le gruau, on fait une pâte qu'on cuit en la remuant sans cesse, de crainte qu'elle ne cuise en pain; au lieu que ce mouvement, séparant ses parties, en forme seulement de petites boules dures et sèches comme de petites dragées, qui se conservent aussi longtemps qu'on a soin de les préserver de l'humidité. Lorsqu'on le veut manger, on l'arrose avec de l'eau ou du bouillon chaud; il s'amollit aussitôt, s'enfle et fait le même effet que le riz. Le couscous est une bonne nourriture, légère et d'une facile digestion [1]. »

Le Wolof boit de l'eau lorsqu'il n'a pas à sa disposition quelque autre liquide, mais il aime passionnément le vin de palme et surtout l'exécrable eau-de-vie que lui procure le commerce européen. Il se livre, avec cette dernière, qui est un produit extrêmement dangereux, aux plus funestes excès de l'ivrognerie. Bérenger-Féraud donne la recette de la fabrication de l'eau-de-vie de traite : quelques feuilles de tabac, une poignée de poivre en grains, des piments rouges, le tout bouilli dans huit litres d'eau et additionné de deux litres de mauvais alcool.

Nous dirons plus loin comment les nègres récoltent le vin de palme.

Souvent le repas du Wolof est unique et est fait au coucher du soleil. Si le Wolof se contente du riz et du couscous que

---

1. *Nouvelle Histoire de l'Afrique française*, t. II, p. 79. Paris, 1767.

lui préparent les femmes, c'est le plus souvent qu'il aime
mieux se priver en une certaine mesure que prendre la peine
de pourvoir à ses besoins. Son indolence, même ici, est
plus forte que tout le reste. Mais que, grâce à un hasard
heureux, il ait affaire à un copieux, à un trop copieux repas,
son appétit ne connaît pas de bornes. Il engloutit à la fois
les aliments les moins faits pour être alliés les uns aux autres,
sans prendre garde à ce que tels ou tels de ces aliments
pourraient, en outre, avoir de répugnant. Raffenel rapporte[1]
qu'un nègre en bonne santé consomme facilement 2 kilogrammes de nourriture à chaque repas, et fait volontiers
trois repas par jour. D'un coup il peut faire son « plein ».
Il attendra ses douze livres sans se plaindre, s'il est sûr de les
avoir à la fin de la journée.

Voilà qui nous amène à parler du caractère de la race.
C'est en somme celui de tous les autres noirs africains.
Pichard fait du nègre un tableau qui n'a rien d'attrayant :
« Parler, dit-il à propos du noir, de la dignité de l'homme
n'a pas de sens. Le noir n'a que de l'amour-propre; la
reconnaissance est une vertu de trop longue haleine pour
lui ; un bienfait le comble de joie, peu après il l'a oublié,
comme l'enfant jette le jouet qui un instant auparavant lui
causait tant de plaisir. Il ignore la prévoyance; quelque
somme qu'il reçoive, il la dépense immédiatement en nourriture et en parure, et tant qu'il y aura de l'argent, il refusera
le travail le plus lucratif; le lendemain il fera le même travail pour un faible salaire. Il est très charitable et partage
le peu qu'il possède avec celui qui en a besoin. Mais cette
charité, qui ne s'étend qu'à ceux de sa couleur, a pour cause,
en grande partie, cette même imprévoyance; incapable de
songer au lendemain, l'action de donner est chez lui moins

---

1. *Nouveau Voyage au pays des Nègres*, p. 34. Paris, 1856.

méritoire que chez notre prolétaire, qui sacrifie toujours une partie de l'avenir quand il fait un don dans le présent. Menteur, presque toujours voleur, non pas des objets qui, à sa connaissance, ont le plus de valeur, mais de ceux qui flattent le plus son caprice, le plus grand vice du noir est la mauvaise foi ; il n'a pas plus d'honneur que de dignité et ne connaît pas la religion de sa parole. Il ne faut jamais compter avec les nègres sur la foi des traités. Ils exécuteront les traités tant que la crainte ou l'intérêt les y engagera, jamais en vertu de la promesse à accomplir[1]. » Ce tableau, en ce qui concerne le Wolof, est peut-être poussé au sombre, mais le fond est vrai.

Ce qu'il faut signaler avant tout, chez les Wolofs, c'est leur apathie extraordinaire. Labat l'a bien relevée d'après Brüe : « Ils sont paresseux à l'excès, fuient le travail comme la plus mauvaise chose qui soit au monde, et si la faim ne les pressait point, ils ne pourraient jamais se résoudre à ensemencer leurs terres ; encore n'en sèment-ils pas ce qu'ils en ont besoin précisément, et sans la fécondité extraordinaire de leur pays, ils seraient tous les ans réduits à la famine, et contraints, dans cette affreuse nécessité, de se livrer eux-mêmes pour esclaves à ceux qui ont de quoi leur donner à manger. » (*Op. cit.*, t. II, p. 303.)

« Généralement sobres en temps ordinaire, dit F. Azan[2], ils mettent parfois la complaisance de leurs estomacs à de rudes épreuves ; dans les fêtes, dans les pillages, au moment des récoltes, ils mangent tant qu'il y a de quoi manger, ils boivent tant qu'il y a de quoi boire, le jour et la nuit si le festin y peut suffire.

« La quantité d'aliments qu'ils engloutissent dans un seul de ces repas est effrayante ; mais vienne une disette, une pénurie quelconque, ils se contenteront de deux ou trois poignées de

---

1. *Revue maritime et coloniale*, t. XIV, p. 228.
2. *Ibid.*, t. IX, p. 415.

couscous, ou d'une pastèque, voire même de feuilles et d'herbes, et supporteront pendant longtemps la disette la plus affreuse avec une incroyable résignation. »

Davity ne les présente guère sous un jour plus favorable : « Ils sont, dit-il, de leur naturel lascifs au possible, larrons, trompeurs et menteurs, qui font gloire d'abuser les autres, et manquent à tout propos de parole, et tellement goulus qu'ils ne mangent pas, mais dévorent ainsi que les bêtes. Les femmes cherchent leur plaisir ailleurs qu'avec leurs maris, et désirent principalement les étrangers[1]. » Mollien représente ces dernières comme n'ayant aucune notion de pudeur et de décence, et se baignant en public, toutes nues, sans préoccupation d'aucune sorte[2].

« Ces gens, dit encore Davity (op. cit., p. 406), portent grand honneur à leurs seigneurs et usent de beaucoup de cérémonies lorsqu'ils se présentent devant eux : vu qu'ils se mettent tout nus à genoux, baissant la tête jusqu'en terre ; se jettent avec les deux mains du sable sur la tête et sur les épaules, et saluent ainsi leurs seigneurs de loin. Ils s'en vont après toujours à genoux jusqu'à ce qu'ils soient proches de deux pas d'eux, et lors ils parlent à eux sans cesser toutefois de semer du sable sur leurs épaules, et baisser la tête en signe d'humilité. Lorsqu'ils ont dit ce qu'ils veulent, le seigneur leur fait réponse en deux mots avec une grande majesté, ou plutôt un extrême mépris ; de sorte que tant en ceci qu'en leur suite ils montrent véritablement qu'ils sont seigneurs. »

On sait la ridicule vanité de tous les nègres ; le Wolof, comme les autres, se laisse prendre aux flatteries les plus grossières, aux louanges les plus extravagantes et se dépouille de tout ce qu'il peut avoir pour solder ceux qui l'exploitent d'une façon enfantine.

1. *Description de l'Afrique*, p. 404. Paris, 1660.
2. *Op. cit.*, t. I.

Il est doux, d'ailleurs, quand l'ivresse ne fait pas de lui un
être furieux. Il se prête volontiers à la direction du blanc.
S'il a conscience de la valeur et de la force de son chef, il est
d'une bravoure à toute épreuve. Livré à ses propres forces
et à celles de ses congénères, il fuit éperdu devant les incursions des Maures du Sahara ; mais, commandé par un blanc
en qui il a confiance, il bat le lendemain ces mêmes Maures
et les poursuit acharnément.

« Ce sont de vaillants soldats, dit Davity, et qui se battent
des mieux, quoiqu'ils soient tout nus. Surtout ils sont
redoutables à cheval pour leur adresse, qui est telle qu'on ne
voit rien de pareil en Europe. »

Véritable enfant lorsqu'il prend part aux fêtes et aux danses
publiques, il devient, dans l'adversité et dans la douleur, le
modèle de l'homme stoïque. La modération, la pondération
sont pour lui choses inconnues. « Les Oualofs, rapporte
F. Azan, sont généralement doux et hospitaliers, mais menteurs, voleurs, ivrognes, lâches et paresseux ; leur apathie
les rend presque insensibles aux bons et aux mauvais traitements ; ils ne sont donc reconnaissants ou vindicatifs qu'autant que cela n'exige d'eux ni sacrifice ni peine[1]. »

Nous parlerons un peu plus loin de leur folle confiance aux
amulettes et aux sorcelleries, de leur crédulité puérile. Dans
le résumé qui terminera ce volume nous reviendrons plus
longuement, d'ailleurs, sur le caractère général des nègres.

En principe, les relations entre les sexes sont fort relâ-
chées ; souvent une femme est prise pour un jour et abandonnée le lendemain[2]. Mais, à côté de ces unions passagères,
il existe chez les Wolofs un mariage légitime qui a ses règles
et ses cérémonies. Nous lisons, par exemple, dans Davity[3] :

1. *Revue maritime et coloniale*, t. IX, p. 415.
2. Mollien, *op. cit.*, t. I.
3. *Op. cit.*, p. 405.

« Ils ont autant de femmes qu'ils en peuvent entretenir, de sorte que leurs rois en ont plus de trente, combien que véritablement ils rendent plus d'honneur aux unes qu'aux autres selon leur extraction, mais chacune est en un village séparé, qui est du particulier domaine du roi, qui tient en ce lieu les gens qui lui sont besoin pour la servir, et les esclaves nécessaires pour labourer la terre et garder les bêtes, vu qu'il faut que tout ce train vive de cela. Que si le roi s'y va promener on le traite avec tous ceux de sa suite, et de cette sorte il passe son temps, tantôt avec l'une, tantôt avec l'autre, multipliant en enfants, mais ne touchant point celles qui sont grosses jusqu'à ce qu'elles soient délivrées. » Citons encore le volume l'*Afrique*, auquel nous avons déjà fait plusieurs emprunts[1] : « Chez les Ouolofs, lorsqu'un jeune homme recherche une fille en mariage, la famille de celle-ci se rassemble sur la place du village. Au milieu du cercle des parents sont les futurs conjoints. Le jeune homme fait ses offres, qui consistent en or, en marchandises, en bœufs ou en esclaves. L'affaire se débat et se conclut comme un marché ordinaire. Le consentement de la fille n'est pas nécessaire pour le mariage ; si elle refuse, après avoir été promise par ses parents, elle ne peut désormais être donnée à un autre, sinon le premier amant serait autorisé à la réclamer comme son esclave. Lorsque l'on est d'accord, le prétendu paye comptant ce qu'il a promis. Dès le soir même, ou le lendemain à la brune, la future, entourée de ses parents, le visage couvert d'un voile blanc qu'elle a tissu elle-même, et qui bientôt doit servir de témoin de sa virginité, est amenée vers la case du prétendu. On enferme les deux époux ensemble. Les guiriots, les amis et la famille réunie attendent en silence quel sera le résultat de la première entrevue conju-

1. T. IV, p. 109.

gale : résister dans ces moments d'abandon, c'est pour une jeune fille le comble de la gloire ; aussi voit-on de ces guerres amoureuses durer plus d'un jour. Mais dès que la victoire est complète, les femmes entrent, s'emparent du voile, et offrent, à grands cris, aux yeux des spectateurs, le témoin non équivoque de la virginité. Rarement on manque d'en voir les traces, leur absence couvrirait la fille d'infamie ; elle pourrait être répudiée sur-le-champ ; les présents seraient rendus de suite à l'époux ; mais de l'adresse répare aisément ce qu'un moment d'erreur pourrait avoir détruit. C'est alors que les chants, les cris de joie, les tambours forment un bruit épouvantable. Alors le vin de palme, l'eau-de-vie et la liqueur sont versés à grands flots. Pendant huit jours ce ne sont que bals et festins. Chacun vient complimenter la nouvelle mariée, qui reçoit avec timidité, et pour ainsi dire avec honte, les félicitations sur sa défaite. »

On peut rapprocher de ce passage ce que dit Raffenel : « La demande est faite par la mère du garçon, et elle dit en s'adressant à la mère de la fille : « Mon bouc poursuit ta « chèvre. » Si la proposition est acceptée, la mère de la fille répond : « J'amarrerai ton bouc. » Si la proposition est rejetée, elle répond : « Je chasserai ton bouc. » Dans le cas où l'époux est agréé, il fait placer, le lendemain du jour de la demande en mariage, et avant le lever du soleil, deux génisses blanches à la porte de la case de la jeune fille, qui n'est jamais consultée... A partir de ce moment les fiancés peuvent contracter alliance matérielle ; mais, dès que les signes de la grossesse apparaissent, il est indispensable que le mariage religieux s'accomplisse. C'est le marabout qui est chargé de ce soin : il lit les versets du Koran et fait prononcer l'acceptation mutuelle à chacun des époux en présence des deux familles et des amis réunis pour assister à la céré- monie. Il y a inévitablement des coups de fusil, des cris, des battements de mains et intervention des griots du lieu. On se rend alors à la case du mari et on y consomme beaucoup de couscous et au moins un bœuf qu'on a tué pour la fête.

« La consécration du mariage est précédée de la passation d'un contrat par lequel le mari reconnaît un douaire à sa femme : ce sont ordinairement des captifs et des bestiaux qui le composent...

« Après le mariage, et non après les fiançailles, la jeune femme demeure exposée, pendant huit jours, assise à la porte de sa case, le visage voilé et tourné vers l'intérieur ; elle reçoit ainsi, présentant le dos aux visiteurs, les compliments des habitants et habitantes du village et les félicitations intéressées des griots qui viennent lui chanter des louanges et lui souhaiter du bonheur et une nombreuse postérité. »

Les anciens explorateurs et auteurs ont parlé plus d'une fois des cérémonies du mariage sénégambien. Jobson[1] rapporte que le mari, après avoir acheté le consentement des parents, cherche, le soir même, à capturer sa femme. Le Maire mentionne que si la femme est vierge (cas assez rare, ajoute-t-il), on expose au public et on promène le drap de coton taché de sang ; que souvent, avant le mariage, on soumet la fille à un examen, mais que d'ailleurs une femme quelconque trouve toujours preneur si elle veut se résigner au rôle de concubine[2]. Moore rapporte qu'un père fiance parfois sa fille dès la naissance, et il parle des fêtes que donne le mari au moment du mariage[3].

Nous avons cité déjà la *Description de la Nigritie* de Pruneau de Pommegorge ; voici ce qu'on y lit sur les coutumes des environs de Saint-Louis du Sénégal : « Le lendemain

1. *The golden Trade, or a Discovery of the Gambia.* Londres, 1623. Voir le tome III des *Recherches historiques sur l'Afrique* de Walckenaer.

2. *Les Voyages du sieur Le Maire aux îles Canaries, Cap Verd, Sénégal et Gambie.* Paris, 1695.

3. Fr. Moore, *Travels into the inland Parts of Africa.* Londres, 1738.

de la consommation du mariage, les parents de la mariée
viennent dès la pointe du jour enlever la pagne blanche sur
laquelle les époux ont passé la nuit. Ont-ils trouvé la preuve
qu'ils cherchent, ils attachent cette pagne au bout d'un long
bâton, flottant en forme de drapeau ; ils la promènent tout le
jour dans le village en chantant et vantant la nouvelle mariée
et sa sagesse ; mais lorsque les parents, le matin, n'en ont
point trouvé la certitude, ils ont soin au plus vite d'en subs-
tituer une[1]. »

Tous ces renseignements présentent, on le voit, une certaine concordance.

Ajoutons que le divorce est facile et assez fréquent. La
femme restitue ce qu'elle a reçu si la cause du divorce lui est
imputable. Quant au mari, s'il a assez de son épouse, pour
un motif ou pour un autre, il lui est loisible de s'en défaire
en abandonnant ce qu'il a autrefois versé pour l'obtenir.

Pour en terminer avec ce sujet, ne négligeons pas de dire
que la femme, même mariée, ne dissimule pas toujours avec
soin le penchant qu'elle peut avoir pour un commerce avec
les blancs. C'est curiosité pure, paraît-il, dont on reconnaît
volontiers la minime importance.

La distinction des classes est, chez les Wolofs, un fait
traditionnel[2]. Les différentes contrées ont leur roi et leur
famille royale, qui occupent dans tout le cours de la vie
usuelle une situation prépondérante. Le *damel* du Cayor est
choisi par élection, mais doit être pris dans telles ou telles
familles. Les électeurs, dit Bérenger-Féraud, ne sont pas les
premiers venus, il n'y en a que quatre : le chef héréditaire des
hommes libres de naissance, et les chefs de trois districts
déterminés. La cérémonie du sacre est un gros événement,

1. Amsterdam, 1789, p. 7.
2. Tautain, *Revue d'Ethnogr.*, t. IV, p. 67.

une grande occasion de fêtes et de danses[1]. Le *brack* du Oualo était élu, lui aussi, mais également parmi tels ou tels individus déterminés, et par tels et tels électeurs tout aussi peu nombreux ; cela avant l'annexion au territoire français[2]. Le chef suprême de chaque contrée a une puissance considérable. « Ce prince, dit Loyer, fait la guerre à ses propres sujets et les fait esclaves sur le moindre prétexte, pour les vendre aux blancs en échange de marchandises ou d'eau-de-vie, dont il est si éperdument amateur, qu'il lui en faut, pour sa boisson, six pots par jour, à ce qu'on dit, ce qui surpasse l'imagination. Il rend responsable un village tout entier des fautes des particuliers ; et si, par malheur, quelqu'un est rebelle à ses ordres, il va avec ses gens en armes, suivi d'une grande quantité de fers, surprendre la nuit tout le village, et autant qu'il en peut prendre, il les met tous dans les chaînes, les emmène chez lui, et les vend aussitôt qu'il peut. »

Le même peuple, dit encore Bérenger-Féraud, amasse à la sueur de son front quelques maigres biens, dont la meilleure part revient de gré ou de force au noble, au roi. « Ce bas peuple est partagé en corporations qui se perpétuent par la force d'habitude et sans qu'il y ait aucune loi bien positive pour obliger chacun à rester dans la place que sa naissance lui a assignée. » (*Op. cit.*, p. 54.)

Ajoutons que les esclaves sont bien traités, que leur vie est la même que celle de tous les gens de la case et qu'ils mangent généralement avec leurs maîtres. Ils ont, en fait, peu de chose à envier au sort de beaucoup d'hommes libres. L'esclave né dans la maison n'est jamais vendu à quelque autre maître. Celui du roi est un simple garde du corps, une espèce de fonctionnaire, qui vit content de son sort et ne

1. *Les Peuplades de la Sénégambie*, p. 46.
2. *Ibid.*, p. 53.

manifeste jamais la pensée de chercher une autre existence.

Tandis que les femmes pilent le grain, peignent le coton,
vaquent aux soins de la case, tandis que les enfants surveillent les animaux, l'homme est occupé à couper du bois,
et, durant trois mois, à cultiver la terre. Grâce à la légèreté
du sol, cette dernière besogne est des plus faciles.

« Leur manière de préparer la terre ne les oblige pas à un
grand travail. *Un mois avant la saison des pluies, qui
commencent* à la fin d'avril ou au commencement de mai, ils
mettent le feu dans la campagne aux pailles restées de
l'année précédente. Ayant séché au soleil ardent, elles
brûlent très promptement, et laissent, après avoir été brûlées,
une cendre sur la terre, très propre à la fumer. Les pluies
viennent ensuite, alors tous les nègres, les négresses et les
enfants sortent de leurs cases. L'homme, avec une espèce de
petite pioche, ouvre d'un seul coup un petit trou dans la
terre, une femme derrière lui, avec une pagne autour d'elle,
en forme de tablier, remplie de grains, en prend dans sa
main, qu'elle laisse tomber dans le trou qui vient d'être ouvert devant elle ; et derrière cette femme est un négrillon ou
une négresse, qui recouvre de terre avec le pied le grain qui
vient d'être versé.

« C'est ainsi que ces trois personnes, marchant toujours en
avant, ensemencent la terre d'une vitesse étonnante. Comme
les haricots rouges viennent très bien chez eux, souvent ils en
sèment de la même manière dans les intervalles de leur maïs.
Lorsqu'ils coupent les récoltes de ce grain, au bout de soixante
ou soixante-dix jours, les haricots se trouvent en fleurs, alors
dégagés du maïs qui les étouffait ; cette nouvelle production
mûrit à son tour, et un mois après ils en font la récolte[1]. »

---

1. Pruneau de Pommegorge, *Description de la Nigritie*, p. 31.

Avant de connaître par les traitants européens le prix de l'argent, les Wolofs employaient, pour commercer, des pagnes et du mil. C'est le procédé de l'échange réel. Aujourd'hui, avec l'argent qu'ils reçoivent, ils fabriquent souvent des bijoux, des parures, et convertissent la pièce monnayée en ornements[1].

En ce qui concerne leur industrie, nous citerons ce passage de F. Moore : « Ils fabriquent la plus fine espèce de toiles de coton et en grande quantité. Leurs pièces ont communément vingt-deux aunes de longueur, et jamais plus de neuf pouces de largeur; ils les coupent de la longueur qu'ils veulent, et les cousent ensemble fort proprement, pour les employer aux mêmes usages que les toiles plus larges. Ils séparent le coton d'avec sa graine sans autre instrument que leurs doigts, et ils le filent à la main avec la quenouille et le fuseau; puis ils en font de la toile au moyen d'une navette et d'un métier d'une fabrique très grossière. Deux pièces de cette toile composent leur vêtement; l'une, qui a neuf pieds de long et quatre et demi de large, leur enveloppe la moitié du corps, et l'autre, qui est presque de la même largeur et comporte six pieds de longueur, les couvre depuis la ceinture jusqu'en bas. Ce vêtement est commun aux deux sexes; la seule différence est dans la manière de le porter... Les couleurs ordinaires sont le bleu et le jaune, et le plus souvent elles sont fort vives. La première se teint avec de l'indigo, et l'autre avec des écorces d'arbres. Je n'en ai jamais vu de rouge[2]. »

Le Wolof, ainsi que tous les nègres africains, est essentiellement fétichiste. Comme le dit fort exactement Roger, la langue a des mots pour désigner des génies mystérieux, des esprits supérieurs, des démons, aucun terme pour rendre

1. Mollien, *op. cit.*, t. I, p. 173.
2. *Travels into the inland Parts of Africa*, p. 368. Londres, 1738.

l'idée de divinité[1]. Le mahométisme n'en fait pas moins
parmi ces noirs de grands progrès, mais ils l'accommodent,
avant tout, à leurs conceptions fétichiques. Chez eux, comme
chez beaucoup d'autres peuples africains, le verset du Coran,
écrit par un marabout et porté au cou dans un petit sachet,
possède une vertu propre en laquelle on a la plus grande
confiance. « Le mahométisme, dit Fr. Azan[2], est la seule
religion connue dans le pays parmi les Oualofs ; les uns se
déclarent musulmans et suivent d'une manière très confuse
les différents principes du Coran sous la direction de prêtres
fanatiques et ignorants nommés sérignes ; les autres affectent
le plus suprême dédain pour toute pratique religieuse, et
n'ont foi qu'en leurs gris-gris (*téré*). On désigne au Sénégal
les premiers sous le nom impropre de *marabouts*, et les
autres sous celui de *tiédos* ou guerriers. Toutefois les marabouts portent des gris-gris comme les guerriers, et ceux-ci
se font circoncire comme les marabouts. Les tiédos tendent
du reste à disparaître de jour en jour ; déjà beaucoup d'entre
eux font la prière (*salam*), et de plus, quand ces guerriers
ivrognes et pillards deviennent vieux, ils se font marabouts.
Le principal motif qui les empêche d'embrasser l'islamisme
c'est l'interdiction des liqueurs spiritueuses ; ils aiment
mieux se passer de religion que d'eau-de-vie. »

Nous avons parlé des amulettes, des gris-gris. Chez tous
les fétichistes africains le gri-gri est en souverain honneur.
Le Wolof a une foi aveugle en l'efficacité de ce talisman.
« Un boulanger de Bathurst, rapporte Pichard, pour prouver
l'efficacité de son gri-gri, qui devait le rendre invulnérable
aux coups portés par des armes tranchantes, s'est ouvert le
ventre d'un coup de couteau. Il a été fort surpris de tomber

---

1. *Recherches philosophiques sur la langue ouoloffe*, p. 11. Paris, 1829.
2. *Revue maritime et coloniale*, t. IX, p. 413.

sous l'effrayante douleur qu'il a éprouvée. Mais sa confiance n'a pas été ébranlée, et, une fois guéri, il est allé trouver le marabout vendeur du fameux gri-gri, lui recommandant de bien prononcer toutes les prières en en faisant un autre; car, disait-il, tu dois en avoir oublié une, puisque le couteau est entré. »

Le gri-gri est tantôt une petite pièce de bois, tantôt un os, tantôt un crâne d'animal, enfin le premier objet venu auquel on veut bien attribuer cet office. Le nègre enveloppe parfois son gri-gri dans un beau cuir de couleur rouge, dans un morceau d'étoffe de soie. Les marabouts imaginent des gris-gris contre toutes choses, tous objets redoutés, et en faveur de tous les souhaits, de tous les désirs que l'on voudrait voir réalisés. Partant en campagne, le pauvre noir consacre ses dernières ressources à l'achat d'un gri-gri. Les marabouts, dit Le Maire (*op. cit.*), font payer parfois, pour un gri-gri, jusqu'à quatre et cinq veaux, jusqu'à deux et trois esclaves. Souvent on voit un nègre ayant au cou et autour du corps jusqu'à trente livres pesant de gris-gris (Fr. Moore) ; souvent un chef est tellement couvert de ces amulettes qu'il lui faut, pour monter à cheval et se mettre en selle, l'aide de ses serviteurs.

« Il y a des gris-gris dont la valeur monte à plusieurs captifs. J'en ai vu un qui avait coûté cinq bœufs. On en fait des colliers, des couronnes. On en porte dans les cheveux, aux mains, aux pieds, aux bonnets, sur les habits. On en fait de toutes les formes, de toutes les grandeurs. On en met aux chevaux et aux chameaux, dans les cases, au-dessus des portes ; et, si l'on en excepte les Sérères, il est rare de voir un nègre qui n'en ait pas sur ses habits. Un gri-gri, emporté à la guerre et dont le propriétaire est revenu sain et sauf, ne sera jamais vendu, quelque prix qu'on en offre...

« Outre les gris-gris composés de passages de l'Alcoran,
les nègres attribuent des vertus à de petits morceaux de bois
de différents arbres, aux crins d'éléphant, de lion, d'hyène,
aux dents et aux griffes de tigre, à des têtes d'aigle ou d'autres
oiseaux de proie, à des cornes de bœuf, tous renfermés dans
des cuirs de différentes couleurs... Les pêcheurs portent des
ceintures de coquillages qu'ils croient être une sauvegarde
contre la voracité des requins [1]. »

Le gri-gri consiste-t-il en quelques lignes de caractères
arabes tracés sur du papier, on en obtient le bénéfice en le
faisant tremper quelques instants dans un peu d'eau et en
avalant cette eau.

Comme la plupart des autres noirs africains, le Wolof est
exploité dans sa crédulité et sa vanité par un être moitié
sorcier moitié bouffon que l'on appelle le *griot*, misérable
flagorneur dont la profession est de harceler le monde pour
en tirer quelque gros ou menu cadeau [2]. « Les nègres, dit
Walckenaer [3], sont si sensibles aux éloges des guiriots qu'ils
les paient fort libéralement. Barbot [4] leur a vu pousser la
reconnaissance jusqu'à se dépouiller de leurs habits pour les
donner à ces lâches flatteurs. Mais un guiriot qui n'obtien-
drait rien de ceux qu'il a loués, ne manquerait pas de
changer ses louanges en satire, et d'aller publier dans les
villages tout ce qu'il peut inventer d'ignominieux pour ceux
qui ont trompé ses espérances ; ce qui passe pour le dernier
affront parmi les nègres. On regarde comme un honneur

1. *L'Afrique*, t. IV, p. 105.
2. R. Caillié, *Journal d'un voyage à Tembouctou*, t. II, p. 106. Paris, 1830.
— Cf. Labat, *Nouvelle Relation de l'Afrique occidentale*, t. II, p. 242. Paris,
1728.
3. *Recherches historiques sur l'Afrique*, t. IV, p. 195. Paris, 1821.
4. *Description des côtes occidentales d'Afrique et des contrées adjacentes*.
Dans Churchill, *A Collection of Voyages and Travels*. Londres, 1704; 1732;
1744.

extraordinaire d'être loué par le guiriot du roi. On ne croit pas le récompenser trop en lui donnant deux ou trois veaux, et quelquefois la moitié de ce qu'on possède. » Raffenel donne d'intéressants détails sur ces singuliers personnages : « Ils vivent entre eux, ne contractent d'alliances qu'entre eux, et, sans être positivement idolâtres, ils ont repoussé, pour la plupart, les enseignements de l'islamisme. La vérité est qu'ils ne se livrent à aucunes pratiques extérieures et qu'ils n'ont avec leurs compatriotes qu'un seul point de contact à l'endroit des croyances : c'est celle qui admet la vertu des *gris-gris*, commune à tous les peuples de la zone transatlantique de l'Afrique, mahométans ou fétiches, de race caucasique ou de race éthiopique. Les gris-gris jouent, en effet, un très grand rôle dans la vie du nègre. Ce sont des talismans ou des amulettes dont la forme varie depuis la coquille roulée jusqu'à la corne de chèvre, depuis le riche maroquin ouvragé qui renferme un verset du Coran écrit par un marabout puissant, jusqu'au plus sale chiffon qui enveloppe une molaire paternelle...

« Les griots et les griotes exercent parmi les nègres, et principalement auprès des chefs, une espèce de profession qui présente une identité complète avec celle que remplissaient dans l'antiquité, et surtout au moyen âge, les fous ou bouffons et les bardes ou ménestrels. Les griots, hommes ou femmes, tiennent à la fois de ces deux sortes de personnages : ils amusent les chefs et le peuple par des bouffonneries grossières, et ils chantent les louanges de tous ceux qui les payent, dans des espèces d'improvisations emphatiques; ils s'accompagnent ordinairement d'une guitare à trois cordes qui a pour caisse une moitié de calebasse. Les griots ont le droit de tout dire dans le feu de leurs improvisations, et il est malséant de se fâcher de leurs paroles, fussent-elles désobligeantes, ce qui arrive fort souvent, même à l'égard de leurs chefs. Ils sont leurs compagnons fidèles dans les combats et dans les réunions politiques ; ils les suivent aux fêtes ; ils partagent, pour ainsi dire, leurs repas et leur couche, et souvent ils possèdent exclusivement leur confiance ; en un mot ils se sont rendus aussi nécessaires aux princes nègres d'aujourd'hui, que les fous et les ménestrels aux princes blancs d'une époque passée...

« Les griots de la Sénégambie sont donc à la fois ménestrels et bouffons, et cette profession, également suivie par leurs femmes, devient un héritage de famille auquel il n'est point permis de renoncer : on est griot de père en fils, cela est inévitable. Cette transmission, par le sang, de la profession de griot repousse évidemment l'obligation traditionnelle de posséder, pour l'exercer, une laideur surnaturelle ou une difformité remarquable ; les griots y suppléent habilement par d'affreuses grimaces et d'horribles contorsions qui obtiennent toujours un grand succès sur les spectateurs. La condition des griots est une espèce de servage ou de domesticité qu'ils ont su prodigieusement adoucir par l'influence qu'ils exercent sur les principaux chefs et sur le peuple. Leur talent de ménestrel, fort estimé chez les nègres, et la croyance mahométane qui attribue aux aliénés la qualité d'inspirés ou d'élus de Dieu, ont en effet servi à leur faire conquérir, sinon une grande considération, du moins une sorte de tolérance respectueuse. On leur prête en outre certaines relations occultes avec les esprits, et cette dernière opinion les rend quelquefois l'objet de la crainte publique. Les griots sont loin d'être malheureux ; ils ont même une existence beaucoup plus douce que la plupart de leurs compatriotes ; rarement on leur refuse ce qu'ils demandent, et souvent on va au-devant de leurs désirs qui sont passablement empreints d'avidité. Ils sont généralement adonnés, hommes et femmes, à un usage immodéré des liqueurs spiritueuses.

« Malgré tous les avantages de position attachés à cette
classe d'individus, on trouve cependant des nègres qui
considèrent comme une insulte grave d'être appelés *griots;*
cela est d'autant plus remarquable que les sentiments élevés
sont rares chez eux, et qu'ils n'attachent leur mépris ou leur
dédain qu'à certaines professions exigeant un travail de
détail[1]. »

Le Wolof aime passionnément les exercices à feu, les
courses à cheval et surtout la danse. Pour la danse et par la
danse il oublie toutes choses[2]. Il se contorsionne, il marque
la mesure en battant des mains, et cela durant des nuits
entières. Cet art primitif est cultivé chez tous les nègres;
nous aurons occasion d'y revenir.

En fait de cérémonies et de fêtes, quelques mots au moins
des funérailles.

Pruneau de Pommegorge en parle ainsi dans sa *Descrip-*
tion de la Nigritie : « Lorsqu'un homme ou une femme
meurt, on cherche d'abord ceux destinés à faire les pleurs.
Ce sont des femmes louées qui, le plus souvent, ne connaissent pas le défunt. Celles qui dans cet emploi marquent,
par leurs cris et leurs lamentations, le plus de douleur, sont
les mieux, elles sont à la tête du convoi et de la famille :
lorsque le défunt est conduit pour être mis en terre, la
cérémonie achevée, ces femmes reviennent en faisant des
hurlements à la porte de la case, et en présence de la femme
qui vient de perdre son mari. Elles n'interrompent leurs
pleurs et leurs cris que pour faire l'éloge du défunt et celui
de la veuve ; après quoi elles entrent dans la case recevoir
les compliments de la famille et des assistants, de ce qu'elles

1. *Voyage dans l'Afrique occidentale,* p. 15. Paris, 1846.
2. Mollien, *op cit.,* t. I, p. 165.

ont bien joué leur rôle, et elles boivent autant d'eau-de-vie qu'on veut bien leur en donner. Les pleurs durent au moins huit jours, pendant lesquels elles se rendent chaque jour au soleil levant et au soleil couchant autour du tombeau du défunt où elles recommencent leurs lamentations disant au défunt : « Pourquoi es-tu mort, n'avais-tu pas des femmes, un cheval, des pipes et du tabac ? » Et cela finit toujours par venir recevoir leur paiement. Pendant les huit jours que dure cette comédie, les parents de la femme veuve et toutes ses amies s'emparent d'elle, ne la quittent pas d'un moment, c'est pour faire diversion à sa douleur. Chacun fait apporter son plat d'heure en heure, avec du vin de palme, de l'eau-de-vie, chacun mange et boit, et cela recommence à l'arrivée d'un autre plat des convives. » Bérenger-Féraud donne enfin la note caractéristique de toute cette cérémonie : « Les amis vont faire visite à la veuve, ou aux veuves; puis ils ont soin, en sortant de la case du mort, de faire mille tours et détours avant de rentrer chez eux, pour dépister l'esprit malin qui ne manquerait pas de leur porter malheur s'ils rentraient directement dans leur maison. »

II. — LES SÉRÈRES

Les nègres sérères se divisent, d'après Pinet-Laprade qui les a particulièrement étudiés, en deux groupes. Les Sérères Nones occupent le pays compris entre le Diander, la Tamna et l'Atlantique, le N'doutè, le Leckhar, etc. Les Sérères Sine occupent le N'dieghenn, le Sine, le Saloum, etc. Les premiers sont donc établis plus au nord-ouest, les seconds plus au sud-est, mais l'ensemble de la région qu'ils habitent est tout entière au midi du pays occupé par les Wolofs[1]. Leur origine doit être cherchée plus au sud. Il y a environ quatre siècles qu'ils ont traversé la Gambie, chassés par l'invasion islamique, et ont occupé les terrains côtiers qui étaient alors sans possesseurs. Ils confinent, au sud, à des Mandingues.

Les Sérères présentent les mêmes caractères craniologiques que les Wolofs, mais leur type est pourtant moins élevé, plus grossier. Nombre de familles sérères seraient d'origine wolove (Golberry).

Pruneau de Pommegorge les dépeint comme très sauvages, mais, en même temps, comme hospitaliers et humains[2]. Ces peuples, dit-il, naturellement bons par inclination, vivent cependant dans la plus profonde ignorance de toutes choses connues, même aux autres nègres. Ils sont sans la moindre religion, et n'ont aucune connaissance de l'Être Suprême. Ils ne font aucun cas de l'or; ils préfèrent le cuivre rouge à ce métal si précieux ailleurs; de ce cuivre, ils font des boucles d'oreilles et d'autres ornements pour leurs femmes.

« Ne pouvant imaginer, comme on me l'avait dit, qu'ils n'eussent aucun culte, et me trouvant un soir au soleil couchant, au bord de la mer, avec sinq à six de leurs vieillards, je leur fis demander, par mon interprète, s'ils connaissaient celui qui avait fait ce soleil qui allait disparaître, cette masse énorme qui était si étendue, qu'un bon marcheur ne pourrait en trouver le bout après deux cents jours de marche; enfin s'ils connaissaient le ciel et les étoiles qui allaient paraître une heure après.

« A ma question chacun de ces vieillards, comme interdits, se regardaient sans répondre; cependant, après un instant de

1. *Revue maritime et coloniale*, t. XIII, p. 479. — *Ibid.*, p. 490, une carte du territoire occupé par les Sérères.
2. *Description de la Nigritie*, p. 120.

silence, un me demanda si moi-même je connaissais tous les
objets dont je venais de leur parler.

« Mon maître de langue, qui avait demeuré quelque temps
avec eux, me confirma que ces peuples n'avaient aucun culte.
Leur humanité fait honte cependant à des peuples plus éclairés. »

Mollien ne les dépeint pas comme tout à fait sauvages,
mais il les regarde pourtant comme réfractaires à toute ten-
tative de civilisation : « Les nègres du cap Verd, que les
relations continuelles d'intérêt et de commerce mettent en
communication avec Gorée, sont passablement éclairés, mais
aucune amélioration ne se fait apercevoir ni dans leur genre
de vie, ni dans leur costume, ni dans la construction de leurs
cases ; au reste, ils sont doux et honnêtes, mais intéressés. »
(*Op. cit.*, t. I, p. 146.)

Les renseignements que donne Labat, d'après Brüe, con-
cordent avec ceux-là. Aucune idée de la divinité ni d'une
vie future. Ils sont nus, ont de nombreux bestiaux; ils ne
s'allient point avec leurs voisins. Ils reçoivent bien toutefois
les blancs qui les viennent visiter. Ils cultivent la terre avec
soin et ne se montrent pas aussi paresseux que bon nombre
d'autres nègres [1]. Carlus rapporte que généralement les mariages se font entre personnes de même caste [2]; une femme
est, pour l'ordinaire, payée trois esclaves ou trois chevaux,
ou vingt bœufs.

En fait, ce sont de bons cultivateurs, vivant des produits de
leurs champs et de ceux de leurs troupeaux. Ils récoltent le riz,
le miel, les haricots, les arachides, le coton [3]. Avec ce dernier
ils se fabriquent des pagnes. Corre les représente comme

---

1. *Nouvelle Relation de l'Afrique occidentale*, t. IV, p. 156. Paris, 1728.
2. *Revue de Géographie*, t. VI, p. 415.
3. Pinet-Laprade, dans le mémoire cité ci-dessus, donne d'intéressants détails sur l'agriculture chez les Sérères.

d'excellents cultivateurs et de bons éleveurs de bestiaux. « Ils ont, dit-il, des moutons, des chèvres, surtout un grand nombre de bœufs de belle apparence, qui trouve un facile écoulement sur Gorée et sur Dakar ; quelques-uns s'adonnent aussi à l'élevage des abeilles. Les principales cultures sont celles du gros miel et de l'arachide (le maïs et le riz sont cultivés dans des proportions assez restreintes, et le dernier, à ce qu'on m'a affirmé, ne serait guère consommé que par les Wolofs). Pour défricher un sol, on commence par abattre les arbres à la hache, puis on met le feu aux broussailles et aux herbes sauvages. On remue ensuite la terre avec une sorte de houe en bois, et l'on sème à la saison propice [1] ».

Ils vivent, groupés par familles, au milieu même de leurs cultures, mais l'esprit d'association leur fait entièrement défaut, aussi ne retirent-ils pas de leurs peines tout ce qu'elles pourraient leur rapporter. « Les villages sérères, dit Corre, vivent tous indépendants les uns des autres, sous l'autorité d'un chef qui règle les différends et veille au maintien des intérêts communs. Mais l'autorité de ce chef est assez restreinte ; il ne saurait prendre une décision importante sans l'approbation et l'assentiment de tous. » (*Ibid.*, p. 14.)

L'esclavage n'est point connu dans toutes leurs régions ; il n'existe que chez ceux qui ont subi l'influence des Wolofs, par exemple dans le Sine et dans le Saloum ; les Nones l'ignorent encore.

Tous, malheureusement, s'abrutissent à qui mieux mieux avec l'eau-de-vie que l'on importe parmi eux.

En dehors de leur travail des champs, ils sont incapables, dit Pinet-Laprade, de tenter ouvertement une entreprise sérieuse. Ce sont de purs pillards, qui s'embusquent pour

---

1. *Revue d'Ethnographie*, t. II, p. 7.

détrousser les étrangers, et, une fois le coup fait, prennent rapidement la fuite.

Il faut, parmi leurs coutumes, citer celle qui veut qu'à la la mort d'un individu, ses femmes deviennent celles de son frère[1]. Ce dernier administre alors, jusqu'à la majorité des mâles, les biens que peuvent avoir les enfants.

Après l'hivernage, les Sérères entreprennent de grandes parties de chasse. Ils cherchent à entourer le gibier et se livrent à des fusillades déréglées, souvent fort dangereuses pour les chasseurs.

Ils ont pour les fêtes un goût prononcé. Celles des funérailles sont surtout remarquables. Nombre de Sérères n'attachent tant de valeur à la possession d'un nombreux bétail que pour avoir des funérailles magnifiques. Le corps, d'après ce que rapporte Pinet-Laprade, est déposé sous un toit, dans une enceinte circulaire entourée de piquets. Un fossé est creusé, avec la terre duquel le corps est recouvert ; on place au-dessus, si le cadavre est celui d'un homme, les armes et les instruments de culture; si c'est celui d'une femme, les objets de ménage. C'est bien ce que relate une description du commencement de ce siècle : « Les Sérères construisent une case semblable aux leurs dans l'intérieur même de la terre, ils y mettent un lit sur lequel est posé le corps; le comble de la case dépasse seul le sol, et étant recouvert de terre, il forme un monticule. Ils ont soin de ne pas oublier de mettre aux pieds du mort une pipe, du tabac, un vase rempli d'eau, et une moitié de calebasse qui contient du couscous. Quelquefois aussi ils en apportent pendant plusieurs jours dans la chambre qu'occupait le mort. Ces nègres croient que l'âme erre pendant quelque temps auprès de son ancienne demeure, et va se renfermer ensuite dans un autre corps.

1. Carlus, op. cit. p. 417.

« Le jour même de la sépulture, cette affliction dont ils donnaient les marques les plus vives se change tout à coup en signes d'allégresse. Au bruit des tambours des guiriots tous se mettent à chanter les louanges du mort, et finissent par un folgar où ils oublient leur perte et leurs regrets. Les héritiers du défunt ont soin de vendre une partie de la succession pour se procurer de l'eau-de-vie ou autres liqueurs, afin de mettre le comble aux réjouissances[1]. » « Les Sérères, dit Corre, ont un grand respect pour leurs morts. Ils les ensevelissent dans des endroits particuliers, à quelque distance de leurs villages, dans des cases en paille, qu'ils recouvrent d'une épaisse couche de coquilles, sans doute pour protéger les cadavres contre les animaux qui les pourraient atteindre en un trop frêle abri. Chaque tombe offre ainsi l'aspect d'un tumulus, qui, de loin, ressemble à ceux de nos peuplades primitives. A la mort d'un parent, la tombe est ouverte pour recevoir sa dépouille. Des libations de lait sont faites en l'honneur du défunt, et l'on dépose pour lui, au pied d'un arbre, des calebasses remplies de miel et d'autres aliments[2]. »

Pinet-Laprade nous apprend que, chez les Sérères, l'usage de la circoncision est général, et qu'elle donne lieu à une fête chez les Nones.

« Les jeunes filles, chez les Nones, sont soumises, vers l'âge de quatorze ans, à une opération assez douloureuse, pratiquée aussi chez les Peuls; elle consiste à leur piquer la lèvre inférieure avec un bouquet d'épines, et à recouvrir ces piqûres saignantes avec une feuille humide de l'arbre appelé N'guiguis. Cette opération doit être, sous peine de déshonneur, supportée sans provoquer aucun signe de douleur. Toute

---

1. L'Afrique, ou Histoire, Mœurs et Coutumes des Africains, par R. G. V., t. IV, p. 126. Paris, 1814-1821.
2. Op. cit., p. 18.

jeune fille qui ne l'a pas subie ne peut prétendre au mariage[1]. »

Il a été dit plus haut que les Sérères n'avaient aucune religion positive, aucune idée de la divinité, telle qu'on la comprend dans nos pays. Les tentatives des mahométans n'ont pu encore les faire sortir du fétichisme : « Le Sérère, dit Corre, place ses dieux sous les dômes de verdure des arbres majestueux qui dominent ses forêts; » le dieu de la justice a pour ministres « les vieillards des familles dépositaires de ces fonctions; c'est par eux que sont résolues toutes les affaires de vol ou de sorcellerie... Par haine, par jalousie, ou le plus souvent cédant à quelques insinuations perfides, un individu attribue son mal de l'influence d'un autre, qu'il dit sorcier ; quelquefois même il prétend que ce sorcier lui a arraché le cœur ou le foie. Pour s'assurer de la vérité, et délivrer, s'il y a lieu, la terre d'un être aussi nuisible, on lui fait avaler un breuvage préparé par les soins du ministre du Takhar (dieu de la justice), et on le conduit sous l'arbre sacré. S'il vomit immédiatement, il est innocent, et sa santé n'éprouve aucune altération; mais si les vomissements tardent à se déclarer, il est reconnu sorcier. Dans ce cas, il est gardé à vue et meurt quelque temps après » (op. cit., p. 710). Et plus loin : « On fait quelquefois subir au prévenu de vol ou de sorcellerie, l'épreuve du feu, qui consiste à lui faire passer trois fois la langue sur un fer rouge. Si cette opération n'occasionne pas de brûlure, son innocence est certaine; dans le cas contraire, il est coupable. »

C'est le pur fétichisme sous ses différentes formes.

Quant à l'action des missionnaires chrétiens sur les Sérères, elle a été absolument nulle[2].

---

1. Voir Corre, loc. cit., p. 15. — Carlus, les Sérères de la Sénégambie (Revue de Géographie, t. VI, p. 409).

2. Corre, op. cit., p. 20. — Carlus, op. cit., p. 105.

III. — LES FÉLOUPS

En descendant toujours vers le sud et sans quitter la côte, nous trouvons les Féloups, aussi bien au nord qu'au midi de la basse Gambie, au nord et au midi de la basse Cazamance. C'est une région comprise entre 13° 30′ et 12° 30′ de latitude.

« Les Féloups, dit Vallon, se donnent, dans leur langue, le nom d'Yolas et d'Aïamats. Cela n'est exact qu'en partie. Ces deux dénominations appartiennent à des tribus particulières. Le nom même de Féloups n'est nullement générique. Ce groupe ethnique est divisé en nombreux sous-groupes, qui, souvent, s'entendent fort peu entre eux[1]. »

Quelques mots d'abord sur le type de la race. D'après Bérenger-Féraud, la peau est un peu noire, la figure plate, le nez écrasé ; peu de poils : la tête et la barbe sont rasées. Les dents sont taillées, comme chez beaucoup de peuples guinéens. La hauteur du corps est beaucoup moindre que celle des Sérères. « Les Yolas de la Cazamance, dit Bour[2], sont remarquables par leur conformation physique, bien différente de celle de leurs voisins. Ils ont la taille moyenne, la face large et ronde, le front bas et fuyant, le nez aplati, les lèvres fort épaisses et les traits généralement grossiers. Leur teint est noir et moins foncé que celui des Mandingues et des Yolofs. L'ensemble de leur physionomie indique un état d'infériorité intellectuelle. Les hommes et les femmes ont les cheveux crépus, coupés ras. La propreté corporelle et l'habillement leur sont, à peu de chose près, inconnus. Les

1. *Revue maritime et coloniale*, t. VI, p. 457.
2. *Bulletin mensuel de la Société nationale de Topographie pratique*, t. II, p. 188.

femmes surtout sont d'une malpropreté repoussante. »

Mungo Park les représente comme ayant le caractère assez
triste, fidèles, reconnaissants, mais ne pardonnant jamais les
offenses et très enclins à la vengeance. « On prétend, dit-il
(t. I, p. 23), qu'ils lèguent leur haine à leurs enfants comme
une dette sacrée : le premier devoir d'un fils est de venger
l'injure faite à son père. » Certains explorateurs prêtent aux
Féloups un caractère ouvert.

Leur état social est rudimentaire. Ils sont à peine vêtus.
Un auteur, que nous avons déjà cité à plusieurs reprises,
s'exprime ainsi sur leur compte :

« Les Féloups vont presque nus, hors un très petit tablier
passé entre les cuisses. Ils se serrent le haut des bras et près
des poignets, et le haut des cuisses et au-dessous du genou,
le haut et le bas des jambes, avec des lacets de cuir teints
en rouge ; de sorte que les intervalles de leurs membres, ainsi
serrés, sont beaucoup plus gros que dans l'état naturel. Ils
se cicatrisent le visage et le corps, y gravent toutes sortes de
figures et de dessins informes et bizarres.

« Ces nègres ont les cheveux fort laineux et crépus. Ils les
rassemblent sur le sommet de la tête, au-dessus du front, et
en forment une sorte d'aigrette, qui a cinq à six pouces de
longueur ; ils laissent croître leur barbe et la taillent en
pointe[1]. »

Mais il faut distinguer ici entre les Féloups qui habitent
sur les côtes et ceux que l'on rencontre en remontant dans
l'intérieur du continent. Le degré de civilisation est différent
entre les deux branches de cette famille. Les Féloups avec
lesquels Moore a été en relation sont évidemment supérieurs
à ceux dont nous venons de parler : « Le commun du peuple,
dit-il, est vêtu d'une pièce de toile qui pend à la ceinture et

---

1. L'Afrique, t. III, p. 173.

descend jusqu'aux genoux. Il en porte une autre sur l'épaule droite. Les hommes ont toujours un bras nu, et les femmes les ont tous les deux couverts. Le vêtement de celles-ci leur descend jusqu'au bas de la jambe. Elles sont fort recherchées dans l'arrangement de leurs cheveux. Quelques-unes les portent en touffes ou en guirlandes ; d'autres les coupent en croix sur le sommet de la tête. Les hommes portent généralement des bonnets faits de toile de coton, qui sont tout unis chez les uns, et chez d'autres ornés de plumes ou de queues de chèvres. Les femmes ont pour l'ordinaire des mouchoirs qu'elles lient autour de leur tête, en laissant le haut découvert. A défaut de mouchoirs, elles se servent de bandes de toiles de coton bleues ou blanches. D'autres laissent pendre leurs cheveux des deux côtés de la tête, tressés comme la crinière d'un cheval, et elles attachent par-dessus du corail ou des grains de verroterie. La plus grande partie, surtout un peu plus avant dans la rivière, portent sur le haut de la tête un bon nombre de petites clochettes[1]. »

Les armes des Féloups sont des épées droites qu'ils fabriquent eux-mêmes, de mauvais fusils de pacotille, des arcs, des sagaies. Ce sont de francs pillards, souvent fort cruels. La civilisation est généralement, chez eux, des plus primitives. Leur unique production est le riz ; ils en récoltent beaucoup, à la vérité, et l'échangent contre des bœufs, contre des armes, contre de la poudre, contre du coton brut, que leur apportent, de l'est, les Mandingues. Ils récoltent du miel, et en fabriquent un breuvage enivrant.

Chaque village est indépendant des villages voisins. Voici comment Labat (*op. cit.*, t. V, p. 31) décrit leurs cases : « Elles sont environnées d'une palissade de gros pieux de six à sept pieds de hauteur hors de terre, de cinq à six rangs l'un

---

1. *Op. cit.*, traduct. franç., p. 371.

devant l'autre et éloignés l'un de l'autre de quatre à cinq
pieds. Les portes sont étroites et basses, et ne sont pas directement l'une devant l'autre; mais quand on est entré dans
une enceinte, il faut faire la moitié ou environ de la circonférence pour trouver l'entrée de la seconde, et ainsi à toutes
les enceintes, jusqu'à ce qu'on soit arrivé dans la grande
cour, qui est au centre de cette enceinte, dans laquelle on
trouve les cases qu'elles renferment bien bâties, et couvertes
de feuilles de latanier. » Ces cases, construites généralement
en argile, ne sont d'ailleurs ni aérées, ni éclairées.

Les Yolas du Fogni, ainsi que ceux de la Cazamance, dit
Hecquard, ne reconnaissent point de rois ; ils vivent en une
sorte de fédération. Chaque villlage élit son chef. En temps
de guerre, les différentes troupes se réunissent. « Les Yolas
n'oublient jamais une injure, et s'ils meurent sans avoir pu
s'en venger, ils la lèguent à leurs fils qui ne la laissent jamais
impunie [1]. »

Marche a soin de distinguer les Yolas (Diolas) de la basse
Cazamance et ceux du Fogni, ces derniers ayant mieux conservé leurs anciennes coutumes, pour cette raison qu'ils ont
eu moins de rapports avec les Européens. « Ce sont, dit-il,
d'incorrigibles pillards, continuellement en guerre avec leurs
voisins. Chaque village est entouré de palissades, et au
milieu de l'enceinte s'élève une petite butte où l'on fait des
libations [2]. »

Le mariage, chez les Féloups, n'est consacré par aucune
cérémonie et est essentiellement passager. C'est, comme dit
Vallon, une association de pure fantaisie: ils se quittent
comme ils se prennent. Parfois la femme abandonne son
mari, va chercher fortune ailleurs et, après avoir essayé plusieurs autres hommes, revient et est bien reçue (*Bull. de la*

1. *Voyage sur la côte et dans l'intérieur de l'Afrique occidentale*, p. 171.
2. *Trois Voyages dans l'Afrique occidentale*, p. 75.

Soc. de Géograph., t. I de 1849, p. 332). Quant au mari, il
tient moins à la fidélité de sa femme qu'à la faculté que peut
avoir celle-ci de lui donner des enfants (*ibid.*). La femme,
lorsqu'elle est sur son terme, a toujours le soin d'accoucher
hors de la demeure de son mari, où elle n'apparaît qu'une
quinzaine de jours après.

Tant qu'elles ne sont pas mariées, rapporte encore Marche,
les filles portent pour tout costume un tablier large de deux
mains qui passe entre les cuisses. Chez les femmes mariées,
ce tablier est long d'un mètre, large de quarante centimètres.

La croyance aux sortilèges et aux sorciers est aveugle au

Fig. 1. — Basse Cazamance.

dernier point chez les Féloups, et la plupart de leurs sorciers
se croient eux-mêmes de bonne foi, tout comme dans nos
pays civilisés. Cette sorcellerie relève d'ailleurs du plus grossier
fétichisme. Hecquart a été témoin dans l'île de Carabane
d'une cérémonie religieuse des Féloups. Le morceau vaut la
peine d'être cité : « L'île est coupée par deux marigots qui
permettent d'y cultiver du riz en assez grande quantité. La
population se compose presque entièrement de Féloups, qui
s'y sont établis sous notre protection, conservant toutefois

leurs habitudes et leurs croyances. Je fus témoin d'une de
leurs cérémonies. Depuis quelque temps la pluie avait cessé,
le riz jaunissait sur pied, et tout le monde s'inquiétait pour
la récolte. Les femmes se rassemblèrent, prirent des branches
d'arbres dans leurs mains; puis, séparées en deux bandes qui
se croisaient en dansant, elles parcoururent l'île, chantant et
priant leur bon génie de leur envoyer de la pluie. Ces chants
continuèrent deux jours entiers; mais le temps ne changea
pas. De la prière elles passèrent aux menaces; les fétiches
furent renversés et traînés dans les champs au milieu d'injures
qui ne cessèrent qu'avec la pluie. Alors seulement les malheureux dieux retrouvèrent leur considération accoutumée. »

IV. — LES BANIOUNS

Voisins des Féloups, les Baniouns habitent plus à l'est,
dans l'intérieur des terres. Ils partent, dit Vallon, de la rive
droite du Rio Cachéo, couvrent les deux rives de la Cazamance
et du Songropou, et remontent jusqu'à la Gambie[1]. Ils sont
en plus grand nombre sur la rive droite de la Cazamance que
sur la rive gauche; ici, en effet, ils sont pressés entre les
Féloups, à l'ouest, et les Balantes, à l'est. Nous parlerons tout
à l'heure de ces derniers.

Les Baniouns paraissent être les descendants d'une population établie depuis longtemps dans cette région. On les
représente comme fort attachés à leurs terres, qui d'ailleurs
sont très fertiles. Chez eux le patrimoine familial ne peut
être aliéné; l'ordre de succession est fort précis et en même
temps compliqué. Ils sont monogames[2] et font jouer aux

1. *Revue maritime et coloniale*, t. VI, p. 458.
2. *Bull. de la Soc. de Géogr.*, 1849, t. II, p. 327.

femmes un rôle qu'on ne leur prête guère dans la plupart des autres populations nigritiques ; ils les appellent dans leurs conseils et y prennent leur opinion. Le droit au pouvoir se transmet par les femmes d'une famille à l'autre ; c'est l'institution du matriarcat, que nous retrouverons plus d'une fois encore dans toutes les régions du territoire des nègres.

Leurs mœurs n'ont rien de comparables à celles des Féloups ils sont doux de caractère et accessibles aux influences étrangères. Ils trafiquent avec les Portugais et leur livrent des bestiaux en échange de sel ou de poudre. Parfois même ils s'engagent auprès d'eux comme domestiques [1].

Le costume des Baniouns est rudimentaire et ne consiste le plus souvent, pour les femmes comme pour les hommes, qu'en un simple pagne entourant la ceinture. Ce peu de toilette sérieuse est loin d'exclure la recherche de la parure proprement dite, bracelets de cuivre, etc. Les dents sont taillées en pointe, taillées et non pas limées.

Le fétichisme est la religion des Baniouns : peur extrême des sortilèges et des sorciers, nulle idée d'une divinité impersonnelle quelconque.

V. — LES BALANTES

Nous avons dit plus haut que les Féloups occupaient le pays côtier au nord et au sud de la Cazamance, et que leurs voisins terriens de l'est étaient les Baniouns, dont il a été parlé cidessus. Plus à l'est encore, c'est-à-dire en troisième rang dans l'intérieur du pays, se trouvent les Balantes ; plus à l'est

---

1. Hecquard, *Voyage sur la côte et dans l'intérieur de l'Afrique occidentale*, p. 114. Paris, 1855.

encore, soit en quatrième rang, on rencontre le territoire fort étendu des Mandingues.

Les Baniouns contrastent singulièrement, nous l'avons vu, avec leurs voisins d'occident, les Féloups. Ils ont à l'orient, avec les Balantes, des voisins non moins dissemblables. Labat, d'après André Brüe, représente les Balantes comme un peuple d'humeur brave, mais fort méchant, adonné au vol, grand ennemi des blancs, et n'aimant point que l'on mette le pied sur son territoire[1]. En fait, cette population, qui habite le haut Ghéba et refoule les Baniouns, après avoir traversé le Rio Cachéo[2], est éminemment disposée au brigandage et à la vie de rapines[3]. Vallon représente les Balantes comme des voleurs de premier ordre, ayant une haute idée du larcin, lorsque le larcin a pour victimes des étrangers. Ils ont atteint la rive gauche de la Cazamance et ne traversent ce fleuve que pour dévaliser les cultivateurs établis sur la rive droite et dont ils sont fort redoutés. « Après avoir reconnu les endroits qu'ils veulent attaquer et ramassé, chemin faisant, les gens isolés qu'ils font captifs, ils se réunissent un ou plusieurs villages, selon le plus ou moins de résistance ou de butin qu'ils supposent devoir rencontrer. Puis ils choisissent comme chef de l'expédition le plus renommé pour sa bravoure et son adresse, ou bien celui qui a fait la reconnaissance. Ce choix, tout honorifique, est plutôt imposé que recherché, car le chef n'a de butin que celui qu'il prend, et, s'il ne réussit pas, il est vendu comme esclave au profit de ceux qui l'ont accompagné[4]. »

Ce sont, d'ailleurs, d'adroits chasseurs, aimant très peu la vie agricole. Ils ont d'assez bonnes pirogues. Leur commerce

1. Labat, *Nouvelle Relation de l'Afrique occidentale*, t. V, p. 188.
2. Vallon, *Revue maritime et coloniale*, t. VI, p. 460.
3. Marche, *Trois Voyages dans l'Afrique occidentale*, 2ᵉ édition, p. 70. Paris, 1882.
4. Hecquard, *op. cit.*, p. 115.

avec nos traitants est principalement celui des peaux et de la cire brute.

Les Balantes se marient rarement en dehors de leur propre nation[1]. L'homme qui prend femme donne à celle-ci un pagne et tant que dure cette étoffe le mariage est indissoluble; on comprend avec quel entrain la femme mécontente de son sort aide à l'usure du pagne[2]. « Lorsqu'un jeune homme veut prendre femme, dit Marche (*op. cit.*, p. 70), il se munit préalablement de vin de palme, d'un beau pagne, d'un bœuf ou d'un gros porc; puis il réunit ses amis, et ceux-ci vont enlever la jeune personne, soit aux champs, soit chez elle; point n'est besoin pour cela du consentement des parents, non plus que de celui de la future épouse. Elle est ensuite conduite chez son prétendu, et tout le monde se met à boire du vin de palme, jusqu'au moment où l'époux invite ses hôtes à se retirer. Le lendemain ils vont prévenir les parents, qui viennent voir leur gendre; le père va avec lui tuer le bœuf ou le porc que l'on mange en compagnie, et le mariage est fait. » En général, d'ailleurs, la femme du Balante est assez mal traitée; tous les travaux lui incombent, et non pas seulement ceux du ménage; souvent, aussi, fuit-elle les siens et passe-t-elle la Cazamance.

D'apparence les Balantes sont fort laids[3]; ils ont la tête allongée et le front fuyant. Leur physionomie est dure et repoussante. Les hommes, dit Mollien, portent une ceinture en roseaux large de quelques pouces, « une espèce de pantalon, dit Bérenger-Féraud, en étoffe de coton tissée dans le pays et de couleurs variées dans lesquelles le noir domine ».

---

1. J.-B. Léon Durand, *Voyage au Sénégal*, t. I, p. 105. Paris, 1802.

2. Brunon mentionne ce singulier usage : *Voyage dans les possessions françaises de la côte occidentale d'Afrique*, p. 10. — Cf. Hecquard, *op. cit.*, p. 116.

3. Mollien, *Voyage dans l'intérieur de l'Afrique*, t. II, p. 267. Paris, 1822. Bérenger-Féraud, *Les Peuplades de la Sénégambie*, p. 301.

Mollien dit encore que ce sont d'avides mangeurs de rats. Les enfants, toutefois, n'ont point part à cette bonne chère ; ce n'est qu'aux jours de fêtes, particulièrement lors des funérailles, qu'un bœuf est abattu et consommé. En temps ordinaire, le Balante vit surtout de sa chasse ; il ne pêche pas et ne mange, dit Hecquard, que le poisson rejeté sur le rivage par la marée.

Point de véritables villages ; les cases sont disséminées, édifiées çà et là, sans ordre, sans groupement ; dans la vie sociale, aucune cohésion, aucune solidarité. Le hameau se compose au plus de six, huit ou dix cases, entourées souvent d'une haie ou d'une palissade recouverte d'argile. Elles sont faites de roseaux entrelacés. Chaque année, au commencement des pluies, les familles changent l'emplacement de leurs cases et mettent en culture le lieu sur lequel elles étaient établies[1].

Le gouvernement est héréditaire, mais les fils du roi défunt ne peuvent lui succéder qu'après avoir heureusement subi l'épreuve du poison, usitée d'ailleurs en beaucoup d'autres cas (Marche, *op. cit.*, p. 71).

Ajoutons que les Balantes sont grands amateurs de musique.

Le passage de Bour, que nous reproduisons ci-dessous, confirme ce qui vient d'être dit : « Les Balantes sont des nègres de taille assez élevée et d'une conformation identique aux Mandingues. Ils ne se distinguent de ceux-ci que par leurs cheveux qu'ils laissent pousser assez longs et par leurs incisives supérieures taillées en pointe. Ils n'ont aucune religion ; ils élèvent du bétail, cultivent peu et vivent principalement des produits de la chasse et de la pêche. Ils sont peu communicatifs, en mauvaise intelligence avec tous leurs voisins et notamment avec les Mandingues. Entre ces deux peuples

---

1. *Bulletin de la Société de Géographie*, t. I de 1849, p. 348.

s'exercent des pillages réciproques, d'où une lutte permanente
qui paraît devoir rester longtemps vivace. Pour des causes
analogues, les villages balantes sont souvent en état de dis-
corde entre eux. Les Balantes ne s'allient par des mariages
avec les peuplades voisines que bien rarement. Ils inspirent
une telle crainte aux étrangers que leur pays est soigneusement évité.

« Chaque village balante s'administre séparément et a un
chef. En cas de guerre avec l'étranger, le village attaqué
reçoit l'assistance des villages les plus proches. Les Balantes
sont très adroits chasseurs et possèdent presque tous des
fusils qu'ils décorent avec des coquillages et des boutons de
porcelaine. Ils n'ont pas d'esclaves et ne font jamais la guerre
pour en obtenir. Dans toutes les guerres qu'ils ont eu à soutenir, ils se sont montrés très courageux et ils professent un
véritable attachement pour leur pays. Leurs danses, animées
par un instrument très mélodieux, le balafon, ont un cachet
purement guerrier; les danseurs, armés de bâtons, au lieu
de fusils ou de sabres, font mine de se battre résolûment et
évitent les coups par des bonds prodigieux. Comme les Mandingues, les Balantes portent tous des sabres et des poignards[1]. »

VI. — LES BIAFARS

Nous avons vu les Balantes occuper la rive droite du fleuve
Ghéba; les Biafars sont établis de l'autre côté sur la rive
gauche[2]. D'après Mollien, ce sont de fort beaux nègres[3], intel-

---

1. *Bulletin mensuel de la Société de Topographie pratique*, t. II, p. 186.
2. Bouet-Willaumez, *Description nautique des côtes de l'Afrique occiden-*
tale, p. 77. Paris, 1846.
3. *Op. cit.*, t. II, p. 269.

ligents, assez laborieux, riches. Ils cultivent le coton et en
font commerce. Leurs mœurs auraient assez d'analogie avec
celles des Mandingues, leurs voisins de l'est, dont il sera
parlé plus loin. Leur costume, dit encore Mollien, se compose
d'une large culotte et d'une tunique à grandes manches; ils
aiment, comme les autres noirs, à se charger et se surcharger
d'amulettes et de talismans [1].

VII. — LES PAPELS

En contact avec les Féloups, avec les Biafars, ils habitent la
côte qui avoisine l'embouchure du fleuve Ghéba, et sont
établis çà et là sur les bords mêmes de la Cazamance.

Labat les dépeint, d'après Brüe, comme vêtus d'une peau
de chèvre passée entre les jambes et retroussée de façon à
cacher le bas des reins et le ventre. A la main ils portent un
sabre sans fourreau. Jusqu'au jour du mariage, les filles ont
un simple petit tablier long d'un pied; le mariage une fois
consommé, elles s'habillent d'un pagne qui les couvre de la
ceinture jusqu'au gras de la jambe [2]. « Lorsque le roi vient à
mourir, les femmes qu'il a le plus aimées, et les esclaves qui
lui sont nécessaires et qui le peuvent mieux servir ou le divertir en l'autre monde, sont égorgés et enterrés auprès du
lieu où l'on doit mettre le corps du prince [3]. » Cette coutume,
ajoutons-le, paraît être tombée. En ce qui concerne les
croyances des Papels, le même auteur s'exprime ainsi :
« Chaque particulier prend pour son dieu tout ce que son

1. Carte du pays des Balantes, des Papels, des Biafars, dans l'*Explorateur*,
t. III, p. 603 (1876). Cf. *Bulletin de la Société de Géographie*, 1860, t. 1; *Ibid.*
1849, p. 69.
2. *Op. cit.*, t. V, p. 68 et 138.
3. *Ibid.*, p. 128.

imagination lui présente. Les arbres consacrés sont ou des dieux ou les demeures des dieux. Ils leur font des sacrifices de chiens, de coqs et de bœufs, qu'ils ont un soin tout particulier d'engraisser, et de bien laver et nettoyer avant de les égorger. Après qu'ils sont tués et que leur sang a été répandu partie au pied et autour de l'arbre, et le reste aspergé sur les branches, on coupe la victime en pièces, le roi et le peuple en emportent chez eux leur part, et la mangent : les dieux n'en ont que les cornes que l'on attache aux branches de ces arbres, où l'on les laisse jusqu'à ce qu'elles tombent, ou qu'elles soient pourries. » C'est, comme on le voit, du fétichisme pur et simple.

Durand les représente comme traîtres, cruels, vindicatifs, d'ailleurs comme de bons marins[1]. Ils sont braves, d'après Mollien, et ont pour arme un grand sabre. Ils entretiennent de gros troupeaux de bœufs. « A la mort de leurs parents, les femmes couvrent de terre détrempée dans l'eau leur tête qui est toujours rasée[2]. »

Si nous prenons des documents plus récents, nous lisons dans Vallon : « Les Papels, les Antullas, les Balantes, les Biafares, les insulaires Bissagots, les Nalous, non seulement ne connaissent ni loi ni organisation sociale, mais vivent dans la plus complète barbarie. Nus dans leurs forêts ou sur leurs rives d'où ils disparaissent à la vue des Européens, ils n'ont à offrir au commerce que du riz, quelques défenses d'hippopotame ou d'éléphant, un peu d'huile de palme ou de graines oléagineuses, et les pelleteries de leurs troupeaux et des bêtes fauves qui leur disputent leurs repaires[3]. »

Chez les Papels[4] « le fils aîné de celui qui est le premier

1. *Voyage au Sénégal*, t. I, p. 93. Paris, 1802.
2. Mollien, *op. cit.*, t. II, p. 266.
3. *Revue maritime et coloniale*, t. IX, p. 383 (année 1863).
4. *Bulletin de la Société de Géographie*, t. I do 1849, p. 341.

de sa race, ou le seul resté de sa famille, hérite de son père,
de préférence à ses frères ; mais il n'est en quelque sorte que
l'administrateur des biens qui appartiennent à tous. Ses
enfants, ses frères, ses neveux travailleront à augmenter le
patrimoine. Quand il meurt, les enfants n'héritent pas : c'est
le frère puîné. Ainsi, dans le cas, l'oncle hérite, après lui un
autre frère s'il y en a ; après, le dernier des frères, un neveu,
fils du frère aîné, puis un cousin de celui-ci. Ainsi il faut que
le patrimoine, sans être jamais divisé, et sans exclusion pour
aucune branche de la famille, se transmette à tous successivement, continuant à s'augmenter par le travail de tous.
Chacun a sa part qui lui est affectée selon ses besoins. Il y en
a beaucoup qui peuvent mourir sans recevoir l'héritage de
leur père ; mais celui qui administre le patrimoine est le
chef de la famille, et les autres sont ses enfants. C'est le com-
munisme appliqué seulement à la famille ».

Au surplus, les Papels sont de vrais sauvages. Ils habitent
d'ailleurs une région marécageuse et qui ne peut guère prêter
au développement de la civilisation.

VIII. — LES BISSAGOS

Non moins sauvages sont les habitants de l'archipel qui
fait face à l'embouchure du fleuve Ghéba et à celle du Rio
Grande.

Ils sont dépeints par De la Croix, par Labat, comme grands
et forts [1], se nourrissant de poissons, de coquillages, d'huile

---

1. « Grands, robustes, intrépides, d'humeur belliqueuse et pillarde. » Antichan, *Revue de Géographie*, t. IX, p. 372. — Dapper, *Description de l'Afrique*,
traduct. franc., p. 244. Amsterdam, 1686. — De la Croix, *Nouvelle Relation de
l'Afrique*, t. II, p. 462. Lyon, 1688.

de palme. Fort cruels, coupant la tête des gens qu'ils ont tués, les écorchant, faisant sécher la peau avec la chevelure et en parant le devant de leurs cases. Tout étranger qui ne demeure pas sur ses gardes est certain d'être dévalisé par eux. Et Labat ajoute : « Ils ont une passion extrême pour l'eau-de-vie ; dès que quelque barque se présente pour en vendre, c'est à qui en aura ; le plus faible devient alors la proie du plus fort ; on ne respecte plus la voix de la nature, le père vend ses enfants, et, si l'enfant peut amarrer son père ou sa mère, il les conduit aux Européens, les vend ou les troque pour de l'eau-de-vie, et fait débauche tant que dure le prix de son père et de sa mère[1]. »

Davity parle d'une coutume singulière qui semble peu en rapport avec tout ce que l'on dit d'ailleurs des Bissagos : « Les femmes, pour s'accoutumer à n'être point causeuses ni gourmandes, prennent de bon matin un peu d'eau, qu'elles tiennent dans la bouche tandis qu'elles s'occupent au service nécessaire du logis jusqu'au déjeuner ou dîner, et pour ne la jeter hors elles ne parlent ni mangent de tout ce temps là[2]. »

Il faut encore citer ce que rapporte Demanet : « La plupart de ces nègres, dit-il, sont grands, forts et robustes[3], idolâtres, fort cruels à leurs ennemis et à eux-mêmes. Ils coupent les têtes de ceux qu'ils ont tués ; après les avoir promenés par toute leur île, ils les écorchent, font sécher la peau avec la chevelure, et en parent le devant de leurs maisons, comme un trophée de leur bravoure et de leurs victoires. Le moindre chagrin, le moindre revers les porte à tourner leurs armes et leur fureur contre eux-mêmes ; ils se poignardent, ils se pendent sans façon, se précipitent et se noient. Leur passion

1. *Op. cit.*, t. V. p. 169.
2. Davity, *Description de l'Afrique*, p. 410. Paris, 1660.
3. Cf. Labat, t. V, p. 168.

HOVELACQUE. — Les Nègres.   4

pour l'eau-de-vie est sans exemple : dès qu'il s'en présente à vendre, c'est à qui en aura. Le plus faible devient la proie du plus fort. Le père vend ses enfants ; et si l'enfant peut amarrer son père ou sa mère, il les conduit aux Européens pour les vendre ou les troquer contre de l'eau-de-vie[1]. » C'est simplement ce qui a déjà été dit ci-dessus.

Mollien, lui aussi, parle des Bissagos. « Ils occupent, dit-il, l'archipel de ce nom à l'embouchure du Rio Grande et la partie du continent qni l'avoisine; ce sont les nègres les plus braves et les plus puissants de toute cette partie de l'Afrique; ils ont presque tous des fusils ou des lances, dont ils se servent avec beaucoup d'adresse. Obéissant à un nombre infini de petits despotes, tous plus cruels les uns que les autres, au lieu d'un tyran ils en ont mille. Les cours de ces roitelets sont encore plus orageuses que celles des grands potentats ; car je vis arriver à Bissao la famille entière du ministre d'un de ces rois, qui, par l'un de ces caprices si communs chez les princes africains, l'envoyait vendre au marché européen; elle était composée de treize personnes[2]. » Ils les dépeint comme se nourrissant de quelques bananes et de quelques noyaux de palmiers ; bien musclés, hardis dans leurs pirogues; ayant autour des reins une peau de bête leur servant de ceinture ; d'ailleurs fort sales. Quelques fucus liés ensemble forment les vêtements de leurs femmes. Ils sont pêcheurs, font le commerce d'écailles de tortues et sont en assez bons rapports avec les Portugais (*ibidem*, p. 264).

Le mémoire d'Antichan, ci-dessus mentionné, donne d'intéressants détails sur les Bissagos. Ils ont de légères pirogues, ornées de peintures et dont ils prennent un soin extrême. La pêche terminée, la pirogue est amenée à terre et placée à sec. Le poisson, les fruits, les légumes forment la principale ali-

---

1. *Nouvelle Histoire de l'Afrique française*, t. I, p. 218. Paris, 1767.
2. *Op. cit.*, t. II, p. 268.

mentation des Bissagos ; ils mangent peu de viande ; font deux
repas par jour, l'un au lever l'autre au coucher du soleil, mais
à chacun de ces repas ils absorbent une forte quantité de

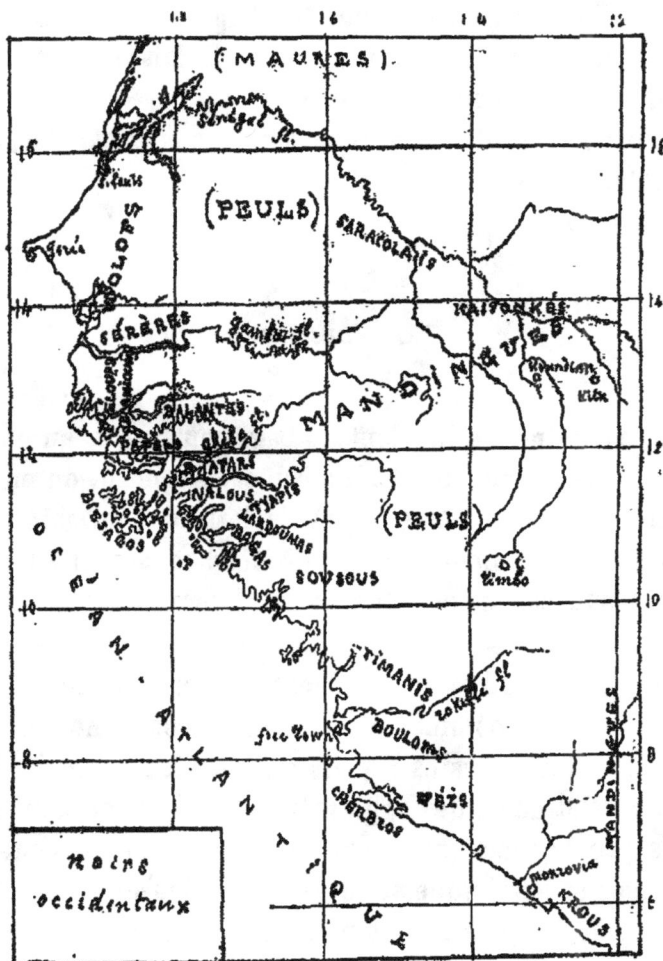

FIG. 2. — Noirs occidentaux.

nourriture. A part leurs opérations de pêche, ils vivent d'ailleurs sans rien faire. « Ils adorent l'arbre qui les nourrit, la
montagne qui les domine, le rocher qui les abrite, le serpent

qui les mord, le perroquet qui les imite, le singe qui les amuse. Tout pour eux et autour d'eux est divinité, jusqu'à l'os du poulet, jusqu'au noyau de datte, jusqu'au caillou, jusqu'à l'arête de poisson. » La foi aux fétiches va bien loin : « Lorsqu'une femme se rend au village voisin, si le mari a quelque doute sur sa vertu, avant de la laisser partir il lui fait jurer fidélité sur le fétiche. »

Les Bissagos sont répandus dans quinze ou vingt îles; treize ou quatorze, rapporte Labat[1].

IX. — LES BAGAS

Sur le continent s'étendent les Bagas ou Bagos, au nord et au sud de l'embouchure du Rio Nuñez. Au nord, on en rencontre jusqu'au onzième degré de latitude; au midi, jusqu'au septième. Leurs voisins du nord-est sont les Nalous, ceux du sud-est les Sousous, dont il sera question un peu plus loin.

Bérenger-Féraud trace, des Bagas, un portrait peu flatteur[2]. Il les représente comme très peu intelligents, notablement inférieurs à leurs voisins : « Ils vivent, dit-il, dans les clairières, à l'état de petites agglomérations, n'ayant pour habitations que de misérables hangars incomplètement couverts, non fermés, et dans lesquels ils ont la plus hideuse promiscuité. » Presque nus, ils passent le temps à se promener la lance à la main, souvent traqués et chassés par leurs voisins. Ils pratiquent la culture du riz et possèdent des troupeaux.

On trouve dans Caillié une longue et intéressante relation

1. *Nouvelle Relation de l'Afrique occidentale*, t. V, p. 167. Paris, 1728.
2. *Op. cit.*, pp. 317, 336.

des mœurs des Bagas [1] : « Ils portent une boucle de cuivre
suspendue à la cloison du nez; leurs oreilles en sont garnies
d'une certaine quantité. » Bien qu'hospitaliers, ils sont belliqueux, ne font pas d'esclaves à la guerre et tuent les prisonniers. Point de rois; chaque village est gouverné par le plus
ancien des vieillards, qui règle les différends. Grands mangeurs, ils consomment le poisson sec arrosé d'huile de palmier, le mouton avec ses entrailles, des singes, des lézards.
Le bruit du tonnerre ne semble pas les effrayer; ils dansent
alors et boivent en s'accompagnant sur le tambour. Essentiellement fétichistes, ils prennent pour dieux une corne de bélier,
une queue de bœuf, un lézard, la première chose venue. Ce
sont de fort bons nageurs; leurs pirogues sont faites d'un seul
tronc d'arbre. Les habitations sont assez grandes pour loger
ensemble plusieurs familles. Jamais les femmes ne mangent en
même temps que les hommes; les garçons, eux aussi, mangent
séparément. Les cheveux sont rasés sur le devant de la tête et
croissent librement par derrière, graissés d'huile de palmier.
Le sol est assez bien travaillé; on le remue avec une pelle
de bois dont le manche a six ou sept pieds; il est fertile et
donne d'abondantes récoltes de riz. A marée basse, on récolte
la terre imprégnée de sel et on la lave dans des jarres; l'eau qui
se sale de cette façon est livrée à l'ébullition jusqu'à ce qu'il
ne reste que le sel qu'on recueille alors pour le vendre dans
l'intérieur du pays. Les enfants sont fiancés vers l'âge de sept
ou huit ans; dès lors, ils vivent ensemble et le mariage a lieu
lorsque la fille a perdu sa virginité : c'est généralement vers
onze ou douze ans. On organise alors de grands repas et des
réjouissances. La femme est nue, sauf une bande de coton
longue de sept à huit pieds, qui passe autour des reins et
entre les cuisses.

---

1. *Journal d'un voyage à Tembouctou*, t. I, p. 118. Paris, 1830.

X. — LES MOKINFORÉS

Cette population habite un territoire de peu d'étendue situé à l'orient des confins des Bagas, un peu à l'est du dix-septième degré de longitude, un peu au sud du cours du Rio Nuñez, tout à fait au sud du territoire des Nalous. A l'est, les Mokinforés avoisinent le pays des Landoumas; au sud-est, celui des Sousous.

Les Mokinforés tirent leur origine d'esclaves évadés du Fouta-Djalon. Ils vivent dans la dernière misère, redoutant tous leurs voisins, se nourrissant d'arachides et de riz. Ils ne se maintiennent que grâce à la grande difficulté qu'il y a à pénétrer dans leur territoire. Chez eux point de villages ; les agglomérations les plus fortes ne comptent pas plus de quatre ou cinq huttes[1].

XI. — LES NALOUS

Au nord des Mokinforés, au nord des Bagas, sont établis les Nalous.

Ils ont pour voisins orientaux, au nord-est, les Thiapésis, au sud-est, les Landoumas.

Leur pays est traversé, en longitude par le dix-septième degré, en latitude par le onzième. Vers le nord, ils s'étendent jusqu'au territoire des Biafars dont il a été question un peu plus haut.

1. Corre, *Mémoires de la Société d'Anthropologie*, p. 63, 1883.

Les Nalous, envahis récemment par le mahométisme, n'en sont pas moins adonnés à un usage immodéré des spiritueux. Ils récoltent en abondance le vin de palme et cultivent l'arachide. Leur ville principale, Sougoubouly, est située sur la rive gauche du Rio Nuñez, entre le territoire des Bagas et celui des Landoumas.

« Les hommes ont les cheveux tressés en cadenettes tombantes; ils ont la tête nue ou recouverte d'une calotte tantôt semblable à celle des Foulahs et des Wolofs, tantôt semblable à celle des Sérères, c'est-à-dire portant de chaque côté une pointe qui retombe sur l'oreille. Ils portent le boubou quand ils sont à l'aise, ou simplement un pagne noir, même une bandelette d'étoffe autour des reins. Les pieds nus, plus souvent que chaussés de sandales[1]. »

Leur talent industriel ne se révèle que dans la construction de pirogues. Quant au travail de la terre, il est laissé aux esclaves.

Au physique, type tout à fait nigritique. Intellectuellement parlant, ils sont supérieurs aux Landoumas et ont de plus intimes rapports avec les Européens. Leurs habitations sont plus vastes, plus confortables que celles de leurs voisins et assez proprement tenues. Le commerce leur procure une certaine aisance. Au surplus, voleurs et pillards de premier ordre[2].

XII. — LES THYAPÉSIS

Au nord du pays des Landoumas (c'est-à-dire au-dessus du onzième degré de latitude) et à l'est du pays des Nalous, est

1. Corre, cité par Bérenger-Féraud, *op. cit.*, p. 334.
2. Corre, *Mémoires de la Société d'Anthropologie*, p. 72, 1883.

celui des Thyapésis ou Sapis[1], ou Tiapis. Ceux qui habitent
de l'autre côté des montagnes qui bordent le Koli, dit Hecquard[2], sont encore à l'état sauvage et aucun étranger ne
peut impunément pénétrer sur leur territoire; ils vont complètement nus et ne possèdent pas d'armes à feu. Ceux, au
contraire, qui habitent le Koli, sont relativement civilisés.
Leur roi n'a qu'une puissance nominale; les chefs de chaque
village ont le pouvoir effectif. Ces Tyapis sont soumis aux
Peuls, mais ils sont toujours réfractaires au mahométisme. Ce
sont de bons cultivateurs; ils font de l'huile de palmier et
possèdent des bestiaux. Les hommes portent un pagne autour
des reins ou sur l'épaule. Quant aux femmes, elles sont entièrement nues, sauf une bande d'étoffe, large à peine de deux
doigts, qui voile leurs organes sexuels. « Elles relèvent leurs
cheveux sur le sommet de la tête qu'elles ceignent d'un bandeau orné de perles fausses, ou de dessins tressés avec de la
paille. Elles portent au cou des colliers et des bracelets de
verroteries : au-dessous des seins, plusieurs cercles de roseaux,
et au-dessus des hanches quelques rangées de grosses verroteries bleues ou blanches. Tant qu'elles restent vierges, les
femmes placent au-dessous de ces verroteries un coquillage
fixé sur le morceau d'étoffe qui flotte sur leur partie sexuelle...
Habituées à être nues, elles n'ont aucun instinct de pudeur,
elles se baignent et se lavent avec les hommes; cependant, elles
jouissent d'une grande réputation de chasteté, et l'adultère
est, dit-on, inconnu chez ce peuple. »

Le mariage est conclu par le don de cinq bœufs aux parents
de la fille; celle-ci porte-t-elle encore son coquillage sans y
avoir droit, elle peut être retournée à sa famille : « Ce cas,
ajoute Hecquard, est excessivement rare, parce que, chez ce

---

1. Waitz, *Anthropologie der Naturvœlker*, t. II, p. 40. Leipzig, 1860.
2. *Voyage sur la côte et dans l'intérieur de l'Afrique occidentale*, p. 231.

peuple, la perte de la virginité n'implique aucun déshonneur, et que, si la nouvelle mariée a préalablement retiré son coquillage, il ne lui est jamais fait de reproches. »

XIII. — LES LANDOUMAS

Ils habitent les deux rives du Rio Nuñez, au sud des Thyapésis, à l'est des Nalous (par le onzième degré de latitude et un peu au-dessous), au nord des Sousous. Au nord, ils confinent à des tribus de Peuls, envahisseurs venus de l'orient et qui sont de race rougeâtre, non point nigritique.

Les Landoumas ont fort à souffrir du voisinage des Peuls musulmans; on les représente comme une population abâtardie, dégénérée, et bonne seulement à piller les commerçants qui passent sans défense à leur portée[1]. Toute industrie leur est inconnue; ils se contentent de cultiver du mil, des arachides, du riz, et sont, en somme, très misérables. Ce sont de mauvais pêcheurs. Ils habitent des cases sordides et sont, au plus haut point, adonnés à l'ivrognerie.

Les Landoumas sont fétichistes; l'islamisme n'a pas eu de prise sur eux. Les explorateurs de leur pays parlent de la divinité Simo qui hante les bois[2] : « Ceux d'entre eux qui jouent le rôle d'inspirés prétendent que, quand l'accès de l'inspiration les prend, ils sont changés en lions. Ils imitent, en effet, le rugissement du fauve, ils bondissent, brisent tout autour d'eux, déchirent les vêtements des personnes qu'ils rencontrent et exécutent cent autres momeries. Les compères et les gens crédules affirment même qu'en ces moments on voit

1. *Revue maritime et coloniale*, t. II, p. 5.
2. Bérenger-Féraud, *op. cit.*, p. 315. — Sanderval, *De l'Atlantique au Niger*, p. 82.

pousser une crinière léonine sur le dos de ces possédés. Le
médecin de Boké[1], témoin un jour d'un accès de ce genre,
laissa faire le prétendu lion, tant que celui-ci ne s'attaqua
qu'aux naïfs qui l'entouraient et l'excitaient à l'envi, désireux
qu'ils étaient de voir pousser la fameuse crinière; mais ledit
lion étant allé un peu plus loin dévaliser deux paisibles passants, le médecin fit instantanément cesser l'accès divin, en
caressant les épaules de l'inspiré à coups de canne[2]. »

La langue des Landoumas serait parente de celle des Bagas ;
les deux peuples appartiendraient à une même souche et
auraient été séparés l'un de l'autre par les Nalous[3].

Au physique, ils se rapprochent beaucoup des Sousous :
« Ils ont le nez moins épaté, les lèvres moins volumineuses,
les extrémités peut-être moins grossières que les noirs du
Sénégal. Leur prognathisme est d'ailleurs bien accusé, par la
fuite en arrière du front et l'obliquité des dents. Leurs cheveux
sont noirs, crépus, assez courts, tantôt portés naturellement,
trantôt tressés en cadenettes tombantes[1]. » D'après Corre, la
taille des hommes est de 1ᵐ 66 à 1ᵐ 67.

Le même auteur rapporte qu'un certain nombre de Landoumas pratiquent l'islamisme, mais que l'immense majorité
d'entre eux n'a aucun culte. On se contente de croire à des puissances occultes. Le gouvernement est confié à un roi « qui ne
peut rien entreprendre sans l'assentiment des chefs et qui est
ordinairement assez mal obéi ». La justice est peu rigoureuse
on peut souvent se racheter au moyen d'une somme d'argent.
Les cases sont rondes, parfois rectangulaires, et divisées en
pièces; la porte est la seule ouverture. Les murailles sont
d'argile recouvrant un cloisonnement de bois flexible. Le toit

1. Poste français, près du Rio Nuñez, dans l'est du pays des Landoumas.
2. Sanderval, *op. cit.*, p. 53.
3. Corre, *Mémoires de la Société d'Anthropologie*, p. 64, 1883.
4. *Ibid.*, p. 64.

est en paille, de forme pyramidale ou conique. La cuisine se fait dans la case même. Les femmes vivent séparées des hommes; ceux-ci en achètent autant qu'ils en peuvent nourrir, au prix de 100 ou 200 francs pièce, donnés à la famille. Inutile d'ajouter que tous les travaux incombent à ces sortes d'esclaves. « Le Landouma, comme tous les nègres d'ailleurs, dit enfin l'auteur que nous citons, est très imprévoyant; aussi, quand les récoltes viennent à manquer, après avoir épuisé la ressource du houlla et du mango[1], on cherche alors des herbes pour étouffer sa faim. Cette petite nation est très palabreuse (c'est l'expression employée en Afrique pour désigner l'amour immodéré des noirs pour les discours interminables et accompagnés de grands gestes, les palabres) ; mais elle est aussi lâche en actions que bravache en paroles. » (*Ibidem*, p. 70.)

Dans son *Journal d'un voyage à Tembouctou* (t. I, p. 111), Caillié parle des Landoumas, qu'il appelle Landamas. Il les représente comme ayant les mêmes mœurs que les Nalous. Il raconte comment les gens soupçonnés de quelque maléfice sont soumis, s'ils se prétendent innocents, à l'épreuve d'un breuvage. « On verse la liqueur dans une petite calabasse et on la fait boire par égale portion au délateur et à l'accusé, et toujours on recommence, jusqu'à ce que, ne pouvant plus l'avaler, ils la rejettent ou meurent. Si le poison est rejeté par en haut, l'accusé est reconnu innocent, et alors il a droit à une réparation; s'il le rend par le bas, il n'est pas tout à fait innocent; mais s'il ne le rend pas du tout dans le moment, il est jugé coupable. » Beaucoup succombent. Toutefois la famille peut payer une indemnité, auquel cas on cesse de faire boire le patient et on lui fait rendre la boisson avalée.

1. *Esquisse de la flore et de la faune médicale et économique du Rio Nuñes* (*Archives de médecine navale*, juillet 1876).

Lorsque l'on offre un présent aux chefs, on leur tourne le dos, en se plaçant les mains sur le visage. Le chef remercie en jetant au donataire une poignée de terre.

L'amant d'une femme mariée devient l'esclave du mari outragé.

Grands amateurs de fêtes, les Landoumas pratiquent des cérémonies funéraires. Les réjouissances et les festins durent plusieurs jours.

Le riz forme la base de l'alimentation. On élève d'ailleurs des volailles, des moutons, des chèvres. On mange peu de poisson, « n'ayant pas l'adresse de le pêcher ». Les Landoumas sont fort paresseux, peu industrieux, très mauvais agriculteurs grâce à leur fainéantise. Ils s'enivrent fréquemment avec le vin de palme et consomment le miel des abeilles qui sont fort nombreuses dans le pays.

« Il existe chez les peuples du Rio Nuñez une société secrète qui a quelques rapports avec la franc-maçonnerie. Elle a un chef qui est magistrat et que l'on nomme le *Simo*. Il dicte les lois; elles sont mises à exécution par ses ordres. Cet homme se tient dans les bois, et reste toujours inconnu à ceux qui sont étrangers à ces mystères. Ce personnage prend divers déguisements. Tantôt il revêt la figure d'un pélican, tantôt il est enveloppé de peaux de bêtes, et quelquefois il ne se montre que couvert de la tête aux pieds de feuilles d'arbres qui le font paraître informe. A plusieurs époques de l'année on admet de nouveaux initiés. Les familles des différents villages qui désirent que leurs enfants fassent partie de cette société, réunissent les garçons de douze à quatorze ans, et avertissent le Simo. Il se rend, toujours déguisé, au lieu indiqué pour circoncire les enfants ». Ils partent aussitôt pour les bois où ils rouent de coups les non initiés qu'ils rencontrent et mènent durant sept à huit jours une vie de vagabonds. C'est ce qu'on regarde comme leur instruction.

Les temps accomplis, ils regagnent le village et les fêtes recommencent.

XIV. — LES SOUSOUS

Nous les trouvons au sud du pays des Landoumas, dont il vient d'être question, et à l'est des Bagas dont il a été parlé un peu plus haut. Leur domaine, en latitude, atteint et dépasse un peu, vers le sud, le dixième degré; vers le nord, ils n'atteignent pas la rive gauche du Rio Nuñez.

Comme leurs voisins du nord, les Landoumas, les Sousous sont des ennemis nés des Peuls, les conquérants musulmans, leurs voisins du nord-est et de l'est. Ils ont conservé les anciennes mœurs fétichistes. On mentionne chez eux, comme chez les Landoumas, le culte mystérieux des forêts qui repose sur une certaine initiation.

Nous signalerons d'après Bérenger-Féraud ce que les habitations des Sousous ont d'original. « Les cases sont groupées en pâtés irréguliers ou de chaque côté d'une voie principale. Rarement leur nombre atteint une centaine dans un même groupement. Elles sont grandes, spacieuses, presque toujours divisées en deux, fréquemment en un plus grand nombre de pièces. Dans ce cas, elles ont la forme quadrilatère, c'est-à-dire sont constituées par quatre pans de muraille surmontés d'un toit également conique à quatre pans. Sont-elles indivises, elles ont ordinairement une forme ronde et sont surmontées d'un toit. Quelle que soit leur forme, le toit déborde la muraille de manière à tomber à un mètre ou un mètre et demi au-dessus du sol, et cette portion ainsi prolongée au delà des murs, soutenue par des piliers de bois, forme galerie tout à l'entour de la case. Cette galerie est extérieurement limitée au niveau du sol par un remblai en terre ou en maçonnerie dans lequel s'enfoncent les piles qui soutiennent la périphérie de la toiture. Celle-ci est en paille très artistiquement imbriquée. Toujours très élevée, elle laisse circuler, par des intervalles ménagés au niveau de l'appui de sa charpente sur la muraille, une grande quantité d'air, tout en protégeant d'une manière plus efficace contre l'excès de chaleur ou de lumière, en même temps que contre la pluie. Dans les cases riches, un léger plafond en bambou ou des nattes séparent la toiture des pièces au niveau du faîte des murs. » Ceux-ci sont épais, construits en argile mélangée de paille et de bouse de vache. Nulle autre ouverture que la porte qui conduit dans chaque pièce et donne sur la galerie extérieure[1].

Wilson les représente comme bienveillants et hospitaliers, recherchant par-dessus tout la possession d'esclaves domestiques, fort intempérants[2]. Ils recueillent le sel, ce produit si estimé dans l'Afrique intérieure, et l'échangent avec les Mandingues pour de l'or, de l'ivoire, de la cire, qu'ils troquent ensuite contre des marchandises anglaises.

Par contre, Corre les donne comme de naturel sauvage et cruel. « On m'a raconté, dit-il, l'histoire d'un chef, qui, ayant surpris sa femme en adultère, l'aurait fait dévorer vivante par les fourmis[3]. »

XV. — LES BOULLOMS

Un peu plus au sud, sur la côte de Sierra Leone, habitent

1. *Op. cit.*, p. 331.
2. J.-L. Wilson, *Western Africa*, p. 92. Londres, 1856.
3. *Mémoires de la Société d'Anthropologie*, p. 64, 1883.

les Boulloms[1], restant d'un peuple jadis plus nombreux, et sur lequel il ne semble pouvoir être rapporté rien de particulier. Leur langue serait parente de celle des Timanis.

XVI. — LES TIMANIS

Ils habitent entre 9° 6′ et 8° 15′ de latitude septentrionale[2], dans la région des possessions anglaises, sur le bas Rokellé. Le Timani confine au nord, au pays mandingue et au Limba; à l'ouest, à la colonie de Sierra Leone, à une partie du Boulama et à l'Océan, à l'est au Kouranko[3].

Les maisons des Timanis sont construites en terre, carrées « avec des pignons de bois aux extrémités » (*ibidem*, p. 98). L'industrie, la seule industrie du pays, est la fabrication de la toile; l'art du forgeron est à peu près inconnu. « La houe avec laquelle on retourne la terre est en bois dur; l'instrument usité pour détacher le grain de sa balle n'est qu'un petit bâton crochu. » La plupart des chefs, dit Gordon-Laing, « portent la blouse ou chemise et les caleçons des Mandingues, avec un bonnet de drap rouge ou bleu. D'autres ont des pantalons de satin rayé, qui descendent jusqu'à la cheville et qui sont justes à la jambe; d'autres enfin ne portent que la blouse. Mais telle est la pauvreté produite par l'indolence, telle est la grossièreté de la plupart des habitants de l'intérieur, que des caleçons ou une blouse quelconque, sont des vêtements que l'on ne voit que rarement; presque tous

1. R. Clarke, *Sierra Leone*. Londres, 1846.
2. Schlenker, *Grammar of the Temne Language*. Londres, 1864.
3. Gordon-Laing, *Voyage en Timani*, trad. de l'anglais (*Travels in Timanee*) par Eyriès et la Renaudière, p. 65. Paris, 1826. — Voir au tome premier de 1881 du *Bulletin de la Société de Géographie*, la carte du voyage aux sources du Niger par Zweifel et Moustier (Timani, Limba, Kouranko).

n'ayant pour se couvrir qu'un petit morceau carré de toile grossière, ou de filaments d'écorce tissue, attaché à un cordon noué autour de la ceinture » (*Op. cit.*, p. 75). « J'ai quelquefois vu des femmes adultes, rapporte le même voyageur, des mères de famille aussi nues qu'au jour de leur naissance. L'habillement des femmes voisines de la côte est assez simple. Étant filles, elles portent un tountounghé, qui est une pièce de toile, ou un patié qui est un tablier de verroterie,

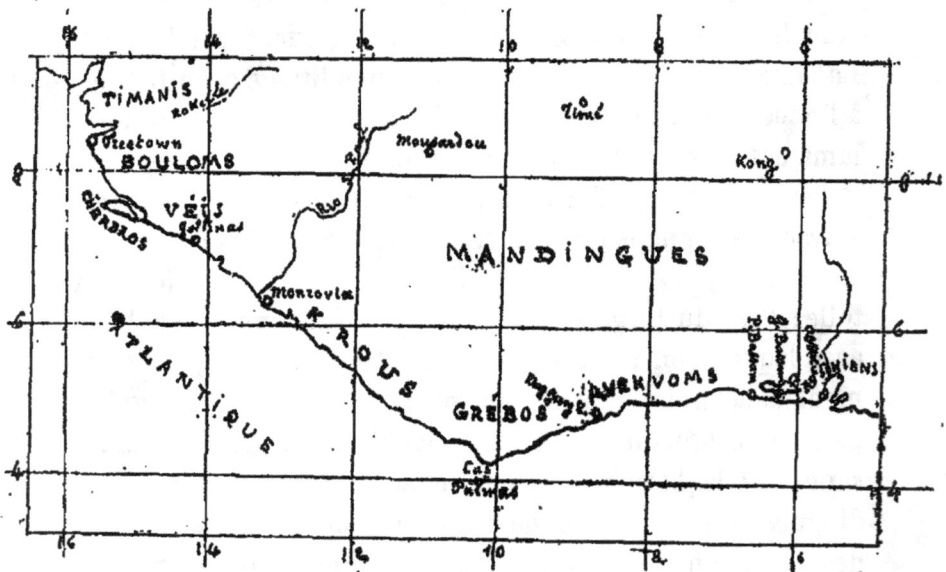

FIG. 3. — Côte des Graines. Côte de l'Ivoire.

attaché par devant et par derrière à une bande de toile ou à des cordons de verroterie, entourant les hanches. Quand elles sont mariées, elles mettent de côté le patié et le tountounghé, et elles prennent un vêtement plus décent, qui consiste en deux aunes de toile de coton bleu, dont elles s'entourent le corps comme d'un jupon. Elles aiment beaucoup à orner leur tête, leur cou, leurs poignets et leurs chevilles de grains de verroteries. »

Gordon-Laing dit encore, à propos des Timanis et de leurs mariages : « Dans ce pays, l'on ne fait pas longtemps la cour à une belle. Si un homme conçoit de l'attachement, ou, pour parler plus exactement, prend du caprice pour une jeune fille, il n'est nullement nécessaire qu'il s'informe si l'affection est mutuelle. Il porte aux parents une jarre de vin de palme, ou du rhum, s'il peut s'en procurer, et leur expose le sujet de sa visite. Quand sa demande est approuvée, ce qui arrive généralement s'il est riche de quelques barres, il est invité à revenir. Cette seconde fois, une autre jarre de vin de palme, des grains de verroteries et quelques aunes de toile terminent la négociation ; le jour du mariage est fixé et l'on instruit la jeune fille du nom de l'homme qui doit être son époux. Si les parents témoignent qu'ils ne sont pas satisfaits de la fortune du prétendant, il s'en va, puis quitte sa maison et travaille jusqu'à ce qu'il ait acquis les moyens de satisfaire à la demande des parents de sa belle ; mais si, dans l'intervalle, un autre galant plus riche se présente, la jeune fille lui est donnée avant que l'autre soit de retour : toutefois cette mésaventure n'est suivie ni de chagrin ni de désespoir. » (*Ibid.*, p. 79.)

On rapporte qu'il existe chez les Timanis une espèce de secte politico-religieuse nommée *porro*, et à laquelle les hommes seuls peuvent être affiliés[1]. Les enfants destinés à en faire partie sont initiés vers l'âge de neuf à dix ans ; on les élève dans les bois, on les orne d'un tatouage spécial, on leur enseigne les vertus de certains végétaux. Le jour venu où le jeune homme doit regagner son village, le prêtre jette un pot brisé devant les cases des parents auxquels l'enfant ne peut être rendu, « soit parce qu'il est réellement mort, soit (ce qui arrive quelquefois), parce qu'il a été vendu ». La mère se

---

1. *Bulletin de la Société de Géographie*, t. I, p. 108, 1881.

contente de cette manifestation et n'a rien de plus à réclamer.

Dans certaines tribus des Timanis, les rois sont choisis à l'élection, par les chefs; dans d'autres tribus, le pouvoir est héréditaire de frère à frère; le fils du roi est ainsi écarté : c'est toujours le matriarcat.

D'après Wilson[1], le pays des Timanis est divisé en quatre régions. Leur nombre total serait de 200,000 individus[2], et leur langage aurait une certaine extension en dehors de leurs propres limites. Clarke les représente comme assez vifs d'humeur, fort portés au vol et à la coquinerie, bons canotiers[3].

XVII. — LES CHERBROS

Population de l'île Cherbro, ou Cherboro, actuellement domaine anglais; 7° 34' de latitude nord[4].

Avec les Cherbros, peut-être déjà même avec les Timanis et les Boulloms, commence le territoire guinéen. Nous avons affaire maintenant, non plus aux nègres de Sénégambie, mais à ceux de Guinée, dont le domaine s'étend approximativement depuis le septième degré de latitude septentrionale jusqu'auprès de l'équateur, à la région du Gabon.

XVIII. — LES VÉIS

Nous revenons avec les Véis sur le continent par 7° de

1. *Western Africa*, p. 90. Londres, 1856.
2. Cust, *op. cit.*, t. I, p. 183.
3. R. Clarke, *Sierra Leone*, p. 167. Londres, 1846.
4. J.-B. Léon Durand, *Voyage au Sénégal*, t. I, p. 189.

latitude. Ils longent la côte, de Gallinas à Cape Mount[1], venus des régions montagneuses de l'intérieur.

Pour tout habillement les Véis n'ont qu'un grossier carré de toile, jeté sur le corps, couvrant un bras et une épaule, laissant l'autre à nu. On les représente comme doux, faux et rusés.

Les Véis, fait très remarquable, possèdent un alphabet qu'un des leurs a inventé il y a une cinquantaine d'années, après avoir appris les caractères romains[2]. Cet alphabet est syllabique et comprend un grand nombre de figures. Cette invention en somme n'offre rien d'original, et n'aurait point vu le jour si les Véis n'avaient été en relations avec des peuples d'une civilisation supérieure.

Nous voici à l'extrême sud du territoire de Sierra Leone. Si nous jetons un coup d'œil d'ensemble sur les populations de cette partie de la côte africaine, nous pouvons résumer rapidement les caractères ethnographiques.

La taille de l'homme est fréquemment assez belle, le corps souple et agile. La femme a le ventre gros, les seins pendants et lui permettant d'allaiter un enfant placé sur son dos[3]. Souvent les dents sont limées en pointe, souvent les sourcils sont arrachés[4]. Souvent aussi les femmes ont la tête rasée, les hommes portant les cheveux coupés en croix et dressés en petites touffes carrées[5]. Parfois le corps est oint d'huile de palmier et exhale une odeur nauséabonde.

---

1. Wilson, *Western Africa*, p. 95.

2. Wilson, *op. cit.*, p. 95. — *Bulletins de la Société d'Anthropologie de Paris*, 1877, p. 381. — *The Athenæum*, 23 septembre 1882. — *The missionary Herald*, juillet 1834. — Cust, *op. cit.*, t. I, p. 76. — Forbes, *Despatch communicating the Discovery of a native written Character at Bohmar, on the western Coast of Africa, near Liberia, accompanied by a Vocabulary of the Vahie or Vei Tongue.* Londres, 1849.

3. Atkins, dans Walckenaer, *Recherches historiques sur l'Afrique*, t. IV, p. 74.

4. *Ibid.*, p. 25.

5. Dufay, *l'Afrique*, t. I, p. 236. Paris, 1825.

Villault de Bellefond dit des habitations des peuples de
Sierra Leone : « Elles sont bâties de roseaux et de boüe, à
costé, une petite fenestre, couverte de feuillages, un trou pour
la porte, on y fait le feu au milieu, ils couchent sur des
nattes de gros joncs qui sont dans un coin[1]. » En fait, ce sont
des huttes très basses, composées de branches fourchues
plantées dans la terre, en rond ou en carré, et couvertes
d'un toit de chaume. La forme ronde est la plus commune ;
les piliers ont généralement sept ou huit pieds de haut et soutiennent des chevrons qui se réunissent en forme de cône. Ils
sont couverts de roseaux et de menus branchages. Sur cette
sorte de claie on étend une façon de plâtre, composé de
coquillages brûlés, mais peu résistant, car il n'y entre pas de
sable[2]. L'ouverture d'entrée est carrée ; elle a environ deux
pieds de large, trois de haut ; le seuil est élevé d'un pied au-
dessus du sol. Une natte tient lieu de porte. Des nattes également servent de lits, soit placées simplement à terre,
soit étendues sur quelques solives entrecroisées. Un village
est composé, pour l'ordinaire, de trente ou quarante de ces
cases ; souvent, lorsqu'on y trouve quelque avantage, le village entier se déplace et se transporte en un autre lieu.

L'homme et la femme sont d'intrépides fumeurs. Ils
expriment le jus de tabac lorqu'il est vert, puis le hachent
menu et le font sécher au feu. Ils mâchent avec ardeur le
kola, la noix de kola, sterculie acuminée, dure, rougeâtre,
amère, de la grosseur d'une de nos noix. On se passe le
kola de main en main, chacun l'ayant mâché à son gré et le
temps qu'il a voulu. Cette noix a sa valeur : une cinquantaine
suffisent souvent à l'achat d'une femme[3].

---

1. *Relation des costes d'Afrique, appelées Guinée*, p. 80. Paris, 1669.
2. Walckenaer, *op. cit.*, t. IV, p. 85.
3. *Ibid.*, p. 25. Sur la noix de Kola, *ibid.*, p. 31. — Perrotet, *Floræ Séné-*
gambiæ tentamen, t. I, p. 81. Paris, 1843. — Palissot de Beauvois, *Flore*

Les femmes sont occupées communément à de durs travaux; la besogne finie, l'homme les met aux soins de sa chevelure, qui réclament parfois deux et trois heures[1].

Labat rapporte que les maris ne se font pas faute, moyennant un certain bénéfice, de prêter leurs épouses aux étrangers; et celles-ci trouvent la chose juste et équitable, sachant qu'en se soumettant à ce prêt elles sont agréables à leur maître.

Les indigènes de Sierra Leone ont des cours judiciaires composées des principaux personnages et des anciens de la tribu; on y délibère à la pluralité des voix. D'ailleurs la justice repose souvent sur la sorcellerie et sur les épreuves. Walckenaer dit à ce sujet, d'après Atkins[2] : « Sur les accusations de

d'Oware, t. I, p. 4. — *Mémoires de la Société ethnologique*, t. II, 2ᵉ partie, p. 42. — Heckel, *Des Kolas africains* (*Bulletin de la Société de Géographie de Marseille*, avril-juin 1883, p. 105). — Zweifel et Moustier, *ibid.*, juillet-septembre, 1880, p. 218. — Hamy, *Revue d'Ethnographie*, t. II, pp. 362, 370. — Caillié, *op. cit.*, t. I, p. 239. — Baikie, *Narrative of an exploring Voyage up the Rivers Qvora and Binu*, p. 40. Londres, 1856. — Barth, *op. cit.*, traduction française, t. IV, p. 103. — Schweinfurth, *Au cœur de l'Afrique*, t. II, p. 46. — Nachtigal, *Sahará und Sudan*, t. I, p. 666. — Rohlfs, *Land und Volk in Africa*, p. 78. — Galliéni, *Bulletin de la Société de Géographie*, 1883, p. 607. — « Les noix de kola, dit miss Tucker, ressemblent beaucoup aux marrons d'Inde. Elles ont un agréable parfum amer, et sont légèrement toniques. » (*Abbeokuta*, p. 29. Londres, 1858.) A Kachna, dans le Bornou, dans le Fezzan, le cent des noix de kola vaut 12 shellings, soit 14 fr. 40 centimes. Sur la côte de Sierra Leone les 45 kilogrammes sont payés de 50 à 150 francs. Sur les bords du Niger, la noix vaut quelquefois un prix fort élevé. On retrouve les noix de kola dans le pays des Haoussas; on les connaît également dans la région des grands lacs. Une note insérée au *Journal officiel*, 4 juin 1884, dit qu'à Bakel une noix se vendait à cette époque au prix de 2 francs. Lenz (*Timbouctou*, t. II, p. 157) rapporte n'avoir pas payé moins de 100 cauris les noix de kola. Elles constituent un important article de commerce et viennent des côtes de Sierra Leone et du nord du pays des Achantis. Les Mandingues du Dioula-dougou vendent *des noix de kola contre du sel et des étoffes*. Ils les tirent d'une région située vers 9° ou 8° de latitude (Tautain, *Revue d'Ethnographie*, p. 397, 1887).

1. Dufay, *op. cit.*, t. I, p. 249.

2. Atkins, *A voyage to Guinea*.

meurtre, d'adultère et d'autres crimes odieux dans la nation, les personnes suspectes sont forcées de boire d'une eau rouge qui est préparée par les juges, et qui s'appelle eau de purgation. Si la vie de l'accusé n'est pas régulière, si on lui connaît quelque sujet de haine contre le mort, quoique l'évidence manque à la conviction, les juges rendent la liqueur assez forte, ou la dose assez abondante, pour lui ôter la vie. Mais s'il mérite de l'indulgence par son caractère ou par l'obscurité des accusations, on lui fait prendre un breuvage plus doux pour le faire paraître innocent aux yeux de la famille et des amis du mort. »

Les rites funéraires sont peu compliqués; avec le mort on enterre ce qu'il a possédé de précieux, et l'on élève un petit toit au-dessus de la fosse. Parfois on se contente de la recouvrir d'une pièce d'étoffe[1].

XIX. — LES KROUS

Avec la côte des Graines (ou du Poivre) et l'État de Libéria, nous arrivons à parler des Krous ou Kroumans, immédiatement au sud des Basas que l'on range quelquefois parmi eux.

Au nord, on les rencontre, sur la côte, jusqu'à Monrovia, au cap Mesurado; au sud, ils s'étendent jusqu'à Grand-Sestre, c'est-à-dire jusqu'à l'extrémité méridionale du pays de Libéria. Là ils confinent aux Grébos, indigènes du cap Palmas, dont nous aurons à parler tout à l'heure.

Les Krous, qui, il y a deux siècles, habitaient plus avant

1. Barbot, *Description des côtes occidentales d'Afrique et des régions adjacentes*, t. V, de Churchill.
2. Cust, *op. cit.*, t. I, p. 191. Londres, 1883.

dans l'intérieur des terres, ont peut-être absorbé une population côtière plus ancienne[1] ; de là, chez eux, un manque d'homogénéité. Actuellement ils détiennent dans toute cette région le commerce maritime, par exemple celui du sel, denrée si fort estimée par les populations de l'intérieur. Fréquemment, des noirs plus avancés dans les terres, cherchent à approcher des côtes rien que pour avoir le plaisir de boire de l'eau salée[2].

D'après Soyaux, les Krous sont les plus robustes des Africains ; ils ont les épaules larges, le cou assez court ; le visage est bienveillant, la peau de couleur bronze foncé[3].

Vallon les représente comme robustes, assez sobres et d'un caractère doux, bons pêcheurs, grands auxiliaires des Européens dans les travaux de navigation et de colonisation[4] ; ils s'engagent volontiers pour un an, un an et demi, à condition de ne pas être emmenés au loin. Lorsqu'ils ont suffisamment gagné pour acheter une femme, dit Buchholz, ils se hâtent de reprendre leur liberté et de regagner le pays[5]. Passé le milieu de la vie, le Krou a pour toute ambition de se retirer chez lui, avec ses femmes, et de se laisser sustenter par celles-ci.

Par manière d'ornementation les Krous aiment à se limer la partie interne des incisives médianes supérieures[6]. Une large ligne noire partant du haut du front et longeant l'arête du nez est leur marque distinctive[7]. Généralement les bras

---

1. A. de Quatrefages et Hamy, *Crania ethnica*, p. 363.
2. *Revue coloniale*, t. II, p. 90.
3. *Aus Westafrika*, p. 38. Leipzig, 1879.
4. *Revue maritime et coloniale*, t. IX, p. 387. — Cf. Bowen, *Centralafrica*, p. 38.
5. *Reisen in Westafrika*, p. 31. Leipzig, 1880. — Cf. Bowen, *Centralafrica ; Adventures and missions Labours in several Countries in the Interior of Africa*, p. 38. Charleston, 1857. — *Revue britannique*, 1845, p. 314.
6. Berchon, *Bulletins de la Société d'Anthropologie*, 1860, p. 524. — Lenz, *Skizzen aus West Afrika*, p. 231. Berlin, 1879.
7. Lenz, *ibid*. — Soyaux, *op. cit.*, p. 38.

sont tatoués. Le vêtement se compose d'une étoffe enveloppant les reins et le ventre ; le cou et les bras sont ornés d'enfilades de perles bleues et noires.

L'état social des Krous est celui d'une sorte de république aristocratique[1]. Quant aux mœurs particulières, ce qu'en rapporte Dufay est caractéristique : « Les peuples du cap Mesurado, dit-il, sont fort jaloux de leurs femmes. Cette délicatesse ne regarde point leurs filles, auxquelles ils laissent la liberté de disposer d'elles-mêmes ; ce qui n'empêche point qu'elles ne trouvent ensuite facilement des maris. Les hommes seraient fâchés de prendre une femme qui n'aurait pas donné, avant le mariage, des preuves de fécondité, et qui n'aurait pas acquis quelque bien par la distribution de ses faveurs : ce qu'elle a gagné par cette voie sert au mari pour l'obtenir de ses parents[2]. » On peut rapprocher de ce passage ce que rapporte la *Revue britannique :* « Une femme est-elle soupçonnée d'avoir commis une infidélité, son mari la fait condamner à boire une infusion d'écorce de bois de sassy. Si elle vomit le poison, elle est déclarée innocente, et sa famille la reprend sans rembourser le prix d'achat. Si au contraire le poison commence à agir, elle est déclarée coupable : on lui administre un contre-poison, et son mari a le droit ou de la renvoyer à ses parents, ou de lui couper le nez et les oreilles. Du reste, l'honneur d'une femme n'est pas compromis si elle a trahi ses devoirs avec un homme blanc, pourvu toutefois qu'elle en ait averti son mari, et qu'elle en ait obtenu son consentement. En général, les indigènes tirent tout à la fois honneur et profit des relations de ce genre, qui s'établissent à leur connaissance et par leur entremise, entre leurs femmes et les blancs[3]. »

1. *Journal of the anthropological Society*, t. III, p. CLXXII.
2. *L'Afrique*, t. II, p. 26. Paris, 1825.
3. Année 1845, p. 315.

Nous lisons dans le même article, à propos des femmes des Krous : « La première, par ordre de date, est la maîtresse du

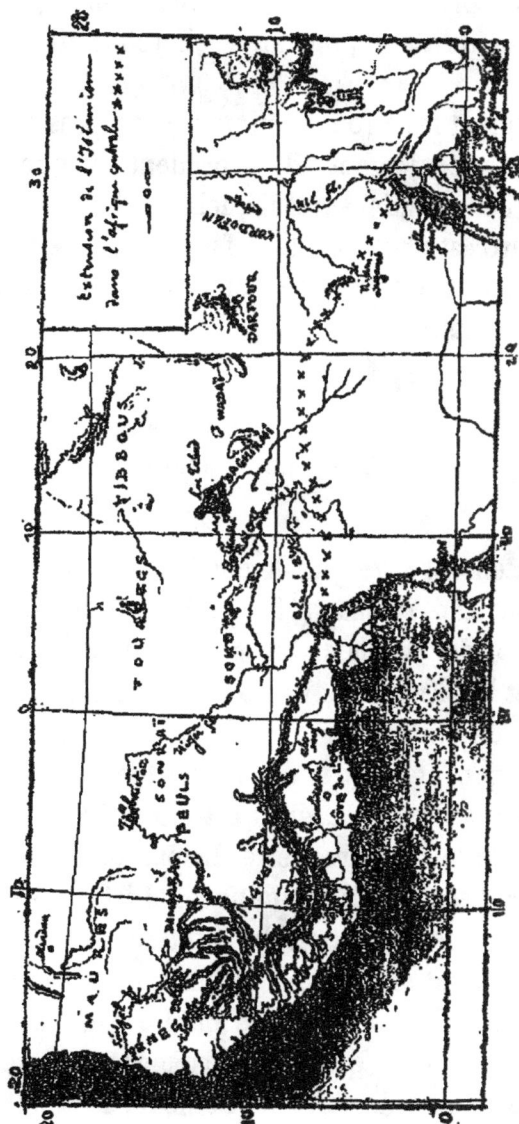

Fig. 4. — Extension de l'Islamisme dans l'Afrique centrale.

logis ; elle commande aux autres, qui travaillent avec un zèle méritoire au profit de leur époux et maître commun. Celui-ci

vit deux, trois ou quatre jours de suite avec chacune d'elles.
Quand il devient vieux, il fait cadeau de ses femmes, comme
l'usage l'y autorise, à des parents plus jeunes que lui, sinon
la plupart le quittent pour aller chercher ailleurs d'autres
amours. »

Généralement les Krous se montrent propres et leurs habitations le sont également. Ils procèdent chaque jour à une
ablution à l'eau chaude, après laquelle ils s'enduisent d'huile[1].
La nourriture est préparée de la façon la plus simple.

Les Krous ont conservé jusqu'ici leurs croyances et leurs
pratiques anciennes[3].

XX. — LES GRÉBOS

Immédiatement après les Krous habitent les Grébos, dans
la région du cap Palmas (10° de longitude). Ce sont les
« Fishmen » des Anglais. La plus grande hostilité règne
entre eux et les Krous, et ils sont non moins ennemis des
populations de l'intérieur[3].

Comme on peut le voir par le récit caractéristique que
voici, la population des Grébos est encore absolument fétichiste et adonnée à la sorcellerie. Le passage est emprunté au
missionnaire Bessieux, non moins fétichiste, il est vrai, qui
appartenait à la congrégation du Saint-Cœur de Marie :

« Quand nous étions au cap Palmas, nous avons été plusieurs fois témoins d'un crime public qui nous a glacés
d'horreur. Survient-il quelque événement funeste, aussitôt
la multitude pousse des cris de douleur, se saisit d'un des

1. Wilson, *Western Africa*, p. 122.
2. R. Clarke, *Sierra Leone*, p. 42. Londres, 1846.
3. *Revue coloniale*, t. II, p. 90.

assistants qu'elle croit coupable de maléfice, ou bien, si l'auteur présumé du sortilège est absent, elle court avec une aveugle fureur le chercher dans sa case. Après l'avoir garrotté malgré ses résistances, on le traîne au pied d'un arbre, appelé l'arbre du jugement, et là on le force de se justifier par l'épreuve du poison. S'il a eu le temps de boire auparavant un peu d'huile, il peut espérer de vomir le fatal breuvage, et alors son innocence est proclamée ; sinon le malheureux succombe en quelques instants[1]. »

Les Grébos ne diffèrent pas des Krous par leurs traits et leur apparence, mais ils sont plus pauvres et moins en rapport avec la civilisation européenne[2].

La langue des Grébos, — tout comme celle des Basas (Krous septentrionaux), — serait un dialecte de celle des Krous proprement dits[3].

XXI. — LES AVEKVOMS

De la région située à l'est du cap Palmas jusqu'aux environs du fleuve Assinie, c'est le pays maritime de la côte d'Ivoire, de 9°, 5' à 6° de longitude. Le nom d'Avekvoms est le nom propre des indigènes[4] que l'on a souvent appelés, mais abusivement, les « Quaquas[5] ». Comme substitut des noms d'Avekvom et de Quaqua, on emploie parfois celui

1. *Annales de la propagation de la foi,* mars 1847.
2. Wilson, *Western Africa,* p. 103.
3. Cust, *op. cit.,* t. I, p. 194.
4. Christaller, *Grammar of the Asante and Fante Language.* Bâle, 1875.
5. Wilson, *Journal of American Orient. Society,* t. I, p. 346. — Waitz, *Anthropologie der Naturvœlker,* t. II, p. 52.

d'Adou [1]. C'est sur le territoire des Avekvoms que se trouvent situés les villages de Petit-Bassam et de Grand-Bassam, ce dernier, comptoir français établi non loin d'Assinie.

Villault de Bellefond décrit cette population comme bien faite et robuste, « mais la mine affreuse et terrible »; toutes les femmes, ajoute-t-il, sont petites. « L'on n'entend point leur langage. En abordant, ils disent *qua, qua, qua*, qui est comme bonjour et bien venu. C'est aussi la raison pourquoy les Hollandois appellent une partie de cette coste, la coste des *Quaqua*, parce qu'ils le disent souvent, surtout si l'on les gourmande [2]. »

La population des environs de Grand-Bassam passe pour être d'un caractère très indolent [3]; les indigènes sont de beaux nègres, d'un noir souvent bien luisant, bien pris de taille. Les hommes portent presque tous sur eux la valeur de quatre à cinq « acquêts d'or » (l'acquêt pèse 1ᵍʳ 80). Les jours de cérémonies leurs doigts sont tous ornés de bagues. Les femmes ont au cou, aux bras, aux jambes, des colliers, des bracelets d'importation anglaise.

« Les habitations des naturels consistent en grandes cours clôturées avec des roseaux, autour desquelles sont construites d'assez vastes cases en bambous, recouvertes extérieurement et intérieurement de terre glaise revêtue soigneusement d'une espèce de ciment sur lequel ils tracent de grossiers dessins coloriés ou qu'ils rougissent avec la décoction d'une racine. Ces cases sont couvertes en feuilles de palmier imperméables à l'eau. Plusieurs de ces cases ont un réduit où les indigènes renferment un fétiche en bois peint, grossièrement sculpté, et figurant un monstre de fantaisie, qui protège

1. Erdman Isert, *op. cit.*, t. II, p. 518.
2. *Relation des costes d'Afrique appellées Guinée.* Paris, 1669.
3. *Revue coloniale*, t. III, pp. 321, 331.

plus particulièrement la maison et la famille[1]. » Inutile
d'ajouter que ces noirs sont demeurés absolument réfractaires
aux prédications évangéliques.

« Lors de notre prise de possession, le gouvernement, songeant à fournir au pays les bienfaits de la religion, avait
établi une mission à l'abri de notre établissement, Mais les
prêtres ont successivement succombé à la tâche. » (*Ibidem.*)

Dans son *Voyage sur la côte et dans l'intérieur de l'Afrique
occidentale*, Hecquard parle longuement des naturels de Grand-
Bassam. Il les représente comme perfides, pillards et astucieux,

Fig. 5. — Côte de l'Or. Côte des Esclaves.

paresseux à l'excès, obligés de s'approvisionner hors de chez
eux. Leur principale ressource vient de leurs pêcheries. Ils
sont d'une taille assez élevée, leur peau est d'un beau noir,
le nez épaté, les traits grossiers. Un pagne leur ceint le corps
ou est jeté sur les épaules. Les cheveux sont portés longs, ou
arrangés avec un peigne à trois dents; les femmes coiffent
leurs maris, et les célibataires se coiffent entre eux. « Les

---

1. *Revue maritime et coloniale*, t. IX, p. 40.

femmes portent aussi des pagnes. Après avoir enveloppé leurs
hanches avec la première, elles en passent les extrémités entre
les jambes et forment avec l'excédent un bourrelet à la chute
des reins. » Un autre pagne les couvre de la ceinture aux
pieds. Plus le bourrelet est proéminent plus la femme est ré-
putée avoir de pagnes, partant être riche. Aux bras, au cou,
toutes sortes de verroteries; aux pieds de gros et lourds anneaux de cuivre. Généralement on fait deux repas par jour,
à onze heures, à six heures; on mange de la banane longue,
de l'igname, de la farine de manioc, du poisson qui est le
mets préféré. La religion est un pur fétichisme; chaque case
a ses fétiches, auxquels on offre du tabac, des poules. Nombre
d'animaux et de plantes sont fétiches. Les sorciers ont une
grande puissance; eux seuls ont droit de se nourrir de lait.
On n'ose toucher davantage à la viande du bouc, du chien,
du porc. Fétiche également la chair de la poule blanche. Deux
jours sur trois on ne peut pêcher, sous peine de devenir la
proie des caïmans. On découvre les voleurs au moyen de fétiches. Toutes les cases sont remplies de fétiches de toute
nature, de toute espèce, parfois un simple morceau de bois
peint ou de poterie. Comme chez les autres nègres, la femme
est achetée de ses parents et un féticheur procède à la cérémonie qui consiste en fortes libations. Ordinairement chacune des femmes passe quatre ou cinq jours consécutifs avec
le mari commun. L'adultère se rachète par une amende :
« Cette coutume est regardée comme très équitable par les
naturels, car, disent-ils, il n'est pas juste que le mari paie
une dot pour que les autres abusent de sa femme. » Les cases
sont en bambous, recouvertes de terre glaise à l'extérieur,
carrées et couvertes de branches de palmier reliées entre elles;
on couche sur des nattes ou sur des peaux. A la mort d'un
parent, les siens se rasent la tête, sauf une mèche conservée au
sommet; le corps, gardé par les femmes, est exposé plusieurs

jours durant. L'inhumation est faite dans les bois; le corps est au préalable embaumé au moyen de plantes aromatiques. Sur la fosse, on tire des coups de fusil, on danse, on boit aux frais de l'héritier qui fait parade de la succession. Celle-ci a lieu en ligne collatérale : c'est le fils de la sœur qui hérite ; toujours le matriarcat, dont nous aurons à constater souvent la pratique. Le sentiment de la famille est développé, de même l'hospitalité. La justice est rendue par le roi, qui, dans les cas graves, prend l'avis des vieillards. Ceux-ci ne peuvent-ils l'accorder, on s'en rapporte aux épreuves. Il y en a de deux sortes : « La première consiste à appliquer un fétiche soit sur le ventre, soit sur toute autre partie du corps de celui qu'on suppose coupable. Persuadé qu'il est qu'il va mourir, l'homme de bonne foi ne brave jamais cette épreuve et avoue aussitôt son méfait. L'autre épreuve, réservée aux grands crimes, est beaucoup plus dangereuse. L'accusé, conduit dans l'épaisseur des bois, est tenu d'avaler jusqu'à la dernière goutte, une boisson composée de plantes vénéneuses et contenue dans un vase qui tient plus de deux litres. Il est rare qu'il résiste à cette épreuve, à laquelle, innocent ou coupable, il succombe presque toujours. » Les sacrifices humains sont fort rares aujourd'hui à Grand-Bassam grâce à la présence des Européens qui se sont énergiquement opposés à ces massacres[1].

XXII. — LES NOIRS DE LA COTE DE L'OR

(ASSINIENS, ACHANTIS, FANTIS, AKRÉENS.)

Le territoire de la côte de l'Or s'étend de l'embouchure du fleuve Assinie à celle du fleuve Volta; soit, approximative-

1. *Op. cit.*, ch. II, pp. 59 et s.

ment, du sixième degré de longitude au deuxième. A l'ouest
sont les noirs Avekvoms dont il vient d'être parlé, à l'est est
le peuple évé et la population du Dahomey.

Les Assiniens sont les premiers noirs que nous rencontrions
en poursuivant notre route vers l'est. Mondière en a fait récemment une bonne description[1]. Ici il faut reconnaître deux
types assez distincts, l'un plus ancien dans la région, trapu,
à tête moins allongée que le second; ce dernier plus élancé de
corps et ayant des membres plus grêles. Loyer, au commencement du xviiie siècle, avait bien distingué ces deux types[2].
Il représente les gens de la race la plus ancienne comme
portant de longs cheveux, habillés de pagnes d'herbes ou
d'écorces, les femmes allant complètement nues. D'après
les observations de Mondière, prises sur deux douzaines d'individus de chaque race, les principales caractéristiques sont les
suivantes. Indigènes anciens : taille moyenne, 1ᵐ 67 ; indice
céphalique, 74.7 ; peau d'un beau noir; nez gros, très épaté;
lèvres grosses et renversées. Type moins ancien : taille moyenne
1ᵐ 74; indice céphalique, 71 ; peau d'un noir de suie ; nez large
au bout, parfois busqué; lèvres moins grosses. « Les cheveux
sont un des signes distinctifs les plus marqués entre les deux
types noirs du pays. Chez les uns, bien que semblant pousser
par touffes, mais moins isolés que chez le type élancé, ils
sont simplement ondés et non crépus dès qu'ils ont atteint
leur maximum de longueur : vingt à vingt-cinq centimètres.
La coupe en est, du reste, moins elliptique que dans le type
ochin. Chez ce dernier les îlots semblent plus nettement des-
sinés, les cheveux dépassent rarement dix centimètres et
restent toujours en touffes. »

1. Mondière, *les Nègres chez eux; étude ethnographique sur les populations
de la Côte d'Or* (*Revue d'Anthropologie*, t. IX, p. 621).
2. Godefroy Loyer, *Relation du royaume d'Issyny*. Paris, 1714, in-12.

Analysons rapidement les autres renseignements donnés par Mondière sur les Assiniens.

La femme est sensiblement plus petite que l'homme (1^m55 en moyenne) et un peu massive; elle a le sein piriforme, volumineux; l'orifice vulvaire est placé très haut : les grandes lèvres sont épaisses; les poils du pubis sont abondants, non frisés : souvent on les rase; la première menstruation apparaît à onze ou douze ans. Dès l'apparition du flux menstruel, la femme, regardée comme impure, disparaît du village, avec des vivres pour trois ou quatre jours. Durant le temps de l'écoulement, elle prend chaque jour deux lavements de piment. L'instrument se compose d'une courge sèche à long col dont les deux extrémités sont percées. La patiente « se courbe en deux, les fesses en l'air, introduit la petite extrémité de la courge dans l'anus, et par un mouvement rapide de l'index sur l'orifice supérieur, elle refoule l'air qui fait pénétrer le liquide dans l'intestin. » Si elle a un aide, celui-ci souffle par l'orifice de la grosse extrémité. Chaque jour, jusqu'à ce qu'ils soient sevrés, les enfants reçoivent un lavement de cette nature; chaque jour également ils sont baignés deux ou trois fois dans l'eau froide. Jusque vers l'âge de sept ans on leur rase la tête. « Vers le cinquième mois, on ajoute comme nourriture au lait de la mère une quantité progressivement croissante de bouillie faite avec de la farine d'igname ou de manioc, à laquelle on ajoute toujours du piment et quelquefois du poisson fumé préalablement mâché par la mère. » (*Op. cit.*, p. 635.) Les femmes portent leurs jeunes enfants au-dessus des reins, à cheval, soutenus par une pièce d'étoffe que la mère attache devant elle.

Les habitations des Assiniens aisés sont plus confortables que celles de beaucoup d'autres Africains. On fixe en terre une série de pieux de quatre à cinq mètres et on les relie par des traverses moins grosses; l'intervalle est rempli par un clayon-

nage de branches, et des deux côtés ce mur est enduit d'argile :
on y laisse, comme fenêtres, des ouvertures d'environ cinquante centimètres. Une seule porte. La toiture est en nattes
grossières, fortement attachées. Le sol est exhaussé en terre-
plein d'environ soixante centimètres, souvent dallé de noyaux
du fruit du palmier à huile. Chaque habitation est entourée
d'un enclos : « Dans cet enclos se trouvent de plain-pied avec
le sol autant de cases que le propriétaire a d'épouses : chacune vit chez elle, à part, avec ses enfants et ses esclaves particuliers. » Loyer décrivait ainsi les demeures des Assiniens :
« de méchantes cases faites de roseaux, et couvertes de feuilles
de palme. Elles sont si basses qu'à peine un homme s'y peut-
il tenir debout. Il est vrai qu'ils n'y entrent guère que pour
se coucher, et lorsqu'il fait de la pluie : le reste du temps ils
se tiennent dehors à la fraîcheur, sous des appentis qu'ils font
faire de feuillages... L'entrée est un trou carré d'environ un
pied et demi au plus, par lequel il faut se glisser avec peine ;
et ils la bouchent avec une petite porte de roseaux, qu'ils attachent avec des cordes en dedans... La nuit ils font du feu au
milieu de cette case, où il n'y a point de cheminée, et où il n'y
fume pas mal. Là ils se couchent sur des nattes, ou sur des
roseaux tout autour, la plante des pieds tournée vers le feu.
La case de leurs femmes est à côté, où elles couchent, boivent
et mangent à part : rarement c'est avec leurs maris. Ces cases
sont pour la plupart encloses par dehors d'une grande palissade de roseaux, qui forme une espèce de grande cour, où
il y a pareillement une petite porte ; mais qui est de deux pieds
et demi, et qu'on a soin de fermer tous les soirs[1]. »

Pour les hommes, le vêtement se compose soit d'un pagne
qu'on enroule autour des reins et qui descend un peu plus
bas que le mollet, soit de l' « abrakon », bande d'étoffe

---

1. Godefroy Loyer, *Relation du voyage du royaume d'Issyny*. Paris, 1714.

rouge, longue de deux mètres, qui passe entre les cuisses et fait deux fois le tour de la taille. Les femmes assiniennes portent des colliers nombreux au-dessus des hanches. Leur « atoufou » est une pièce de cotonnade d'environ six ou sept mètres, assez étroite : « On fixe l'une des extrémités en avant, en la faisant glisser entre la paroi abdominale et les colliers, puis on passe la pièce entre les cuisses, et on la fait, en arrière, passer entre la peau du dos et les colliers. On la tend fortement de façon à comprimer les grandes lèvres, et on pelotonne les cinq ou six mètres qui restent en une masse arrondie[1]. » Par-dessus est porté une sorte de jupon descendant soit à la cheville soit au genou. Les femmes mariées ont de gros bracelets de bronze, fondus par les artisans du pays. Point de boucles d'oreilles, mais de nombreuses bagues, aussi bien aux doigts des hommes qu'à ceux des femmes. Les filles coupent leurs cheveux et les disposent en une foule de petites boules ; les femmes les laissent pousser, les relèvent sur le front et les réunissent en arrière en une seule touffe, ce qui forme un chignon au sommet de la tête.

L'Assinien se nourrit surtout de bananes, puis de manioc, d'igname, de maïs. Il mange également du poisson, de la volaille ; rarement il mange quelque mouton de ses troupeaux.

En Assinie, le gouvernement est une autocratie, mais le roi

1. Cette pièce de costume est ainsi décrite dans la *Revue coloniale*, 1843, p. 358 : « Les femmes portent sous leurs pagnes des paquets de vieilles étoffes qu'elles placent au bas des reins : ce sont des espèces de tournures ; elles en font un ornement, car les jeunes filles s'en servent dès l'âge de quatre ans ; mais le but utile est de soutenir facilement les enfants qu'elles portent derrière le dos. » Villault de Bellefond avait déjà décrit ce costume il y a longtemps ; voici en quels termes il parle des femmes de la Côte de l'Or : « Elles ont une pièce de soye, taffetas ou autre étoffe rouge, bleue ou *violette*, qui sont les couleurs qui leur plaisent davantage, dont elles se couvrent depuis le sein jusqu'à my-jambes, qu'elles relèvent par derrière d'un gros bourelet. » *Op. cit.*, p. 226. — Cf. Buchholz, *Reisen in West-Afrika*, p. 49. Leipzig, 1880.

consulte dans chaque occasion sérieuse les principaux chefs et
le grand féticheur.

D'après Mondière il n'y a chez les Assiniens d'autres pratiques religieuses que des offrandes faites à des eaux lacustres,
« au fétiche des crocodiles » (*op. cit.*, tome X, p. 82). Il
ajoute, d'ailleurs, que le commerce des philtres « surtout de
ceux qui sont destinés à inspirer ou à soutenir une passion
violente », est de grand rapport pour les féticheurs et les féticheuses.

Les funérailles sont accompagnées de danses, de libations ;
lorsqu'il s'agit d'une femme, la cérémonie est beaucoup
moins solennelle que pour un homme. A l'enterrement d'un
roi, d'un grand chef, on assomme une partie de ses esclaves.
« Chaque famille qui a un mort fait confectionner par une
femme dont c'est la spécialité, le plus souvent une féticheuse,
une figure grossière, en terre, qui représente le défunt ou
la défunte » ; on pare ces statues de colliers et de morceaux
d'étoffe.

Chez les Assiniens, ajoute le même auteur, la seule monnaie
est la poudre d'or. Le « takou » unité de poids, pesant environ 17 grammes, vaut 50 centimes ; l' « akê », 6 francs. On
solde également avec du tabac, avec de la cotonnade.

Ajoutons que les Assiniens passent pour être hospitaliers,
assez probes[1] et de mœurs douces. « La polygamie est per-
mise dans tout le pays ; le roi seul peut répudier toutes ses
femmes, à l'exception de celle qui, désignée par tous les chefs
du pays, est considérée comme fétiche et doit fournir des
rejetons à la couronne[2]. »

Immédiatement à l'est des Assiniens, le long de la côte, se
trouvent les Appoloniens, ou Ezemmas. L'établissement an-

1. *Revue coloniale*, 1843, p. 338.
2. *Ibid.*, 1844, p. 314.

glais d'Appolonia est par 4° 55 de longitude. Il est adossé à des forêts dont l'accès est des plus difficiles.

L'état d'Ahanta est plus à l'est encore; sur le littoral, et à la suite, après le quatrième degré, se trouve le pays des Fantis, toujours sur la côte[1].

Sous le rapport anthropologique, les Fantis se rapprochent beaucoup de leurs voisins les Achantis[2], établis plus au nord, dans l'intérieur des terres, et avec lesquels, d'ailleurs, ils vivent en mauvaise intelligence[3]. Brackenbury les représente comme appartenant à une race assez fine, intelligente et courageuse[4]. Leur peau est d'un beau noir; trois incisions perpendiculaires sur chaque tempe sont leur signe particulier[5].

Chez les Fantis, lorsqu'une fille est en âge de prendre mari, elle se pare de tous les ornements d'or qu'elle possède, de tous ceux qu'elle peut emprunter, elle se peint le visage et les bras de traits blancs, et, le sein nu, tenant une vergette à la main pour chasser les mauvais esprits, elle s'exhibe au public, indiquant ainsi ce qu'elle recherche[6]. Le futur achète la femme qu'il épouse, à la façon de ce qui se passe dans presque toute la Nigritie africaine; en rendant la dot à son mari, la femme peut d'ailleurs se libérer. L'adultère de l'épouse est sévèrement puni.

Le territoire tout entier est une république de villages dont les chefs sont fédérés contre l'ennemi commun, contre les

1. Carte du pays côtier des Ahantas, des Fantis, des Akras, — du Cap des trois pointes à l'embouchure du fleuve Volta, — dans Stanley, *Coomassie and Magdala, the Story of two British Campaigns in Africa.* Londres, 1844.

2. *Crania ethnica,* p. 366. — Allen and Thomson, *Narrative of the Expedition to the River Niger,* t. I, p. 155. Londres, 1848.

3. Dupuis, *Journal of a Residence in Ashantee,* p. 36. Londres, 1824.

4. *Narrative of the Ashanti War.* Londres, 1874.

5. John Adams, *Remarks on the Country from Cape Palmas to the River Congo.* Londres, 1828.

6. Brackenbury, *op. cit.,* t. II, p. 321.

Achantis[1]. Comme culture, celle des végétaux est assez suivie[2].

Ainsi que tous leurs voisins, les Fantis vivent dans le fétichisme pur et simple. Ceux du littoral, en contact avec les Européens, particulièrement avec les Anglais, sont beaucoup moins sauvages que ceux de l'intérieur[3]. Leur fétiche, dit Stanley, consiste en une image de bois, représentant un homme sans bras et sans jambes, placée à l'entrée de quelque voie publique. S'il n'est pas en bois, le fétiche est en terre argileuse ou formé de vieux haillons; doué, en tous cas, de la puissance la plus extraordinaire (*op. cit.*, p. 55).

En pénétrant dans le continent, au nord des Assiniens et au nord des Fantis, on rencontre les Achantis, célèbres par la guerre qu'ils ont récemment soutenue contre les Anglais et qui amena la prise de leur capitale, Coumassie. Leur pays est limité à l'ouest par le cours moyen du fleuve Assinie, à l'est par le cours moyen du fleuve Volta, soit un espace s'étendant du 2° au 6° degré de longitude occidentale[4].

Les Achantis sont des noirs de petite taille; leur boîte crânienne a une faible capacité; leur nez est fort élargi d'après certains auteurs; il est, au contraire, parfois aquilin selon d'autres[5]. Cette dernière assertion demande à être interprétée et expliquée : Bowdich ne peut parler ici de purs et vrais Guinéens.

Le royaume des Achantis est un État tout à fait organisé[6].

1. Stanley, *op. cit.*, p. 51.
2. J.-L. Wilson, *Western Africa*, p. 155.
3. Hutton, *A Voyage to Africa*, p. 92. Londres, 1821.
4. Voir une carte du pays des Fantis et des Achantis dans les *Archives de médecine navale*, t. XXI, p. 329. — Autres cartes dans Brackenbury, *op. cit.*; dans Petermann, *Geographische Mittheilungen*, 1874. — Voir également : *la Côte de Guinée; reconnaissance du fleuve Volta*, par M. J. Bonnat (*l'Explorateur*, t. III, p. 663).
5. Bowdich, *Mission from Cape Coast Castle to Ashantee*. Londres, 1819, in-4°.
6. Hutton, *A Voyage to Africa*, p. 317. Londres, 1821.

La capitale, Coumassie, est fort peuplée; le roi y règne en
vrai despote, bien qu'entouré d'un conseil de chefs. Il a
333 femmes[1], est souverain de la fortune publique, maître
de tout le sol. Les poids et mesures dont il se sert sont d'un
tiers plus forts que ceux qu'emploient ses sujets, et cela est
juste et équitable, ayant été trouvé tel de générations en générations par la nation toute entière. « Quand ce demi-dieu
crache, des enfants, porteurs de queues d'éléphants, essuient
soigneusement le crachat royal ou le couvrent de sable. Quand
il éternue, tous les assistants mettent deux doigts en travers
sur le front et sur la poitrine, ce qui équivaut à demander

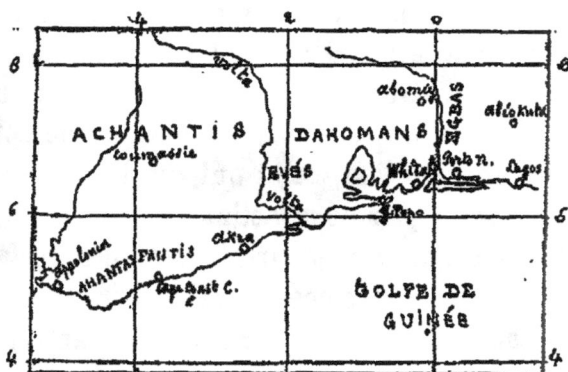

Fig. 6. — Achantis. Dahomans.

une bénédiction[2]. » L'ordre de succession au trône est ainsi
fixé qu'au roi succède d'abord son frère; s'il n'a point de frère
le fils de sa sœur, et, à défaut de ce dernier, son propre fils.

Le royaume des Achantis est célèbre par les hécatombes
humaines qui y sont usitées. Ces sacrifices barbares ont lieu
lors de toutes les fêtes, lors de toutes les cérémonies : à la
mort des princes, au renouvellement des saisons, aux époques

1. Ramseyer et Kühne, *Quatre Années chez les Achantis*, p. 281. Paris,
1876.
2. Letourneau, *la Sociologie d'après l'Ethnographie*, p. 439.

des récoltes[1]. Les bourreaux déploient souvent, dans ces exé-
cutions, la férocité la plus horrible. Les nombreuses guerres
et ces sacrifices constants finissent par dépeupler la capitale,
malgré les soins d'une sévère police; nombre d'indigènes préfèrent, on le conçoit, aller vivre au loin, et en sûreté, dans de
petits villages. On rapporte qu'à l'occasion de certaines cérémonies, trois mille individus furent victimes de cette barbare
coutume. Les massacres durent parfois pendant des semaines
et des semaines[2]. Il est juste d'ajouter que les relations avec
les Anglais ont singulièrement apporté remède à cet état de
choses.

Il y a chez les Achantis un ensemble de lois civiles, le
commerce est réglementé, l'intérêt de l'argent est fixé[3]; des
lois pénales sont également établies et le châtiment des
mêmes crimes est diversement réglé selon le rang et la condition sociale des coupables : l'homme qui tue son esclave
échappe à toute punition, celui qui tue l'esclave d'un tiers
doit à ce dernier le prix de la victime.

Les Achantis connaissent les arts mécaniques; ils fabriquent
des ornements en or, des épées, des instruments d'agriculture, des tissus[4]. Cela va de pair avec leurs aptitudes guerrières[5]. Le commerce avec les noirs de la côte et ceux de l'intérieur est fait au moyen d'intermédiaires, et Coumassie est
fréquemment traversée par des caravanes de négociants.

Les cases des Achantis ont pour carcasse deux rangs de
pieux et de claies. L'intervalle du clayonnement est rempli
de terre mouillée, et les parois du dehors et du dedans sont

1. Ramseyer et Kühne, op. cit., pp. 228, 250, 260, 424.
2. Hutton, A Voyage to Africa in 1820. — Dupuis, Journal of a Residence
in Ashantee, p. 140. Londres, 1824. — Wilson, Western Africa, p. 393. —
Journal des missions évangéliques, 1887, pp. 384, 893.
3. Hartmann, les Peuples de l'Afrique, p. 216.
4. Wilson, op. cit., p. 187.
5. W. Reade, The Story of the Ashantee Campaign, p. 49. Londres, 1874.

de même nature. Le toit est saillant ; il est composé de poutres,
de branchages, de feuilles de palmiers. Au-dessus du rez-de-
chaussée se trouve fréquemment un étage ; les portes sont très
épaisses, et des treillages à jour tiennent lieu de fenêtres.

Les jeunes femmes se serrent les seins avec des bandelettes
de toile pour leur donner, ce qui, paraît-il, est fort prisé, une
forme allongée. Tous aiment à se parer de gri-gris, d'amulettes de toute nature. Comme armes, l'arc et la flèche sont
encore usités à côté du fusil d'importation européenne. Les
armées en campagne obéissent à une certaine discipline et
sont accompagnées de féticheurs. « Ces prêtres arrachent le
cœur des ennemis, et en fabriquent, avec divers ingrédients
et des herbes consacrées, une sorte de philtre épouvantable à
l'usage de ceux qui n'ont pas encore tué d'ennemis, pour
apaiser les mânes des adversaires frappés. Le roi et ses grands
se partagent le cœur d'un ennemi illustre, et ils emportent sur
eux les petits os et les dents des princes qu'ils ont abattus[1]. »

Dans tout le pays règne le fétichisme le plus rudimentaire,
en dépit des croyances que peut avoir le peuple à la prolon-
gation de la vie au delà de la mort naturelle ; on adore des
animaux, des arbres, des fleurs, des objets bruts ; chaque famille a ses fétiches particuliers. Les prêtres, hommes-fétiches,
défendent communément de toucher aux œufs et au lait. « La
loi religieuse qui interdit l'usage du vin de palme pendant
un jour désigné et celui de certaines chairs d'animaux est très
rigoureusement observée. Toute infraction attirerait sur le
délinquant les sévices des prêtres-fétiches, qui s'arrangent
généralement de façon à provoquer la mort accidentelle, afin
de dire que le fétiche s'est vengé lui-même[2]. »

Les prêtres et les prêtresses reçoivent le nom de *coumfos* ;
ils portent les cheveux longs, reliés ensemble au sommet de

1. Hartmann, *op. cit.*, p. 225.
2. *L'Explorateur*, t. III, p. 37.

la tête. Leur fétiche, qu'ils gardent à domicile, est généralement un bassin de cuivre qu'ils entourent de linges blancs et ornent de plumes; ils l'aspergent de sang, le frottent avec des œufs battus. Les prêtresses ne se marient pas, mais ont des mœurs fort licencieuses. Chaque semaine, un jour particulier est consacré au fétiche; le coumfo, ce jour-là, se livre à des cris, à des danses, à des gestes désordonnés; on vient alors le consulter. Suivi de la population, il court comme un vrai fou, brisant tout sur son passage. « Les sacrifices, ajoute le même rapport, sont infiniment variés. Des victimes humaines, de l'or, des animaux de toute sorte, du vin de palme, des plantes, des étoffes, des fruits, tout ce qu'on peut imaginer. Les hommes ne sont immolés que dans les *coutumes* ou fêtes funèbres, ou dans des circonstances exceptionnelles; le nombre des victimes varie suivant le rang du personnage mort et la fortune de la famille. Souvent aussi des enfants disparaissent; lorsque les coumfos en rencontrent à l'écart, ils les enlèvent et vont dans des lieux solitaires les immoler à Tano. Ces actes cruels sont souvent accomplis par ordre du roi. »

L'autel est, pour l'ordinaire, un simple tas de pierres ou de terre, au bord d'un chemin.

« Le jour consacré au fétiche, chaque personnage placé sous son patronage se lave dès l'aurore et se couvre le haut du corps avec de la terre blanche.

« Cet usage signifie contentement et dispositions heureuses...

« Les Achantis, pour se blanchir, ont des bâtons de terre blanche, semblable à de la craie, ils s'en enduisent trois ou quatre doigts de la main, après les avoir mouillés; puis les tenant serrés les uns contre les autres, ils se les appliquent derrière la nuque, à droite et à gauche, de façon que les empreintes se croisent; ils opèrent de même sur chaque épaule, puis sur les muscles du bras, sur les avant-bras, près du poignet. Les hommes se marquent aussi le sommet du crâne qu'ils tiennent toujours rasé; de là partent trois lignes, chacune de trois doigts, dont deux aboutissent à chaque tempe et la troisième au front. Les femmes se dessinent avec trois doigts une courbe sur les joues et se tracent sur la poitrine différents traits. » (*Ibidem*, p. 36.)

Les amulettes sont de toute nature, une queue de vache passe souvent pour un puissant fétiche. Généralement on porte les talismans attachés vers le mollet de la jambe gauche, au moyen de cordons en fibres de palmier : ce sont des verroteries, des plumes, des poils d'animaux. Les prêtres, qui laissent pousser leur chevelure, y fixent des fétiches. Les plus appréciées des amulettes sont celles qui proviennent de Mahométans. Dans chaque maison achantie un dieu est fiché en terre, au pied duquel on enfouit les offrandes. Avant de boire, on ne manque pas de laisser tomber à terre quelques gouttes du liquide, cela en l'honneur du fétiche. Cette coutume est loin d'être particulière aux noirs qui nous occupent en ce moment.

Les Achantis élèvent des volailles; ils ont peu de moutons, peu de bœufs, mais le pays est giboyeux. Ils mangent le fruit du plantanier mélangé à des arachides, et rôti[1].

Les Achantis sont polygames, prennent autant de femmes qu'ils en peuvent nourrir; celles-ci sont à la discrétion de leur seigneur et maître qui, en cas d'adultère, ne se fait pas faute de les tuer ou de les mutiler sauvagement. Les filles du roi ont le privilège de choisir leurs amants ou leur mari, et ce dernier est leur esclave; sa femme vient-elle à mourir, il doit s'exécuter lui-même. Bowdich, dans l'ouvrage que nous avons cité, a donné de longs détails sur la civilisation des Achantis; nous y renvoyons pour plus amples explications.

1. *Ibid.*, t. III, p. 2.

Ajoutons toutefois, avec Cust, que les limites du pays des Achantis ne sont point exactement celles de la langue. Certains autres idiomes sont parlés dans le royaume, et, d'autre part, l'idiome des Achantis a une expansion plus considérable[1].

Au sud-est des Achantis est le territoire d'Akim, dont les indigènes ne diffèrent guère des autres naturels de la Côte de l'Or; plus au sud — et à l'est des Fantis — l'État maritime d'Akra et celui d'Akouapim[2]. Le nom des naturels du pays d'Akra est Ghas. « Les habitants des villes maritimes d'Akra, dit Dufay, sont les plus civilisés de la Côte d'Or; leurs maisons sont carrées et bâties fort proprement; les murs sont de terre et les toits sont en paille[3]. » Ils sont commerçants et assez laborieux. A propos des pratiques religieuses de ces populations, le même auteur donne quelques détails intéressants :

« Sur toute la Côte d'Or, il n'y a que le canton d'Akra où les images et les statues soient honorées d'un culte, mais les habitants des autres cantons ont des fétiches qui leur tiennent lieu d'idoles. Le mot *fétiche* est portugais; il signifie *charme* ou *amulette* : ce mot est ordinairement employé dans un sens religieux. Tout ce qui sert à honorer la divinité prend le même nom. Les brins d'or qu'ils prennent pour ornements, leurs parures de corail et d'ivoire sont autant de fétiches. Les voyageurs conviennent que ces objets de vénération n'ont point de forme déterminée, et que les moindres bagatelles prennent la qualité de fétiches, suivant le caprice de chaque nègre. Le nombre n'en est pas mieux réglé; tous les nègres en portent un sur eux, et un dans leur pirogue. Le reste demeure dans

---

1. *Op. cit.*, t. I, p. 197. Londres, 1883.

2. D'après Christaller, les quatre idiomes akim, akouapim, bron, fanti, sont proches parents (*Dictionary of the Asante and Fante Language, called Tschi*. Bâle, 1882). L'akim est la langue de la cour de Coumassie. Le bron est parlé à l'est du fleuve Volta.

3. *L'Afrique*. Paris, 1825.

leurs cabanes, et passe de père en fils, comme un héritage, avec un respect proportionné aux services que la famille croit en avoir reçus. Il les achètent à grands prix de leurs prêtres qui feignent de les avoir trouvés sous les arbres fétiches.

« Le gendre du roi de Fétou avait pour fétiche la tête d'un singe qu'il portait continuellement. Chaque nègre s'abstient de quelque liqueur ou de quelque sorte d'aliment, en l'honneur de son fétiche. Outre les fétiches personnels, les nègres en ont de publics qui passent pour protecteurs du pays. C'est quelquefois une montagne, un arbre ou un rocher, quelquefois un poisson ou un oiseau... Les nègres sont persuadés que leur fétiche voit et parle; et lorsqu'ils commettent quelque action que leur conscience leur reproche, ils le cachent soigneusement dans leur pagne, de peur qu'il ne les trahisse. Ils craignent beaucoup de périr par les fétiches; et, suivant leur opinion, il est impossible qu'un parjure survive d'une heure à son crime. »

Une ancienne relation qui est aussi l'une des plus intéressantes, celle de Villault de Bellefond, parle des noirs de la Côte de l'Or. « Ils sont bien faits, dit-il, bien proportionnés, n'ont rien de désagréable à la vue. Leur oreille est généralement petite, la barbe se montre sur le tard. Ils sont propres et se frottent d'huile de palme. Ils sont assez fins, mais très menteurs, voleurs, avares, très habiles à faire leurs comptes commerciaux, ivrognes, fort luxurieux, payant difficilement leurs dettes. Ils sont glorieux et se laissent aisément gagner par des marques de politesse; grands amis de la parure, mais sachant réserver leurs meilleures hardes pour les jours de fête. Les femmes ont un soin particulier de leur coiffure, et lui consacrent souvent beaucoup de temps; elles se tatouent le front, se font des cicatrices aux tempes. Elles ornent de bracelets leurs bras et leurs jambes. Hommes et femmes ont, en certains jours, les doigts chargés de bagues.[1] »

C'est dans la relation du Danois Paul Erdman Isert qu'il faut chercher les meilleurs renseignements sur les nègres d'Akra, et, en général, sur les indigènes de la Côte orientale de l'Or[2]. « Ils font leurs huttes comme nos maisons de paysans, mais si basses qu'on ne peut s'y tenir debout. Les nègres ne trouvent pas que cela soit un défaut, puisqu'ils ne font d'autre usage que celui d'y coucher, et y tenir leur équipage de guerre. Les parois sont de feuilles de palmier, et le toit d'une espèce d'herbe qui croît fort haut ; intérieurement ils les tiennent fort propres. » Plus loin (p. 162), en ce qui concerne le vêtement : « L'habillement des Akréens est en plus grande partie ressemblant à celui des peuples qui habitent en deçà de la rivière Volta, à la Côte des Esclaves et en général jusqu'à Benin. Cependant il diffère à certains égards, surtout celui des femmes. Les hommes ont une ceinture, qui tantôt est de cuir artistement tressé, tantôt consiste en une chaîne d'argent ou des rangs de corail affermis sur les hanches. Au travers de cette ceinture ils font passer une bande de coton ou de toile, ou de quelque étoffe de soie, d'une demi-aune de large et deux aunes de long ; ils l'entrelacent dans leurs jambes, et font en sorte que les deux bouts pendent de la ceinture devant et derrière. Plus bas pend le bout de derrière et mieux ils se croient mis. Cette couverture, proprement destinée à couvrir leur nudité, et qui probablement a été le premier habillement de ces peuples, puisqu'une seule feuille de bananier est suffisante pour leur en tenir lieu, est d'une nécessité indispensable pour tout nègre formé ; chaque maître est obligé de le fournir à son esclave. On l'appelle en langue du pays « téklé ». Ils ont outre cela un grand pagne qui est une pièce d'étoffe de trois aunes

1. *Op. cit.*, pp. 213 et s.
2. *Voyage en Guinée* (traduct. franç.). Paris, 1793.

de long sur trois aunes de large, qu'ils appellent « mammale »;
celui-ci, leur sert, de nuit, de couverture, le matin de robe
de chambre. Lorsque la matinée est fraîche, ils s'y enveloppent entièrement et ne laissent à découvert qu'un bras.
Mais pendant le jour il serait contre la décence d'avoir la
moindre couverture sur la partie supérieure du corps. Ils le
laissent donc pendre par en bas, en le passant sous la ceinture
du côté gauche... Lorsqu'un nègre a son « téklé » et son
« mammale », il est habillé. Mais comme il y a du luxe partout, quand il s'agit de faire figure et de montrer son opu-
lence, il y a diverses choses à observer dans la parure d'un
nègre. Ils se font tous couper les cheveux : les vieux dont la
tête commence à blanchir les rasent à nu; les jeunes en laissent subsister quelques parties. Ils dessinent sur leur tête
avec de la craie les figures que leurs cheveux doivent décrire;
c'est quelque chose de surprenant que de voir l'adresse avec
laquelle ils enlèvent les cheveux qui doivent être retranchés.
Les uns ont sur la tête le plan d'une forteresse, les autres une
fleur, d'autres un bouquet ou même toute la disposition d'un
parterre; d'autres, d'autres figures. Quelques-uns assujettissent aux cheveux qu'ils conservent des lames d'or. Chaque
semaine il faut renouveler l'opération sur les parties que l'on
retranche; les riches se font raser tous les jours. Le nègre ne
souffre sur son corps, ni cheveux ni poils, à l'exception de
ces figures sur la tête, et un peu de barbe; encore cette dernière est-elle très peu en usage... Le reste de leur parure
diffère si fort d'un nègre à l'autre, qu'il faudrait écrire un
volume si l'on voulait en faire une description complète.
Quelques-uns portent des pendants d'oreilles, à la façon des
Européens; d'autres un collier de corail, surtout chez les
Krépéens. Ils se font une espèce de corail de coquilles de
moules blanches, ils les travaillent sur des pierres à cet
usage...

« Les nègres portent souvent au bras une quantité d'anneaux et même des bracelets; tout cela est fabriqué d'ivoire, de cuivre ou de laiton, ou d'un mélange de ces deux matières, ou aussi de fer. Ils en auront jusqu'à vingt à la fois qui leur coulent négligemment jusqu'au poignet, surtout de ceux d'ivoire. Quelquefois ils en portent sur la partie musculeuse du bras, qui les serrent de telle manière qu'un Européen ne pourrait le supporter sans courir le risque de la gangrène. *Leurs doigts sont aussi garnis de bagues, principalement les pouces*; ces bagues sont faites des mêmes métaux que les bracelets, ils en portent aussi d'or et d'argent. Les bagues du pouce ont une couronne d'un doigt de long, qui s'élève comme un bonnet de grenadier. Au-dessus du genou ils s'attachent souvent un rang de corail, dont les liens pendent en petits faisceaux tout remplis de nœuds. Ils ne font guère usage de ceux-ci que lorsqu'ils sont en voyage.

« La parure du beau sexe est différente, comme de raison, de celle des hommes. Une dame négresse, si elle doit être bien parée, a besoin de deux heures de toilette pour s'acquitter convenablement de cette importante affaire. *La tête prend ici le plus de temps, c'est là qu'elles savent mettre le plus grand art*. Elles se rasent comme les hommes en figures, mais dans un goût différent. Elles laissent ordinairement croître une touffe large sur le sommet de la tête; elles y affermissent une lame ou aigrette d'or, ou bien elles y fixent une plume rouge de la queue d'un perroquet, quelquefois un épi de jonc. Après qu'elles se sont bien lavé tout le corps, et qu'elles se sont parfumées d'un suif odorant qu'on tire d'un arbre qui croît plus avant dans le pays, il faut y ajouter le fard. Toute sorte de couleur sert à cela. Le blanc est le plus commun; elles le tirent d'une espèce de terre fine ou bolus. Elles ont le bleu des Européens, c'est celui de Berlin. Elles *le délaient dans l'eau, comme font les peintres*; ensuite elles

ont toutes sortes de figures taillées, en bois, elles trempent
ces formes dans la couleur, et se les appliquent au front,
aux joues, au menton, sur la poitrine, sur le ventre, aux bras
et aux jambes. Les couleurs les plus recherchées sont, pour
le visage, le bleu et le vert. Les autres parties du corps
doivent se contenter de plus ordinaires. Quelquefois, lorsqu'elles n'ont pas beaucoup de temps, elles s'appliquent ces
couleurs simplement avec le doigt, comme le font toujours
les hommes. Mais lorsqu'il s'agit d'une parure recherchée
pour paraître au public, on appelle trois ou quatre autres
dames, pour juger du choix des figures, et de la manière la
plus convenable de les appliquer... Elles portent au poignet,
comme les hommes, des bracelets d'argent ou d'or, auxquels
pendent des morceaux d'or, des louis d'or ou des johannes
d'or qu'elles achètent aux Européens. Tous les doigts de leurs
mains sont garnis de bagues d'or et d'argent. A l'entour du
pied, là où nous portons des éperons, elles s'assujettissent
un anneau d'argent qui pèse de huit onces jusqu'à une
livre.

« Elles ont comme les hommes leur « téklé ». Mais outre
que celui-ci n'est que de la largeur de la main, elles ne le
laissent pendre ni devant ni derrière, mais jettent en arrière
les extrémités, et s'en font sur le dos une espèce de bourrelet,
qui, lorsque le grand pagne vient par-dessus, a l'air d'une
selle, qui a aussi son utilité, car les femmes y placent leurs
enfants, qui s'y tiennent comme à cheval, lorsqu'elles veulent
les avoir avec elles parmi leurs occupations. Par-dessus ce
« téklé » vient donc le grand pagne, ou « mammale », qui,
comme celui des hommes, est de trois aunes, en carré. On le
pose sur les hanches, de manière qu'il ressemble au jupon
court de nos femmes, l'ouverture où les deux bouts se croisent
est sur le devant, de sorte que quand elles marchent elles
montrent le genou et souvent quelque chose de plus... Le

pagne lui-même est affermi sur les hanches avec une pièce
d'étoffe de soie plissée : le nœud se fait sur le devant, vers la
région critique ; à ce nœud pend un faisceau de clefs d'argent,
de clochettes et de piastres. Tout cet attirail fait un cliquetis
qui, dans une occasion solennelle, avertit de l'arrivée de la
haute dame plusieurs centaines de pas à l'avance. Sur la
partie supérieure de leur corps, elles portent un autre pagne
aussi grand que celui d'en bas ; le bout s'en jette sur l'épaule
et vient pendre sur le dos. »

Ajoutez les parfums, les graisses plus ou moins odorifé-
rantes et les colifichets de toute nature.

La femme enceinte laisse croître ses cheveux, ne porte plus
ni or ni corail, mais se pare de morceaux d'étoffe rouge, sou-
verainement doués, croit-elle, de vertus ; elle se couvre
d'amulettes : « Dans les huit derniers jours de la grossesse,
les prêtresses leur oignent la tête avec de la terre rouge
détrempée, et en remplissent si bien leurs cheveux qu'il
semble qu'elles soient affublées d'un bonnet de poix ; dans
cet état elles les conduisent en procession par la ville. Elles
n'osent se défaire de ce bonnet qu'après leurs couches. »

Les filles, jusqu'au mariage, ne portent qu'un seul grand
pagne, la partie supérieure du corps restant toujours à
découvert. Jusqu'à huit ans les enfants ne sont vêtus que de
colliers de coraux. « S'il arrive que le premier ou le second
des enfants d'une femme vienne à mourir, il faut donner une
attention toute particulière au troisième. Dans cette vue on
lui remplit les cheveux de coquilles de moules et d'escargots,
qu'il doit porter jusqu'à ce qu'il ait atteint sa troisième
année ; on comprend qu'on ne lui coupe pas les cheveux pendant ce temps-là. »

XXIII. — LES NOIRS DE LA COTE DES ESCLAVES
(ÉVÉS, DAHOMANS, etc.)

Avec le deuxième degré de longitude on arrive à la Côte des Esclaves[1].

Les Evés proprement dits ou Eïvés sont établis dans le pays côtier, entre 2° et 1° de longitude occidentale. La langue du pays est un dialecte de la famille linguistique des Fantis, des Achantis, des Dahomans, et de peuples situés encore plus à l'est[2].

Le peuple le plus important dans cette région est celui des Dahomans ou Ffons, qui n'est cependant pas très considérable : 150,000 habitants d'après Burton, 180,000 d'après Skertchly.

On distingue chez les Dahomans, comme chez presque tous les autres noirs guinéens, deux types assez caractérisés, l'un de beaucoup inférieur à l'autre[3]; ce dernier fournit des hommes de belle taille et d'un physique remarquable.

Au Dahomey le système de gouvernement est celui de la monarchie la plus absolue. Le roi est maître de ses sujets et de leurs biens. Il les enrégimente à son gré et les lance régulièrement sur les pays voisins. Une partie de sa garde particulière est composée de femmes, d'amazones, au nombre de

1. Carte du pays des Achantis, des Fantis, du Dahomey, du Yoruba, dans l'ouvrage de Skertchly, *Dahomey as it is*. Londres, 1874.

2. J.-B. Schlegel, *Schlüssel zur Ewe-Sprache*. Stuttgard, 1857.

3. D'après les *Crania ethnica*, p. 367, la capacité cubique de 9 crânes d'hommes du Dahomey, a été trouvée de 1,505; celle de 5 crânes de femmes, 1,425. Ces deux mêmes séries ont donné respectivement comme indice céphalique 71.27 et 73.59.

1,500 à 4 ou 5,000, vivant dans le célibat[1]. Quelquefois le roi en introduit dans son harem, quelquefois il en donne en mariage à ses guerriers les plus estimés. Elles portent un surtout de coton blanc, sans manches. La tunique, une sorte de chemise, descend un peu au-dessous du genou; elles ont en outre un pantalon qui va jusqu'au mollet[2]. Elles sont armées d'un mousqueton et d'un petit sabre assez court, porté ordinairement dans un fourreau cramoisi. Les plus âgées, avec leurs seins tombant de 1 à 2 pieds, présentent un spectacle assez répugnant[3]. « Les plus jeunes forment un petit corps d'élite et de parade; elles sont armées d'un arc, d'un carquois et d'un petit poignard fixé à la main par une lanière. Les archers portent au bras gauche un large bracelet d'ivoire. Aussi légèrement que gracieusement vêtues, les jambes nues et tatouées jusqu'au genou, ce sont des danseuses de premier ordre[4]. » Les amazones habitent des baraquements attenant au palais du roi. Les différentes brigades d'amazones se distinguent par leur coiffure; les unes, par exemple, ont les cheveux rasés en forme de turban, d'autres rasent toute la tête sauf un bouquet de cheveux laissés sur le sommet[5]. Skertchly estime que le nombre de ces femmes célibataires est un des facteurs importants de la dépopulation du pays.

Le missionnaire Laffite, dans un livre dénué d'esprit critique mais intéressant par les détails et les petits faits qu'il relate, parle longuement des amazones[6]. Elles sont pour la

---

1. Le *Journal des missions évangéliques*, de 1862, porte à 10,000 le nombre des amazones; p. 433. D'après toutes les autres relations, cette évaluation semble excessive.

2. *L'Explorateur*, t. III, 1876. — Cf. Ellis, *The Land of the Fetish*, p. 54. Londres, 1883.

3. Forbes, *Dahomey and the Dahomans*. Paris, 1851.

4. *Revue maritime et coloniale*, t. II, p. 348. — Cf. R. Norris, *Memoirs of the Reign of Bossa-Ahadee*. Londres, 1799.

5. Skertchly, *Dahomey as it is*. Londres, 1874.

6. Le Dahomé, *Souvenirs de voyage et de mission*. 3ᵉ édit., Tours, 1874.

plupart, dit-il, d'origine étrangère; prises toutes jeunes, on les a dressées de bonne heure à leur métier et au genre de vie qui les attend; on leur apprend à supporter toutes les fatigues; elles sont d'une *intrépidité* extraordinaire, et le Dahomey leur doit sa situation prépondérante dans la contrée. (*Op. cit.*, p. 109.) « Ces femmes ne peuvent se marier qu'avec le bon plaisir du roi, et cette faculté ne leur est généralement accordée que lorsqu'une constitution faible et des maladies prématurées les ont rendues impropres au service militaire. En dehors des exercices, leur journée se passe dans un travail continu. Le roi ne s'occupe en rien de leur nourriture ; c'est à elles d'y pourvoir. Deux branches du commerce indigène sont exclusivement entre leurs mains : la poterie et les calebasses, toute concurrence étant interdite ; les bénéfices qu'elles réalisent *leur permettent de vivre un peu plus à l'aise que le commun du peuple*. A ces deux industries elles joignent encore la culture du maïs, et en général de toutes les productions qui viennent sur le sol dahoméen. Elles apprécient le tafia autant et peut-être plus que leurs sœurs de la réserve. Un petit verre de cette immonde liqueur les fait sourire de pitié, un demi-litre les déride à peine ; leur visage ne s'épanouit que devant la bouteille entière. »

Au Dahomey, le gouvernement est essentiellement absolu et despotique ; le roi est, à la lettre, idolâtré. Lui seul est libre dans le pays, il a sur tous les sujets droit de vie et de mort. La plus grande partie de la population est composée d'esclaves, mais les hommes soi-disant libres ne sont guère assurés, s'il plaît au tyran, d'un meilleur sort que ne l'est celui des esclaves. Le récit de Pruneau de Pommegorge est tout à fait édifiant : « Le respect, dit-il, que ces peuples portent à leur roi, va jusqu'à l'idolâtrie, et son despotisme n'a point, je crois, d'exemple ailleurs. Aucun de ses sujets ne peut l'approcher, quelquefois ses enfants à qui par politique il ne donne aucun grade dans l'État, ou son grand général lorsqu'il le fait appeler, les uns et les autres après avoir obtenu l'ouverture de la première porte qui est toujours gardée par les femmes. Elles prononcent hautement « ago », elles le répètent souvent; ce qui signifie en ce moment : c'est avec une permission, et dans une autre occasion le même mot signifie éloignez-vous, détournez la tête, ce sont les ordres du roi. Ainsi introduit dans une vaste cour, on trouve dans une case une autre femme ou gardienne, qui dans une autre case introduit qui doit être présenté. A l'approche du roi, il ne lui est plus permis de marcher sur ses pieds; il se couche ventre à terre, prend du sable dans ses deux mains, et se le verse sur la tête et sur le dos, et marche sur ses deux coudes et sur ses genoux, si l'on peut appeler marcher cette manière de se traîner; enfin, arrivé à dix pas de distance du roi, il reste dans cette attitude, ventre à terre, tout le temps que dure l'audience et à chaque fois que le prince a approuvé sa conduite, on lui accorde quelques petites grâces. Il réitère le cérémonial de prendre du sable, et de se le jeter sur la tête et sur le dos, en marque d'humilité, de respect et de reconnaissance pour les bontés de son maître.

« L'audience finie, le roi se retire, passe dans une autre case et le sujet se retire, avec les mêmes marques de soumission.

« Le despotisme du roi est si étendu que, lorsqu'un de ses sujets, en place ou non en place, a fait quelque chose de mal à ses yeux, il l'envoie chercher et donne ordre à un homme, qui ne fait que la fonction de bourreau, de lui couper la tête, sans autre forme de procès. Elle est apportée aussitôt devant lui sans que cet acte de violence et de cruauté cause jamais la moindre sédition[1]. » Les auteurs plus récents n'ont fait que confirmer ce récit : « Tout sujet du Dahomey, à quelque

1. P. D. P., *Description de la Nigritie*, p. 162. Amsterdam, 1789.

rang qu'il appartienne, toutes les fois qu'il a à parler du roi,
en son nom, ou à recevoir ses ordres, doit avant tout se
frotter la tête, les bras et les jambes avec de la terre, de celle
qui est le plus à portée; et quels que soient l'heure, le lieu,
le temps et la position de l'individu qui reçoit les comman-
dements du roi, il doit les exécuter immédiatement sous peine
de mort : ainsi, un malheureux qui serait sur le point de
rentrer chez lui pour prendre son repas ou pour se reposer
et qui recevrait un ordre du roi, serait forcé, sous peine de
la vie, de se débarbouiller d'abord de terre, et de partir sans
rentrer chez lui, sans manger, sans effets, sans rien[1]. » Les
gens de basse condition, lorsque passent des grands du
royaume, « se mettent à genoux, l'avant-corps appuyé sur les
coudes, presque à plat ventre, et battent des mains jusqu'à ce
qu'ils soient passés » (*Ibidem*, p. 69). Le roi, dit Snelgrave,
s'amuse parfois à faire manger et à engraisser tels ou tels de ses
sujets, jusqu'à ce que ce régime forcé les fasse enfin mourir[2].
Il possède un millier de femmes; les grands en ont une
centaine, les gens du peuple une dizaine seulement[3]. Si
une femme du roi se rend coupable d'adultère, elle est mise
à mort; ordinairement la femme adultère est simplement
vendue comme esclave, si elle n'appartient qu'à un obscur
particulier. Chaque année, à peu près, le roi organise une
guerre qui n'est qu'une chasse à esclaves; il lève pour ces
expéditions de vingt à trente mille hommes qu'il adjoint à
son armée régulière. Les chefs des ennemis vaincus subissent
généralement la castration.

Ici comme chez les Achantis, règne la terrible coutume des
sacrifices humains; à la vérité, moins répandue qu'autrefois

---

1. *Revue coloniale*, t. VI, p. 68 (1845). Comparez ce que dit à ce sujet Sker-
chly, *op. cit.*, p. 143.

2. Snelgrave, *Account of some Part of Guinea.* Londres, 1734.

3. Forbes, *op. cit.*

grâce au contact avec la civilisation anglaise (Ellis). La fête dite des Coutumes était célèbre jadis par les hétacombes auxquelles elle donnait lieu[1].

Bouche parle de ces massacres pour en avoir été témoin. « Les années, dit-il, où les coutumes anciennes se célèbrent avec pompe, on construit une case funéraire en l'honneur des rois du Dahomey; or le mortier qui sert à bâtir cette case doit être pétri avec du sang humain et de l'eau-de-vie, et pas une goutte d'eau ne peut y entrer. Gréré ne se contenta pas de massacrer assez d'hommes pour la construction de la case, il procura encore au peuple le plaisir barbare de voir immoler un plus grand nombre de victimes.

« Toutes avaient un baillon à la bouche afin que les accents de leur douleur ne troublassent pas la fête; on s'ingénia ensuite à inventer les tortures les plus cruelles; quelques prisonniers furent placés sous des trappes très lourdes et armées de pointes de fer; d'autres furent crucifiés; quelques-uns eurent leurs jambes repliées sur la poitrine, et, après les avoir enfermés dans des sacs ne laissant que la tête dehors, on les suspendit à des arbres par les pieds. Les vautours attirés par l'odeur du carnage, arrivaient en foule, les déchiraient petit à petit et les dévoraient tout vivants.

« Il y eut de malheureuses victimes qui furent enfermées dans des paniers et précipitées du haut de l'estrade royale; la multitude les attendait en chantant, en dansant et en hurlant, et dès qu'une corbeille était jetée, tout le monde se pressait, se bousculait et se la disputait; celui qui parvenait à se saisir de la tête du supplicié s'efforçait de la séparer du tronc avec ses ongles et avec quelque mauvais couteau, la

1. On peut voir sur les sacrifices humains à la mort d'un roi, en Guinée, la planche XXII de Braun. *Wahrhaftige historische Beschreibung des gewaltigen goltreichen Kœnigreichs Guinea, auss niederlœndischer Verzeichnuss hochteutscher Sprache beschrieben, durch Joh. Theod. und Joh. Isr. von Bry.* Francfort, 1603.

rapportait au roi et recevait en échange une piastre de cauris (environ 1 fr. 50) [1]. »

Snelgrave a décrit en détails les sacrifices humains du Dahomey. « La première victime, dit-il, qui se présenta à nos regards curieux fut amenée au bord de l'échafaud. C'était un beau vieillard, qui pouvait avoir cinquante à soixante ans. Il avait les mains liées derrière le dos. Il faisait connaître, par sa contenance, qu'il avait de la fermeté et du courage. Il était debout, et un sacrificateur lui mit la main sur la tête, en prononçant quelques paroles de consécration, ce qui dura environ deux minutes. Ensuite il fit le signal de l'exécution à un homme qui se tenait derrière la victime, avec un grand sabre nu à la main. Celui-ci le frappa d'abord à la nuque du cou, avec tant de force que du premier coup il lui sépara la tête d'avec le corps; ce qui fit pousser à la racaille un grand cri d'admiration. La tête fut jetée sur l'échafaud, et le corps, après avoir resté quelque temps par terre, pour en faire égoutter tout le sang, fut emporté par des esclaves, qui le jetèrent dans un endroit tout proche du camp. L'interprète nous dit que la tête de la victime était pour le roi, le sang pour leur fétiche, ou leur dieu, et le corps pour la populace. Nous vîmes encore sacrifier plusieurs autres personnes, de la même manière, et nous remarquâmes que tous les hommes s'avançaient au bord de l'échafaud d'un air hardi et indifférent; mais les cris des pauvres femmes et des enfants allaient jusqu'au cœur. Nous en fûmes extrêmement touchés, le capitaine hollandais et moi, quoique ce ne fût point par les mêmes considérations. Il me fit entendre qu'il n'était pas sans appréhension que les sacrificateurs ne s'avisassent de nous traiter de la même manière, s'ils venaient à

1. *L'Explorateur*, t. III, p. 627 (1876). D'après Forbes, 2,000 cauris font une « tête » valant nominalement un dollar; mais la rareté de ces derniers ne les fait donner que pour 2,400 ou 2,500 cauris.

se mettre en tête qu'un sacrifice de blancs pourrait être plus
agréable à leur dieu que celui des personnes de leur couleur[1]. » Et plus loin : « Les cadavres des pauvres malheureux
que l'on avait sacrifiés avaient été enlevés pendant la nuit par
la populace, qui les avait fait bouillir, et s'en était régalée,
comme de viandes sanctifiées par cet acte abominable de leur
religion. Cela nous engagea à faire venir notre interprète,
avec qui nous allâmes nous promener à l'endroit où nous
avions vu les cadavres la veille ; et, à notre grand étonnement,
nous n'y en trouvâmes plus un seul. Nous lui demandâmes
ce qu'étaient devenus tous ces corps morts. Il nous répondit
en souriant que les vautours les avaient mangés. Je lui dis que
c'était une chose bien surprenante que d'avaler os et tout ; en
effet, il n'y était resté qu'une grande quantité de sang. De
sorte qu'il avoua que les sacrificateurs avaient partagé les
carcasses parmi le peuple, qui les avaient mangées. »
(*Ibidem*, p. 60.) Hâtons-nous d'ajouter que ce dernier passage de Snelgrave est fort sujet à enquête, car l'anthropophagie n'est nullement dans les mœurs africaines de cette région.
Quoi qu'il en soit, la barbarie de ces sacrifices humains est
un des caractères de la population de la Côte des Esclaves ; le
fait est que, dans presque toutes les fêtes, le roi fait jeter au
peuple, pliés et attachés dans des corbeilles à claire-voie, un
plus ou moins grand nombre d'individus ; ceux-ci sont reçus
au bas de l'estrade ou de l'échafaud, à coups de sabres et de
poignards : le tout est haché ensemble, patients et paniers.

Périodiquement, dit Burton, on expédie pour le roi mort
de nouveaux serviteurs au royaume des ombres, et ces horribles boucheries sont inspirées par le plus pur sentiment de
piété filiale[2]. Ce fait a été rapporté plus d'une fois. Par

1. *Nouvelles Relations de quelques parties de la Guinée*, p. 50. Londres,
1734. Voir également Skertchly, *op. cit.*, pp. 178 et 338.
2. Tylor, *la Civilisation primitive*, trad. franç., t. I, p. 537.

exemple dans les *Annales de la Propagation de la foi* : « Un captif, fortement bâillonné, a été présenté au roi par le ministre de la justice, qui a demandé au prince s'il avait à charger le prisonnier de quelque commission pour son père. En effet, il en avait; et plusieurs grands du royaume sont venus prendre ses ordres, et sont allés les transmettre à la victime, qui répondait affirmativement par des signes de tête. C'était chose curieuse à voir que la foi de cet homme, qu'on allait décapiter, à remplir la mission dont on le chargeait; après lui avoir remis, pour ses frais de route, une piastre et une bouteille de tafia, on l'a expédié. Deux heures après, quatre nouveaux messagers partaient dans les mêmes conditions[1]. »

Erdman Isert (*op. cit.*, p. 158) parle aussi des sacrifices funéraires : « On garde pendant l'année pour cette cérémonie quarante à cinquante nègres, soit prisonniers de guerre, esclaves du roi ou malfaiteurs. Cinq ou six étroitement liés au pied de l'échafaud sont témoins de la joie de la fête et attendent dans les tourments de l'incertitude que l'on prononce leur sentence. Lorsque tout est distribué, on mène les victimes désignées devant le roi, qui les envisage, les reconnaît pour celles qui sont dévouées, ordonne leur supplice, et on leur coupe la tête sur un bloc. L'un des ministres là présents tient une tasse, on la remplit de sang de ces malheureux, on la présente au roi; il y plonge la pointe de son petit doigt et la porte sur sa langue. On jette les corps morts à l'entour du sépulcre du roi, et l'on expose leurs têtes sur des piquets. Cette exécution qui se réitère dix à quatorze fois finit la pompe de ce jour. »

Au Dahomey, les cases sont toutes pareilles, de la première

---

1. Voir encore *Journal des missions évangéliques*, t. XXXVIII, p. 432. — R. Norris, *Mémoires du règne de Bossa-Ahadée*, roi de Dahomé; trad. franç., pp. 99, 138. Paris, 1790.

à la dernière; le mobilier consiste en un lit de bambous, en quelques nattes et quelques pots. Dans chaque logis est un dépôt de vêtements et de grains, en rapport avec la fortune du propriétaire. Les animaux domestiques habitent tous dans l'enclos, où se trouve toujours un chien. Le régime alimentaire est des plus primitifs. La classe populaire ne consomme guère de nourriture animale; elle vit surtout de maïs, préparé par les femmes. Lorsque le repas est composé de viande, celle-ci est mélangée à des légumes, le tout assaisonné d'huile de palme et de poivre; on mange en même temps une sorte de pain ou de gâteau appelé « kanti » ou « dab-a-dab » (Forbes, *op. cit.*). Les liqueurs étrangères ne sont pas communes, et comme le vin de palme est défendu par le roi, on boit communément une espèce de boisson de grain, appelée « pitto », et une panade d'orge nommée « burgou ». Les ivrognes ne se rencontrent pas très fréquemment dans le pays, sauf à Whidah, sur la côte, où ils ont plus d'occasions de satisfaire leur penchant.

Le Dahoman ne cultive point le coton[1], mais seulement le maïs, d'ailleurs sans se donner aucune peine; chaque année il peut avoir facilement deux récoltes. Aux environs d'Abomey les hommes travaillent au champ, tandis que la femme est occupée à charrier de l'eau. Leur commerce principal, presque leur unique commerce, est celui de l'huile de palme.

L'indigène dahoman va nu jusqu'à la ceinture. Le roi porte une robe à fleurs d'or; sur la tête un chapeau d'origine européenne, également brodé d'or; des sandales aux pieds[2]. Les femmes ont aux bras nombre d'anneaux. Le mode de coiffure varie selon le goût. Parfois la tête est complètement rasée, parfois on laisse quelques touffes pour y attacher des fétiches, des amulettes; les uns taillent leurs cheveux en

1. Skertchly, *op. cit.*, p. 494.
2. Snelgrave, *op. cit.*, p. 40.

forme de couronne ; d'autres ne conservent qu'un paquet au sommet de la tête. Il en est qui en se rasant le cuir chevelu, dessinent des cercles, des carrés ; il en est qui dressent leurs cheveux en édifices plus ou moins compliqués. La fantaisie règne ici pleinement. C'est un signe de deuil que de laisser la chevelure à elle-même, sans la soigner, et de la porter ainsi pendant douze mois[1]. Chez les deux sexes on trouve, à la tempe, trois petites incisions perpendiculaires.

Labarthe donne les renseignements suivants sur le mariage au Dahomey : « Lorsqu'un jeune homme veut se marier, il choisit parmi les jeunes filles de onze à douze ans, celle qui lui plaît ; il en fait la proposition au père : celui-ci consulte sa fille. Si elle y consent, le mariage est conclu ; le futur fait présent à son beau-père de cinq gallines de cauris (la galline vaut 10 sols) et d'une bouteille d'eau-de-vie.

« Lorsque la jeune fille est nubile, le mari en est averti ; il donne alors deux pagnes. Ce n'est qu'un an après que le mariage est consommé : alors il donne à la mariée le présent de noces, qui consiste en 15 ou 20 pagnes et 5 mouchoirs.

« Si le mari est certain d'avoir eu les prémices, il donne à la mère de sa femme, pour reconnaître les bons soins qu'elle a eus de sa fille, 10 gallines de cauris, un flacon d'eau-de-vie, une pièce de platille, c'est-à-dire un morceau de toile de 5 à 6 aunes, qui a servi de drap de lit, et qui porte les preuves certaines de sa virginité.

« Les hommes peuvent répudier leurs femmes; celles-ci ont également la liberté de se retirer sans aucune formalité et de prendre un autre mari[2]. »

Skertchly (*op. cit.*, p. 497) confirme une partie de ces renseignements. Le mariage chez les Dahomans est une affaire fort complexe. Des intermédiaires sont tout d'abord envoyés,

---

1. Skertchly, *op. cit.*, p. 488.
2. Labarthe, *Voyage à la côte de Guinée*, p. 128. Paris, 1803.

avec des présents, auprès des parents de la jeune fille, avec
mission de négocier l'alliance souhaitée. Ces derniers déli-
bèrent, interrogent les fétiches. Si la demande est acceptée,
on procède à un copieux banquet et on se livre à de longues
réjouissances. Le lendemain du mariage, on promène triom-
phalement la toile qui peut témoigner de la virginité de l'é-
pousée. La naissance de jumeaux est considérée comme une
marque de l'infidélité de la femme; les jumeaux sont noyés,
la mère martyrisée. Nombre d'enfants sont circoncis, non à
l'époque de leur naissance, mais bien vers celle de la puberté.

A propos des funérailles des rois nous citerons un passage
du livre plus haut mentionné déjà de Labarthe : « Aussitôt
que le décès du roi est rendu public, huit hommes creusent
une fosse de douze pieds environ de profondeur, sur sept de
long.

« On élève une espèce de lit paré de tout ce que le défunt
avait de plus précieux, sur lequel on place un mannequin
enveloppé de toutes sortes d'étoffes.

« On fait monter sur cet estrade les huit hommes qui ont
été employés à creuser le tombeau, et à mesure qu'ils y montent on leur coupe la tête, et leur corps est jeté dans les
champs pour servir de pâture aux loups et aux oiseaux de
proie; alors se présentent en foule les femmes du roi pour
briguer l'honneur d'être enfermées dans le tombeau, afin de
servir le feu roi. On fait choix de vingt-quatre d'entre elles ;
celles qui ne sont pas appelées à faire partie de cette barbare
cérémonie, se lamentent et murmurent contre l'injustice
qu'elles croient leur être faite.

« Pour confirmer ces malheureuses victimes dans leur
erreur, on a soin de mettre dans le tombeau, pour le service
du feu roi, du corail en quantité, de l'eau-de-vie, du tabac
à fumer, des pipes, des chapeaux à point d'Espagne ; des

boîtes à tabac, en or et en argent, trois cannes à pomme d'or, et trois autres à pomme d'argent.

« On leur recommande d'avoir grand soin du roi, de l'arroser d'eau-de-vie, de le couvrir d'herbes aromatiques, de lui donner à boire et à fumer, de faire brûler tous les deux jours de l'encens auprès du corps. Cette harangue finie, on les voit se presser à qui descendra la première dans le tombeau. Un usage qui ajoute à la barbarie de ces coutumes, c'est qu'auparavant ces femmes doivent avoir les jambes cassées, ce qui s'exécute à coups de massue. Aussitôt qu'elles sont descendues, on ferme le tombeau et on le couvre de terre. »

Le récit de Dufay[1] est également à rapporter. Il dit, en parlant de ce qui se passe à Juida (Whidah) : « L'annonce de la mort du monarque est un signal de liberté qui donne à tout le peuple le droit de se conduire au gré de ses caprices. Les lois, l'ordre et le gouvernement sont suspendus ; ceux qui ont des haines et d'autres passions à satisfaire, prennent ce temps pour commettre toutes sortes d'excès... Heureusement que ce désordre ne dure pas plus de quatre ou cinq jours. Après la publication de la mort du roi, les grands vont chercher le prince qui doit lui succéder... Tout rentre dans l'ordre, le commerce renaît, les marchés sont rouverts, et chacun retourne à ses occupations ordinaires. Le nouveau roi fait alors faire les funérailles de son prédécesseur... Le grand sacrificateur fait creuser une fosse de quinze pieds carrés et cinq pieds de profondeur. Au centre on fait, en forme de caveau, une ouverture de huit pieds carrés, au milieu de laquelle on place le corps du roi. Alors le grand sacrificateur choisit huit des femmes du feu roi, qui sont vêtues de riches habits et chargées de provisions pour accom-

1. Dufay, *l'Afrique*, t. II, p. 132. Paris, 1825. — Cf. W. Smith, *A new Voyage to Guinea*, trad. franç., t. II, p. 204. Paris, 1751.

pagner le mort dans l'autre monde. On les conduit à la fosse, où elle sont enterrées vives. On amène ensuite les hommes destinés au même sort. Leur nombre dépend de la volonté du roi et du grand sacrificateur. Il n'y en a qu'un dont le sort soit réglé par la place qu'il occupait; c'est celui qui porte le nom de favori. »

Norris a tracé le tableau de l'anarchie qui règne au Dahomey pendant plusieurs jours à la suite de la mort du souverain et avant la proclamation de son successeur[1].

S'il s'agit des funérailles d'un simple particulier, les voisins arrivent avec les féticheurs qui se livrent à leurs cérémonies habituelles ; la journée se passe en danses et en cris. Le lendemain « un trou creusé au centre du taudis reçoit le cadavre[2] » qu'on revêt de ses plus beaux pagnes et qu'on entoure d'un mobilier suffisant, puis les danses reprennent de plus belle.

On représente généralement les Dahomans comme serviles et lâches vis-à-vis de leurs supérieurs, et comme arrogants avec leurs inférieurs ; sanguinaires et cruels[3] ; aimant leurs enfants tant qu'ils sont au premier âge, mais n'ayant, plus tard, aucun sentiment de la famille. Les noirs de Whidah ne sont pas aussi belliqueux que ceux de la Côte de l'Or.

Arrivons enfin à leurs croyances qui sont essentiellement fétichiques[4] : « Leur principal dieu, rapporte la *Description de la Nigritie*[5], est un animal du pays, nommé Daboué, presque de la forme d'un gros lézard, mais deux fois plus gros, de la longueur d'environ deux pieds, il rampe à terre

1. *Memoirs of the Reign of Bossa-Ahadee*, traduct. franç., pp. 19, 143.
2. Laffite, *le Dahomé*, p. 156. Voir également Skertchly, *op. cit.*, p. 501.
3. Skertchly, *Dahomey as it is*. Londres, 1874.
4. Ellis, *The Land of Fetish*, p. 46. Londres, 1883.
5. Par P. D. P. (Pruneau de Pommegorge). Amsterdam, 1789.

avec des espèces de pattes. Cet animal est fort doux, et peu
fuyard, il est le dieu qu'ils adorent et qu'ils révèrent le plus.
Ils lui bâtissent une case en terre telle que celle qu'ils habitent
eux-mêmes. Ils en ont une à trois portées de fusil des forts,
où l'on porte à boire et à manger à cet animal. C'est toujours
une confrérie de femmes qui est chargée de ce soin ; nulle
autre que celles qui sont initiées dans cette confrérie ne
peut y toucher, non plus que les hommes, sans encourir la
peine de mort, s'ils sont dénoncés au capitaine fétiche, qui
est le grand prêtre, et qui fait exécuter les cérémonies de la
religion à laquelle il croit moins que les autres. » Le
voyageur danois Erdman Isert mentionne le culte des serpents : « Le serpent fétiche est, dit-il, la première divinité.
Un Européen ne se trouverait pas bien de s'y attaquer et de
le tuer. J'en ai vu plusieurs, et c'est en effet, pour la vue, un
superbe animal. Il est de la longueur et de l'épaisseur du
bras. Le fond de sa couleur est gris entremêlé de raies jaunes
et brunes. On dirait qu'il sait que personne n'ose lui faire du
mal, car il va hardiment dans toutes les maisons. Ce n'est
point, non plus, un insecte nuisible ; il ne fait de mal à personne. Me promenant un jour seul dans le jardin du fort,
j'en vis un roulé en peloton qui dormait au pied d'un arbre.
J'eus infiniment de plaisir à cette découverte ; je le consi-
dérai quelques instants avec ravissement, et j'étais sur le
point d'aller chercher un vase, pour le conserver dans de
l'esprit de vin, lorsqu'à mon grand chagrin un nègre qui
travaillait dans le jardin l'aperçut tout comme moi. Je me
vis par là privé de mon butin. Il sortit du jardin dans la plus
grande diligence et revint bientôt après avec un prêtre.
Celui-ci à la vue du serpent se jeta tout de son long le visage
contre terre, la baisa trois fois, marmotta quelques mots,
prépara sa ceinture pour y empaqueter la bête, la leva de
terre avec tant de précaution qu'elle ne se réveilla seulement

pas, et la porta dans le temple où il y a toujours à boire et à
manger prêt pour ces animaux, soit qu'ils viennent pour en
jouir ou qu'ils ne viennent pas[1]. Skertchly parle également
de ces serpents vivants recueillis dans des cases qui servent
pour ainsi dire de temples (*op. cit.*, p. 466). Ils ont, dit-il, un
millier de prêtres. Ces serpents sont peu redoutables ; ils dorment le jour et se promènent la nuit : « Le Dahomien qui en
rencontre un pendant le jour est tenu de le prendre avec
égards et de le reporter à la case des fétiches ; ce que le serpent souffre sans difficulté en se roulant autour du bras ou
du cou de son porteur. Il n'y a pas d'exemple qu'un reptile
fétiche ait jamais mordu personne ; quelques-uns atteignent
jusqu'à dix pieds de longueur[2]. » Le reptile fétiche est adoré
à Whidah, dans d'autres parties du Dahomey, mais à Abomey on le tient, au contraire, en grande haine, et on porte le
culte sur d'autres animaux. Il y a d'ailleurs, dans toute cette
région, bien d'autres divinités. Partout on rencontre des
fétiches grossièrement fabriqués, que prêtres et prêtresses
arrosent d'huile de palme. Toutes les religions sont tolérées[3],
mais ni le christianisme, ni le mahométisme[4] n'ont pu s'y
implanter. Les féticheurs sont richement vêtus. Les prêtresses
ornent leur chevelure de cauris et de verroterie ; elles se
parent de plumes, de colliers et portent, serré à la ceinture,
un léger jupon.

Le missionnaire Courdioux a donné une assez curieuse
description de certaines coutumes religieuses du Dahomey.
Il s'exprime comme suit au sujet d'un confrère dahoman :

1. *Voyages en Guinée*, p. 152. — Sur le culte des serpents au Dahomey, voir
Girard de Rialle, *la Mythologie comparée*, t. I, p. 90. Paris, 1878.

2. Vallon, *Revue maritime et coloniale*, t. II, p. 350.

3. Forbes, *Dahomey and the Dahomeans*. Paris, 1851. Laffitte : « La liberté
religieuse, ce prétendu progrès des sociétés modernes, et qui, pour certains
esprits à courte vue, est la base de toute vraie civilisation, existe au Dahomé. »
Op. cit., p. 117.

4. Forbes, *op. cit.*, t. I, p. 177.

« Depuis quelque temps le féticheur a réuni dans le bois
une vingtaine de petites filles qu'il initie aux mystères d'O li-
chango (dieu de la foudre). Je ne sais à quoi elles sont occupées tout le long du jour ; mais trois fois dans la journée,
elles poussent de grands cris suivis de longs hou-hou-hou.
Ces pauvres enfants sont gardées ainsi jusqu'à l'âge de quinze
à dix-huit ans. Une ou deux fois par mois, elle vont toutes
ensemble quêter au marché. Ces jours-là elles prennent un
bain, se teignent les cheveux sur une moitié de la tête, tantôt
en rouge, tantôt en brun, se couvrent le cou et la poitrine
d'une poudre jaunâtre faite de plantes aromatiques. Elles ont
pour vêtements deux pagnes, l'un rouge, l'autre blanc, qui
descendent jusqu'aux genoux. Un collier de cauris blancs
au cou et des bracelets de même matière aux jambes complètent leur toilette.

« Elles sortent du bois sacré, les plus jeunes les premières ;
elles s'avancent une à une, dans les étroits sentiers qui sont
les rues de nos villages noirs, l'index de la main droite posé
sur les lèvres, et la main gauche appuyée sur la hanche, et se
dandinant en chantant. Une vieille féticheuse, le corps couvert
de tatouages mystérieux et les yeux injectés de sang, les suit
et les ramène à la case fétiche. Enfin, lorsque ces jeunes
filles arrivent à l'âge de l'initiation définitive, elles sont
tatouées, surtout aux épaules, et c'est à quoi l'on reconnaît
de quel fétiche elles sont les prêtresses[1]. »

Le Dahomey et les mœurs de ses habitants ont été étudiés
de près par plus d'un explorateur, et nous aurions bien
d'autres renseignements à donner sur cette intéressante contrée si nous ne craignions de lui consacrer une part trop
importante de cette rapide revue[2]. La langue du pays est,

1. *Annales de la propagation de la foi*, 1870, p. 70. — Cf. Bastian, *Der Fetisch an der Küste Guinea's*, Berlin, 1884.
2. Outre les ouvrages cités ci-dessus et le récit capital de Burton (*A mission*

comme l'idiome de Whidah, une simple forme de l'évé, mot que l'on emploie souvent comme terme générique.

Continuant notre route vers l'est, nous trouvons — toujours dans la région de la Côte des Esclaves, — le pays des Egbas, ou Ebbas, et la ville d'Abeokuta (1° de longitude est), cette dernière fondée par des Egbas émigrés[1].

XXIV. — LES YORUBANS

Un peu plus au nord — et ayant pour voisins du sud-est les noirs du Bénin, — nous rencontrons les Yorubans, entre 7° et 8° de latitude; entre 1° et 2° de longitude orientale[2]. Les noirs du Yoruba ont un caractère moins nigritique que les autres Guinéens : leurs lèvres ne sont pas très épaisses, leur nez n'est pas très aplati[3].

Au Yoruba le gouvernement monarchique est héréditaire ; le roi est maître absolu, mais il paraît que, dans la pratique, il s'humanise assez facilement, à la différence de ses voisins de l'ouest. Le journal des frères Lander représente les Yorubans comme « sans prévoyance, sans résolution, dépourvus de toute sagesse, incapables de faire mine de se défendre à l'approche du danger, insensibles à l'amour du pays; hors d'état de protéger leurs femmes, leurs enfants et de se protéger eux-mêmes ; possédés d'une incurable paresse ; engour-

to Gelele, *King of Dahome*, Londres, 1864), 'renvoyons au tome XXXI des *Archives de médecine navale,* aux tomes II et III de la *Revue maritime et coloniale.*

1. Bowen, *Centralafrica,* p. 110. Charleston, 1857.
2. Carte du pays de Yoruba dans Bowen, *op. cit.*
3. Clapperton, *op. cit.*, p. 96.

dis dans une indolence dont rien ne peut les arracher » [1]. Et un peu plus loin :

« Étrangers à toute affection sociale, ils n'ont point les douces vertus de la vie privée, ni les qualités brillantes qui commandent le respect et l'admiration. L'amour du sol n'est pas chez eux assez fort pour leur faire repousser l'invasion d'un ennemi méprisable... Insouciants du passé, sans prévoyance pour l'avenir, le présent seul influe sur leurs actions. » D'après le *Journal des missions évangéliques* (1878, p. 67), « la guerre est la principale occupation des habitants; tout autre emploi est dédaigné et abandonné aux femmes. Les titres guerriers sont les seuls enviés; les combats, les champs de bataille, les exploits qu'on accomplit, les ennemis que l'on capture, tels sont les uniques sujets d'entretien. Les occasions de guerre sont recherchées avec soin, et il se fait annuellement des expéditions dans le but d'augmenter le nombre des esclaves ».

Les cases du Yoruba, très chaudes, mal aérées, ont une seule ouverture d'environ un mètre carré, c'est-à-dire fort étroite et à travers laquelle on ne peut pénétrer qu'en rampant. Ce sont de petites maisons écrasées et à toit de chaume[2]. Les frères Lander décrivent ce logis : « Nous fûmes introduits dans une petite hutte de gazon que la fumée a revêtue du vernis noir le plus brillant. L'intérieur du toit est curieusement décoré de larges festons de toiles d'araignées et de poussière qui s'y sont accumulées depuis nombre d'années. Son fétiche est une sauterelle desséchée, conservée dans une petite calebasse; mais comme si ce charme ne suffisait pas pour la protéger contre tous les dangers auxquels sont constamment exposées les huttes de ce pays, d'autres charmes mêlés

---

1. *Journal d'une expédition au Niger*, traduct. franç., t. I, p. 246. Paris, 1832.

2. *Journal des missions évangéliques*, 1859, p. 416.

de sang et de plumes, sont fixés aux parois intérieures. » (*Op.
cit.*) « La description d'une ville de Yarriba peut s'appliquer à toutes. Le plus ou moins de propreté, la richesse du
sol, la beauté des campagnes environnantes peuvent donner
de la supériorité à certaines villes ; mais quant à la disposition, elle est partout à peu près la même. Des murailles en
terre, irrégulières et mal construites ; un mauvais toit de
chaume, mal peigné ; pour plancher de la boue séchée, battue

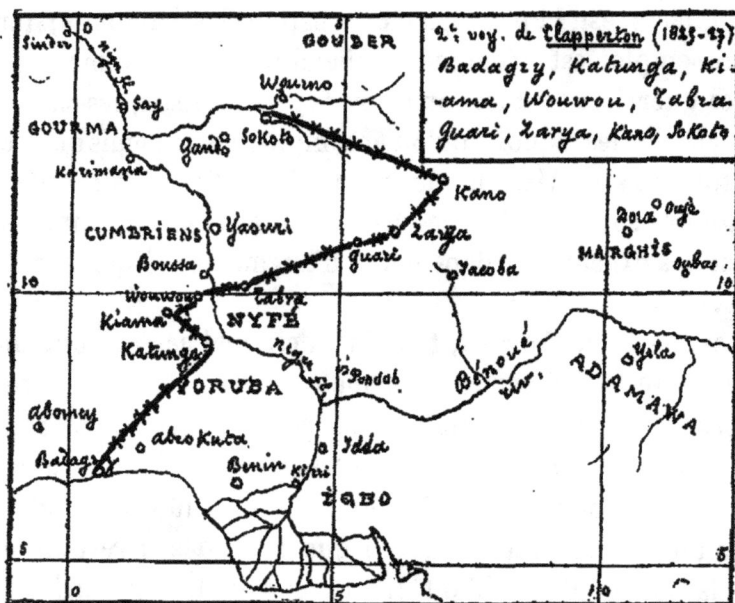

Fig. 7. — Deuxième voyage de Clapperton.

et mêlée de bouse de vache... La seule différence entre la
demeure du chef et celle de ses sujets, c'est que la première
contient un plus grand nombre de cours et de cases, habitées
pour la plupart par des femmes et des esclaves, confondus et
mêlés avec les troupeaux de moutons, de chèvres, de porcs et
une grande quantité de volailles (*op. cit.*, t. I, p. 222). »

Tous les villages sont entourés de murs en terre glaise,

hauts de cinq pieds et assez épais, défendus extérieurement par un fossé [1]. Dans le village même, la place du marché est naturellement l'endroit le plus fréquenté et le plus curieux à visiter.

Le costume est tout à fait simple; les jeunes filles vont nues, une fleur des champs derrière les oreilles et des cordons de verroteries autour des reins.

En général, la nourriture se compose d'ignames bouillies et écrasées, puis réduites en pâte avec addition d'eau. Parfois on coupe l'igname en petits morceaux qu'on laisse sécher au soleil, puis que l'on broie en y mêlant de la farine. Cette préparation peut se conserver durant six mois; au moment de la consommer on l'arrose d'eau bouillante [2].

Les Yorubans sont polygames comme tous leurs voisins; le nombre des femmes et des enfants du roi est considérable. « Le roi me dit, rapporte Clapperton (t. I, p. 90), qu'il ignorait le nombre de ses femmes et de ses enfants, mais qu'il était sûr que ses femmes, en se donnant la main, iraient de Katunga à Djannah. Ses filles peuvent choisir qui bon leur semble pour mari ou pour amant; mais il y a peine de mort pour quiconque touche une des femmes du roi. Le fils, à la mort de son père, prend toutes ses veuves et en a soin. »

Fétichistes comme tous les autres noirs africains, les Yorubans font des sacrifices de chevaux, de bœufs, de moutons, que l'on mange après les avoir immolés. Ce sont les prêtres qui décident du sacrifice de tels ou tels animaux, parfois de tels individus. « En temps de sécheresse on prendra un malheureux esclave, on l'ornera comme pour une fête et on le précipitera dans le fleuve [3] ». Les fêtes ont lieu en plein air, devant l'habitation du roi. « On peut dire que tout ce qui

---

1. *Ibid.* (*loc. cit.*)
2. Clapperton, *op. cit.*, t. I, p. 97.
3. Miss Tucker, *Abbeokuta*, p. 35. Londres, 1858.

est capable de les servir ou de leur nuire reçoit d'eux une sorte d'adoration. Les gros arbres, le grès rouge, les nids de fourmis reçoivent leur part de culte ; quelquefois même ils vont jusqu'à rendre un culte à quelques parties de leur propre corps, leur front ou leurs pieds, spécialement quand ils entreprennent un voyage[1]. » Les prêtres interviennent dans le traitement des malades. Miss Tucker nous renseigne sur ce point : « Les amis du patient se procurent un mouton ou une chèvre pour faire un sacrifice et envoient quérir le prêtre, qui commence la cérémonie en écrivant sur le cœur avec de la craie des caractères bizarres. Alors prenant une calebasse il y met quelques cauris ou quelques noix de palmier, place le tout devant les signes qu'il a tracés et commence ses incantations qui passent pour faire descendre le dieu dans les noix ou les coquillages. Puis on amène la victime, on lui coupe la gorge et le prêtre asperge de son sang la calebasse et le mur. Alors il en barbouille le front du malade, avec l'intention de faire passer la vie de la victime dans le corps du patient. Le prêtre et la famille terminent la cérémonie en mangeant la victime, ayant soin pourtant d'en réserver une portion qu'on met dehors pour les oiseaux de proie. Si cette chair est promptement dévorée par les busards, c'est d'un bon augure.

« Si le sacrifice n'a pas produit l'effet qu'on en attendait, on le recommence encore et encore, suivant les moyens de la famille et l'affection qu'on porte au malade ; il arrive souvent que les pauvres gens se couvrent de dettes pour acheter des animaux destinés à ces sacrifices. Si à la fin du compte cela ne produit rien, on laisse le patient à lui-même ; il n'est pas précisément négligé, car on lui apporte de la nourriture matin et soir, mais durant le jour la famille vaque à ses occu-

1. Miss Tucker, *op. cit.*, p. 35.

pations et le laisse terminer sa vie seul, sans qu'une main ou une voix amie essaie de lui adoucir le rude sentier de la mort. »

Les morts sont placés dans une fosse étroite et profonde, assis, ayant les coudes fixés sur les genoux. Sur la tombe des gens riches on tire des coups de fusil et on vide de nombreux flacons de rhum. A la mort d'un roi, quatre de ses femmes et plusieurs chefs, dit Clapperton, doivent boire du poison versé dans un œuf : cette preuve est-elle inefficace, les victimes doivent s'aller pendre. Cela seulement, ajoute l'auteur, si le roi est mort de maladie.

Le commerce, les achats se font au moyen des cauris, ces coquillages dont nous avons déjà eu l'occasion de parler plusieurs fois. Il en faut quarante, dit Miss Tucker, pour faire deux sous :

« Ces coquilles sont très dures. On les met dans des espèces de sac qui sont appelés *têtes*, et qui en contiennent chacune 2,000, d'une valeur d'environ cinq francs ; en sorte qu'il n'y a pas lieu de s'étonner qu'un homme en ait son faix, quand on lui donne à porter une somme équivalant à cinquante ou soixante francs (*op. cit.*, p. 25). » Plus loin nous reparlerons de cette curieuse monnaie lorsque nous nous occuperons du commerce en général chez les nègres.

Notons enfin, d'après Bowen (*op. cit.*, p. 286), que les Yorubans comptent les jours par cinq, sans leur donner d'ailleurs de noms particuliers.

XXV. — LES YÉBOUS

Le territoire des Yébous est situé, par 2° de longitude orientale, entre celui des Yorubans, au nord, et le golfe de Guinée.

A l'est il confine au Bénin, dont il sera question tout à l'heure. Il s'étend, au sud-ouest, jusqu'à la ville de Lagos[1].

Rien de particulier à dire sur les cases et les vêtements des Yébous, après tout ce qui a été rapporté ci-dessus des différentes populations guinéennes. Les tissus de leurs étoffes sont faits dans le pays même, par les femmes. D'Avezac représente les Yébous comme des artisans industrieux, adonnés également à l'agriculture et au jardinage, à l'élève des troupeaux, à la pêche, à la forge, au travail du cuir.

Leur monnaie est le cauri, disposé en filières de quarante, en masses de cinq filières, en paquets de dix masses, et enfin en groupes de dix paquets qui forment, à leur tour, une unité de compte[2]. Sur le marché de Lagos, les cauris valent, d'après Robertson, 5 shellings le mille[3], soit seize mille cauris pour environ cent francs. D'Avezac, rectifiant ce calcul, estime le cauri à un centime, soit quarante centimes la filière, soit deux cents francs les dix paquets de dix masses. Quarante mille cauris représenteraient le prix d'un esclave ordinaire.

Le jeune Yébou est circoncis vers l'âge de six ou sept ans. Vers le même âge on tatoue, au moyen de scarifications, les filles aussi bien que les garçons. Les différentes populations ont leurs signes particuliers; tantôt ce sont des raies longitudinales allant du ventre à la poitrine, tantôt des entailles au cou, tantôt des incisions sur les joues, etc., etc. D'Avezac décrit ces diverses marques caractéristiques des indigènes du Yébou[4]; nous renvoyons à ce qu'il en dit.

Les anciens auteurs, Davity[5], Bosman[6], ont donné sur les

1. D'Avezac, *Notice sur le pays et le peuple des Yébous*, in *Mémoires de la Société ethnologique*, t. II, 2ᵉ partie, p. 25. Paris, 1845.
2. *Ibid.*, p. 78.
3. *Notes on Africa*, p. 292.
4. *Op. cit.*, p. 56.
5. *Description de l'Afrique*. Paris, 1660.
6. *Voyage de Guinée*, 1705, 2 vol. in-12.

pays guinéens des renseignements très intéressants. Ils parlent, en effet, des indigènes tels qu'ils vivaient avant d'être entrés en relations plus ou moins suivies avec les Européens. « Ils se font raser la tête diversement, dit Davity, les uns en façon de demi-lune, ou de croissant, les autres en forme de croix, et les autres d'autre sorte. Quelques-uns font distinguer leurs cheveux en trois ou quatre cornes, ou pointes, et tous sont si différents et bizarres en ce point, que cinquante personnes étant assemblées, il ne s'en trouvera pas deux rasées de même sorte. » (*Op. cit.*, p. 428.) « Les femmes ont des peignes à deux dents de la longueur d'un doigt, qu'elles entrefichent dans leurs cheveux, afin d'en frotter les lieux où les poux les fâchent. » (*Ibidem*, p. 429.) Elles se découpent le front en trois ou quatre endroits, et font de même autour des oreilles et des sourcils, peignant de diverses couleurs tous ces lieux.

« Davantage elles piquent tout leur visage, et remplissent les lieux des piqûres d'une couleur blanche fort lustrée, si bien qu'on dirait à les voir de loin qu'elles sont couvertes de perles.

« Elles découpent aussi la peau de leurs bras, de leur estomac et près des mamelles en diverses sortes, et remplissent ces fentes de nouvelles couleurs tous les matins (*Ibidem*). »

« Elles accommodent leurs cheveux en diverses sortes sur le sommet de la tête, les dressant en haut et les ramassant comme en un morceau.

« Ces cheveux sont rangés autour du sommet partie en ligne droite, et partie en rond, et si curieusement agencés, qu'elles ne quittent jamais le miroir qu'elles ne soient contentes.

« Cela fait, elles y mettent de l'huile de palme, et les tournent et remuent avec cette huile jusqu'à tant qu'ils deviennent tout annelés (*Ibidem*). »

« Leurs pendants d'oreilles sont de laiton, de cuivre et d'étain, faits fort gentiment. Elles ont aussi des bracelets de cuivre, de laiton et d'ivoire autour de leurs jambes.

« Les filles portent plusieurs petits cercles de fer déliés ; et les femmes de courtoisie, qu'ils nomment « etifagou », ont autour des cuisses et des jambes des cercles de cuivre avec plusieurs sonnettes, afin qu'on sache quand elles passent.

«... Elles usent aussi d'éventaux faits de crins de la queue des chevaux, non seulement pour chasser les mouches et se rafraîchir, mais encore en leurs bals, pour plus de parade (*Ibidem*). »

Bosman parle du mariage chez les Guinéens. Le mari doit acheter sa femme au moyen de cadeaux, et il a soin de tenir bon compte de tout ce qu'il donne, pour en réclamer la valeur au cas où sa femme viendrait à l'abandonner. Si la séparation a lieu de son propre fait, si c'est lui qui renvoie l'épousée, il perd tout, n'a droit à aucune restitution. La polygamie est la condition générale. Et Bosman dit avec indignation : « Il y a des nègres assez brutes et assez infâmes pour ne prendre plusieurs femmes qu'afin qu'elles les fassent vivre à leur aise, et qui se font un plaisir de porter des cornes. Il vont jusqu'à ce degré de brutalité et d'infamie que de donner une permission entière à leurs femmes de débaucher d'autres hommes, ce qu'elles révèlent tout aussitôt à leurs maris, qui ne manquent pas de bien punir ceux qu'ils surprennent (*op. cit.*, p. 204). »

Il dit des rois et de leur pouvoir : « Un roi est obligé de maintenir son autorité par la force, et ainsi plus il a d'or et d'esclaves, et plus il est respecté et honoré ; car sans cela il n'aurait pas la moindre autorité sur ses sujets ; mais il serait obligé de les prier et même de les payer pour faire ce qu'il souhaite d'eux. Que s'il arrive au contraire qu'il soit bien partagé des biens de la fortune, il est assez cruel pour gouverner ses sujets en tyran, les punissant par de grosses amendes pour la moindre faute, et cela même avec quelque apparence de justice. Car lorsqu'il en veut à quelqu'un, il le met entre les mains des *cabocirs* pour le juger, et pour prononcer sa sentence. Mais ceux-ci sachant combien ils dépendent du roi, font le crime plus grand qu'il n'est, et condamnent le criminel, en sorte que le roi est toujours satisfait (*op. cit.*, p. 193). »

De l'ordre d'hérédité : « Les enfants du frère ou de la sœur sont les véritables et légitimes héritiers; en sorte qu'un garçon qui est l'aîné de la famille, hérite des biens du frère de sa mère, ou de ceux de son fils, s'il en a un, et la fille aînée hérite des biens de la sœur de sa mère, ou de ceux de sa fille, si elle en a une.

« Lorsqu'il n'y a pas de ces héritiers, les sœurs et les frères partagent l'héritage entre eux, et quand il n'y a plus ni sœurs ni frères, ce sont les plus proches parents du côté de la mère qui héritent. »

Des sacrifices humains faits sur les tombeaux : « On achète de dessein formé, pour ces sacrifices diaboliques et exécrables, de pauvres malheureux, qui sont le plus souvent de ces gens qui, à cause de leur grand âge ou de quelque autre infirmité, ne peuvent plus rendre aucun service.

« C'est une chose déplorable de voir massacrer ces personnes; car avant qu'ils aient atteint la fin de leur vie, on les fait mourir mille fois en les mettant en pièces, en les piquant, et en leur faisant souffrir d'autres tourments.

« J'ai vu moi-même, non sans frémir, dans le pays d'Ante, périr de cette manière onze personnes; dont il y en eut une, entre autres, qui, après avoir enduré de cruelles douleurs, eut la tête tranchée par un enfant de six ans, qui fut presque une heure à faire cette exécution, n'ayant pas assez de force pour pouvoir manier le sabre (*op. cit.*, p. 231). »

Il décrit les armes, les sagaies : « Il y en a de deux sortes, de petites et de grandes. Les petites ont une aune et demie de long et sont fort minces, ils s'en servent au lieu de dards. Les autres sont une autre fois aussi longs et gros à proportion ; ils ont un fer au bout comme une pique, il y en a dont le fer a un pied, ou un pied et demi de long ; mais ils en font faire de toutes sortes. Ils se servent de l'*assagay* au lieu de sabre, et tenant le bouclier de la main gauche, *ils jettent l'assagay* de la droite. » Et il dit en parlant des guerres : « Les nègres n'ont aucun ordre dans leurs combats, ils ne se rangent pas en bataille ; mais chaque capitaine a ses gens fort serrés les uns contre les autres, et afin d'être plus en sûreté il se renferme au milieu. Ils n'attaquent pas aussi les ennemis en même temps, mais un à un, ou une troupe attaque une autre troupe ; il arrive même que quelques capitaines, voyant que leurs compagnons ont du dessous, au lieu de se mettre en état de les soutenir, prennent la fuite, avant même que d'en être venus aux mains ; de sorte que les plus courageux étant abandonnés des leurs sont ordinairement entièrement défaits. »

Il parle de leurs instruments de musique. D'abord de leurs tambours : « La plupart sont des arbres creusés, couverts d'un côté d'une peau de mouton, et ouverts de l'autre côté, qu'ils mettent sur la terre comme les timbales, et qu'ils pendent aussi au cou lorsqu'ils sont obligés de partir. Ils battent ces tambours avec deux bâtons faits en forme de marteaux, ou bien avec un bâton droit et avec une main ; mais de quelque manière qu'ils le battent, le bruit en est fort désagréable ; et ce qui incommode le plus c'est qu'ils battent le tambour et sonnent du cor en même temps, et afin que le concert soit plus épouvantable, ils ont un petit garçon qui bat sans cesse un fer creux en dedans avec un morceau de bois, ce qui est encore plus insupportable que le son des

cors ou des tambours. Ils ont inventé depuis quelques années
une sorte de petits tambours, qui sont couverts des deux
côtés d'une peau, et qui ont la figure d'un clepshydre ou hor-
loge de sable ; le son de ces petits tambours est à peu près
semblable au bruit des pots dont les enfants se divertissent
pendant le carnaval, excepté qu'ils ont tout autour de petits
anneaux de fer, qui en changent un peu le son... Ils ont
encore un certain instrument consistant en un bois creux en
dedans, large comme la main et une autre fois aussi long,
qui a depuis un bout jusques à l'autre un petit bâton courbé,
autour duquel ils appliquent cinq à six cordes, de sorte
qu'il ressemble à une petite harpe ».

Puis du mode de funérailles : « Ils ne se sont pas plutôt
aperçus que le malade a rendu l'esprit qu'ils se mettent à
hurler, à crier et à lamenter d'une telle force, que tout le
village en retentit, par où l'on peut d'abord connaître que
quelqu'un est mort ; outre que dans le même moment quelques jeunes gens, de la connaissance du défunt et de ses
amis, viennent tirer avec leurs fusils pour lui rendre les
derniers devoirs et pour lui faire honneur.

« Si c'est un mari qui soit mort, ses femmes se rasent
incontinent la *tête*, et se frottent tout le corps avec de la
terre blanche, n'ayant autour du corps qu'une vieille *paan*
usée, courant dans toutes les rues du village comme des enra-
gées ressemblant plus à des diablesses ou aux furies infer-
nales, toutes échevelées, et jetant des cris épouvantables,
prononçant continuellement le nom du défunt, et récitant
les belles actions qu'il a faites pendant sa vie. Ce bruit horrible de ces femmes dure quelques jours de suite, même
après que le mort a été enterré.

« Si quelque personne considérable vient à être tuée dans
un combat, et que ses camarades ne puissent point cacher son
corps, ou qu'après l'avoir caché ils ne le puissent enterrer

dans son pays selon son état et sa qualité, à cause que la guerre continue, et ne voulant point faire ses funérailles dans aucun autre pays, ses femmes sont obligées, pendant tout cet intervalle, de paraître en habit de deuil et d'avoir la tête rasée.

« Après quelque temps, quelquefois dix ou douze ans après, quand l'occasion se présente, on célèbre les funérailles d'un tel homme avec autant de magnificence et de la même manière que s'il ne faisait que de mourir ; après quoi ses femmes quittent leurs habits de deuil et s'ajustent comme les autres.

« Pendant que les femmes s'accommodent hors de la maison de la manière que je viens de dire, les plus proches parents du défunt sont assis dedans auprès du corps, y faisant un bruit épouvantable, lavant et purifiant le corps, et le préparant pour être enterré : ses autres parents et amis se rendent de toutes parts dans le même lieu pour assister à ses funérailles ; il en prendrait mal à celui qui y manquerait, quoiqu'il apportât de bonnes raisons pour s'excuser de ce qu'il n'est pas venu.

« On fait boire largement dans la maison du défunt tous les assistants, le matin de l'eau-de-vie, et l'après-midi du vin de palme ; ainsi l'enterrement d'un nègre, s'il a quelque bien, coûte extrêmement. On habille magnifiquement les personnes de marque, et après qu'on les a bien ajustées, on les met dans le cercueil, et on les enterre ; on y ajoute encore plusieurs jolies choses, afin qu'elles puissent s'en servir dans l'autre vie, qui consistent pour l'ordinaire en de beaux habits, des fétiches d'or, un corail de grand prix, et en plusieurs autres choses, qui pourraient accommoder le défunt.

« Ce grand nombre de magnifiques présents se fait selon que le défunt laisse après lui de riches héritiers, et qu'ils ont de l'attachement pour lui. Toutes ces choses étant faites, on enterre le mort, fût-ce un, deux, ou trois ans après sa mort. Devant le corps marchent ou plutôt courent quelques jeunes soldats, qui font des décharges continuelles de leurs fusils tout le long du chemin. Une grande multitude de gens, tant hommes que femmes, et même des enfants, tous pêle-mêle, accompagnent le corps, les uns pleurant et criant doucement, et les autres de toute leur force ; il y en a qui rient et parlent si haut, que l'on dirait, à les entendre, qu'il n'y a point de mort pour qui ils dussent, du moins en apparence, faire paraître quelque tristesse.

« Dès que le corps a été mis en terre, chacun s'en retourne, la plupart cependant à la maison du mort pour se réjouir encore un peu et pour bien boire, ce qui dure quelques jours de suite, de sorte que ces funérailles ressemblent plutôt à des noces ou à un festin. » (*Op. cit.*, p. 228.)

Il parle enfin de leurs croyances : « Ils croient aussi les apparitions des esprits, et que ces esprits viennent souvent sur la terre pour tourmenter les hommes. Si quelqu'un, et surtout une personne de considération, meurt, ils se font peur les uns aux autres, disant que son esprit apparaît quelques nuits de suite autour de sa maison. » De leurs fétiches : « Le mot *fétiche*, autrement dit *bossum* dans le langage des nègres, vient du nom de leur idole qu'ils appellent aussi *bossum*. Lorsqu'ils veulent sacrifier à leur faux dieu, ou apprendre quelque chose de lui, ils se disent les uns aux autres : Faisons fétiche, ce qui veut dire : Faisons le culte à l'honneur de notre dieu, et voyons ou entendons ce qu'il en dira. Tout de même, lorsqu'ils ont reçu quelque injure de quelqu'un, ils font *fétiche* pour s'en venger, et voici comment : Ils portent quelque viande, boisson ou autre chose à leur prêtre pour le faire conjurer, après quoi ils le répandent là où ils savent que leur ennemi a accoutumé d'aller, croyant fortement que s'il vient à toucher ces choses conjurées, il mourra en peu de temps ; et ceux qui craignent cette conjuration venant dans ces lieux où ils aperçoivent qu'on a voulu les perdre, se font porter par-dessus afin de ne point toucher ce que l'on a répandu, car alors ils croient que cela ne peut faire de mal ni à eux ni à leur porteur, n'ayant de vertu que sur ceux pour qui cela a été préparé, et encore faut-il qu'ils le touchent...

« Ils font la même chose, lorsqu'ils ont été volés, pour découvrir par là le voleur et le faire punir selon ses mérites ; ils croient si fortement cela que, quoiqu'on leur produise cent exemples qui prouvent le contraire, il est impossible de leur ôter cette opinion, et ils trouvent toujours quelque prétexte lorsque la chose ne réussit pas comme ils l'avaient attendu (p. 150). »

« Certains Guinéens, ajoute-t-il enfin en un autre passage, croient que les morts sont transportés au pays des blancs, et qu'ils y sont changés en des hommes blancs. » Tylor, dans son livre de *la Civilisation primitive*, parle de cette croyance singulière et la signale non seulement chez les nègres de l'Afrique occidentale, mais encore chez les noirs de l'Australie et de la Nouvelle-Calédonie[1]. On la trouve aussi chel les Baris du Nil blanc.

XXVI. — LES NOIRS DU BAS NIGER

La région sud-est de la Guinée est beaucoup moins connue que ne l'est toute celle de l'ouest[2]. A l'embouchure même du fleuve, on parle idzo, ou iyo (Cust, t. I, p. 220).

1. Traduct. franç., t. II, p. 7.
2. Carte du bas Niger, *Revue de Géographie*, t. V, 1879.

Bosman représentait les indigènes de Bénin comme « de bonnes gens et civils »[1], exacts dans les choses du commerce, mais aimant à être bien traités. Ils sont, d'après Dufay, doux, civils, raisonnables, mais déréglés dans leurs mœurs, défiants avec les Européens. « Les hommes, dit Bosman, ne frisent et n'ornent point leurs cheveux, mais les laissent comme la nature les leur a donnés, excepté qu'ils en font quelquefois deux ou trois boucles, auxquelles ils attachent un gros morceau de corail. Mais les femmes ont un grand soin des leurs et en font de grandes et de petites boucles, qu'elles rangent avec beaucoup d'ordre sur le sommet de la tête[2]. » A propos des indigènes qui habitent les bords du Niger, sur la rive droite, un peu au nord-est de Bénin, la relation des frères Lander s'exprime ainsi : « Les hommes de Kirri ont un aspect sauvage ; il sont singulièrement forts et athlétiques. Leur seul vêtement est une peau de léopard ou de tigre, serrée autour des reins ; leurs cheveux, nattés, sont collés à la tête par un épais enduit de terre rouge, et leur visage est couvert d'incisions coupées dans la chair, de façon à former de profonds sillons ; chaque cicatrice, de deux à trois lignes de longueur, est teinte d'indigo. Il est à peine possible de distinguer un de leurs traits au milieu de toutes ces coutures. » (*Op. cit.*, t. III, p. 174.) D'après Dufay, les habitants du pays de Bénin égorgent la mère qui met au monde des jumeaux ; on immole en même temps les deux enfants. Ceux-ci sont irrémissiblement condamnés, mais le mari peut racheter sa femme en donnant une esclave à sacrifier à sa place[3]. Le même auteur rapporte une autre coutume assez caractéristique, mais qui n'est pointe faite pour surprendre après ce que nous savons déjà, sur le

---

1. *Voyage de Guinée*, p. 461. Londres, 1705.
2. *L'Afrique*, t. II, p. 144.
3. *Op. cit.*, t. II, p. 147.

même sujet, des noirs africains : « La jalousie des nègres est fort vive à l'égard de leurs compatriotes ; mais ils accordent aux Européens beaucoup de libertés auprès de leurs femmes. C'est un crime d'approcher de la femme d'autrui. Dans les visites qu'ils se rendent entre eux, leurs femmes ne paraissent jamais et se tiennent enfermées ; mais pour recevoir un Européen, le mari les appelle lui-même si elles sont trop lentes à se présenter. »

Les gens de Bénin, rapporte Wilson, sont voleurs, turbulents, intempérants[1]. Leur langue porte le nom d'izékiri ou dsékiri (Cust, I, p. 222). Le capitaine Landolphe, qui a vu de près les gens de Bénin, est loin d'en faire un mauvais portrait ; il ne cache pourtant pas la férocité du fond de leur caractère et raconte les massacres qui ont lieu à la mort des rois[2].

Sur le cours même du fleuve, entre 5° et 6° de latitude, Lander signale la propreté relative des indigènes. Les huttes sont de terre jaune, assez bien construites, plâtrées en dehors et couvertes de feuilles de palmier ; par terre des nattes sont parfois étendues. Les indigènes sont fort indolents ; ils ne cultivent que l'igname, le maïs et le plantanier. Ils ont beaucoup de chèvres et de volailles, point de bœufs ni de moutons. Brutaux et féroces, ils sont inhospitaliers. Leur passion est grande pour le vin de palmier ; le soir, ils s'assemblent en plein air pour causer et s'enivrer, et ils engagent alors entre eux des luttes et des batailles en poussant de grands cris. « La ville d'Eboé, ajoute-t-il, est le principal marché d'esclaves où viennent s'approvisionner les indigènes qui font ce commerce sur les côtes, entre la rivière Bonny et celle du vieux Calabar. »

« Les esclaves et l'huile de palmier, lisons-nous dans la

1. *Western Africa*, p. 193.
2. *Mémoires*, t. II, p. 55. Paris, 1823.

Revue britannique (année 1837, p. 94), forment le principal commerce d'Eboé. La valeur des esclaves varie suivant les demandes à la côte ; mais le prix moyen d'un garçon de 16 ans est de 60 shillings (75 francs). Les femmes sont vendues un peu plus cher... L'huile de palmier se récolte autour d'Eboé en immense quantité. On la recueille dans de petites gourdes pouvant contenir chacune huit à seize pintes ; on la verse ensuite dans des tonneaux pour la livrer au commerce. » Et plus loin : « L'abondance du poisson dans ce pays est presque inconcevable. Les riverains sont de persévérants pêcheurs ; ils fabriquent d'immenses filets de jonc qu'ils manient avec beaucoup d'adresse. Après s'en être servis, ils les étendent avec le plus grand soin sur des perches pour les sécher au soleil à la manière de nos pêcheurs. Ils fendent le poisson, le vident, puis l'exposent à la fumée d'un feu de bois. Ces poissons et quelques substances farineuses composent leur principale nourriture. »

De l'autre côté du Niger, c'est-à-dire sur la rive gauche, est le territoire des Ibos, que quelques auteurs ont rapprochés des Yébous dont il a été question ci-dessus. Le pays des Ibos est par 6° et 7° de latitude. On en rencontre sur la rive droite du fleuve. Leur langue, comme le rapporte Cust, comprend quatre dialectes ; l'isoama est le plus important, dit Baikie.

Plus au sud est le pays maritime de Calabar ; le nouveau Calabar non loin de l'embouchure du Niger, le vieux Calabar plus à l'est, vers les régions où l'on commence à parler les idiomes bantous (monts Camerouns, baie de Biafra). Ici encore règnent les coutumes sanglantes. A la mort d'un chef on massacre une foule de victimes ; les femmes du chef sont étranglées, des esclaves sont enterrés vivants[1]. Boudyck-

---

1. *Journal des missions évangéliques*, 1859, p. 150.

Bastiaanse rapporte qu'au Calabar il a vu des chemins pavés de crânes [1].

Le nouveau Calabar est, au rapport de Ch. Girard, un amas de huttes construites en bois debout, recouvertes de toits de palmes, et bâties dans un marais infect [2]. Ajoutons qu'au vieux Calabar, les jeunes filles subissent, dès l'apparition des menstrues, l'excision du clitoris, opérée par une femme avec un rasoir [3].

Au dire d'Ellis, les noirs qui habitent à l'embouchure même du Niger peuvent être rangés parmi les plus barbares et les plus sauvages des peuples africains [4].

La *Revue coloniale et maritime* décrit ainsi une case de guerre des Bonnis, une des tribus de cette côte, entre le nouveau et le vieux Calabar :

« L'intérieur est pavé de crânes blancs et polis par l'érosion lente des pieds dont ils sont continuellement foulés. Les autres sont superposés autour des palissades, depuis la base jusqu'au point où commence le toit. Quatre pilastres construits de ces lugubres matériaux, font relief sur un fond de têtes grimaçantes au milieu duquel est ménagée une niche pour l'iguane fétiche.

« ...Dans l'origine l'anthropophagie était une coutume générale à Bonny; mais son commerce avec les Européens a modifié les mœurs de la classe supérieure, et les chefs des traitants n'ont plus cet effroyable vice. Toutefois, ils permettent au peuple de sacrifier les prisonniers et de s'en faire des festins, lorsqu'ils ne les réservent pas à l'esclavage. En agissant ainsi, ils croient perpétuer les traditions guerrières de la tribu et la rendre plus redoutable aux ennemis.

1. *Voyage à la côte de Guinée*, p. 197. La Haye, 1853.
2. *Bulletin de la Société de Géographie*, 1867, t. I, p. 548.
3. *Archives de médecine navale*, t. II, p. 361.
4. *The Land of Fetish*, p. 114. Londres, 1883.

« Un noir, aux incisives aiguisées, nous déclara que la chair humaine était excellente et qu'il s'en repaissait avec délices (t. IV, p. 545). » Les Bonnis vénèrent l'iguane, le crocodile, et des simulacres phalliques sont déposés à la porte de leurs cases (*Ibid.*). Le journal des frères Lander mentionne les sacrifices offerts aux fétiches des fleuves : on prend un vieil esclave, on lui lie les mains et les pieds, on l'attache à la branche d'un arbre placé tout auprès de l'eau. Là on l'abandonne et le malheureux meurt de faim, exposé au soleil, ou dévoré par les animaux (t. III, p. 363).

Avant d'en terminer avec les Guinéens, nous reproduisons quelques mensurations crâniennes :

	INDICE CÉPHALIQUE.	INDICE NASAL.	INDICE ORBITAIRE.
Noirs de Sierra Leone....	71.0	58.3	87.1
Krous...................	72.2	51.9	87 5
Achantis...............	74.0	55.3	88.9
Evés...................	74.5	57.7	86.8
Noirs de Calabar........	75.2	53.0	86.8

Ces diverses mesures sont prises sur un nombre trop restreint d'individus pour constituer des moyennes très exactes. Il est assez vraisemblable, toutefois, qu'en les adoptant provisoirement, on ne s'écarte pas beaucoup de la vérité. La capacité est prise d'après le procédé rigoureux de Broca; le cubage au mil, à la graine de moutarde, donnerait d'autres résultats, mais beaucoup moins exacts, et qu'on ne saurait comparer, en tous cas, avec ceux du procédé Broca.

Nous devons nous arrêter ici, approximativement vers 4° de latitude nord. Les Boubis de l'île Fernando-Pô, les Fans du bord oriental du golfe de Guinée n'appartiennent plus au domaine qui nous occupe.

Nous allons, maintenant, examiner les populations qui détiennent l'intérieur des terres, en commençant par celles qui sont établies à l'est de la Sénégambie. Nous parlerons ensuite des peuples du Soudan central, puis, continuant notre route vers l'orient, nous nous occuperons en dernier lieu des populations du haut Nil.

XXVII. — LES MANDINGUES

On les rencontre immédiatement à l'est de la Sénégambie, par 15° de latitude, ce qui est leur limite septentrionale. Ils habitent dans cette région (à l'est du haut Sénégal), les pays de Bambouk[1] et de Kaarta. C'est aux Mandingues du Bambouk que les Peuls et les Saracolais donnent le nom de « Malinkés ». Leur frontière orientale est celle du territoire des Bambaras, dont il sera question un peu plus loin. Leur centre d'habitation est (un peu plus au sud) dans la région des versants nord et nord-ouest du Fouta Djallon[2], soit le pays montagneux à l'est de la Sénégambie. Vers l'ouest, ils ont pour limitrophes les habitants du Boudou et du Kabou, pays pénétrés par les Peuls. Au sud-ouest, de 10° à 13° de latitude, ils ont poussé vers l'occident et avoisinent les Balantes, les Tyapis, les Sousous. Plus au sud, environ par 7° de latitude, on rencontre encore des Mandingues confinant aux Guinéens occidentaux[3].

1. Pascal, *Revue algérienne*, t. III, p. 143. — Vivien de Saint-Martin, *Nouveau Dictionnaire de géographie universelle*, t. I, p. 327.

2. Bérenger-Féraud, *les Peuplades de la Sénégambie*, p. 199. — Galliéni, *Voyage au Soudan français*, p. 577. — Colin, *Rev. d'Anthropol.*, 1886, p. 433.

3. Sur les Dioulas du Dioula-dougou (8° de longit. ouest, et 10 à 12° de latitude) voir Tautain, *Rev. d'Ethnogr.*, t. V, p. 395.

C'est, comme on le voit, une aire géographique très étendue, mais dans laquelle la population est très peu compacte. En tout cas, après avoir poussé vers l'occident un certain nombre de peuples sénégambiens, les Mandingues ont affaire à leur tour aux Peuls qui ont traversé leur territoire en maints endroits[1].

Beaucoup d'entre eux sont métissés. Leur peau est moins foncée que celle des Wolofs; on la décrit comme brun-olivâtre, couleur tabac ou chocolat. Le nez est épaté, écrasé; les maxillaires sont volumineux; la distance du nez à la lèvre supérieure est grande[2]. L'ensemble de la figure est dur et peu agréable. Ils mettent leurs cheveux sur le côté de la tête. Dix crânes mandingues ont donné, d'après A. de Quatrefages et Hamy[3], les mesures suivantes : indice céphalique, 72.8; indice nasal, 54; indice orbitaire, 89.4. Une série de treize crânes étudiés par Manouvrier[4] donne une moyenne de 71. De la mensuration de quatre-vingts têtes, Collomb a tiré un indice moyen de 74[5]. Ce dernier auteur a trouvé sur 65 hommes une taille moyenne de 1^{m}66, sur 15 femmes une taille moyenne de 1^{m}62.

Les Mandingues sont généralement vêtus de pagnes blancs ou teintés en jaune; ils portent, dit Raffenel, « le chapeau bambara aux bords très larges et aux longues tiges de paille coloriées et relevées en pointe au sommet », parfois un bonnet de coton blanc ou bleu. En tenue de guerre ils ornent leur tête de cornes de chèvres.

« L'habillement des Mandingues, dit Bour[6], se compose

1. Tautain, dans la *Revue d'Ethnographie*, t. V, p. 545, a donné des renseignements détaillés sur le domaine géographique des Mandingues.
2. Raffenel, *op. cit.*, p. 394.
3. *Crania ethnica*, p. 362.
4. *Bullet. de la Soc. d'Anthrop.*, 1887, p. 637.
5. *Associat. franç. pour l'avancement des sciences*, 1885, 1re partie, p. 179.
6. *Bulletin de la Société nationale de topographie*, 1883, p. 154. — Cf. sur l'habillement des Mandingues, J.-B.-Léon Durand, *Voyage au Sénégal*, t. I,

d'un pantalon flottant, descendant jusqu'aux genoux et d'une vaste chemise ou boubou, en étoffe bleue ou blanche. Pour coiffure, ils portent un bonnet de même étoffe, orné de deux pointes relevées à l'avant et à l'arrière de la tête. Ils ont le cou et les bras chargés de gris-gris et de bracelets en cuir. Jamais ils ne circulent sans leurs armes, particulièrement sans un large sabre suspendu à l'épaule gauche et un poignard à la ceinture. Pour se rendre d'un village à un autre, le Mandingue ajoute un fusil à ses deux armes inséparables. Les vieux s'arment d'une lance. Les jeunes enfants, jusqu'à la circoncision, portent eux-mêmes des sabres en bois dur, du même type que ceux en fer. »

Les habitants de Tenda, que Mollien donne comme Mandingues, se liment en pointe les incisives supérieures [1].

Les Mandingues, dit Caillé, portent sur la tête des fardeaux de près de deux cents livres, se soutenant par un bâton à la main. La charge est contenue dans une corbeille assez longue, faite de morceaux de bois minces et flexibles, de trois pieds de long sur un de large et un de haut ; ces baguettes sont reliées les unes aux autres au moyen de liens en écorce d'arbres. Lorsqu'ils se sentent fatigués, ils posent un bout de la corbeille entre les branches d'un arbre et soutiennent l'autre bout avec leur bâton [2].

Les cases des Mandingues sont bâties les unes contre les autres, sans ordre aucun ; l'une d'elles vient-elle à brûler, le sinistre ne manque pas d'en atteindre nombre d'autres [3]. Ces cases sont généralement distribuées en plusieurs parties. Les villages, pour l'ordinaire, sont entourés de palissades défensives. La case du mari est placée au milieu de celles de ses

p. 71. Paris, 1802. — Collomb, *Bull. de la Soc. d'Anthrop. de Lyon*, 1886, p. 53. — Mungo Park, *op. cit.*, t. I, p. 90.

1. *Voyage dans l'intérieur de l'Afrique*, t. II, p. 203. Paris, 1822.
2. *Journal d'un voyage à Tembouctou*, t. I, p. 255. Paris, 1830.
3. *L'Afrique*, t. I, p. 181.

femmes. Le mobilier se compose de quelques peaux de bœufs, de jarres contenant une provision de grains, enfin des armes.

« Les cases des Mandingues sont construites en forme de carré, dit Bour[1], et divisées en compartiments ou chambres pour les membres de la famille. Les murs sont en pisé, et la toiture en paille tressée. Une petite porte d'entrée et des ouvertures sont pratiquées sur les faces pour l'aération. Une petite case en paille, en forme de hangar, est spécialement affectée à la cuisine. Les animaux domestiques ont aussi une case en paille pour la nuit; dans le jour, ils se répandent de tous côtés dans le village, sans être surveillés. Toutes les cases d'une même famille sont entourées d'une tapade en crinting (enclos en écorce de bambou). » — « La déplorable habitude qu'ont les indigènes d'entretenir la nuit un feu ardent dans leurs cases est une cause fréquente d'incendie et amène parfois la destruction rapide d'un village entier. Lorsqu'un incendie se déclare, le propriétaire et sa famille détruisent la case à coups de pioche pour circonscrire le feu. Les voisins demeurent gais et paisibles spectateurs, quand ils ne s'enfuient pas dans la forêt; mais il ne vient à l'idée d'aucun d'entre eux d'éteindre le feu en versant de l'eau ou de la terre. Les flammes provoquent la joie et la contemplation des plus menacés. »

Adanson représente les cases des Mandingues comme assez bien bâties[2].

La demeure du roi, comme celle des esclaves, rapporte Mungo Park (t. I., p. 32), est faite d'un mur de terre d'environ quatre pieds de haut, sur lequel repose une couverture conique faite de bambou et de chaume. Le lit est une claie de roseaux placée sur des pieux de deux pieds de haut, et couverte d'une natte ou d'une peau de bœuf. Une jarre,

1. *Op. cit.*, p. 155.
2. *Histoire du Sénégal*, p. 89. Paris, 1767.

quelques vases d'argile, quelques calebasses, un ou deux tabou-
rets, composent tout le reste de l'ameublement.

« En prenant leurs repas, ils ont l'habitude, dit Caillié,
d'inviter tous ceux qui se trouvent auprès d'eux ou qui passent :
si l'invité ne s'assied pas auprès de la calebasse, le chef prend
une poignée de riz qu'il tourne longtemps dans sa main, puis
il la trempe dans la sauce et la donne à celui qu'il a invité.
Si des étrangers partagent leur repas, les Mandingues s'em-
pressent de mettre la main dans le plat, de tourner le riz de
tous côtés pour le faire refroidir. Le chef verse lui-même la
sauce sur le riz, il mange la première poignée, puis engage
les autres à l'imiter[1]. » D'après Mungo Park ils déjeunent en
général de très grand matin avec une bouillie de farine addi-
tionnée de fruits de tamarin. Vers deux heures ils mangent
une espèce de poudding. Le souper est leur principal repas et
ils le font à la nuit; il se compose de couscous mélangé de
viande. Citons encore Caillié au sujet de l'alimentation des
Mandingues :

« L'arbre à beurre, dit-il, est très répandu dans les environs de Timé; il y croît spontanément et vient à la hauteur
du poirier, dont il a le port. Quand l'arbre est jeune, ses
feuilles sont longues de six pouces; elles viennent par touffes,
et sont supportées par un pétiole très court; elles sont terminées en rond : l'arbre ayant atteint une certaine vieillesse, les
feuilles deviennent plus petites... Le fruit venu à maturité, est
gros comme un œuf de pintade, un peu ovale et égal des deux
bouts; il est recouvert d'une pellicule de couleur vert pâle;
en ôtant cette pellicule, on trouve une pulpe de trois lignes
d'épaisseur, verdâtre, farineuse, et très agréable au goût : les
nègres l'aiment beaucoup; j'en mangeais aussi avec plaisir.
Sous cette pulpe il y a une seconde pellicule très mince; elle

1. *Op. cit.*, t. I, p. 333.

couvre l'amande qui est couleur de café au lait clair; le fruit ainsi dégagé des deux pellicules et de la pulpe, est couvert d'une coque aussi mince que celle de l'œuf; l'amande seule est grosse comme un œuf de pigeon. On expose ce fruit au soleil pendant plusieurs jours pour le faire sécher; puis on le pile dans un mortier; réduit en farine, il devient couleur de son de froment. Quand il est pilé, on le met dans une grande calebasse, puis on jette de l'eau tant soit peu tiède par-dessus, jusqu'à consistance d'une pâte claire que l'on pétrit avec les mains. Quand on veut connaître si elle est assez manipulée, on y jette un peu d'eau tiède : si l'on voit les parties grasses se détacher du son et monter sur l'eau, on y met à plusieurs reprises de l'eau tiède; il faut qu'il y en ait assez pour que le beurre, détaché du son puisse flotter[1]. » Le beurre en question se conserve deux ans. On s'en sert, non seulement pour l'alimentation, mais encore pour le traitement des blessures sur lesquelles on l'applique comme onguent.

Parlons maintenant de l'état social des Mandingues. « Ceux du Woolli, dit Raffenel, se divisent en deux classes principales : les guerriers et les marabouts. Les premiers, appelés *soninkés*, sont beaucoup plus nombreux que les seconds, qu'ils méprisent et maltraitent sans aucun ménagement. Ils mettent une espèce d'orgueil et de forfanterie à repousser les croyances mahométanes et à se moquer des pratiques de ce culte. Ils gouvernent et commandent, ne travaillent point et vivent aux dépens des marabouts, dont ils exploitent avec brutalité les goûts paisibles et les tendances laborieuses; ils exploitent aussi, mais avec plus de brutalité encore, les Foulahs pasteurs et cultivateurs qui viennent s'établir sur les bords de la Gambie. Les Soninkés sont adonnés,

1. *Op. cit.*, t. I, p. 256.

d'une manière désordonnée, à l'usage des liqueurs fortes :
une bouteille de brandy les attache à la cause de celui qui la
leur donne. Malgré ces notables imperfections dans les mœurs
et les habitudes, ce peuple est néanmoins soumis à l'autorité
du chef du pays. » (*Op. cit.*, p. 491.)

« Tous les villages malinkés, dit Pascal, vivent en république et sont indépendants les uns des autres. Chaque village a un chef dont le pouvoir se transmet par voie d'hérédité. Les indigènes n'ont aucune espèce de religion; la justice
est rendue par les chefs de village, quand la raison du plus
fort ne règle pas les différends. » Les États sont monarchiques, mais les rois doivent toujours consulter les assemblées populaires[1].

« Lorsqu'il est question de délibérer sur quelque affaire
d'importance, le roi fait assembler son conseil dans la plus
épaisse forêt qui soit de la résidence. Là, on creuse dans la
terre un grand trou, sur les bords duquel tous les conseillers
prennent séance; et, la tête baissée vers le fond, ils écoutent
ce que le roi leur propose. Les sentiments se recueillent, et
les résolutions se prennent dans la même situation. Lorsque
le conseil est fini; on rebouche soigneusement le trou de la
même terre qu'on en a tirée, pour signifier que tous les discours qu'on y a tenus y demeurent ensevelis. Aussi la moindre
indiscrétion est-elle punie du dernier supplice[2]. » Les impôts
sont prélevés sur le commun du peuple et sur les voyageurs.

La population se divise en hommes libres et en esclaves;
ces derniers sont l'objet de bons traitements et sont entourés
d'égards; en principe ils ne peuvent être vendus[3]. Les usages
du commerce sont assez curieux : « Qu'un Mandingue ait

1. Mungo Park, *op. cit.*, t. I, p. 27. — Cf. Durand, *op. cit.*, t. I, p. 69.
2. Walckenaer, *Histoire universelle des voyages*, t. IV, p. 161. — Letourneau,
la Sociologie, p. 439.
3. Mungo Park, *op. cit.*, t. I, p. 35.

vendu quelque chose le matin, il peut redemander sa marchandise en restituant le prix avant le coucher du soleil. Ainsi, n'eût-on acheté qu'une poule ou des œufs, on court toujours beaucoup de risque à les manger le premier jour[1]. »

Les Mandingues élèvent des chèvres, des moutons, mais ils n'ont que fort peu de bœufs et de vaches, bien que la contrée donne de bons pâturages. Ils chassent le sanglier et la gazelle avec de grands filets faits en corde de coton et d'écorces d'arbre : ils poussent le gibier dans ces filets et l'y assomment lorsqu'il s'est laissé prendre[2].

Les Mandingues, bien que paresseux comme tous les nègres, sont cultivateurs, commerçants et assez industrieux[3]. Dans tous les environs de Timé, l'indigo croît spontanément et sans culture : les femmes s'en servent avantageusement pour teindre leurs fils de coton, que les hommes tissent pour faire des étoffes de couleur. Le procédé qu'elles emploient est très simple : sans se donner la peine de couper la plante, elles arrachent les feuilles, puis elles les pilent, les mettent en petits pains, les exposent au soleil pour les faire sécher. Elles se conservent de cette manière très longtemps. Quand on veut les employer, on écrase les petits pains, puis on les met dans un grand pot en terre, fait pour cet usage; on le remplit d'eau fraîche, et on le couvre pour laisser tremper les feuilles : on les laisse fermenter pendant vingt-quatre heures; puis on y ajoute de l'eau de lessive; cette eau a la propriété de dissoudre l'indigo. La teinture ainsi préparée, on met dans le pot les objets à teindre; on laisse le coton une nuit entière, et même quelques heures de plus[4]. « Les ouvriers en cuir, dit Dufay, ont poussé leur art à un

---

1. Walckenaer, t. IV, p. 152.
2. Caillié, *op. cit.*, t. II, p. 51.
3. Faidherbe, *Revue coloniale*, t. II, p. 330. — Durand, *op. cit.*, p. 70.
4. Caillié, *op. cit.*, t. II, p. 56.

assez grand degré de perfection : ils font peu d'usage de peaux
de bœuf, mais ils emploient souvent celles des chèvres et
des gazelles. Pour tanner les peaux, ils se servent de l'écorce
des mangliers ; quelquefois ils les mettent dans une saumure
de cendre et de sel, ou dans le sable, pour les dépouiller de
leur poil. Ils les passent fort bien, et les teignent en noir, en
jaune et en rouge[1]. » Il ont appris à fabriquer la poudre au
moyen de soufre qui leur vient d'Europe et leur est vendu
fort cher[2]. Ils exploitent, sans art aucun, à vrai dire, des mines
d'or, particulièrement dans le Bambouk. Leurs caravanes conduisent cet or aux comptoirs européens de la côte, en même,
temps que l'ivoire des éléphants[3]. Ajoutons qu'il existe chez
les Mandingues des castes professionnelles, comme chez bon
nombre de leurs voisins[4]. »

Parmi les pièces de leur mobilier, il faut citer les tambours.
« Ces tambours, dit Moore, ont près de trois pieds de longueur, et jusqu'à vingt pouces de diamètre par le haut, mais
moins par le bas. Ces tambours sont faits d'une seule pièce
de bois, et couverts d'une peau de chevreau à leur extrémité
supérieure. On les bat avec une seule baguette, et de la main
gauche[5]. »

« Les Mandingues du Bambouk, dit Raffenel, ont des usages
grossiers qui tranchent avec ceux des autres peuples, pour
lesquels ils sont devenus un type quasi-barbare excitant leurs
plaisanteries. Ils s'appellent entre eux Malinkés pour s'in-
jurier, et pour désigner particulièment les gens qui ont des habitudes, des manières et des goûts grossiers. » (Op. cit., p. 393.)

1. L'Afrique, t. IV, p. 184.
2. Archinard, Revue d'Ethnographie, t. I, p. 528.
3. Raffenel, op. cit., p. 393. — Bérenger-Féraud, op. cit., p. 205.
4. Letourneau, op. cit., p. 442.
5. Voyages dans les parties intérieures de l'Afrique, trad. franç., Londres,
. 1738.

Tous sont d'ailleurs extrêmement portés à la fainéantise et à l'indolence. Les Malinkés, dit Colin (*Rev. d'Anthrop.*, 1886, p. 440), ne fournissent que juste la somme de travail qui leur est indispensable pour ne pas mourir de faim, et se mettre à l'abri des intempéries ou de l'ennemi. Ceux qui reviennent au pays après avoir négocié leur or et leur ivoire auprès des Européens, ne pensent qu'à se livrer à l'oisiveté. Tout en ayant grand soin de leurs esclaves, ils leur laissent la besogne entière : « Ceux qui n'en ont pas, rapporte Caillié, sont obligés de cultiver leurs champs, et travaillent si peu, que la récolte ne leur suffit jamais pour l'année entière : alors ils ont recours aux nègres bambaras, qui leur vendent le surplus de leurs grains pour se procurer du sel[1] ». « Ils aiment mieux ajoute le même voyageur, se passer de manger une partie du jour que de s'assujettir à travailler à la culture ; ils prétendent que ce travail les détournerait de l'étude du Coran, prétexte spécieux pour faire excuser leur paresse[2]. »

Comme tous les nègres africains, les Mandingues aiment fort les réunions, les assemblées, celles du soir surtout. On y devise satiriquement des absents. Les femmes ne sont pas admises à ces entretiens et gardent le logis avec les enfants. « A la fin de chaque repas, ils se réunissent réciproquement, et courent ensuite par le village dire *merci* à tous ceux qu'ils rencontrent, ce qui signifie qu'ils ont dîné ou soupé : on juge aisément de la qualité du repas qu'ils viennent de prendre, suivant l'expression plus ou moins gaie qu'ils mettent à prononcer ce mot *merci*[3]. »

Les Mandingues passent communément pour être des plus intelligents parmi les noirs africains. Si les différents auteurs

---

1. *Op. cit.*, p. 58.
2. *Op. cit.*, t. I, p. 466.
3. Caillié, *op. cit.*, t. II, p. 41.

qui les décrivent pour les avoir examinés chez eux donnent sur leur caractère des renseignements parfois contradictoires, cela tient à la grande étendue de pays qu'occupe cette population. Mungo Park les représente comme hospitaliers [1], doux, civils, intelligents [2]; Caillié, comme arrogants lorsqu'ils ont quelque autorité, lâches quand on leur résiste, flatteurs et mendiants en présence de leurs supérieurs [3]; Pascal, comme lâches, fourbes et insolents; Marche, comme pillards et voleurs [4]. Ils sont en tout cas, disputeurs et querelleurs, mais les actes succèdent rarement aux paroles menaçantes; un long échange d'invectives passe souvent pour une chaude bataille [5]. « Les hommes, dit Bour, sont d'un tempérament querelleur et pillard. Leurs rapports avec les autres nègres sont toujours empreints d'un esprit dominateur. Ils dédaignent les travaux de la terre, qu'ils font exécuter par leurs captifs. Incapables de se procurer par le travail les richesses qu'ils désirent, ils sont constamment prêts pour la guerre et s'enrôlent sous n'importe quelle bannière, sans s'inquiéter de la cause, pourvu qu'il y ait partage de butin [6]. » Il se piquent d'honneur et sont fort susceptibles. Volontiers ils pratiquent le vol à l'endroit des étrangers; cela est reçu et ne tire pas à conséquence; il en va différemment du larcin dont serait victime un compatriote. Ici le fait est coupable et répressible. Très conciliants, d'ailleurs, sous d'autres rapports. Caillié cite une curieuse anecdote. « Un Mandingue, raconte-t-il, me demanda une médecine, et me dit que depuis qu'il était marié, un obstacle l'arrêtait auprès de sa femme; qu'elle s'en plaignait, et lui faisait même des infidélités; il ajouta que le petit garçon qui

1. Cf. La Coste, p. 12.
2. *Op. cit.*, t. I, p. 8.
3. *Op. cit.*, t. II, p. 255.
4. *Trois Voyages dans l'Afrique occidentale*, 2ᵉ édit., p. 68. Paris, 1882.
5. Walckenaer, *op. cit.*, t. IV, p. 149.
6. *Bulletin de la Société nationale de Topographie*, 1883, p. 152.

courait dans sa cour était de sa femme et d'un de ses amants :
mais, continua-t-il en soupirant, je ne puis me plaindre, car
je ne suis pas capable d'en faire autant. » (*Op. cit.*, tome Ier,
p. 322.)

Les Mandingues se saluent entre eux en se secouant la main ;
cela entre hommes. On salue une femme en approchant deux
fois du nez, comme pour en flairer le dos, la main de celle-ci.
« Ils se saluent, rapporte Hecquard[1], en se donnant la main,
qu'ils serrent d'abord et placent ensuite sur leur cœur. Après
s'être informés de la santé de l'hôte qui leur arrive, ils lui
demandent son canton, c'est-à-dire le nom de la tribu d'où
l'on descend. Puis le nom est répété d'autant plus de fois
qu'on veut mieux honorer le nouveau venu ; cela fait, celui
qui a demandé le canton donne à son tour le nom de sa tribu,
lequel est répété autant de fois que l'a été celui de l'étranger.
Grâce à cette coutume, lorsqu'on connaît le pays, on sait de
suite à qui l'on a affaire. Les femmes et les captifs saluent
leur mari ou leur maître en mettant un genou en terre et en
portant la main sur la tête. »

Ils calculent les années par saisons de pluie et la divisent
en lunes. « J'ai souvent demandé à quelques-uns d'eux, rapporte Mungo Park, ce que devenait le soleil pendant la nuit,
et si le matin nous reverrions le même soleil ou un autre que
la veille. Mais je remarquai qu'ils regardaient ces questions
comme très puériles. Ce sujet leur paraissait hors de la portée
de l'intelligence humaine. Ils ne s'étaient jamais permis de
conjectures, ni n'avaient fait d'hypothèses à cet égard[2]. »

Tout en étant de zélés et parfois de rigides mahométans[3],
ce sont encore de purs fétichistes[4]. Avant d'entreprendre une

---

1. *Voyage sur la côte et dans l'intérieur de l'Afrique occidentale*, p. 173.
2. *Op. cit.*, t. II, p. 21.
3. *Revue coloniale*, t. VII, p. 375. — Bérenger-Féraud, *op. cit.*, p. 209.
4. Certaines populations mandingues n'ont pas encore embrassé l'islamisme ;

excursion de quelque durée, ils ne manquent pas de mettre à mort une jeune volaille et de prendre avis des viscères[1]. L'usage des vœux est chez eux fort commun. Ils pensent, qu'en temps d'éclipse, un chat a interposé sa patte entre la terre et la lune (*Ibidem*, p. 446). Mais ce qui est intéressant à connaître, c'est leur Moumbo-Joumbo, sorte d'épouvantail inventé et manœuvré par les maris pour maîtriser leurs femmes. C'est un mannequin haut de 2 ou 3 mètres, qu'on revêt généralement d'écorces d'arbres et qu'on fait apparaître la nuit. On lui place sur la tête une toque de paille. Un noir est à l'intérieur du mannequin le faisant mouvoir tout en poussant des cris[2]. « Dans chaque ville est un moumbo-joumbo qui fait comparaître les femmes devant lui, les force à danser, à chanter, les fait fouetter par des indigènes. Moore en parle à plusieurs reprises : « Il y a, dit-il, parmi les Mandingues, une espèce de langage secret que les hommes seuls connaissent, et dont ils ne se servent guère que pour intimider les femmes, et les tenir dans la soumission. Ce langage se nomme *mumbo-jumbo*, c'est-à-dire qui tient les femmes dans la crainte. Si par hasard une femme venait à entendre ce jargon, et que les hommes en eussent quelque connaissance, ils la tueraient à coup sûr[3]. » Et plus loin (p. 403) : « Le mumbo-jumbo est vêtu d'un habit long, fait d'une écorce d'arbre, et il porte sur la tête une grande touffe de paille. Il paraît, sous ce costume, avoir huit à neuf pieds de haut; de manière que les femmes, qui sont très ignorantes, ou du moins qui sont obligées d'affecter de le paraître, le prennent pour un être

par exemple les Mandés des environs de Ségou. Voir Waitz, *Anthropologie der Naturvœlker*, t. II, p. 27.

1. F. Moore, *Travels into the inland Parts of Africa*. Traduct. franç., p. 448. Londres, 1738.

2. Cf. Gray et Dochard, *Voyage dans l'Afrique occidentale*, p. 81. Traduct. franç. Paris, 1826.

3. P. 349. A la suite de l'ouvrage de Ledyard et Lucas, *Voyages en Afrique*. Trad. par Lallemand. Paris, 1804.

surnaturel. En effet, personne, excepté ceux qui sont dans le
secret, ne le prendrait jamais pour un homme, par le bruit
effrayant qu'il fait, et que fort peu de naturels sont en état
d'imiter. Il ne se montre que la nuit pour produire un
meilleur effet. Toutes les fois qu'il survient une dispute entre
un mari et sa femme, on mande le mumbo-jumbo pour la
terminer, et il décide toujours comme on l'imagine bien, en
faveur du mari. — Quiconque est revêtu de l'habit de mumbo-
jumbo, peut ordonner aux autres tout ce qu'il juge à propos :
comme de combattre, de tuer, etc.; mais personne ne peut
paraître armé en sa présence. Quand les femmes l'entendent
venir, elles s'enfuient et se cachent; il les envoie toutes chercher pour les faire chanter ou danser comme bon lui
semble; et si quelqu'une refuse de venir, il détache le peuple
après elle, et quand il la lui a amenée, il la fait fustiger...

« Il existe fort peu de villes mandingues de quelque importance à l'entrée de laquelle on ne suspende le jour, sur un
pieu élevé, un de ces habits de mumbo-jumbo. Il y reste
jusqu'à la nuit, qui est le temps favorable pour s'en servir[1]. »

Le Mandingue est polygame, en tant que noir et en tant
qu'islamite. Chacune de ses femmes a une hutte particulière;
toutes les cases de la famille ainsi constituée sont dans un
même enclos fait de treillis de bambous, la porte de chaque
case ouverte au sud-ouest (Mungo Park). La hutte est composée d'un mur d'environ quatre pieds de haut sur lequel est
élevée une couverture de forme conique. Le nombre des
femmes ne dépasse pas quatre. On les achète chacune au prix
de 2, 3 ou 4 esclaves (Caillié). Chaque femme, d'après Marche,
est achetée au prix moyen de 65 francs en marchandises
(*Trois Voyages*, p. 68). Le consentement de la fille demandée

---

1. Voir encore sur le Moumbo-Joumbo, Mungo-Park, *op. cit.*, t. I, p. 60. —
Revue britannique, 1852, t. II, p. 409.

en mariage n'est naturellement pas nécessaire; c'est aux parents simplement que l'acheteur, le futur, s'adresse[1]. « Les mariages sont faciles chez les Mandingues, dit Caillié. Après avoir vu la personne qui leur convient pour épouse, ils gagnent les bonnes grâces des parents en leur faisant des cadeaux, ainsi qu'à leur fille. On convient du prix que le prétendu doit mettre à la possession de celle qu'il désire : ce prix consiste en un, deux ou trois esclaves, suivant la beauté et les qualités de la future. Ces esclaves sont donnés à la mère, qui, pour ce prix, consent au mariage de sa fille. Le mari fait tous les frais de la fête, qui d'ordinaire se célèbre la nuit; puis, sans aucune formalité religieuse, on commence le mariage. » (*Op. cit.*, t. Ier, p. 341.) « Dans le Bambouk, quand l'épouse, conduite par sa famille, est arrivée à la porte de la case du futur époux, elle ôte ses sandales; on lui met dans les mains une petite calebasse pleine d'eau; elle frappe à la porte de la case, on lui ouvre; elle trouve son futur époux entouré des anciens de sa famille; elle s'approche de lui, se prosterne, et verse sur ses pieds l'eau contenue dans la calebasse; elle lui essuie ensuite les pieds avec sa pagne en signe de soumission. » Une fois mariée, la femme a bien trouvé en effet son seigneur et maître; à elle les besognes pénibles et le travail des champs; à elle, dans les caravanes, le poids des lourds fardeaux qu'elle porte sur la tête.

L'attachement est grand des parents pour leurs enfants; la tendresse maternelle mérite d'être remarquée. A sa venue au monde l'enfant est plongé dans l'eau à plusieurs reprises, puis frotté d'huile de palmier; il est allaité jusqu'au jour où il marche seul, parfois même jusqu'à l'âge de trois ans. A l'époque de la puberté, entre quatorze et seize ans (Marche,

---

1. Mungo Park, *op. cit.*, t. II, p. 13. — Letourneau, *la Sociologie d'après l'Ethnographie*, p. 319.

op. cit., p. 69), on procède à la circoncision, même chez les Mandingues qui ne sont pas mahométans. Les deux sexes subissent cette opération. L'excision des filles est pratiquée par des femmes; on lave la plaie, avec des caustiques, plusieurs fois par jour. Deux mois durant, les jeunes gens circoncis sont exempts de tout travail; ils vont par les villages, chantant, dansant, récoltant de quoi organiser des festins.

Dans le *Journal* de Caillié (t. I*, p. 252) il est parlé de cette cérémonie. Les garçons mandingues, dit-il en substance, sont circoncis à l'âge de 15 à 20 ans. Les filles subissent l'excision quand elles sont nubiles, parfois même seulement lorsqu'elles sont promises en mariage. Le jour de la circoncision est un jour de fête. Voir également Mungo Park, t. II, p. 12.

Bour entre à ce sujet dans de nombreux détails; nous reproduirons ce qu'il en dit[1].

« Au jour indiqué, les griots, munis d'un large couteau suspendu à la ceinture et précédés des tams-tams, musique obligée de toutes les fêtes nègres, se rendent, suivis d'un nombreux cortège, à la case de l'adulte, dont ils feront bientôt un homme à même de faire la guerre et d'être marié. Pour cette cérémonie, tous ceux qui composent le cortège sont parés de leurs plus belles étoffes et de tous leurs bijoux. Les griots revêtent un boubou de couleur éclatante, orné de deux grosses torsades en étoffe retombant sur le dos, et un tablier, noué à la ceinture, descendant jusqu'aux pieds. Leur accoutrement ressemble assez à celui des femmes, et, comme elles, ils portent pour coiffure des foulards de nuances variées; aux oreilles, de petits anneaux en or de Galam; au cou, des colliers de perles; aux poignets et aux chevilles, de nombreux bracelets en or ou en argent, témoignages des libé-

---

1. *Op. cit.*, p. 156.

ralités accordées par les familles des circoncis précédents.

« A l'arrivée du cortège, le jeune homme prend place en avant des griots, et tout le monde l'accompagne à une case isolée des autres et spécialement affectée aux jeunes circoncis. Là, dans cette case, il demeure enfermé trois jours entiers, privé de toute communication avec l'extérieur. Pendant six autres jours, après lesquels il rentre dans sa famille, il lui est permis de sortir dans le voisinage, en portant comme marque distinctive de sa nouvelle place dans la société, le devant de son boubou sur le dos. Dans cette période de la circoncision, les jeunes gens ont le droit de se livrer à tous les excès, vols, larcins, etc., sans qu'ils puissent être inquiétés. Le grain ou les animaux volés dans ces circonstances reviennent aux griots, et les parents du jeune homme indemnisent la partie lésée.

« Le premier jour de l'admission chez le griot est plus particulièrement fêté que tous les autres. Les assistants chantent et dansent devant la case, jurqu'à une heure très avancée de la nuit, et ils reçoivent tous une part des cadeaux et provisions donnés aux griots par les familles.

« Les jeunes filles mandingues sont tenues, elles aussi, de se conformer à la bizarre coutume de la circoncision. Les vierges portent un bandeau d'étoffe blanche sur le front. Dans les diverses peuplades africaines que nous connaissons, nous n'avons vu jusqu'ici l'usage de la circoncision, étendu aux jeunes filles, que dans les pays mandingues de la Cazamance. Ce sont de vieilles négresses, dont le métier ordinaire est de vendre des poudres pour toute espèce de maladies, qui opèrent la circoncision sur les jeunes filles. L'opération ne réussit pas toujours aussi bien que sur les jeunes hommes, et, après l'avoir subie, il n'est pas rare de voir des jeunes filles marcher avec difficulté pendant quelque temps.

« Les griots et les vieilles attendent que plusieurs jeunes

gens aient atteint l'âge révolu pour pratiquer un certain nombre d'opérations le même jour, et donner, par suite, plus d'éclat aux cérémonies.

« Les hommes et les femmes attachent une grande importance à la circoncision, sans laquelle ils ne pourraient contracter de mariage avantageux. »

Voir également Bellamy, *Rev. d'Ethnogr.*, 1886, p. 84; Boilat, *op. cit.*, p. 417.

Marche parle ainsi de leurs funérailles :

« Aussitôt qu'un Mandingue a rendu le dernier soupir, l'almani vient faire les prières; on revêt le défunt d'un beau pagne, puis on l'enterre immédiatement à un pied de profondeur. Le huitième jour on fait une fête, si c'est un homme ; pour les femmes, il faut qu'elles aient atteint la quarantaine[1]. » C'est à peu près ce que dit Hecquart (*op. cit.*, p. 173) : le corps est enveloppé dans les pagnes les plus beaux; on creuse dans la case même une fosse de six ou sept pieds, sur deux de large et trois de profondeur. Le cadavre est descendu dans cette fosse et couvert d'une couche de paille, sur laquelle est jetée la terre que l'on foule ensuite aux pieds. Pendant un jour ou deux les parents et les amis du mort viennent se lamenter sur la fosse, puis la maison est fermée et abandonnée.

En fait, ainsi que le rapporte Collomb (*op. cit.*, p. 53), les riches seuls sont enterrés. Les pauvres sont abandonnés, couverts d'une natte, auprès des bois sacrés.

XXVIII. — LES KASSONKÉS.

Ils habitent sur la rive droite du Sénégal, par 15° de lati-

---

1. *Trois Voyages*, p. 69.

tude, 13° et 14° de longitude, ayant pour voisins, au nord, les Mandingues du Kaarta; à l'ouest, ils confinent au Bondou. Un grand nombre de Kassonkés sont des métis de noirs avec des Peuls ou avec des Maures[1]; beaucoup d'entre eux, tout en ayant la chevelure nigritique laineuse, ont le teint, non pas noir, mais cuivré[2]. Raffenel rapporte que les Kassonkés ont la réputation méritée d'être propres; le fait vaut la peine d'être signalé. Les femmes ont les cheveux relevés de chaque côté de la tête et réunis en forme de cimier, allant de la nuque au front; le tout arrosé de beurre et garni de grigris, de fétiches, d'amulettes[3]. « Elles sont marquées, dit le même auteur, au front et au menton, de trois incisions très rapprochées, ayant à peine deux centimètres de longueur. Les gencives et les lèvres, bleuies par de petites saignées fréquemment renouvelées, sont fort à la mode parmi elles; il en est de même de la lèvre inférieure, épaissie artificiellement, de manière à lui donner la forme d'une grosse sangsue. Cette dernière mode est également suivie au Bondou. »

Mungo Park, qui a visité le pays situé entre le Bondou et le Kaarta, parle de la singulière alimentation des indigènes :

« Quoique les habitants actuels de Tiesie soient riches en bétail et en grains, ils ne sont pas difficiles sur les choses dont ils se nourrissent. Grands et petits, maîtres et esclaves, tous mangent, sans la moindre répugnance, les rats, les taupes, les écureuils, les sauterelles. Un soir mes gens furent invités à une fête, où ils furent amplement régalés. Vers la fin du repas, un d'eux qui croyait avoir mangé d'excellent poisson et du kouskous, trouva dans le plat un morceau de peau très dure, qu'il m'apporta pour me montrer de quelle espèce de

---

1. Tautain, *Rev. d'Ethnogr.*, t. IV, p. 257.
2. Muiron d'Arcenat, *Notice sur le Sénégal. Bulletin de la Soc. de Géogr.*, t. I, p. 117.
3. Raffenel, *Nouveau Voyage au pays des Nègres*, t. I, p. 164. Paris, 1856.

poisson il provenait; je l'examinai, et je vis que c'était un morceau de peau de serpent[1]. » Mungo Park ajoute que dans cette contrée les femmes n'ont pas le droit de manger d'œufs.

Au dire de Colin (*Rev. d'Anthrop.*, 1885, p. 438), ils ont, dans le pays même, une réputation accomplie de voleurs et de menteurs.

L'état social est aristocratique : « Les chefs ou princes sont tout. Le reste des habitants se compose de castes inférieures qui sont à peine comptées dans la nation. Ce sont les griots, les tisserands, les captifs, les vagabonds, etc[2]. » C'est dans ce pays que l'on rencontre des villages composés entièrement de captifs, ayant pour chefs des individus qui eux-mêmes sont captifs.

XXIX. — LES SARACOLAIS.

Ce sont les Soninkés proprement dits; parfois on comprend aussi, en effet, sous le nom général de Soninkés, non seulement les Saracolais, mais encore les Kassonkés ou indigènes du Kasson, dont il vient d'être question ci-dessus[3].

Les Saracolais habitent aux bords du Sénégal par 14° de longitude. « Ils sont resserrés entre le Bondou et le fleuve; tous leurs villages sont riverains. Il n'en existe pas dans l'intérieur[4]. »

Le fleuve et le Fouta-Damga forment leur frontière septentrionale; au sud ils sont bornés par le Bondou et le Bambouk, à l'est par le Bambouk et le Kasson[5].

1. *Voyage dans l'intérieur de l'Afrique, fait en* 1795. Trad. franc., t. I, p. 118. Paris, an VIII.
2. *Revue coloniale*, t. XVIII, p. 27.
3. Cust, *The modern Languages of Africa*, t. I; p. 177. Londres, 1883.
4. Caillié, *Revue coloniale*, t. X, p. 5.
5. Raffenel, p. 278. Cf. Faidherbe, *Revue coloniale*, t. II, p. 330.

De même que les Kassonkés leurs voisins de l'est, les Saracolais, ou Soninkés proprement dits, sont des noirs souvent
très métissés (Tautain). Parfois la barbe est assez fournie; la
peau est loin d'être toujours de couleur très foncée. Il en est
pourtant qui sont tout à fait noirs (Mungo Park, t. I., p. 98).
Les cheveux des femmes sont assez longs pour être disposés
en nattes, formant par leurs tresses des sortes de casques[1].
« Les Saracolaises aiment en général les odeurs, de sorte que,
plus que les autres négresses peut-être, elles se chargent de
colliers à grains odorants, de clous de girofle. Elles portent
des morceaux de peau musquée pendus à leurs colliers, à
leurs grisgris, et abusent de toutes les substances odorantes,
indigènes ou apportées par les traitants (*Ibidem*, p. 165). »
Au surplus, le vêtement est le même que celui des peuples
voisins que nous avons décrits.

Quant aux cases, on les laisse généralement dans un état
d'abandon qui les rend bien vite extrêmement sales. Elles sont
circulaires, surmontées d'une vaste toiture en forme de cône,
entourées d'une clôture à claire-voie derrière laquelle
sont gardés les animaux. « Les villages saracolais, dit
Bérenger-Féraud, sont moins souvent que les autres défendus par cette palissade extérieure que l'on appelle tapade
ou tata, suivant le pays. Dans les pays qui avoisinent la Casa-
mance et la Gambie, les Mandingues leur ont défendu de faire
ces palissades et veillent avec une jalouse attention à ce que
leur volonté ne soit pas éludée. Cette mesure a une portée politique. Le Mandingue, envahisseur et moins puissant en
nombre, a voulu garder les avantages militaires en palissadant
ses habitations et en exigeant que les autres eussent des villages ouverts (*Ibidem*, p. 188). »

---

1. Bérenger-Féraud, *les Peuplades de la Sénégambie*, p. 164. — Boilat,
Esquisses sénégalaises, p. 439. Paris, 1853.

Mollien a dit beaucoup de bien du naturel des Saracolais, dont il n'eut qu'à se louer :

« Les Serracolets sont tous originaires du pays de Galam ou Kajaaga, dont ils ne parlent qu'avec de grands éloges. Ce sont peut-être les nègres les plus intelligents et les plus adroits en affaires de commerce; leur passion pour le trafic est si grande, que leurs voisins disent, par dérision, qu'ils aiment mieux acheter un âne pour transporter leurs marchandises que d'avoir une femme dont les dépenses diminueraient les revenus.

« Tous les voyageurs européens s'accordent à les peindre comme très hospitaliers. Aussitôt que l'on entre chez un Serracolet, il sort, et dit à l'étranger : « Blanc, ma maison, « ma femme, mes enfants t'appartiennent. » En effet, on jouit, dit-on, dès ce moment, de toutes les prérogatives du maître. Lorsqu'un bâtiment est mouillé devant un de leurs villages, qui sont très nombreux sur le bord du Sénégal, l'équipage, jusqu'au dernier matelot, est abondamment fourni de tout ce qui lui est nécessaire, sans avoir rien à payer[1]. » Il est difficile de comprendre que Labat les donne comme turbulents, inconstants, avides, méchants[2]. « Les habitants du Gadiaga, dit la *Revue coloniale*[3], presque tous de race soninké, sont communément appelés par nous Sarakhoulés. Ils se divisent, comme cela a lieu dans presque tous les États de l'Afrique occidentale, en plusieurs classes distinctes par l'origine, le rang et les occupations. La première est composée des Bakiris, familles princières; viennent ensuite les Séïbobés (hommes libres), les marabouts et les captifs.

« Tous sont industrieux et commerçants. Les Bakiris et les

---

1. *Voyage dans l'intérieur de l'Afrique*, t. II, p. 166. Paris, 1822.
2. *Nouvelle Relation de l'Afrique occidentale*, t. III, p. 308, t. IV, p. 45. Paris, 1728.
3. T. XVII, p. 393.

Séïbobés sont peu religieux, du moins en ce qui concerne l'abstention du vin et des liqueurs fortes, dont ils font un abus immodéré toutes les fois qu'ils en trouvent l'occasion. Les marabouts, au contraire, se font remarquer par leur fanatisme... Quant aux captifs, ils sont presque tous d'origine étrangère et proviennent du Ségo ou du Kaarta. »

Gray et Dochard signalent la passion des femmes pour la parure et les colifichets de tout genre (*Voy. dans l'Afrique occid.*, p. 263).

Le Soninké qui recherche une fille en mariage porte au futur beau-père une natte et cinq noix de kolas; ce présent est-il agréé? le prétendant revient le lendemain avec un bœuf, que l'on tue, que l'on mange, et le mariage est consacré.

Tout en étant de grands chasseurs, les Saracolais sont de paisibles cultivateurs et d'excellents commerçants[1].

« Ils ont, dit Bour, une telle horreur de la guerre, qu'ils préférèrent abandonner leurs cases et leurs biens dans leur ancien pays, où ils étaient établis depuis des siècles, plutôt que de se défendre contre les attaques de leurs voisins envahisseurs; ils vinrent se créer une nouvelle patrie en Cazamance vers 1825, et, en 1860, pour les mêmes faits, de nouveaux immigrants s'ajoutèrent aux premiers. Ils forment à ce jour de sérieuses agglomérations dans les villages, où, seuls, ils donnent l'exemple du travail[2]. »

Leur pays est riche en riz, en mil, en maïs; l'indigo n'y demande presque aucun soin. La culture du coton est faite sur une large échelle. Les Saracolais se rendent jusqu'en Gambie pour travailler la terre, à l'époque de l'ensemencement. D'autre part, ils n'hésitent pas à aller faire le négoce

---

1. Mungo Park, *op. cit.*, t. I, p. 99. — Galliéni, *Bulletin de la Société de Géographie*, 1883, pp. 571, 607. Même auteur, *Voyage au Soudan français*, 1885, p. 322.

2. *Bulletin de la Société nationale de Topographie*, 1883, p. 155.

loin de leur propre pays, et le goût des voyages est fort dé-. veloppé chez eux. Caillié dit qu'ils ne forment pas une nation mais bien une « classe de marchands », une « corporation de marchands voyageurs[1] ». Pour mieux commercer, ils ont établi des colonies dans la Sénégambie orientale (Raffenel). Chez eux ils se nourrissent principalement du lait de leurs troupeaux, de poisson, de mil; la viande n'entre que pour une faible part dans leur alimentation.

Il faut citer cette particularité que leurs danses sont assez différentes de celles des autres noirs africains, plus lentes et surtout plus modestes (Raffenel). C'est une femme seule qui danse devant l'assemblée; les assistants battent la mesure en frappant les mains l'une contre l'autre.

Chez les Saracolais le gouvernement est de forme monarchique et la succession a lieu par ordre collatéral[2]. Ajoutons qu'ils ont accepté l'islamisme, mais sans fanatisme aucun, purement et simplement parce que des voisins belliqueux le leur ont imposé.

XXX. — LES BAMBARAS.

Nous poussons vers l'est, et, à la même latitude, nous rencontrons les Bambaras, ou Bamanas; ce dernier nom est le plus exact, c'est celui que se donnent les indigènes du pays, mais l'autre forme a prévalu, et il est difficile de ne pas l'employer.

Les Bambaras occupent la région du Niger par 10°, 9° et 8° de longitude occidentale. Au nord, ils ont pour voisins des tribus arabes; au nord-ouest, ils ont les noirs du Kaarta; au

1. *Op. cit.*, t. I, p. 217 en note; t. II, p. 52.
2. Caillé, *Revue coloniale*, t. X, p. 5.

sud-ouest, des Peuls; au sud, des Mandingues. A l'est, ils sont
en contact avec d'autres noirs, et encore avec des Peuls. Les
Bambaras sont originaires de pays situés plus à l'orient; ils
ont été poussés vers l'ouest par les invasions d'autres peuples[1].
Comme les Soninkés et les Kassonkés, ce sont des noirs métissés. Tandis que les uns présentent un type nigritique très
franc, d'autres ont la peau plus ou moins brunâtre, les cheveux à peine laineux, la barbe assez fournie. Ils sont généralement de taille moyenne, et très robustes. La tribu des Kour-
baris est celle qui présente le type le mieux caractérisé, le
mieux conservé, le moins attaqué par les croisements. Galliéni suppose que le berceau de la race doit être cherché
vers les sources du Niger.

De même que celle des Soninkés et celle des Kassonkés, la
coiffure des Bambaras forme souvent une espèce de casque :
les cheveux sont relevés sur le sommet de la tête et nattés par-
dessus des chiffons[2]. Cette coiffure nécessite souvent un travail considérable, et constitue parfois l'occupation de deux
et trois jours : « Je demandais un soir, dit Raffenel (op. cit.,
t. Ier, p. 358), des nouvelles de la fille de Fathma que
je n'avais pas aperçue depuis plusieurs jours. On me répondit qu'on lui faisait la tête. Quand je la revis, elle possé-
dait, en effet, une tête remarquablement travaillée, et qui lui
donnait l'air d'un écouvillon; chaque cheveu avait été certainement touché, graissé et tordu au moins dix fois ». Tout
cet édifice est oint de beurre, et les tresses sont quelquefois
chargées de verroterie[3]. » « Les Bambaras, dit Mage, vont la
plupart nu-tête, surtout les jeunes filles. Certaines femmes
aisées portaient un boubou absolument pareil à celui des

1. Raffenel. *Nouveau voyage au pays des Nègres;* t. I, p. 363. Paris, 1856.
2. Mage. *Voyage dans le Soudan occidental;* p. 119. Paris, 1868.
3. *Revue coloniale*, t. III, p. 524.

hommes; mais en grande majorité, elles avaient les seins nus ou couverts d'un simple pagne jeté en écharpe. J'en remarquai un certain nombre qui avaient sur le front une espèce de collier ou diadème en perles de couleur artistement assemblées, de manière à former des dessins; des anneaux d'or ou de cuivre aux oreilles et au nez; de l'ambre ou de la verroterie au cou; chez quelques-unes, des anneaux aux bras, à profusion, et chez d'autres, une chaînette à la cheville. » (*Op. cit.*, p. 196.) Le costume des hommes consiste en une tunique assez étroite, ne descendant pas jusqu'au genou, teinte en bleu ou en jaune, quelquefois blanche. Aux jambes, parfois, une culotte plissée à large fond[1]. Sur la tête, un large chapeau de paille, surmonté d'une touffe en paille coloriée et formant une espèce de balai (Raffenel); ou bien un bonnet blanc, jaune ou rouge. Mage décrit ainsi cette calotte :

« C'est un bonnet dans le genre de ceux des pêcheurs napolitains, mais orné de deux pointes, dont l'une est ramenée de côté sur le front et l'autre tombe derrière la tête. Le sac formé par le bonnet est utilisé pour loger une masse de choses, mais, en particulier, les *gourous,* ou noix de kolats, qu'un bon Bambara s'empresse de mâcher dès qu'il peut s'en procurer. » (*Op. cit.*, p. 199.)

Lorsqu'ils partent en expédition, les Bambaras couvren leur coiffure d'amulettes et, de même, leur fusil. Galliéni rapporte qu'ils sont pour l'ordinaire misérablement *vêtus* de haillons de cotonnade jaune, que dans certaines régions les hommes vont à peu près nus et les femmes sans aucun vêtement[2].

La chaussure est une sandale, ou une babouche, ou une bottine de maroquin. La chaussure des femmes est épaisse de

---

1. *Revue coloniale,* loc. cit.
2. *Voyage au Soudan français,* pp. 210, 384.

2 ou 3 centimètres, elle est évidée à l'endroit de la cambrure[1] ; c'est une véritable curiosité ethnographique.

Vers l'âge de quinze mois ou deux ans, on fait aux enfants, soit aux indigènes, soit à ceux qui sont importés d'autres régions, trois larges incisions parallèles allant de la tempe au menton, et cela de chaque côté[2]. Entre l'âge de douze et quinze ans les jeunes gens sont circoncis ; ils ne rentrent dans leurs cases, que lorsqu'ils sont entièrement remis de l'opération, et ce retour dans la famille donne lieu à d'interminables réjouissances. On rase la tête des garçons, on leur donne des vêtements neufs. Les filles subissent, vers douze ou treize ans, l'excision du clitoris[3].

Caillié citait comme très malpropres les cases des Bambaras. Mage nous apprend comment ils les édifient : « Les Bambaras vinrent nous construire deux cases en nattes. Le procédé est bien simple : on perce des trous de 40 à 50 centimètres en terre, disposés en cercle ou en carré ; on y plante des piquets, dont l'extrémité est en forme de fourche ; on réunit ces diverses fourches par des bâtons plus ou moins droits plus ou moins gros, toujours très irréguliers, et on couvre le tout avec les sécos empilés sans beaucoup d'ordre ; quelques cordes en écorce d'arbre terminent et consolident le tout.

« Les Bambaras travaillaient avec un désordre qui me frappa ; ils criaient, se disputaient. Personne ne conduisait l'ouvrage ; ils faisaient, défaisaient, et, malgré leur ardeur, une case fut très longue à construire ; c'était bien l'image de leur vie et de

---

1. Raffenel, *op. cit.*, p. 359.
2. *Revue coloniale*, t. II, p. 525. — Caillié, *op. cit.*, t. II. — Bérenger-Féraud, *op. cit.*, p. 234. — Collomb, *Rev. de la Soc. d'Anthrop. de Lyon*, 1885, pp. 10, 63.
3. Galliéni, *op. cit.*, p. 432. — Collomb, *op. cit.*, p. 11.

celle des nègres en général : le désordre sous toutes ses formes. »

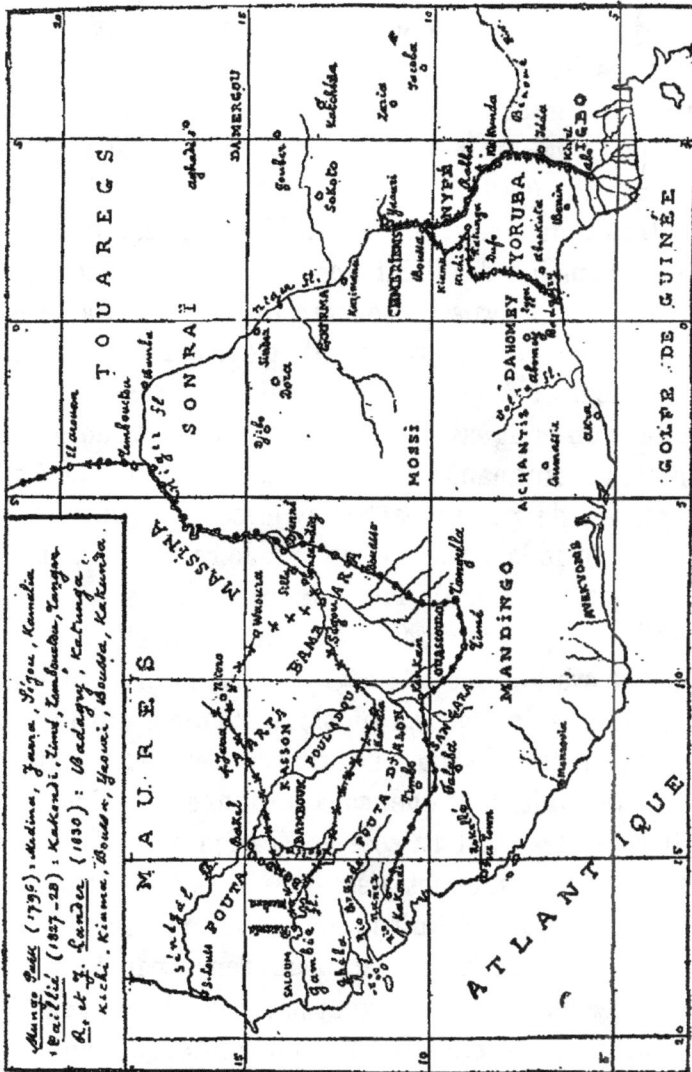

FIG. 8. — Voyages de Mungo Park, de Caillié, des frères Lander.

Point d'autre mobilier que des nattes ou des peaux étendues sur le sol, et un lit fait ordinairement d'une claie supportée par quatre piquets et recouverte de peaux ou de nattes (*Revue coloniale*, loc. cit.). On s'éclaire la nuit avec un lampion de fer, où brûle une mèche de coton trempant dans de la graisse. Les vêtements sont tendus sur des cordes ou enfermés dans des sacs de cuir.

Durant les temps secs les récoltes demeurent en plein air; à la mauvaise saison on les met à couvert dans de petits magasins en paille (Caillié).

Il se trouve dans le récit de Caillié un passage caractéristique sur la cuisine des Bambaras; le fragment vaut la peine d'être cité : « Je n'avais pas encore déjeuné; j'allai trouver une bonne femme bambara qui pilait des ignames bouillies; je lui en achetai pour quelques grains de verre : elle me donna dans un petit vase à part un peu de sauce au gombo; en trempant mes ignames dans cette sauce, j'y trouvai à mon grand regret, de petites pattes, et je connus par là qu'on m'avait donné de la sauce à la souris. Je continuai pourtant à en manger, car j'avais faim. Si quelquefois les nègres mangent leurs ignames sans sauce, ils ne les pilent pas, et celles que m'avait données la négresse étaient préparées d'avance. Dans la soirée je vis plusieurs femmes qui pilaient des souris pour faire la sauce de leurs soupers. Je remarquai qu'on les avait vidées, et que, sans se donner la peine de les dépouiller, on les avait passées sur le feu pour flamber le poil : ainsi préparées, on les laisse dans un coin de la case, et elles ont souvent sept à huit jours quand on les mange[1]. » En général les Bambaras font deux repas par jour. Les hommes et les femmes ne mangent pas ensemble, mais bien séparément. On consomme indifféremment tous les animaux que produit le pays, et la viande de chien est un mets particulièrement apprécié (*Revue coloniale*).

---

1. *Op. cit.*, t. II, p. 71.

Le Bambara est en général hospitalier, gai d'humeur (Caillié, Galliéni), accueillant, discret et poli[1], très facilement disciplinable[2], obéissant à ses chefs, libre de préjugés[3]. « Même les Bambaras que les guerres de Hadj Omar ont convertis de force à l'Islam sont des croyants extrêmement tièdes[4]. » Les Bambaras sont moins industrieux qu'on ne l'a dit. Nombre de métiers sont pratiqués chez eux par des Saracolais. Ils savent pourtant faire des chaussures de cuir assez originales, un savon « avec un mélange de cendres lavées et de pistaches de terre » (Raffenel). Ce sont les hommes qui tissent. « Les femmes, avant de filer, placent le fruit du cotonnier, par petites quantités à la fois, sur une pierre unie ou sur un morceau de bois; elles en font sortir les graines avec une baguette de bois ou de fer, et filent ensuite le coton à la quenouille. Le fil n'est pas fin, mais il est bien tordu et fait une étoffe qui dure longtemps. » (*Op. cit.*, t. Ier, p. 406).

Chaque village a un forgeron, auquel est confiée, entre autres fonctions, celle de la circoncision des jeunes garçons. Le forgeron fabrique des bracelets, des bagues, des boucles d'oreille, d'or, d'argent, de zinc. Il est également charpentier. En somme l'industrie est assez rudimentaire.

Le commerce est généralement abandonné aux Maures du nord et aux Saracolais[5]. Les Maures importent dans le pays des troupeaux de moutons, de bœufs, et viennent chercher des étoffes. Avant l'arrivée des Européens, les Bambaras ne connaissaient point l'argent; les bracelets qu'ils fabriquent aujourd'hui sont faits avec des pièces de cinq francs. Au surplus, la monnaie européenne déprécie chaque jour la valeur de l'ancienne monnaie de coquillages, les cauris. Il faut ac-

---

1. Raffenel, *op. cit.*, t. I, p. 199.
2. Bérenger-Féraud, *op. cit.*, p. 239.
3. Bayol, *Bull. de la Société de Géographie*, t. II de 1881, p. 143.
4. Lenz, *Timbouctou*, t. II, p. 217.
5. *Journal officiel* du 15 juin 1884, p. 3092.

tuellement, sur la place de Bamakou, 1,500, 1,600, 1,700
de ces derniers pour représenter cinq francs d'argent (*Ibidem*). Les Bambaras échangent avec les Mandingues, contre
du sel qui leur fait entièrement défaut, une partie du coton
qu'ils récoltent.

C'est un peuple agriculteur; toute la famille prend part au
travail de la terre. On bêche avec de petites pioches faites d'un
fer rectangulaire concave armé d'un manche assez court. Le
travail, une fois entrepris, se poursuit durant tout le jour.
Les récoltes sont mises dans des greniers en paille élevés
sur des pieux pour échapper aux insectes (Galliéni, *op. cit.*,
p. 386). Celle du miel est une des ocupations les plus importantes. Un homme, enduit de beurre des pieds à la tête,
va enlever les rayons pièce à pièce; parfois il monte sur
l'arbre avec une torche enflammée et asphyxie les abeilles en
présentant le brandon à l'ouverture des cellules (*Ibidem*,
p. 412).

L'état gouvernemental est une sorte de vasselage féodal
hiérarchisé. Au-dessus d'une foule de petits chefs est un roi,
qui subit, d'ailleurs, une façon d'investiture[2]. Le roi mort
est remplacé par le plus âgé de ses frères; à défaut seulement
de celui-ci, par l'aîné de ses enfants mâles.

Il existe, chez les Bambaras, des corps d'armées avec des
chefs permanents. En très grande partie ces armées sont composées de captifs; généralement les hommes libres forment la
cavalerie. On va en expédition comme à une partie de plaisir,
avec l'espérance unique de faire du butin, et on trafique à
l'avance de la part de prisonniers que l'on compte bien ramener[2]. Le roi a droit à la moitié des captifs; il fournit les
provisions de guerre, mais non la nourriture, qui est laissée

1. Letourneau, *la Sociologie d'après l'Ethnographie*, p. 439.
2. Raffenel, *op. cit.*, t. I, p. 437.

aux soins de chacun. Les guerriers sont, pour l'ordinaire, armés de fusils. À leur suite vient la troupe des gens non armés qui doivent conquérir leurs armes sur l'ennemi lui-même. En tête des bataillons est placé, pour soutenir le premier effort, le rebut des captifs, que l'on force, en les frappant, à aller de l'avant. Parfois les prisonniers sont exécutés : c'est lorsqu'on a à venger la mort d'un chef, ou lorsqu'on a affaire à des tributaires révoltés ou bien à des Maures.

La justice est rendue par des assemblées de vieillards. Généralement le vol est puni de la section du poignet (Collomb), parfois de mort lorsqu'il y a récidive. Souvent l'adultère se paye par le fouet (*idem*, p. 16). La femme libre adultère peut être d'ailleurs renvoyée à sa famille, la tête rasée, et en ce cas, la dot est rendue au mari ; l'adultère esclave est purement et simplement vendue au marché. Les femmes passent pour assez faciles (*ibidem*), et les maris ont d'autre part la réputation de fermer assez complaisamment les yeux sur les écarts de leurs épouses, s'il en résulte pour eux quelque profit. C'est du moins ce qu'assure Galliéni (*op. cit.*, p. 582). Le fait n'a rien que de vraisemblable, car il est de coutume dans plus d'une autre région de la Nigritie. En somme, pour quelques petits présents, la femme d'un Bambara n'hésite pas à tromper son mari, et, à l'occasion, celui-ci n'hésite pas non plus à trafiquer de sa compagne.

On retrouve chez les Bambaras la coutume des sorciers masqués et costumés, qui, la nuit, pénètrent avec grands cris dans les villages et vont fouetter les femmes adultères. Les maris laissent faire, et souvent, le masque parti, complètent la correction. Nous renvoyons à ce que nous avons dit à ce sujet en parlant des Mandingues.

Les Bambaras sont grands amateurs de musique et de danse. Caillié a assisté à leurs fêtes : la musique, dit-il, est composée de trois grosses caisses et de plusieurs hautbois ; les instrumentistes sont vêtus de manteaux de coton blanc et ont la tête ornée de plumes d'autruche. Les danseurs observent la mesure en remuant nonchalamment la tête et les bras ; au nombre de deux ou trois cents à la fois, ils dansent toute la nuit autour d'un grand feu (*op. cit.*, t. II, p. 72). Les instruments ordinaires sont le tam-tam, une sorte de guitare, le fifre en bambou. Raffenel décrit aussi leur trompe, qui est assez curieuse. « Cet instrument a la forme d'une corne de bœuf et une longueur de 60 à 65 centimètres ; son diamètre au gros bout est de 16 centimètres, et au petit bout de 7. L'intérieur est formé par une dent d'éléphant recouverte d'une enveloppe de bois, laquelle est à son tour couverte par un morceau de peau de vache blanche. L'instrument possède une embouchure latérale placée près du petit bout, et un trou, recouvert d'une peau mince, pratiqué près du gros. Ce trou sert à varier les sons. Le musicien se borne à aspirer et expirer alternativement, et il souffle avec une force telle, que la sueur, au bout de très peu de temps, ruisselle sur sa face gonflée par ses efforts. Il faut avoir de fiers poumons pour rugir dans cette trompe barbare ; ce ne sont pas en effet des sons, mais de vrais rugissements qui s'en échappent. L'instrument porte le nom harmonieux de *bourou*, qui imite assez fidèlement le bruit qu'il fait. Il a principalement pour objet d'exciter les guerriers au combat[1]. »

Les Bambaras, dit Caillié, n'ont point de religion[2]. Rien de plus exact, si l'on entend la religion comme l'entendait Caillié, et ce qu'il dit vaut alors aussi bien pour les Bambaras mahométans que pour ceux qui n'ont pas embrassé l'islamisme. Avant d'entreprendre quelque affaire importante, ils

1. *Op. cit.*, t. I, p. 428.
2. *Op. cit.*, t. II, p. 82.

aiment à avoir des présages. Ils consultent, par exemple, un vase de terre qu'ils remplissent de grigris[1]. Le *bouri*, un morceau de racine d'arbre, est placé dans une calebasse ou une cruche, dans une corne de bœuf, une défense d'éléphant ou un sachet quelconque. Chaque village a son *bouri*, chaque armée également. On immole une poule devant le *bouri*, et la position que vient occuper celle-ci en mourant, indique la réponse du fétiche[2]. Ceux qui sont mahométans s'abstiennent de toutes pratiques, ne jeûnent point, ne font point d'ablutions, ne prient point en se tournant vers l'orient. L'idée d'une survivance après la mort est répandue chez les Bambaras, comme chez beaucoup d'autres noirs africains[3], mais cette idée n'a aucune corrélation avec la croyance en un dieu précis et bien déterminé, comme l'est, entre autres, celui des peuples sémitiques.

Ajoutons enfin un renseignement tiré de Caillié : « Dans tout le Bambara il y a des hommes qui se tiennent le jour dans les bois; ils logent dans des cabanes faites de branches d'arbre, et ont avec eux de jeunes enfants qu'ils instruisent dans les mystères de leurs cérémonies. Toutes les nuits ils sortent des bois, et vont, accompagnés des enfants initiés, courir dans le village en poussant des cris affreux et faisant mille contorsions. A leur approche chacun se renferme dans sa case pour éviter leur rencontre qu'on a sujet de craindre. » Voilà une institution qui fait penser à ces Simos du Rio Nuñez dont nous avons parlé précédemment (voir ci-dessus, p. 57). La coïncidence mérite d'être relevée.

Quelques mots sur le mariage chez les Bambaras. L'homme fait sa demande par l'entremise d'un griot ou d'un forgeron.

1. Raffenel, p. 298.
2. *Ibidem*, t. I, p. 237.
3. Letourneau, *op. cit.*, p. 240.

Il envoie des pagnes et se présente ensuite lui-même, offrant quelques captives. Si celles-ci sont conservées par la famille de la jeune femme, c'est signe que la demande est agréée. Au jour convenu, la future est conduite processionnellement à la case de son mari. Nouveaux cadeaux de celui-ci à sa belle-mère, puis danses et repas jusqu'au milieu de la nuit (Raffenel). L'achat d'une jeune fille libre est fait généralement au prix de quatre esclaves; au prix de deux, celui d'une jeune fille captive[1]. Le prix d'achat, dit Collomb (*op. cit.*), varie généralement de 250 à 1,500 francs; cette dot se compose d'esclaves, de bœufs, d'étoffes de coton. Après l'achat, la cérémonie comporte généralement un simulacre de capture de la jeune fille. D'après Galliéni le postulant envoie à son futur beau-père dix kolas blancs; celui-ci riposte-t-il par le même cadeau? l'affaire est entendue; s'il ne l'accepte pas, il envoie au demandeur un kola rouge. La dot est généralement fixée à 30 ou 40,000 cauris.

Le lendemain du mariage il est d'usage d'exposer devant la case une grande pièce de calicot ornée d'une tache de sang. Cette exhibition passe pour démontrer évidemment la virginité de l'épouse.

La femme mariée, il est à peine utile de l'ajouter, est une véritable esclave. L'héritage est collatéral; les biens du défunt reviennent à son frère, et, à défaut, aux enfants de celui-ci.

La naissance d'un enfant est un sujet de fêtes (Collomb, *op. cit.*, p. 151). On immole un bœuf, un mouton, près de la case de la mère. Les cheveux de l'enfant sont rasés; on lui incise, sur chaque joue, les signes caractéristiques de la nation. Le griot se livre à des cérémonies grotesques : il promène l'enfant, lui crache au visage, lui crie le nom qu'on lui donne. Dans un sachet attaché au cou de l'enfant, on place, comme amulette

---

1. *Rev. coloniale,* loc. cit., t. III.

de prix, son cordon ombilical (Raffenel, *ibid.*, p. 403). La lactation est prolongée souvent jusqu'à quatre ans s'il s'agit d'une fille, jusqu'à trois ans pour un garçon.

Citons encore Caillé à propros des funérailles : « J'aperçus un arbre tout couvert de bouts de corde, de cuir, d'étoffe, etc., attachés aux branches; sous le même arbre, il y avait des pots en terre vides et rangés symétriquement. On m'apprit que c'était un lieu de sépulture. Les Bambaras, par superstition, mettent dans la fosse de chaque défunt des vivres, des effets et diverses bagatelles; ils prélèvent quelques parcelles de tous ces objets, suspendent les unes à un arbre du cimetière, et déposent les autres, c'est-à-dire ce qui est comestible, dans des vases. Si durant la nuit, des chiens ou des animaux sauvages ont mangé ces dernières offrandes, les parents se persuadent que c'est le génie protecteur du mort qui est venu s'en repaître. » La femme porte cinq mois le deuil de son mari, vêtue des habits de celui-ci et la chevelure en désordre; l'homme, par contre, ne porte que *trois jours* le *deuil* de sa femme, et vêtu en bleu (*Revue coloniale*, loc. cit.). Généralement les Bambaras sont enterrés dans un champ leur appartenant.

XXXI. — LES NOIRS DU MASSINA.

En remontant le cours du Niger (c'est-à-dire au nord-est des Bambaras), on trouve les indigènes du Massina ou Masséna, pays de plaines et de pâturages qui s'étend jusqu'à Tembouctou, soit jusqu'au 18e degré de latitude. La population est métissée d'éléments non nigritiques, et des Peuls occupent une partie de la contrée. « Les femmes des Dirimans, dit Caillié, comme toutes celles qui habitent les bords du fleuve, depuis Jenné jusqu'à Tembouctou, portent leurs cheveux tressés avec quelques grains de verre ; elles se mettent des boucles en verroterie au nez ; ces boucles sont quelquefois en métal[1]. »

XXXII. — LES SONRAÏS.

Ils habitent, sur un territoire assez étendu, au nord-est du pays de Massina, en moyenne par 16° de latitude, dans la région où le Niger, ayant atteint la partie septentrionale de son cours, descend par un coude brusque vers le sud-est. Leurs voisins immédiats du nord sont les Touaregs du Sahara. Au sud-est, ils confinent aux Haoussas. A Aghadès l'idiome sonraï est encore dominant[2] ; c'est du reste l'extrême est du pays sonraï, ou pour mieux dire, il y a là une enclave de territoire sonraï en plein pays berber. Tembouctou est situé à l'extrême nord-ouest du pays de langue sonraï : immédiatement à l'est on parle berber (Touaregs), immédiatement à l'ouest on parle arabe. Les Arabes appellent le sonraï l'idiome du Soudan[3], mais ce nom convient ici incontestablement mieux à l'idiome haoussa. A Aghadès trois langues sont parlées couramment : celle du pays, le sonraï, puis le tamachek (Touaregs) et le haoussa.

Les *Crania ethnica* décrivent ainsi les Sonraïs : « Arcs sourciliers médiocres, front étroit et élevé, région occipitale modérément saillante, épaisseur et densité du tissu osseux. Les faces sont surtout remarquables par le développement des

---

1. *Op. cit.*, t. II, p. 273.
2. *Waitz, op. cit.*, t. II, p. 43. — Barth, *Voyages et Découvertes*, t. I, p. 227. Trad. française.
3. Cust, *The modern Languages of Africa*, t. I, p. 248.

deux mâchoires (p. 353). » Ce sont, en somme, des noirs
métissés. Ceux de Gourma (au sud) portent les cheveux tombant en tresses sur les joues. Ceux de l'ouest, c'est-à-dire ceux
qui avoisinent le Niger, sont de teinte plus foncée que ceux
de l'est[1]. De ce côté, ils sont en contact avec des Peuls.

D'après Barth (*op. cit.*, t. Ier, p. 228), le type sonraï est
très varié, mais il semble avoir pour traits caractéristiques
une taille un peu au-dessus de la moyenne, une structure
musculaire médiocre, des narines généralement très dilatées,
le front haut, les lèvres épaisses, le teint d'un noir léger. Le
mélange avec le type berber se reconnaît particulièrement
chez les femmes. Comme presque tous les autres peuples du
Soudan, les Sonraïs portent à la face des cicatrices distinctives de leur race[2].

Le pays situé entre celui des Sonraïs (au nord), celui des
Bambaras (à l'ouest), et les montagnes du territoire oriental
des Mandingues est très insuffisamment connu.

XXXIII. — LES NOIRS DU BORGOU.

Le pays de Borgou est situé plus au sud, sur la rive occidentale (rive droite du Niger), par 9°, 10°, 11° et 12° de latitude. Au sud il confine au pays des noirs Yorubans, dont il a
été question ci-dessus (p. 110).

Les naturels de Kiama (un peu au sud de 10°) sont orgueil-
leux et hardis, rapaces, féroces, dit la description des frères
Lander[3]; ceux de Boussa, riverains du Niger (un peu au nord-

---

1. Caillié, *op. cit.*, t. II, pp. 274, 319.
2. R. Adams, *Nouveau Voyage dans l'intérieur de l'Afrique*. Traduct. franç.,
p. 65. Paris, 1817.
3. *Journal d'une expédition au Niger*. Trad. franç., t. II, p. 148. Paris, 1832.

est) sont, au contraire, doux et pacifiques. Le gouvernement
du pays est despotique, mais exercé, pourtant, avec une
certaine modération (*ibidem*, p. 16). « Les habitants de
Katunga (sud-est du territoire borgouan), aiment à orner de
sculpture leurs portes et les poteaux qui soutiennent leurs
vérandas ; ils ont aussi dans leurs cours des statues d'hommes
et de femmes. Les figures sculptées sur les poteaux et sur les
portes offrent de la variété, mais elles représentent principalement le serpent boa tenant un cochon ou une antilope dans
sa gueule : souvent des hommes faisant des prisonniers, et
quelquefois un homme à cheval conduisant des esclaves[1]. »

Le même auteur rapporte qu'au Borgou les enterrements
se font dans des trous de forme ronde. Le corps est placé
assis, les poignets attachés près du cou, les jambes pliées,
les cuisses et les bras liés tout près du corps (*ibidem*, p. 173).
Ce mode d'ensevelissement n'est point, chez les noirs africains, propre au seul pays des Borgouans.

XXXIV. — LES NOIRS DE YAOURI.

De l'autre côté du fleuve, sur la rive orientale, est le pays
de Yaouri, ayant au nord-est le Haoussa, au sud le territoire
des Nyféens. « Le Yaourie, dit le *Journal* de Lander, est un
royaume étendu, florissant, uni, borné à l'est par le Haoussa,
à l'ouest par le Borgou, au nord par le Cubbie et au sud par
le royaume de Nyffé. La couronne est héréditaire et le gouvernement despotique et absolu. » (*Op. cit.*, t. II, p. 53.) Les
indigènes sont, au dire de Clapperton, paresseux et inoffen-
sifs. Ils passent leur vie à chasser, à pêcher, à dormir. Les

---

1. Clapperton, *Second Voyage dans l'intérieur de l'Afrique.* Traduc. franç.,
t. I, p. 94. Paris, 1829.

travaux de toute nature incombent à leurs femmes. Ils sont grands, assez stupides, portent une peau autour des reins, et, avant d'être mariés, vont entièrement nus [1]. L'armement est composé d'arcs, de sabres, de lances, de massues, de bou-cliers ronds en cuir tanné. « La plupart de leurs huttes, rap-porte le *Journal* des frères Lander, en parlant d'habitants des îles du Niger, sont soutenues par des piliers en terre merveil-leusement grêles, ou par des piles de pierres qui n'ont pas plus d'un pouce d'épaisseur; à peine les murailles en ont-elles deux ou trois. En général, les cases n'ont point de larges entrées ; en guise de portes, elles n'ont qu'une seule petite ouverture près du faîte, où il faut grimper pour pénétrer dans l'intérieur; encore n'y parvient-on pas sans de grands efforts ; je n'ai rien vu qui ressemblât autant à un four anglais ».

XXXV. — LES NYFÉENS.

Nous descendons vers le sud, toujours sur la rive orientale (rive gauche) du Niger, entre 10° et 9° de latitude, par 5° de longitude. Ici nous sommes bien en présence de véritables nègres non métissés [2].

Les hommes se marquent le visage au moyen d'une foule de petites entailles ; ils se rasent la tête, et ne laissent pousser en fait de barbe qu'une simple bande autour de la mâchoire et des joues. Au haut du bras ils portent un épais anneau de verre bleu ou blanc. Les femmes ont les cheveux pendants, ornés de corail, de perles de verre, de pierres variées, etc. Jusqu'à ce qu'ils aient atteint l'âge d'homme, les enfants ont

---

1. *Op. cit.*, t. I, p. 209.
2. Rohlfs. *Quer durch Africa. — Mittheilungen* de Petermann ; Ergænzungs-heft n° 34, p. 89.

la tête à moitié rasée, et cela de diverses façons ; quelquefois, par exemple, on ne leur laisse qu'une sorte de cimier large de quelques centimètres.

D'après Lander, les Nyféens forment une race douce et inoffensive[1]. Les maisons sont bien tenues. Les femmes filent le coton ; avec une pierre, elles broient sur un banc d'argile, dressé dans la maison, les grains, le poivre, etc. ; elles préparent le *billam*, mets composé de farine et de tamarin[2].

La ville de Kakunda, sur la rive droite du Niger, est limitrophe des Nyféens et des Yorubans, mais l'idiome nyféen n'y est pas compris[3]. Les marques distinctives des habitants sont ici trois cicatrices, allant des tempes au menton.

En descendant encore le Niger nous rencontrons les populations guinéennes dont il a été question ci-dessus, et qui occupent l'embouchure du fleuve. Nous avons donc à remonter dans l'intérieur des terres.

XXXVI. — LES HAOUSSAS.

Au nord des Nyféens se trouvent, avons-nous dit, les noirs du pays de Yaouri. Au nord-est de ces derniers, nous rencontrons la population importante des Haoussas, ou Haoussawas (Barth), ou Haoussanis.

A l'est les Haoussas ont pour voisins les Bornouans ; à l'ouest ils s'étendent jusqu'au Niger ; au nord ils confinent au Sahara et au pays des Touaregs. L'empire peul de Sokoto est en plein pays haoussa.

---

1. *Op. cit.*, t. III, p. 20.
2. Denham et Clapperton, *Voyages et Découvertes dans le nord et le centre de l'Afrique.* Traduc. franç., t. III, p. 35. Paris, 1826.
3. Lander, *op. cit.*, t. III, p. 62.

Les Haoussas forment une population métissée; la peau, vraiment noire chez les uns, est chez d'autres d'un noir rougeâtre[1]. « Un extérieur intéressant les distingue de leurs voisins. Ils ont le nez mince et point aplati; leur stature n'est pas aussi désagréable que celle des nègres » (Hornemann); mais les cheveux sont crépus et les lèvres épaisses[2]. Ce ne sont pas de vrais dolichocéphales : l'indice varie chez eux de 77 à 79, et est même parfois un peu plus élevé encore[3]. La physionomie est bien autrement avenante que celle des Bornouans leurs voisins de l'est[4]; ils sont vifs et d'humeur joviale.

Les Haoussas sont vêtus du *tobé*, grande chemise à larges manches, ordinairement de couleur bleue. Ils ont un pantalon à longues jambes étroites dans le bas, brodé sur les coutures[5]. On trouve la description du costume dans le *Journal* des frères Lander : « Il était vêtu, y est-il dit d'un individu, selon la coutume du Haoussa, d'un *tobé*, avec de larges pantalons, des sandales, et sur sa tête un bonnet; il portait quatre gros anneaux d'argent au pouce, et un bracelet massif du même métal entourait le poignet de sa main gauche. » Les Haoussas portent sur la tête les marchandises qui ne sont point d'un poids excessif et marchent armés d'arcs et de flèches.

Ce sont avant tout des commerçants. Ils vendent des noix de goura, du tabac, des peaux tannées de chèvres, des toiles de coton, des vêtements, de l'antimoine employé pour noircir les sourcils et les paupières.

---

1. Hornemann, *Voyage dans l'Afrique septentrionale*. Traduct. franç., t. I, p. 157. Paris, 1803.
2. Barth, *op. cit.*, t. II, p. 183.
3. A. de Quatrefages et Hamy, *Crania ethnica*, p. 347.
4. Barth, *Voyages et Découvertes*. Traduct. franç., t. II, p. 43. Paris, 1860.
5. Mage, *Voyage dans le Soudan occidental*, p. 132. Paris, 1868.

« Leur caractère, dit Hornemann, est doux et bienfaisant.
L'industrie, les arts et la culture des productions naturelles
du territoire, forment leurs principales occupations; et, à
cet égard, ils l'emportent sur les Fezzânyens, qui tirent du
Soudan la plus grande partie de leurs vêtements et de leurs
ustensiles de ménage. Ils savent teindre en toute sorte de
couleur, excepté l'écarlate. Leur agriculture est aussi parfaite que celle des Européens, mais leurs procédés sont très
pénibles. En un mot, nous avons une idée très peu juste de
ce peuple, non seulement par rapport à sa civilisation et à
ses talents naturels, mais encore relativement à ses possessions, qui ne sont pas, à beaucoup près, aussi considérables
qu'on les a représentées. Sa musique est imparfaite, si on la
compare à celle des Européens. Mais les femmes sont assez
habiles dans cet art pour attendrir leurs époux jusqu'aux
larmes, et pour leur inspirer la plus grande fureur contre
leurs ennemis. On donne aux chanteuses publiques le nom de
kadanka. »

Clapperton nous renseigne sur leurs instruments d'agriculture : « Les Haoussani ont trois différentes espèces de
houe : une avec un manche long de cinq pieds, et un petit
pommeau fixé à l'extrémité; on s'en sert pour la culture du
grain : une autre a un manche long de trois pieds, et un
petit pommeau en fer à l'extrémité; enfin la troisième,
nommée gilma, a un manche court et recourbé, avec un
grand pommeau; on s'en sert pour tous les ouvrages pénibles,
au lieu de bêche[1]. »

Grâce au développement de leur négoce, la langue des
Haoussas s'est étendue bien au delà des limites de leur pays.
C'est, en quelque sorte, l'idiome commercial du Soudan

---

1. *Second Voyage dans l'intérieur de l'Afrique.* Traduct. franç., t. II, p. 101.
Paris, 1829.

central[1]. Dans le Borgou, rapporte le *Journal* des frères Lander, les naturels le parlent comme leur propre idiome; jeunes et vieux l'emploient couramment[2]. Il peut suffire, dit Baikie, de la mer de Guinée au Bornou, et de l'Adamawa à Tembouctou[3]. En parlant de Kakunda (rive droite du Niger, au nord du Bénin), Lander s'exprime ainsi : « La langue du Nyffé n'est pas comprise ici, malgré la proximité des deux royaumes; mais, de même que dans tous les autres lieux que nous avons parcourus, on y trouve beaucoup de personnes parlant couramment la langue du Haoussa. »(*Op. cit.*, t. III, p. 62.) Chez les Kel Owi, Touaregs du sud, l'idiome haoussa est compris couramment[4].

XXXVII. — LES TIBBOUS.

La région qu'occupent les Tibbous est fort étendue. Leur frontière septentrionale est la limite du Fezzan; au sud ils s'étendent jusqu'au lac Tchad : c'est un espace d'environ 250 lieues. A l'est, ils avoisinent le désert de Libye; à l'ouest, ils rencontrent les Touaregs du Sahara[5]. En somme, le pays des noirs dont la frontière septentrionale allait plus ou moins horizontalement de l'ouest à l'est, par Saint-Louis,

1. Schœn and Crowther, *Journal of the Expedition up the Niger and Tshadda Rivers*, p. 202. Londres, 1845.

2. *Op. cit.*, t. II, p. 16. — Waitz, *Anthropologie der Naturvœlker*, t. II, p. 45. — Barth, *op. cit.*, t. III, p. 210.

3. *Narrative of an exploring Voyage up the Rivers Kwora and Binu*, p. 394. Londres, 1856.

4. Barth, *Voyages et Découvertes dans l'Afrique septentrionale et australe*, t. I, p. 203. Paris, 1860.

5. Rohlfs, *Quer durch Africa*. — Carte du pays des Tibbous dans les *Mittheilungen* de Petermann, 1870, table 15; 1878, table 3. Ergœnzungsband, 1862-63, t. III.

Sampaka, Tembouctou, remonte tout d'un coup au nord, dans le pays situé au-dessus du lac Tchad, dépasse 25° de latitude, et redescend en ligne plus ou moins directe du nord au sud.

Cette contrée des Tibbous est bornée au midi par des pays nigritiques; à l'occident par des tribus berbères; au nord et à l'est par des nomades de langue arabe.

Les Tibbous se distinguent en plusieurs tribus. Hornemann cite d'abord ceux de Bilma (19° de latitude), ayant leur capitale à Dyrké ou Dirki, et qui forment le principal groupe. Puis ceux des rochers un peu plus au nord-est, dans le pays de Tibesti. Ceux du Bourkou, plus à l'est encore (18° de latitude). Les Tibbous Felabos. La plus méridionale des tribus de Tibbous, ajoute Hornemann, est celle des nomades établis dans la vallée de Báhr-el-Ghazal, au nord-est du lac Tchad[1].

La plupart des tribus tibboues sont fortement mélangées d'éléments berbers. Il en est qui ont conservé le type nigritique, mais il en est aussi qui ne le présentent plus qu'à un état très imparfait. Denham et Clapperton rapportent de ceux qu'ils ont vus, qu'ils avaient le visage cuivré, l'air intelligent, les yeux grands, le nez aplati, la bouche grande, le front élevé. « Les Tibbous, dit Hornemann, ne sont pas tout à fait noirs; ils ont la taille svelte; leurs membres sont bien conformés; leur démarche est aisée et agile. Ils ont les yeux vifs, les lèvres épaisses, leur nez n'est ni gros ni retroussé, leur chevelure est moins frisée que celle des nègres. » (*Op. cit.*, t. Ier, p. 144.) Faidherbe signale les alliances réitérées de ces noirs avec les Berbers[2]. Ce sont au fond, dit Rohlfs, de proches parents des nègres kanoris. Nachtigal les considère

---

1. *Voyage dans l'Afrique septentrionale.* Traduct. franç., Paris, 1803.
2. *Revue maritime et coloniale*, t. VIII, p. 228.

comme plus berbers que noirs; cela dépend évidemment de
la région dans laquelle ils sont observés. On en voit fréquemment qui, avec une peau très noire, ont des traits assez fins,
presque européens, et qui n'ont du nègre ni les lèvres épaisses
ni le nez aplati[1]. Généralement, dit Nachtigal, le nez est bien
fait, droit la plupart du temps, et de longueur moyenne;
parfois aquilin chez les femmes[2]. Les membres n'ont rien de
grossier; la taille est bien proportionnée; les extrémités sont
assez fines; l'œil est vif et intelligent. Fresnel ne considère pas
les Tibbous comme des nègres; le capitaine Lyon rapporte
que, chez eux, les femmes ont le nez et les lèvres assez semblables au nez et aux lèvres des Européens[3].

Les Tibbous se divisent d'une façon générale en deux
branches : les Tédas et les Dasas. Les premiers habitent le
Tibesti, et les régions avoisinantes; les Dasas occupent, plus
au sud, le Bourkou, le Kanem. Le nom de Tibbous leur a été
donné par les Arabes[4]. D'après Barth, le nombre des Tédas
serait de 28,000 individus, celui des Dasas serait de 51,000.
Au lieu de 28,000, Nachtigal propose 21,000, dont près des
deux tiers vivant en nomades (*op. cit.*, t. II, p. 342).

Hornemann a décrit le costume tibbou :

« Leur habillement consiste en peaux de moutons, qu'ils
préparent avec ou sans la laine. Les peaux rases sont pour
l'été, les autres pour l'hiver; mais les habitants des principales villes ou autres, lorsqu'ils vont au Fezzân, s'habillent
comme les Bornoùyns (*sic*), avec de grandes chemises bleues.

1. Hœfer, *Afrique*, p. 255.
2. *Mittheilungen* de Petermann. Gotha, 1873, 1874, 1875. — Behm, *Das Land
und Volk der Tebu*. Ibid., Ergænzungsband 1862-63, p. 34. — Nachtigal,
Saharâ und Súdân, t. I, p. 219, p. 427. Berlin, 1879-81.
3. Cf. *Bullet. de la Soc. de Géographie*, t. XI de la 3ᵉ série, 1849.
4. Nachtigal, *Bulletin de la Société de Géographie de Paris*, t. Iᵉʳ, de 1876,
p. 134.

Ils s'enveloppent la tête d'une étoffe bleu foncé, de manière à ne laisser voir que les yeux. Leurs armes sont une lance d'environ six pieds de longueur, et un poignard de quinze à vingt pouces. Ils portent ce poignard au bras gauche, et la gaine est assujettie à un anneau de cuir d'environ trois pouces de largeur qu'ils portent autour du poing[1]. » Au Bourkou, dit le même auteur, les femmes portent leurs chevelures en tresses qui pendent sur leurs épaules; mais elles coupent les cheveux du devant de la tête.

Une grande partie des voyages de Rohlfs en Afrique a été faite dans le pays des Tibbous, du Fezzan au lac Tchad, et il en a décrit avec soin les mœurs et les coutumes. Le vêtement des hommes riches se compose d'un pantalon de coton, d'une chemise également de coton; sur la tête un turban, enveloppant la face, et laissant simplement une fente pour la vue[2]. Le costume des femmes est une grande pièce de coton, bleue, parfois de couleur bariolée, recouvrant le corps et la tête, mais laissant libres les bras et le bas des jambes, ainsi qu'une partie de la poitrine, du côté droit. Aux bras, des anneaux d'ivoire, de corne; des anneaux de métal aux chevilles. L'aile droite du nez est ornée d'un morceau cylindrique de corail, long de 5 à 6 centimètres, large d'un centimètre; à défaut de corail, un morceau d'ivoire ou même d'os (op. cit.); aux doigts des bagues de plomb ou d'argent. La coiffure est soignée, beurrée, les cheveux frisés; le front reste libre. Partout où on en peut fixer se trouvent des amulettes de toute nature, sur les vêtements, sur le corps; souvent ce sont de petits sachets dans lesquels sont renfermés

---

1. *Op. cit.*, p. 146.
2. *Quer durch Africa*, p. 259. — Denham et Clapperton parlent aussi d'un turban bleu foncé, ramené sous le menton et sur le visage dont il couvre toute la partie placée au-dessus des narines (*op. cit.*, p. 174). Au turban sont accrochées nombre d'amulettes.

quelques versets du Coran. Jusqu'à l'âge de 12 ans les enfants sont complétement nus[1].

Les hommes, dit Nachtigal (*op. cit.*, t. Ier, p. 220), ont la tête rasée et portent le turban. Les cheveux des femmes, disposés en une foule de tresses sur les côtés et sur l'occiput, sont graissés avec soin et tombent sur le cou. A l'avant-bras les femmes portent plusieurs bracelets de corne ou d'ivoire; au-dessus du coude elles s'attachent des parures de coquillages et en ont de semblables en tant que colliers; aux chevilles, un anneau d'argent ou de cuivre. L'aile droite du nez est ornée d'un petit cylindre de corail, d'os ou de corne. Les jeunes filles ont toujours la tête découverte. Jusqu'à l'époque de la puberté les enfants des deux sexes demeurent nus; les filles parfois ont une ceinture de cuir, munie de franges qui tombent devant les parties génitales.

Comme armes les Tibbous ont d'abord le *medjri,* couteau d'un pied de long, qu'on lance, et qui appartient aussi à leurs voisins de l'est; un poignard de bras, comme les Touaregs; une longue épée à poignée en croix (Rohlfs); des lances hautes de 7 à 9 pieds; un bouclier ovale, en peau d'antilope, long de 5 pieds, et présentant une surface légèrement convexe (Nachtigal, p. 220). Denham et Clapperton signalent leur adresse à lancer le dard :

« Ils ploient le bras, la main est à la hauteur de l'épaule quand ils décrochent l'arme : du moment où elle quitte la main, ils lui impriment avec les doigts un mouvement qui la fait tournoyer quand elle fend l'air. Un vieillard de soixante ans atteignit deux fois un arbre éloigné de soixante pieds. Un jeune homme vigoureux lança son arme à deux cent quarante pieds. Quelquefois, quand elle frappe la terre, elle se courbe

---

1. Sur l'habillement des Tibbous, voir Behm, *op. cit.,* p. 34. Voir, en outre, Gerhard Rohlfs, *Reise durch Nord-Africa,* 1865-67; *Mittheilungen* de Petermann, Ergænzungsheft n° 25, 1868, p. 28.

presque en deux. En voyage, les Tibbous ont toujours deux lances; ils ont aussi un houngamounga, qui est une sorte d'épée d'une forme particulière. Ils en portent parfois trois ou quatre. » (*Op. cit.*, t. I⁰ʳ, p. 146.) Dès leur jeunesse les Tibbous sont exercés au maniement des armes.

Ils ont de petits chevaux, vifs et agiles. La selle est de bois, ouverte au milieu, faite de deux morceaux que relient des courroies, et rembourrée de poils de chameau. Les éperons sont petits, en fer; on entre dans les étriers quatre doigts, le gros orteil demeurant en dehors. Pour sauter en selle on s'aide de la lance plantée en terre (*ibidem*, t. I⁰ʳ, p. 168).

Les habitations sont propres et bien tenues; le terrain est sablé, et l'accès du logis est interdit au bétail. Tantôt la case est carrée; plus souvent elle est ronde, faite de pierres et couverte de feuillage. Parfois la hutte, longue de dix pieds, sur quatre ou cinq de large, est en bois et tapissée de nattes. Dans les régions montagneuses, les demeures sont bâties sous des roches : devant ces souterrains on construit, pour la belle saison, de grossières huttes de branchages (Behm, *op. cit.*, p. 34; Nachtigal, *op. cit.*, t. I, p. 266).

Comme tous les habitants de déserts, les Tibbous sont forcément sobres. « On prétend, dit Hartmann, que les Tédas peuvent se passer de nourriture pendant cinq à six jours, et de boisson pendant deux jours. Je crois plus volontiers une autre relation, d'après laquelle ces peuples, en temps de disette, se soutiennent avec du sang de chameau, adroitement tiré, auquel ils mêlent de la farine d'os pulvérisés, des sandales brûlées et d'autres objets en cuir. Quelques tribus de l'intérieur et de l'est saignent méthodiquement les bœufs et commercent avec le sang[1]. » A certaines époques de l'année,

---

1. *Les Peuples de l'Afrique*, p. 125. Paris, 1880.

ils n'ont pour toutes ressources alimentaires que le lait de leurs chamelles et de leurs chèvres[1].

Les Tibbous sont d'un caractère énergique, très endurants,

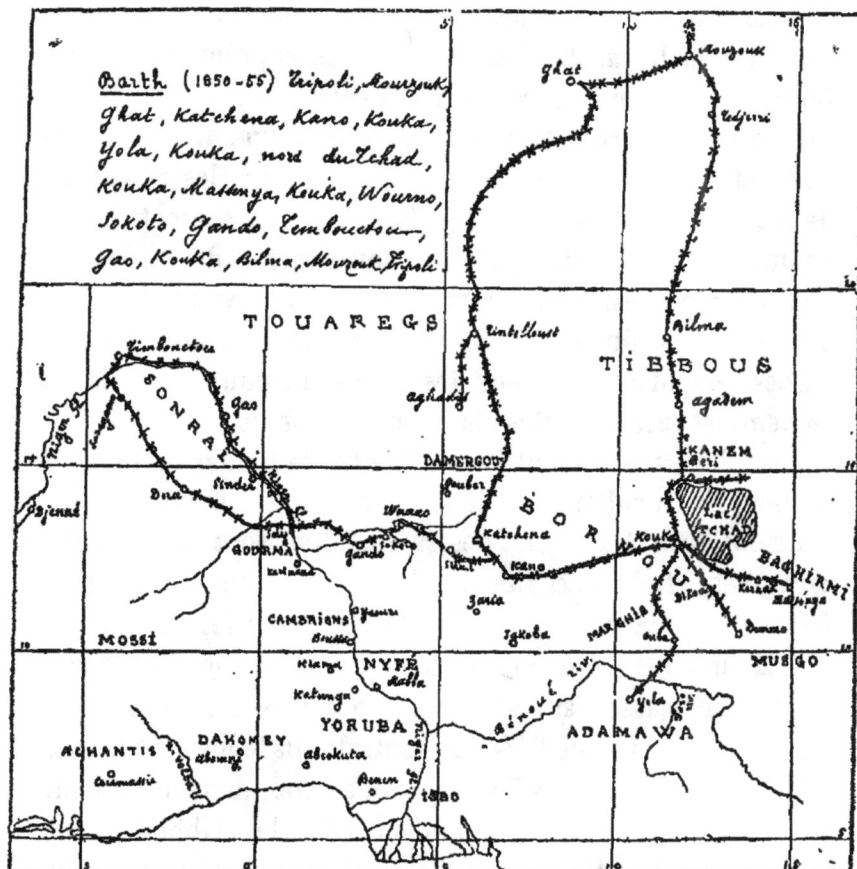

FIG. 9. — Voyage de Barth.

voyageurs infatigables. Ajoutez à cela, égoïstes, traîtres, trompeurs et dépourvus de toute sensibilité; méfiants[2].

1. Nachtigal, *op. cit.*, t. I, p. 267.
2. Nachtigal, *Zeitschrift der Gesellschaft für Erdkunde*, t. V. — *Bulletin de la Société de Géographie de Paris*, t. I, de 1876, p. 132.

Les autres mahométans leur reprochent d'être inhospitaliers comme les chrétiens. En somme, le tableau qu'ont tracé de leur caractère tous ceux qui ont été en relations avec eux est aussi peu encourageant que possible.

« Le trait le plus caractéristique des mœurs des Tibbous, rapporte la *Revue britannique*[1], est la suprématie que les femmes paraissent exercer dans la cabane ou sous la tente. Les hommes peuvent bien se montrer les seigneurs de la création dans la plaine, où ils passent, il est vrai, les deux tiers de leur vie; mais à la maison ils doivent se soumettre à la volonté de leurs compagnes. En conséquence de ce système d'autorité domestique, lorsqu'une caravane vient du pays d'Ahir acheter du sel, les hommes se retirent dans les montagnes, emportant avec eux des provisions pour un mois, et les femmes restent seules chargées de la vente. »

Jusqu'à ce jour ils ont été incapables de fonder réellement un État. Leurs sultans, dit Rohlfs, n'ont aucuns biens propres, mais ont droit à une part des razzias dont sont victimes les caravanes, et vivent également des présents que doivent leur faire les voyageurs. Il n'y a point d'impôt national.

A la fin de la saison sèche, les Tibbous recueillent le sel, en grandes masses, sur le bord des lacs. C'est une denrée fort recherchée dans toute l'Afrique centrale. Ils le mettent en sacs et l'expédient, soit dans l'ouest, soit, au sud, dans le Bornou. Parfois les Touaregs incursionnent chez les Tibbous pour leur enlever le sel qu'ils ont recueilli et en trafiquer à leur propre profit[2].

Rohlfs rapporte qu'ils se divisent en trois classes : d'abord celle des gens nobles, d'où sortent les sultans; en second lieu les fabricants d'armes; en troisième ordre le reste de la population. Les forgerons travaillent aussi les métaux pour

1. Septembre 1851, p. 46.
2. Denham et Clapperton, *op. cit.*, t. I, p. 152.

en faire des bijoux, mais leur industrie est, en ceci, très grossière.

La richesse des Tibbous consiste dans leurs troupeaux. N'ayant pas suffisamment de grains, ils alimentent souvent leurs chevaux avec du lait de chamelle. Pendant la moitié de l'année, ce même lait est aussi leur nourriture ; le reste du temps ils cultivent ce qu'il faut de gossob, une sorte de millet, pour suffire à leur vie (Denham et Clapperton, p. 173). Ils se procurent la toile de leurs vêtements, en échangeant pour elle de la viande sèche de bœuf ou de gazelle, des plumes d'autruche, des peaux. Leur commerce, leur industrie, leur agriculture sont, en somme, aussi peu avancés que leur état social. Ce sont, mais de nom seulement, des mahométans ; leurs prêtres eux-mêmes ne connaissent point le Coran et ne savent souvent ni lire ni écrire. La naissance, le mariage, la mort ne donnent lieu, dit Rohlfs, à aucune cérémonie ; on se marie devant un prêtre, lorsqu'on est encore très jeune, au moyen d'une déclaration orale.

Il faut signaler, en tous cas, les danses des Tibbous. Ici encore nous citerons Denham et Clapperton : « Le soir, les Tibbous exécutèrent une danse devant notre tente ; le pas, qui est lent et gracieux, conviendrait mieux à des femmes qu'à des hommes. Des esclaves libres du Soudan qui demeuraient de leur plein gré avec les Tibbous, à ce qu'ils nous dirent, dansèrent ensuite. C'est un exercice très violent. Un homme est placé au milieu d'un cercle, qu'il s'efforce de rompre ; tous ceux dont il s'approche successivement le repoussent ; il ajoute un saut à son mouvement d'impulsion, et s'élève à plusieurs pieds de terre. Ce tour fini, un autre le remplace. » (T. I, p. 137.) Plus loin : « En arrivant à Bilma, nous nous assîmes sous l'ombrage d'un grand telloh pendant qu'on dressait nos tentes. Les femmes dansèrent avec beaucoup de grâce, et avec beaucoup d'habileté aussi... Placées l'une vis-à-vis de l'autre, la mesure lente d'un instrument, formé de la moitié d'une calebasse couverte d'une peau de chèvre, accompagne leurs mouvements, qui d'abord se bornent à la tête, aux mains et au corps, qu'elles balancent d'un côté à l'autre, élèvent en l'air et inclinent sans remuer les pieds; tout à coup, la mesure devient plus vive, le son plus fort; elles font des gestes extrêmement violents, tournent la tête en la roulant, font claquer leurs dents, frappent leurs mains l'une contre l'autre, et sautent de chaque côté, jusqu'à ce que l'une d'elles ou toutes deux tombent de fatigue à terre; un autre couple les remplace. » (*Ibidem*, p. 149.)

On comprend parfois parmi les Tibbous méridionaux les indigènes du Kanem, région située immédiatement au nord du lac Tchad. Les femmes des Kanembous sont agréables de visage, rapportent les auteurs que nous venons de citer ; elles vont nues. La plupart ont un morceau triangulaire d'argent ou d'autre métal pendant derrière la tête à leur chevelure, qui est arrangée en tresses étroites tout autour du cou (*ibidem*, p. 189). Les cabanes sont en jonc, le toit est de forme conique : on dirait des meules de blé ; elles sont entourées d'une clôture de jonc ; des passages disposés à la façon de labyrinthes mènent à l'entrée de la case. Celle-ci est propre; la lumière et l'air n'y pénètrent que par la porte, que l'on ferme avec une natte (*ibidem*, p. 193). — Voir § XL.

XXXVIII. — LES BIDDOUMAS (YÉDINAS).

Plus connus sous le nom de Biddoumas, qui leur vient de leurs voisins de l'ouest, les Yédinas (tel est leur vrai nom) habitent, sans que leurs différentes tribus aient des liens

entre elles[1], les nombreuses îles du centre et du nord-est du
lac Tchad. La *Revue coloniale* décrit leurs mœurs et leurs
coutumes[2]. Ils portent sous les tempes deux petites cicatrices
comme signe distinctif. Ils sont rarement de haute taille, et,
d'ailleurs, beaucoup plus sveltes que les Bornouans. Tous sont
vêtus de robes d'étoffe noire ; ils portent des sandales, et, à
profusion, des colliers de perles, des bracelets en ivoire. La
coiffure des femmes « affecte à peu près la forme de deux
ailes de papillon, d'environ quinze pouces de longueur, qui
s'étendent horizontalement derrière la tête ».

La piraterie qu'ils dirigent contre les indigènes des bords
du lac est incessante; ils permettent toutefois à bon nombre
des Kanembous de venir vivre parmi eux.

L'épée et la lance sont leurs principales armes. Ils chassent
le crocodile et l'hippopotame.

Leurs embarcations sont plates, faites en planches, et ont de
quatre à quinze mètres de long[3]; rarement ils se servent de
rames : ils font avancer leurs barques au moyen de longues
perches. Ce sont de très habiles nageurs.

Dans leurs îles ils ont des troupeaux de bœufs, élèvent des
volailles, cultivent le gossob et un peu de coton.

Ces pirates semblent, d'ailleurs, être hospitaliers.

D'après Rohlfs[4], les Biddoumas sont parents des Kanoris,
dont ils se sont séparés de bonne heure; leur population ne
dépasse pas 20,000 individus. Ils vendent au Bornou leur
poisson séché, des fouets en cuir d'hippopotame (Barth,
op. cit., t. II, p. 133), et tirent de cette contrée le grain qui
leur est nécessaire. Les armes à feu leur sont inconnues.

---

1. Nachtigal, *Saharâ und Sûdân*, t. II, p. 367.
2. Année 1855, p. 298.
3. Barth, *op. cit.*, t. II, pp. 142, 144.
4. *Mittheilungen* de Petermann ; Ergœnzungsheft n° 25, 1868, p. 74.

L'ancienne relation de Denham et Clapperton (*op. cit.*, t. II, p. 72) représente les Biddoumas comme enlevant les naturels de la terre ferme pour en obtenir rançon. Si les prisonniers ne sont pas rachetés, on leur donne des femmes et on leur laisse la liberté dans les îles.

Les Biddoumas sont d'assez grande taille, forts, noirs de peau, et leurs traits ne sont point grossiers comme ceux des Kanoris. Ils ne rasent pas leurs cheveux et ont pour tout tatouage deux traits aux angles des yeux. Les femmes divisent leurs cheveux en deux pelotons, l'un réunissant ceux de devant, l'autre ceux de l'occiput. Elles portent aux oreilles des anneaux de cuivre, à l'avant-bras des ornements en métal puis des colliers de cauris et de faux corail.

Nachtigal (*op. cit.*, p. 367) évalue leur nombre à 12 ou 15,000 seulement. Leur langue est parente de celle des Logons (*ibidem*, p. 372).

XXXIX. — LES KANORIS.

Nous arrivons aux indigènes du Bornou (sud-ouest du lac Tchad), et tout d'abord aux Kanoris[1].

Ici, à côté de métis de Berbers et d'Arabes, nous sommes en présence de véritables nègres. « Les habitants du Bornou, dit Hornemann, sont plus noirs que ceux de l'Haoussa, et complètement nègres. Ils sont aussi plus robustes et plus endurcis au travail. Leur tempérament est, en grande partie, flegmatique. A tout prendre, ils sont plus grossiers et plus ignorants que les Haoussanyens. Les hommes n'aiment que

1. Carte du pays des Bornouans, *Mittheilungen* de Petermann; Ergœnzungsheft n° 34, planche 1, 1872.

les femmes qui ont beaucoup d'embonpoint; les Soudaniens, au contraire, préfèrent celles dont la taille est svelte[1]. »

Leur visage est large, disent Denham et Clapperton, le nez est gros, le front haut, les dents sont belles. Ils sont prognathes, lippus, ont des cheveux très crépus; parfois, dit Rohlfs, le nez saillant. Les femmes sont relativement petites. Elles ont une grosse tête, rapporte Barth (*op. cit.*, t. II, p. 131), un large nez aux ailes ouvertes et qu'elles enlaidissent d'une perle rouge.

Nous reproduisons ici quelques mesures relatives à l'indice céphalique et à la capacité cubique crânienne des Soudaniens orientaux (par exemple ceux du Bornou), comparés avec les Soudaniens occidentaux, d'une part, et les nègres nilotiques d'autre part. Ces mesures sont tirées des *Crania ethnica :*

Indice céphalique [2].

Soudaniens occidentaux.	Sept hommes........	69.7
Soudaniens occidentaux.	Trois femmes........	73.6
Soudaniens orientaux...	Onze hommes	71.6
Nègres nilotiques.......	Quatre hommes......	71.1
Nègres nilotiques.......	Quatre femmes	73.2

Capacité cranienne [3].

Soudaniens occidentaux.	Sept hommes........	1.300 cc.
Soudaniens occidentaux.	Trois femmes........	1.270 cc.
Soudaniens orientaux...	Onze hommes	1.330 cc
Nègres nilotiques.......	Quatre hommes......	1.355 cc.
Nègres nilotiques.......	Quatre femmes......	1.275 cc.

« Le tatouage des Bornouans est fort laid, rapportent

---

1. *Op. cit.*, t. I, p. 160.
2. Rapport de la largeur à la longueur du crâne. La longueur étant évaluée 100, la largeur est donnée en centièmes. Un indice de 72, par exemple, signifie que la plus grande largeur d'un crâne est égale aux 72 centièmes de la plus grande longueur de ce même crâne.
3. Cubage d'après le procédé de Broca.

Denham et Clapperton. Il consiste en une vingtaine d'entailles
minces, faites de chaque côté de la figure. C'est un vrai supplice pour les enfants sur lesquels on l'opère et que viennent
alors attaquer les mouches. Une entaille encore au milieu du
front, d'autres sur les bras, les jambes, les seins et les flancs. »
(*Op. cit.*, t. II, p. 287.) Les femmes, disent-ils ailleurs, se
peignent en bleu les cheveux, les mains, les pieds, les jambes,
les sourcils (t. III, p. 46). D'après Rohlfs, le signe des Kanoris

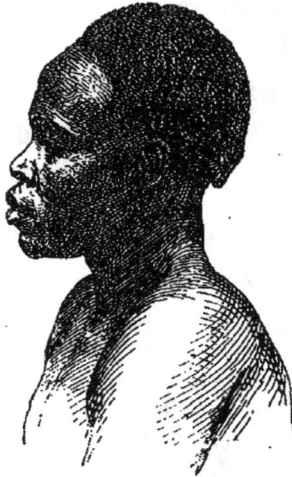

FIG. 10. — Nègre soudanien (Hirt's Sppl.).

consiste en trois entailles longitudinales sur les joues. Les
hommes ont les cheveux rasés. Les femmes les portent en
une masse de petites tresses tombant autour de la tête, ou les
disposent en un bourrelet simulant un casque et allant de la
nuque au devant de la tête. Denham et Clapperton décrivent
encore comme suit la coiffure des femmes : elles ont, disent-
ils, les cheveux « ramassés sur le toupet en trois rouleaux
épais, un gros au milieu et deux plus petits de chaque côté,
juste au-dessus des oreilles, joignant sur le devant du front en

formant une pointe, et bien mastiqués avec de l'indigo et de la cire; derrière la pointe s'élève une tresse mince tortillée en queue de dragon[1]. »

Et ailleurs, en parlant des femmes indigènes des bords nord-ouest du lac Tchad : « Elles ont la tête rasée dès l'enfance, sauf le sommet, d'où les cheveux tombent tout à l'entour, depuis le front jusqu'à la nuque; on en fait une tresse bien compacte, qui, par-devant, descend à plat jusqu'au-dessus des yeux, et, par derrière, se termine par une petite boucle » (t. I, p. 203).

Les gens du peuple vont tête nue; ceux de plus haute condition ont un bonnet généralement bleu; l'aristocratie se couvre d'un fez.

Les femmes aiment à se parer d'un bijou d'argent, qu'elles portent derrière la tête. (Barth, *Op. cit.*, p. 131.)

Les guerriers kanoris sont armés d'une longue lance, de 2, 3 ou 4 javelots, d'un arc, d'un écu. Ils ont sur les épaules une peau d'animal sauvage, et leur allure ne laisse pas d'être assez martiale. L'arc est de bois très dur, la corde est de cuir tordu. Les traits sont en roseau, armés d'une pointe de fer généralement empoisonnée. Le bouclier est léger, fait en peau de buffle, d'hippopotame, d'éléphant. La garde particulière du Sultan porte une cotte de maille ou une cuirasse; la tête est couverte également presque tout entière; les chevaux eux-mêmes sont bardés jusqu'aux genoux au moyen d'une épaisse couverture de laine. Les armées kanories sont en grande partie composées de cavaliers[2].

Dans la vie ordinaire « les individus les plus pauvres, ne se couvrent que le milieu du corps; les autres, en général, portent une robe très ample d'une mauvaise toile de coton

---

1. *Op. cit.*, t. II, p. 287.
2. Barth. *Op. cit.*, traduct. franç., t. III, pp. 17-24. Cf. Nachtigal. *Sahará und Súdân*, t. I, p. 584.

peinte, et un bonnet de laine rouge[1] » Au moral, ainsi que le rapporte Barth, les Kanoris sont mélancoliques[2], pesants et brutaux; ce qui répond assez à leur épaisse carrure et à leur large visage.

Les Kanoris prennent leur repas principal au coucher du soleil. Ils mangent de la farine convertie en pâte, assaisonnée de miel et de graisse; ils se régalent de sauterelles bouillies ou rôties et réduites en boulettes (Denham et Clapperton). Ils cultivent le gossob, dont le travail est peu pénible; les pauvres, à défaut d'autre aliment, le consomment cru ou simplement grillé au soleil. Ce n'est pas une mauvaise nourriture, lorsqu'il est dépouillé de son enveloppe, pilé et converti en une pâte légère à laquelle on mêle de la graisse fondue. L'usage du sel est à peine connu. Nous avons dit plus d'une fois déjà la valeur qu'avait ce produit dans l'Afrique intérieure.

Les différents explorateurs du pays bornouan tombent d'accord sur l'indolence et l'apathie des Kanoris. Ils sont tranquilles, civils, mais vindicatifs et très larrons. Le travail des champs est presque toujours dévolu aux femmes; l'instrument d'agriculture est une grossière houe en fer. Les femmes fabriquent des vases en peau qu'elles façonnent sur des moules d'argile, après avoir au préalable laissé tremper la peau dans l'eau durant un assez long espace de temps. C'est dans ces vases que l'on conserve du miel, de la cire, de la graisse (Denham et Clapperton). Les hommes sont forgerons, cordonniers, tressent des corbeilles et des nattes.

« Toutes les maisons du pays, disent Ledyard et Lucas, ont bâties de la même manière et sur le même plan. On

1. Ledyard et Lucas. *Voyages en Afrique.* Trad. par Lallemand, p. 171. Paris, 1804.
2. *Voyages et Découvertes*, trad. franç., t. II, p. 131.

élève autour d'un carré quatre murs, dans l'enceinte desquels
on construit quatre autres parallèles. Le terrain compris
entre ces murs est divisé ensuite en plusieurs appartements,
et on le recouvre d'un toit. Ainsi, l'espace renfermé dans
l'intérieur des murs détermine l'étendue de la cour; celui
entre les murs, la grandeur des appartements, et l'élévation
de ces murs, celle des chambres. Ces chambres, dans les
grandes maisons, ont toutes environ vingt pieds de long,
onze de haut et autant de large. On pratique en outre, à
l'extérieur des maisons, un second carré formant une large
cour entourée d'un mur, où l'on tient le bétail ». (*Op cit.*,
p. 180.)

Denham et Clapperton ont tracé le tableau d'un marché
bornouan. « Un marché se tenait devant une des principales
portes de la ville. Des esclaves, des moutons, des bouvards
(ces derniers en grand nombre), étaient les principales créa-
tures vivantes qui s'y vendaient. Il y avait au moins quinze
mille hommes réunis dans ces occasions; quelques-uns
venaient de lieux éloignés de deux ou trois jours de route.
Le froment, le riz et le gossob abondaient à ce marché, de
même que du tamarin en gousse, des arachides, des haricots
ban, de l'ochra et de l'indigo; cette dernière substance est
de très bonne qualité; les indigènes en font un grand usage
pour teindre leurs tobés (chemises) et leurs toiles de lin;
les tissus rayés en bleu foncé, ou avec des raies alternativement bleues et blanches, étant très recherchés par les Bor-
nouennes. On humecte les feuilles de la plante, on les broie,
puis on en forme des briques qui sont apportées au marché.

« Il y avait rareté de plantes potagères; on ne voyait que
des oignons et des tomates bâtardes, et pas un seul fruit. Le
cuir était commun[1]. »

---

1. *Op. cit.*, t. I, p. 228.

Les filles du Bornou sont rarement mariées si elles n'ont pas atteint leur seizième année, mais avant le mariage, elles ont fréquemment commerce avec les hommes. Cela, bien entendu, ne tire à conséquence en aucune façon et ne les empêche point de trouver preneur légitime (Rohlfs). Une fois mariées, par exemple, elles sont tenues à garder fidélité à leur maître, et l'adultère est sévèrement châtié; le mari se venge parfois en mettant à mort la coupable. Les gens du menu peuple n'ont en général qu'une seule femme; les chefs en ont plusieurs : deux, trois ou quatre. On peut répudier une épouse stérile; on peut divorcer en rendant le douaire à la femme.

Les noces durent toute une semaine. Les premiers jours sont consacrés à des festins; on enlève ensuite à la fiancée ses ornements de jeune fille, on lui lave la tête et on la conduit enfin, à cheval, au logis du futur, où se consomme l'union (Barth, *Op cit.*, t. II, p. 284). Les mariages des femmes veuves se distinguent de ceux des jeunes filles.

Ajoutons que les Kanoris sont mahométans, mais, cependant, essentiellement fétichistes. A côté du dialecte kanori proprement dit, parlé à Kouka, il faut placer le kanem, et plus à l'ouest et au nord-ouest le munio[1].

XL. — LES KANEMBOUS.

Le costume du pays kanem mérite d'être décrit. La coiffure est une sorte de bonnet raide s'élargissant vers le haut et garni de tiges de roseaux. Le corps n'a pour vêtement qu'un tablier de cuir étroitement serré. Autour du cou on porte un

---

1. Cust. *Op. cit.*, t. I, p. 258.

collier de perles blanches et d'amulettes, et des bracelets au bras droit (Barth., *Op. cit.*, t. II, p. 146). Les jeunes gens laissent croître leurs cheveux et les tressent. Les femmes rasent les leurs aux tempes, à la nuque et tressent ceux qu'elles ne coupent pas (Nachtigal, *Op. cit.*, t. II, p. 340).

La population des Kanembous habite les bords septentrionaux et nord-est du lac Tchad; elle est plus foncée de peau que celle des Kanoris, mais d'apparence moins grossière. Nachtigal estime le nombre total des Kanembous à 20,000 individus. (Voir plus haut, p. 188.)

XLI. — LES MARGHIS.

Les Marghis habitent le sud du Bornou, entre 10° 5' et 11° 5' de latitude. On les représente comme vigoureux, bien que de taille moyenne. Les uns sont tout à fait noirs, d'autres sont cuivrés, indice de métissage comme le fait remarquer Barth. On sait, d'ailleurs, que les Peuls, dont nous avons eu plus d'une fois déjà à parler, occupent la région qui est immédiatement au sud du Bornou.

Rien de plus simple que le costume des Marghis. Ils vont nus ou portent autour des reins une bande de cuir[1] ou de plumes[2]. Aux bras, aux jambes, des anneaux en profusion, en fer, en ivoire. Le lobe de l'oreille est perforé, et l'on y insère un roseau[3]. Les femmes, mais les femmes seules, se percent la lèvre inférieure et y introduisent un fragment d'os ou de métal. Aucune cicatrice, d'ailleurs, sur le visage ou sur le reste du corps.

1. *Revue coloniale*, 1850, t. I, p. 587. — Barth., t. II, p. 171.
2. *Ibidem*, 1855, p. 288.
3. *Mémoires de la Société d'anthropologie*, t. I, p. 321.

Comme armes principales le Marghi a la lance, l'arc, et une sorte de croc. Il est réputé pour sa valeur et a toujours su résister aux attaques des populations qui l'avoisinent.

La mort d'un vieillard est considérée chez les Marghis comme un heureux événement, qui fournit une occasion de réjouissances[1] ; on ne porte le deuil que des jeunes gens.

Il faut noter que les villages, ou, pour mieux dire, les groupes de huttes, sont de meilleure construction que dans le reste de cette région. Chaque hameau a son bois sacré, rempli d'arbres magiques et où l'on se retire en cas de danger. Les épreuves judiciaires sont en usage chez les Marghis. Les deux parties, dit Barth, ont comme champions des coqs de combat ; le propriétaire du coq vainqueur a gain de cause, et le vaincu retournant au village ne manque pas de trouver sa hutte en feu.

La langue des Marghis n'a aucun rapport avec celle du Bornou ; elle se rattache, au contraire, à des idiomes parlés plus au sud, dans l'Adamawa.

XLII. — LES MANDARANS.

Ceux-ci habitent immédiatement à l'est des Marghis, séparés encore du lac Tchad par une distance d'une trentaine de lieues. Ils ont, rapportent Denham et Clapperton, le front haut et plat, de grands yeux brillants, un nez presque busqué, une physionomie intelligente (op. cit., t. I, p. 364). La forme du nez, et parfois la nature des cheveux et le teint de la peau indiquent un métissage avec les Peuls. « Les Mandarans, disent les mêmes auteurs, diffèrent des Bornouens ou Kanoury ; c'est le nom qu'eux-mêmes se donnent. La diffé-

1. *Revue coloniale*, loc. cit. — Barth , t. II, p. 181.

rence est toute à l'avantage des premiers. Les hommes ont
le front haut et plat, de grands yeux brillants, les cheveux
fins et frisés, le nez presque aquilin, en général les traits
moins aplatis que ceux des Bornouens; la physionomie vive
et intelligente. La figure agréable des femmes a passé en
proverbe; je ne puis cependant la qualifier de beauté, mais
je dois convenir que la célébrité de leurs formes est méritée;
elles ont les mains et les pieds d'une petitesse charmante;
enfin une saillie au-dessous des reins aussi forte que les
Hottentotes; perfection inappréciable pour un Turc : aussi une
esclave mandarane se paye-t-elle toujours très bien. »

Et ailleurs :

« Le fer abonde dans toutes les montagnes du Mandara.
Les portes extérieures de toutes les cases ou maisons de ce
pays sont en pièces de bois réunies par des morceaux de fer.
On y façonne des gonds, de petites barres, et une sorte de
houe pour sarcler le coton; ces objets sont expédiés au
Bornou. J'entrai chez un forgeron; il y avait quatre ouvriers;
la forge était un trou creusé dans le sable; les soufflets con-
sistaient en deux peaux de chevreau avec un tube de fer qui
était fixé à des chaumes et passait sous le feu. Un homme y
introduisait l'air par la partie supérieure, qui était ouverte.
Les marteaux étaient deux morceaux de métal pesant à peu
près deux livres chacun; un autre morceau grossier de même
métal servait d'enclume : en considérant la nature de tous ces
instruments, on peut dire que ces gens ne travaillaient pas
mal » (*ibidem*, p. 363).

XLIII. — LES LOGONS.

A l'est des précédents et au nord des Musgos, soit à quelque

distance au sud-est du lac Tchad, entre 12° et 11°3′ de latitude. Ils ont pour voisins orientaux les Baghirmis[1].

Ce sont, disent Denham et Clapperton, des gens assez laborieux, d'adroits tisserands. Au physique, de beaux hommes.
Les femmes s'enduisent les cheveux et la peau de graisse
mélangée de clous de girofle broyés[2]. Le tatouage est le
même que celui des Kanoris : six lignes courbes allant des
yeux à la bouche. Les maisons des Logons, comme le rapporte
Barth, sont en terre, de forme allongée et assez hautes. Ils
fabriquent avec assez d'art des jattes de bois et des nattes. Ils
cultivent l'indigo, le coton. Le poisson et le porc forment le
fond de leur alimentation.

Ce n'est que depuis peu que le mahométisme a pénétré chez
les Logons, et tous ne l'ont pas encore embrassé.

XLIV. — LES MUSGOS.

Au sud des précédents, entre 11° et 10° de latitude. Ils
ont les Mandarans pour voisins du nord-ouest.

Les Musgos, ou Mousgous, sont d'assez grande taille et
ont une physionomie sauvage[3] : de fortes mâchoires, des
narines largement ouvertes, d'épais sourcils, des os saillants,
la peau d'un noir sale. Les femmes ont un os rond, ou une
rondelle de métal, inséré dans la lèvre inférieure, parfois
même dans l'une et l'autre lèvre. Les guerriers portent une
sorte de casaque en cuir[4], dont le poil est tourné vers l'inté-

1. Carte du pays des Logons dans l'ouvrage de Nachtigal, *Saharâ und Sûdân*,
t. II.
2. *Op. cit.*, t. II, pp. 152, 164, 167.
3. *Mémoires de la Société d'anthropologie*, t. I, p. 321. — Barth. *Op. cit.*,
trad. franç., t. III, p. 37.
4. Nachtigal. *Op. cit.*, t. II, p. 531.

rieur. Ni arcs, ni flèches, mais seulement, en fait d'armes, la lance, la massue et plusieurs javelots. Pour tout costume, les hommes et les femmes ont une simple lanière passée entre les cuisses. Beaucoup portent un petit cornet dont ils savent souffler assez habilement. Quelques-uns se fabriquent des boucliers en roseaux tressés. Hommes et femmes aiment singulièrement le tabac.

Les huttes sont de forme circulaire, les murs en terre argileuse; dans une même enceinte se trouvent comprises trois, quatre, cinq, six huttes, selon le nombre des femmes du propriétaire de l'enclos. Les demeures des plus pauvres sont entourées d'une simple haie épineuse ou de roseaux.

Les Musgos sont de toutes parts environnés d'ennemis : Bornouens, Baghirmis, et sont sous le coup constant des chasses à esclaves, durant le cours desquelles tout le pays est mis à feu et à sang. La nature difficile de la contrée est la seule protection de ses habitants.

Ils élèvent les abeilles, ont des bestiaux, mais ne mangent que ceux de leurs animaux qui périssent de maladie[1].

XLV. — LES BATTAS.

Au sud du Bornou, dans l'Adamawa, les Battas forment la principale population. L'influence peule se faire sentir ici assez vivement ; les lèvres sont peu projetées, les traits sont réguliers (Barth. *Op. cit.*, t. II, p. 254).

XLVI. — LES FALIS.

Souvent aussi très métissés. Habitent également l'Adamawa,

1. *Bullet. de la Soc. de Géogr.*, t. II de 1862, p. 159.

à l'est des Battas. A l'ouest et au sud-ouest de l'Adamawa
s'étendent, sur 100 ou 150 lieues de longueur, des populations moins métissées, ou réellement nigritiques, qui finissent par toucher au bas Niger. La langue des Falis se rattache à celle des Battas et à d'autres idiomes parlés plus au
nord, vers le lac Tchad.

XLVII. — LES BAGHIRMIS.

Nous remontons au nord-est.

Le pays des Baghirmis donne sur une partie de la côte
orientale du lac Tchad. Il confine à l'ouest aux Logons, puis
aux Musgos. Il est situé, en latitude, entre 13° et 8° nord[1].

Un grand nombre de Baghirmis ne sont que des négroïdes,
ou, pour mieux dire, des métis[2]. « Les noirs du Baghirmi
sont encore à décrire, disent A. de Quatrefages et Hamy, bien
que Barth et Nachtigal aient quelque temps vécu chez eux[3]. »

D'après ce dernier auteur, la peau des Baghirmis est communément noire, exceptionnellement rougeâtre[4]. Les hommes
ont pour vêtement une sorte de tablier en peau, qu'ils font
passer entre les cuisses et nouent à la ceinture. Les femmes
vont nues; elles ont simplement autour de la taille un cordon
auquel elles attachent un peu de feuillage; dans quelques
contrées des franges de cuir sont placées à cette ceinture et
tombent devant les parties sexuelles. Les hommes portent la
chevelure très travaillée; par contre, les femmes la portent

---

1. Carte du pays baghirmi, *Mittheilungen* de Petermann; Ergænzungsband,
1862-63, t. III, planche 5.
2. Waitz. *Anthropologie der Naturvœlker*, t. II, p. 65. Leipzig, 1860.
3. *Crania ethnica*, p. 346.
4. *Mittheilungen* de Petermann, 1874, p. 327.

très courte, ou même la rasent[1]. Ce n'est d'ailleurs pas ce que relate Barth, qui les représente comme s'arrangeant les cheveux en forme de panache (traduct. franç., t. III, p. 123). Le cavalier baghirmi se couvre et couvre son cheval d'une épaisse armure en coton, espèce de couverture piquée qui le défend des coups de l'ennemi. Les hommes sont grands, dit Barth, plus robustes que les Kanoris et plus énergiques. Les femmes sont sveltes et ont la physionomie agréable.

Hommes et femmes ont pendants sur la poitrine des colliers de perles rouges ou bleues; le tatouage consiste en trois cicatrices allant des tempes aux joues.

Tous les Baghirmis ont la lance et une hachette. Une autre arme du pays est un instrument en fer, instrument de jet ou de main, recourbé plus ou moins en forme de longue faucille et pourvu de branches tranchantes et pointues; ou se munit d'un certain nombre de ces dangereux objets. C'est une arme répandue dans toute la région.

Le Baghirmi achète ses femmes pour la valeur de plusieurs chiens, d'un cheval, de quelques esclaves. La femme est, bien entendu, esclave de son mari; son sort ne s'améliore que lorsqu'elle a eu des enfants[2].

Le gouvernement est la monarchie la plus absolue, et tout dépend, dans le pays, de la bonne ou de la mauvaise volonté du souverain. On ne l'approche qu'en se jetant du sable sur la tête.

On se sert comme monnaie de bandes de coton; les cauris n'ont point cours.

Les Baghirmis ignorent à peu près le travail du fer et ne se fabriquent pas eux-mêmes d'épées. Les diverses industries sont fréquemment exercées chez eux par les Kanoris, venus de la région sud-ouest du lac.

1. *Revue d'anthropologie*, t. IV, p. 553.
2. Nachtigal. *Op. cit.*, p. 330.

Le fétichisme des Baghirmis apparaît principalement dans leur crainte et leur vénération de l'orage et du tonnerre; ils procèdent alors à des sacrifices d'animaux. D'ailleurs, aucune idée de survivance après la mort. Cela ne les empêche pourtant pas d'enterrer avec de grands soins ceux qu'ils ont perdus. On peut trouver dans le mémoire de Nachtigal d'intéressants détails sur ce sujet.

XLVIII. — LES NOIRS DU WADAÏ, DU DARFOUR. LES NÉGROIDES DU SENNAAR.

Le Wadaï, à l'est et au nord-est du Baghirmi, est loin d'être peuplé uniquement de noirs. Une partie seulement de la population est nigritique; l'autre partie est composée de tribus arabes. Dans l'est et le nord-est du Baghirmi, des tribus de cette race sont également établies, par exemple des Chouas.

Les noirs wadaïs ont la taille élevée, la tête assez grosse[1]; les hommes sont plus beaux que les femmes. La peau noire très foncée est rare (*ibidem*, p. 400). Les Wadaïs se font en arrière de chaque oreille, au moyen de ventouses et d'incisions, une sorte de bourrelet, de renflement, signe particulier auquel ils tiennent fort et qui les fait passer, pensent-ils, pour des gens braves et valeureux; ce qu'ils sont en effet. Les femmes se percent la narine pour y introduire un morceau de corail cylindrique; elles s'ornent de bracelets en cuivre et ont, à la ceinture et sur la peau, des verroteries de couleur. « Elles portent sur le cou, dit l'auteur arabe que nous avons cité, une sorte de vêtement sans couture, à peu près large de deux

---

1. Mohammed ibn-Omar el-Tounsy. *Voyage au Ouadây*; traduct. franç., p. 253. Paris, 1851.

coudées et, au plus, de quatre ou cinq coudées de long. C'est
une simple pièce d'étoffe qu'elles percent au milieu pour y
passer la tête et s'en couvrir le cou et la poitrine par-devant
et par derrière; les côtés restent découverts. Elle se ceignent
la taille avec une espèce de serviette longue qui leur descend
sur les cuisses (*op. cit.*, p. 399 »). Autour des reins une toile
est maintenue par un cordon de cuir, et, passant entre les
cuisses, cache les parties génitales. Les femmes du Wadaï
passent pour passionnées et très ardentes; un grand nombre
d'entre elles, outre leur mari, ont un ou plusieurs amants. La
paillardise est générale au Soudan, mais particulièrement,
paraît-il, au Wadaï. Les hommes guerroient, tissent, filent,
vont à la chasse aux esclaves chez leurs voisins du sud-est les
Fertits; les femmes pendant ce temps vaquent à tous les travaux pénibles; ce sont elles qui labourent, qui moissonnent,
qui sèment.

Le Darfour (au sud du désert de Libye, à l'ouest du Kordofan[1], 16° à 10° de latitude) comprend dans sa population, non
seulement des nègres, mais encore des Berbers et des Arabes,
ces derniers presque tous nomades et occupant particulièrement la partie orientale du pays[2]. « Les vrais Fours, alliés
aux Noubas, n'habitent plus aujourd'hui, à l'état pur, que la
partie montagneuse du pays, c'est-à-dire, la chaîne du Djebel-
Marrah. Presque partout ailleurs, la population est en majeure partie composée de nègres proprement dits[3]. » A. de
Quatrefages et Hamy notent également que dans le Soudan
oriental les traits propres à la race s'adoucissent quelque peu;

---

1. Sur les noirs du Kordofan. *Mittheilungen* de Petermann; Ergænzungsband 1862-63, p. 17. — Holroyd. *Journal of the Royal geograph. Society*, t.
IX, p. 170. — Rüppel. *Reise in Nubien, Kordofan*, etc., p. 141; Francfort,
1829.

2. Vivien de Saint Martin. *Nouveau Dictionnaire de Géographie*, t. II, p. 22.

3. *Crania ethnica*, p. 315.

la dolichocéphalie est moins accentuée, moins accentué également l'aplatissement de la région temporale[1].

La peau du noir fôrien est très foncée, les cheveux sont laineux, mais poussent parfois assez longs.

Chez les nègres du Darfour l'industrie est dans un état très rudimentaire, l'agriculture peu développée. Le vêtement est tout à fait simple : les jeunes filles ont autour de la taille une bande d'étoffe formant ceinture, et les femmes seules sont couvertes d'une grande pièce d'étoffe. Un anneau est fixé dans une des ailes du nez. Le Fôrien habite une case de forme conique, gardée, comme chez beaucoup d'autres noirs, par une enceinte de buissons. Il a reçu l'islamisme, mais, bien entendu, est resté essentiellement fétichiste[2].

A l'est des Fôriens proprement dits, on rencontre différentes tribus nomades de langue arabe, plus à l'est encore, les Noubas, dans le Kordofan[3] et une partie du Sennaar. On range parmi les Noubas le peuple très métissé des Foundjis. Ceux-ci habitent par 12° et 13° de latitude, sur les rives du Nil-Bleu ou Bahr-el-Azrak. Il faut encore ranger parmi les Noubas fort métissés, les Bertas, qui habitent après la frontière du Sennaar, par 10°, 5 de latitude ; ils ont pour voisins du nord-ouest les Foundjis, auxquels ils ressemblent assez.

Si l'on ne peut comprendre parmi les nègres, ni les Foundjis, ni les Bertas, il n'en est pas de même de leurs voisins les Changallas, bien que ceux-ci soient souvent très métissés.

---

1. *Ibidem*, p. 354.
2. Carte du territoire des Fôriens par Nachtigal, dans les *Mittheilungen* de Petermann, 1875, table 15.
3. Rüppell, Kotschy, Munzinger, Marno, Pfund.

XLIX. — LES CHANGALLAS.

On comprend sous ce nom les tribus nigritiques qui habitent au nord-ouest de l'Abyssinie, immédiatement à l'est des Foundjis et du Sennaar, dans le Tigré également[1]. On représente ces populations comme extrêmement peu civilisées. « N'ayant pour exister que les produits de leur chasse, dit Noël Desvergers, les Changallas sont dès l'enfance d'habiles archers ; leurs arcs ont une grandeur et une élasticité extraordinaires. A chaque pièce de gibier tombée sous leurs coups, ils entourent leur arme d'une bandelette étroite prise dans la peau de l'animal qu'ils viennent d'abattre, et lorsque l'arc est entièrement recouvert de ces anneaux, il se raidit au point qu'il devient impossible de s'en servir et que le chasseur doit l'abandonner pour en prendre un autre[2]. » Ils chassent l'autruche, l'éléphant ; leur nourriture ne se compose souvent que de sauterelles, qu'ils conservent en les faisant d'abord bouillir, puis en les séchant au soleil. « Les Changallas, qui se répandent pendant l'été entre le Tacazé et le Mareb, n'y ont d'autre asile que les arbres des forêts. Rien de plus pittoresque que leurs demeures : les branches inférieures de l'arbre qu'ils ont choisi sont dépouillées de leurs rameaux, puis courbées par force et ramenées de tous côtés vers la terre, dans laquelle est implantée leur extrémité. Couvertes ensuite avec des peaux d'animaux sauvages, elles présentent une espèce de pavillon dont le centre est occupé par le tronc de l'arbre, qui ombrage de son large sommet cette retraite improvisée. C'est à l'abri de ces agrestes édifices que les

1. Waitz. *Anthropologie der Naturvœlker*, t. II, p. 67.
2. *L'Univers. Abyssinie*, p. 36.

Changallas passent la belle saison, et les nombreux animaux
qui peuplent ces solitudes deviennent la proie de leur courage
ou de leur adresse. Quand les pluies du tropique inondent le
bas pays, leurs retraites cessent d'être habitables; ils se

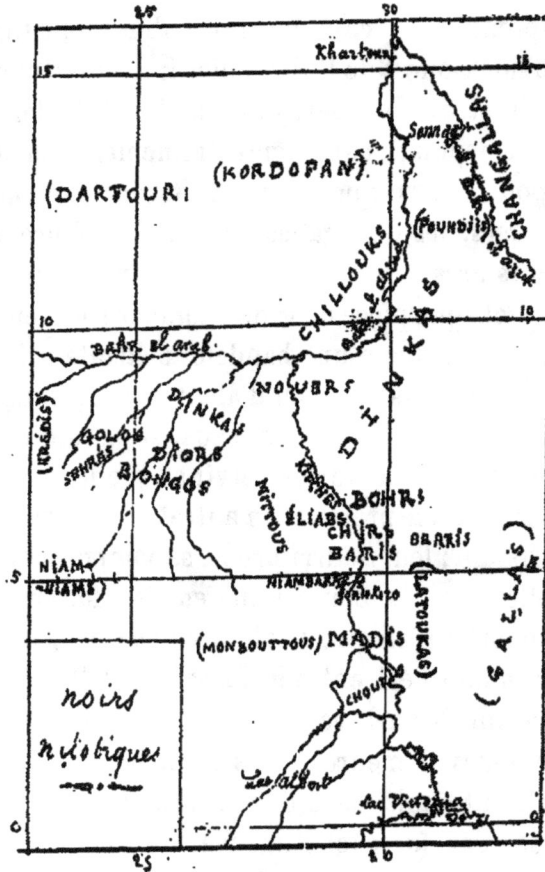

FIG. 11. — Noirs nilotiques.

retirent alors dans des cavernes, qu'ils se sont creusées au
fond des montagnes. » (*Ibidem*.)

Le nom de Changallas est donné à ces nègres par les Abys-
siniens; ce n'est point leur propre nom, et chacune de leur
tribu a sa dénomination propre. Salt parle des Changallas

dans son ouvrage sur l'Abyssinie[1]. Il les représente comme n'ayant ni chefs, ni prêtres, étant tous égaux. Leurs armes sont des boucliers, des lances, des arcs; comme instruments de musique, ils ont des trompettes en corne, des flûtes en bambou, une sorte de lyre à cinq cordes.

Le mariage offre chez eux une particularité assez curieuse : « Lorsqu'un jeune Changalla a résolu de se marier, il offre sa sœur à un autre homme, qui lui donne la sienne en retour. S'il n'a pas de sœur, il va à la guerre pour faire une femme prisonnière. Après cela, il adopte cette femme pour sa sœur, puis il l'échange. Il n'y a point de dot ». L'adultère est puni de mort.

L. — LES DINKAS.

Immédiatement au sud-ouest des Foundjis, et occupant, par 10° de latitude, la rive droite du Nil-Blanc, se trouvent les Dinkas. On en rencontre plus bas encore, par 12°, cette fois sur les deux rives, et séparés des premiers par les Nouers.

Schweinfurth a consacré aux Dinkas un passage important du récit de ses voyages; nous allons en donner une rapide analyse[2].

Les Dinkas sont de haute taille; ils ont la jambe longue et décharnée, le corps nerveux, les épaules anguleuses et horizontales. Le cou est long, la tête étroite et aplatie, la mâchoire large et saillante. La couleur noire de leur peau est plus ou moins dissimulée par l'usage de la cendre avec laquelle

---

1. *Voyage to Abyssinia ;* traduct. franç., t. II, p. 142. Paris, 1816.
2. *Au cœur de l'Afrique*, 1868-71. *Voyages et découvertes dans les régions inexplorées de l'Afrique centrale ;* trad. franç., t. I, chap. IV. Paris, 1875.

ils se barbouillent. L'ensemble de la physionomie est généralement simiesque, les sourcils sont fort mobiles. La chevelure
est pauvre; on la coupe à ras, pour l'ordinaire, en laissant
une touffe que l'on pare de plumes d'autruche. Parfois aussi
on laisse pousser, çà et là, des plaques de toison; à peine de
barbe. Les femmes ont la tête complètement rasée.

Chez les hommes comme chez les femmes, les incisives de
la mâchoire inférieure sont arrachées : « Les vieillards en
arrivent à en être repoussants; chez eux les dents supérieures
n'ayant pas rencontré l'opposition que devaient leur faire
celles d'en bas, sortent de la bouche et se projettent de toute
la longueur d'une phalange de doigt. » Nombre de dents
cariées, ce qui est assez rare chez les nègres. Hommes et
femmes ont également les oreilles percées à plusieurs endroits,
et portent des anneaux de fer ou des bâtonnets à pointe
ferrée. Chez les femmes, la lèvre supérieure est perforée et
reçoit un grain de verroterie.

Les hommes seuls se tatouent. Le signe consiste en dix
lignes partant de la base du nez et traversant le front et les
tempes. Ils sont absolument nus et se croiraient déshonorés
de porter un vêtement quelconque. Voilà, leur paraît-il,
qui est bon tout au plus pour les femmes. Celles-ci sont
vêtues d'une paire de tabliers en peau, tombant jusqu'à la
cheville et bordés de différents ornements. Elles se chargent
et se surchargent d'anneaux en fer. Les hommes portent au
bras d'épais anneaux d'ivoire, accumulés souvent du coude au
poignet; parfois de simples bracelets de cuir taillés en lanière.
On se pare, on pare ses armes, de queues de chèvre, de vache.
Comme coiffure, les Dinkas portent fréquemment un chapeau
entièrement en plumes d'autruche, qui les garantit du
soleil. En signe de deuil, ils se mettent au cou une corde.

L'arc est inconnu chez les Dinkas; ils se servent principa-

lement de la lance, de la masse, du simple bâton, ont un long
bouclier ovale en peau de buffle. De plus, ils possèdent
comme arme défensive un objet particulier, que quelques-
uns ont pris à tort pour un arc : c'est le « dang », dont l'élasticité est très propre à briser la violence d'un choc; puis une

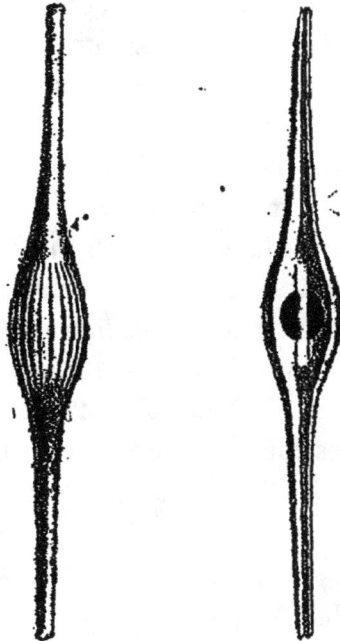

Fig. 12. — Bouclier dinka pour parer les coups de massue.
(*Artes africanæ*, tab. 1). Hauteur : 1 mètre.

sorte de bouclier étroit (fig. 12), appelé « kwerr », destiné
également à arrêter les coups de massue.

La cuisine des Dinkas est loin d'être rudimentaire, et ils
font avec leurs produits farineux d'excellentes bouillies. Ils ne
mangent ni crocodiles, ni grenouilles, ni souris, ni chiens,
aliments dont leurs voisins sont friands. Le lièvre est leur
principal régal.

Ils sont propres dans leur intérieur. Les habitations sont

des sortes de fermes, composées d'un certain nombre de huttes; le bétail est réuni dans un vaste enclos. Les huttes ont quelquefois jusqu'à quarante mètres de diamètre. « La muraille, assez basse, est formée d'un mélange d'argile et de paille hachée; le toit que soutient cette fondation, et qui est formé de couches de paille fendue, est posé sur une charpente faite avec des brins d'acacia et d'autre bois dur; elle a pour support, en guise de pilier, un arbre planté au milieu de la case, et dont on a conservé les branches. Ces cases ont une durée de huit à dix ans. » La majeure partie des Dinkas, rapporte d'Arnaud « vivent au milieu de leurs troupeaux dans les parcs; ils y dorment tous pêle-mêle dans les cendres chaudes provenant de la combustion du fumier de leurs bestiaux; ce qui a, entre autres buts, celui de produire de la fumée pour les garantir des moustiques[1]. »

Les Dinkas cultivent principalement le sorgho, l'arachide, le sésame, l'igname, le tabac. Ils n'ont pas de volailles, mais bien des bœufs, des chèvres, des moutons, des chiens. Ils professent pour leurs bestiaux l'attachement le plus extraordinaire.

Les croyances des Dinkas, rapporte encore Schweinfurth, dans son excellente description, paraissent se résumer dans une institution appelée « cogour », et qui comprend une société de nécromanciens, de jongleurs, d'exorcistes.

C'est vers leur vingtième année que les Dinkas prennent femme[2]; celle-ci est achetée d'autant plus cher à ses parents que ceux-ci sont plus aisés : le prix consiste en bœufs, en parures. Lorsqu'elle est répudiée, la femme garde son logis, ses enfants, et le mari continue de la nourrir. En fait, la femme du Dinka

1. *Bulletin de la Société de Géographie de Paris.* Février 1843, p. 93.
2. Hartmann. *Op. cit.,* p. 152.

est esclave; elle fait même partie de la succession que laisse son mari [1].

L'état social des Dinkas est assez simple; les chefs ont peu d'influence et peu de considération, au moins en temps de paix : c'est ainsi que sont assurées la tranquillité publique et la sécurité de chacun.

A propos des Dinkas, il faut faire avec Peney[2], S. Baker[3], Hartmann[4], Hamy[5], cette remarque très fondée, que la plupart des populations du Nil-Blanc, depuis le territoire des Dinkas jusqu'aux environs nord de l'Albert-Nyanza, sont fort peu différentes les unes des autres, sous le rapport anatomique, et ne présentent guère que des diversités d'ordre ethnographique. Brun-Rollet dit pourtant qu'on les reconnaît aisément : « Les Dinkas, d'après lui, se distinguent facilement des autres races nègres; ils ont le front saillant, le crâne aplati vers les tempes, les membres grêles et longs. Ils vivent sans aucune espèce de souci, ne sortant de leur apathique paresse que pour rire et festoyer. Ils sont sobres et pauvres, et pourvu qu'ils aient du lait, de la mérisse (bière) et des femmes, leur ambition est satisfaite[6]. »

LI. — LES CHILLOUKS.

Sur la rive gauche du fleuve Blanc, dont les Dinkas occupent

---

1. Kaufmann. *Das Gebiet des Weissen Flusses und dessen Bewohner.* Brixen, 1861.
2. *Bulletin de la Société de Géographie,* t. XVII, p. 352.
3. *Découverte de l'Albert N'yanza,* traduct. franç., p. 140.
4. *Op. cit.,* p. 41.
5. *Revue d'Anthropologie,* t. X, p. 232.
6. *Le Nil-Blanc et le Soudan,* p. 92. Paris, 1855.

la rive droite, et immédiatement au nord des Nouers. Remontant le Nil, en venant de Khartoun, ce sont les Chillouks que l'on rencontre d'abord sur la droite, soit sur la rive gauche[1]. C'est une population assez dense, formant de nombreux villages. Ils ont de la similitude non seulement avec les Dinkas, mais encore avec certains Foundjis du Sennaar[2].

D'après Hamy les Chillouks ont un front bombé et étroit, la tête allongée, les tempes aplaties, le nez court et dilaté, les lèvres épaisses, la bouche largement fendue, les épaules larges, le torse robuste, mais le bassin étroit et les jambes presque sans mollets[3]. Ils sont moins grands que les Dinkas et ont la démarche tout à fait apathique.

Les hommes vont entièrement nus, ayant à la main une canne ornée d'un fort pommeau[4]; la femme, après le mariage, est vêtue d'un tablier de peau descendant au genou. Elle porte les cheveux ras. L'homme, au contraire, a un soin extraordinaire de sa coiffure. Au moyen de terre humide, de graisse, de bouse de vache, il la roidit et la dispose en formes variées, en casques de toutes sortes. Comme chez les Dinkas, une partie des dents incisives sont arrachées[5], ce qui ne contribue pas médiocrement à donner à la physionomie une expression peu agréable. Ce sont, chez certains, quatre dents de la mâchoire inférieure. (*Bull. de la Soc. de Géogr.*, t. XVIII, p. 21.) Sur tout le corps on applique, par peur des insectes, une couche de cendre ou de bouse de vache. Les femmes ont aux pieds des bracelets de fer.

Dans les villages chillouks, les cases sont bâties d'une façon

1. Carte du territoire des Chillouks, dans Petermann, *Mittheilungen*, 1873, table 8; Ergænzungsband, 1862-63, table 6.

2. *Crania ethnica*, p. 356. Deux crânes de Chillouks : capacité, 1,310 cc.; indice céphalique, 71.8. Hamy donne ailleurs le chiffre de 73.

3. *Les Nègres de la vallée du Nil* (*Revue d'Anthropologie*), t. X, p. 227.

4. Schweinfurth. *Au cœur de l'Afrique*, t. I, p. 86.

5. Mohamed ibn-Omar el-Tounsy. *Voyage au Ouadây*, traduct. franç., p. 277. Paris, 1851.

régulière, rapprochées les unes des autres et plus élevées,
plus étroites que celles des Dinkas (Schweinfurth), ce qui
tient évidemment à la densité même de la population. La toiture a le sommet arrondi et non pointu ; la partie inférieure
est en terre, le haut en broussailles (*Bull. de la Soc. de Géogr.*,
t. XVIII, p. 19). Il faut citer les Chillouks comme d'habiles
canotiers ; ils ont de légères pirogues, portatives et fort rapi-
des, mais que tout autre qu'eux manœuvrerait difficilement.
Ce sont des espèces de radeaux formés de tiges liées ensemble.
et qui, très minces à leur extrémité antérieure, forment un
avant étroit et relevé[1].

Fig. 13. — Pirogue chillouke.

Chez les Chillouks l'homme, comme chez les Foundjis, aide
la femme dans les travaux de culture et dans le soin des bestiaux. Chaque femme coûte à celui qui l'épouse de dix à
cinquante vaches. (Brun-Rollet. *Op. cit.*, p. 97.) En cas
d'adultère, si la femme n'est pas assez riche pour se racheter,
elle doit périr noyée.

Le gouvernement est ici héréditaire et autocratique ; le
roi représente à lui seul juges et justice. Il punit à son gré les
vols commis par ses sujets dans son royaume, mais il prend

1. *Ibidem*, p. 69.

une part de ceux qui sont commis en dehors des frontières[1].
Chaque village doit payer, d'ailleurs, un tribut annuel, consistant en un nombre déterminé de vaches.

Les Chillouks sont assez pauvres, vivent le plus souvent du
seul produit de leur pêche[2], sont continuellement en proie à la
famine. Partant, ce sont de forts pillards, sans respect aucun
pour les biens de leurs voisins. Dans le but de se livrer à la
déprédation et à la rapine, ils descendent le fleuve, dans leurs
pirogues, jusque vers le 14e degré de latitude[3], et sont fort
redoutés des riverains.

En ce qui concerne leurs croyances, on peut affirmer qu'ils
n'ont aucune idée d'une existence ultérieure. Ils fréquentent
d'ailleurs des bois sacrés où ils vénèrent, comme fétiches,
certains animaux. Brun-Rollet parle de ces coutumes : « A
quelque distance du village Ouaou, on trouve, dit-il, un bois
sacré où sont construites quelques maisons fréquentées par
des esprits, accessibles seulement à une vieille pythonisse
renommée par ses oracles. Les Chillouks vont la consulter en
tremblant, mais j'ai cru observer qu'ils agissent avec elle et
avec les autres jongleurs comme les Européens avec leurs
médecins. Confiants et crédules au moment du danger, rail-
leurs et sceptiques dès que le calme est revenu. » (*Op. cit.*,
p. 101.)

LII. — LES NOUERS.

Les Nouers, immédiatement au sud de Chillouks, ont pour
limite septentrionale le Bahr-el-Ghasal et la partie du Bar-el-

1. Brun-Rollet. *Op. cit.*, p. 95.
2. Chaillé-Long. *Naked Truths of naked People*, p. 28. Londres, 1876.
3. D'Arnaud. *Bulletin de la Société de Géographie de Paris*, février 1843,
p. 92.

Abiad qui court latitudinalement. Ils s'étendent approximativement entre 9° 5′ et 8°. Au nord-est, ils confinent à des Dinkas, au sud également[1].

Le type est essentiellement le même que celui de leurs voisins, et les coutumes sont peu différentes[2]. Les hommes sont robustes et d'assez grande taille; ils sont nus, se frottent de cendres, portent des bracelets de fer armés de pointes dangereuses. Ils se teignent les cheveux en rouge. Les jeunes filles n'ont point de costume; les femmes mariées ont autour des hanches une frange d'herbes. Parfois le front est marqué de cicatrices. (Baker, *Découverte de l'Albert-N'yanza*, pages 40 et 44.)

Les Nouers ont de grands troupeaux de bœufs et vivent à l'état patriarcal.

LIII. — LES KITCHES.

Après les Nouers, toujours en remontant le Nil-Blanc, on trouve des Dinkas, et après ceux-ci, les Kitches sur la rive gauche (ou occidentale), entre 8° et 7° de latitude. On les regarde comme proches parents des Dinkas. Baker les représente comme fort misérables, ne mangeant la viande de leurs bestiaux que lorsqu'ils sont morts de maladie; d'assez haute taille, mais effroyablement maigres. Chez eux, paraît-il, lorsqu'un homme est devenu trop âgé pour ses jeunes femmes, son fils aîné lui vient en aide, ou mieux, prend sa place.

Ils chassent l'hippopotame et le crocodile, se livrent à la pêche[3].

---

1. Carte du territoire des Nouers, dans Petermann, *Mittheilungen*, 1873, table 8.
2. *Revue d'Anthropologie*, t. X, p. 234. — *Revue d'Ethnographie*, t. I, p. 61.
3. *Bullet. de la Soc. de Géogr.*, t. XVIII, pp. 87, 90.

Au sud des Kitches, sont les Eliabs; à l'est, de l'autre côté du fleuve, les Bohrs.

LIV. — LES BOHRS.

Ceux-ci habitent sur la rive orientale, par 6° 3′. Ils présentent un type fort métissé[1]. On trouve chez eux des individus

FIG. 14. — Jeune femme éliabe.

à cheveux longs, à nez aquilin; mais le teint est foncé. A l'est

1. Hamy. *Op. cit.*, p. 233.

des Bohrs est le vaste territoire des Gallas, qui appartiennent à une race toute différente des races nigritiques.

De l'autre côté du Bahr-el-Abiad sont les Eliabs [1], qui possèdent de grands troupeaux.

D'après d'Arnaud, les Nouers, les Kiks, les Boundurials, les Bohrs, les Eliabs parlent des dialectes dinkas [2].

LV. — LES CHIRS.

Plus au sud, sur les deux rives du fleuve, on rencontre les Chirs ou Tchirs, par 5°8. Peut-être appartiennent-ils au même type que les Chillouks, mais les renseignements que l'on possède ne permettent point de l'affirmer [3]. Les Chirs, d'après d'Arnaud (op. cit., loc. cit.), parlent la même langue que les Baris, et se distinguent par là de leurs voisins du nord [4].

Baker rapporte que les Chirs sont armés de massues d'ébène, de lances, de flèches non empennées et terminées par une pointe de bois dur. Ils se plantent des plumes de coq au sommet de la tête. Les femmes se surchargent les jambes d'anneaux de fer poli; elles portent un petit tablier de cuir large comme la main; derrière, une queue de lanières de cuir leur pend jusqu'au bas des cuisses.

Les cahutes sont de forme circulaire et l'on n'y peut pénétrer qu'en marchant à quatre pattes.

1. Voir dans les *Geograph. Mittheilungen* de Petermann, 1877, la table 9, indiquant les territoires occupés par diverses populations du Haut-Nil; les Chillouks de 11° 5' à 9° 5'; les Nouers de 9° à 8°; les Kitches de 7° 5' à 7°; les Bohrs de 6° 5' à 6°; les Chirs de 6° à 5° 5'. — Cf. Baker. *Découverte de l'Albert-N'yanza*, trad. franç., p. 58.
2. *Bulletin de la Société de Géographie de Paris*, février 1843, p. 91.
3. *Crania ethnica*, p. 357.
4. Cf. *Mittheilungen* de Petermann; Ergænzungsband, 1862-63, p. 131.

LVI. — LES BARIS.

Plus au sud encore, et sur les deux rives, est la population des Baris, autrement importante. Les Baris s'étendent jusqu'au 4º degré, et par conséquent n'atteignent pas les bords de l'Albert-Nyanza.

Le type est le même, à peu près, que celui des autres peuples du Haut-Nil que nous venons de mentionner, type négroïde, métissé. Brun-Rollet représente les Baris comme des gens intelligents et comme d'infatigables voyageurs. Le costume des hommes est tout à fait rudimentaire. Il se compose de deux lanières croisées en T. L'une, transversale et large d'environ cinq pouces, couvre la tête et descend sur les tempes; l'autre plus longue, mais plus étroite, est tressée avec les cheveux de la nuque et pend jusqu'aux jarrets; cette tresse est ornée de verroteries[1]. Tout le reste du corps demeure nu. Les femmes portent un petit tablier d'environ six pouces de long, fait de perles ou de petits anneaux de fer; par derrière, une queue de fines lanières de cuir ou de ficelles[2]. Le corps est peint d'ocre rouge mélangée avec de la graisse. Les hommes ne gardent qu'une touffe de cheveux au sommet de la tête, et y fixent des plumes; les femmes ont le cuir chevelu rasé. Au bras on porte volontiers des anneaux formés d'un cercle de fer recouvert d'un lacet ou d'un morceau de peau, et l'on adapte à ces anneaux une défense de phacocère. (*Revue d'Ethnographie*, t. III, p. 181.)

Les Baris ne s'arrachent pas les incisives, comme le font d'autres nègres nilotiques, mais souvent ils se percent la

1. *Le Nil blanc et le Soudan*, p. 122. Paris, 1855.
2. Baker. *Découverte de l'Albert N'yanza*; trad. franç., p. 66.

lèvre inférieure et y introduisent des ornements, longs parfois
d'un pouce et demi[1]. Les femmes parent de verroteries le
bord de leurs oreilles. L'arme de prédilection est l'arc, long,
recouvert de peau de lézard. On empoisonne les flèches. Ces
armes sont d'ailleurs fort défectueuses. (Baker, *Op. cit.*, p. 69.)

Les Baris, très féroces et fort peu hospitaliers, sont agriculteurs. Ils labourent leurs champs deux fois l'an, ont de
belles moissons, mais ne savent point amasser de provisions
pour la saison mauvaise. La famine est immanquable, et ils
doivent alors vivre de pillage[2]. Ils ont pourtant d'assez

FIG. 15. — Case et grenier des Baris (d'après Baker).

importants troupeaux de bœufs et de moutons de très petite
taille.

Essentiellement polygame, le Bari prend chaque année, s'il
le peut, une femme nouvelle, quitte à réduire le nombre de
ses épouses aux époques difficiles durant lesquelles il ne peut
les alimenter.

Les habitations sont bien tenues, au dire de Samuel Baker;
chaque famille a son enclos, entouré d'une forte haie. A
côté des huttes où on loge sont des greniers en osier, couverts
de chaume et ébablis sur des plates-formes. La toiture des

1. Brun-Rollet. *Op. cit.*, p. 121.
2. Kaufmann. *Das Gebiet des weissen Flusses und dessen Bewohner*. Brixen,
1861.

cases d'habitation fait saillie et repose sur des piliers extérieurs (*Revue d'Anthrop.*, 1870, p. 10).

Les Baris exploitent un bon minerai de fer. Ils ont souvent le corps enduit d'une pommade rougeâtre à l'oxyde de fer. (*Bull. de la Soc. de Géographie*, 1843, t. XIX, p. 94).

Comme les autres nègres nilotiques, les Baris sont d'intrépides danseurs, et on les voit se livrer des nuits entières à leurs divertissements.

LVII. — LES NIAMBARAS.

Ils habitent à l'ouest des Baris, au nord des Madis. La race est grande et robuste. Point d'autre costume que des ornements de fer. Les femmes n'ont parfois pour tout vêtement qu'un simple grelot.

Les Niambaras sont forgerons, apiculteurs, agriculteurs et chasseurs.

On les donne comme proches parents des Baris.

LVIII. — LES DIORS.

Nous abandonnons le cours du Haut-Nil et remontons vers le nord-ouest, à la frontière méridionale des Dinkas; par les 7e et 8e degrés de latitude nous rencontrons dans cette région les Diors. Ici nous nous trouvons au milieu des populations explorées par Schweinfurth[1]. Les Diors, dit celui-ci, se rattachent aux Chillouks, dont ils ont conservé la langue. Ils se donnent à eux-mêmes le nom de « Louohs ». Schwein-

---

1. *Au cœur de l'Afrique*, 1868-71; traduct. franç., 1875.

furth ajoute : « Leur territoire a des limites fort restreintes, et leur nombre n'excède pas vingt mille âmes. Au nord, ils sont bornés par la nombreuse tribu des Dembos et par des clans de la même famille. Au sud est le pays des Bongos. Par delà ce pays, toujours dans une direction méridionale, résident les Bélandas, dont les rapports avec les Bongos ont modifié les usages, mais qui parlent un chillouk très peu différent de celui des Diors. » Ces derniers trahissent le métissage par la couleur relativement peu foncée de leur peau ; ce sont des négroïdes.

Leur costume se compose, pour l'ordinaire, de « deux petites queues, taillées de préférence dans une peau de veau, et suspendues à une étroite ceinture », tombant toutes deux par derrière. Tous ont les cheveux courts, les femmes comme les hommes. A l'avant-bras, au bras, des anneaux de métal et d'ivoire. Les femmes en portent également aux narines et sur le bord des oreilles. Sur la poitrine pend un collier « de petits cylindres en fer, enfilés comme des perles ».

Les Diors ont pour principale industrie le travail du fer ; ils fabriquent ainsi des bêches et des pointes de lances, non seulement pour leur propre usage, mais encore pour celui de leurs voisins du nord, les Dinkas. « Au mois de mars, avant de commencer les semailles, les Diors quittent leurs villages en masse, dans le but de se livrer en partie à la pêche, en partie au travail du fer. Leurs enfants et leurs femmes, chargés de l'attirail domestique, les accompagnent dans la forêt. C'est au centre d'un lieu très boisé qu'ils établissent leurs fourneaux, et par groupes plus ou moins considérables, suivant que la bande est plus ou moins nombreuse ; quelquefois l'établissement compte une douzaine de fournaises. »

Leurs huttes sont faites d'un clayonnage en bois, recouvert de terre argileuse ; le toit, de forme pyramidale, est en chaume. Rien autre que ce qui se voit dans la plus grande partie du territoire nigritique. « Chacune de ces huttes contient un large récipient en forme de bouteille, énorme jarre en vannerie dans laquelle on serre le grain ou les autres provisions du même genre. Pour les protéger contre les attaques des rats, ces paniers sont revêtus d'une couche épaisse d'argile. Ils ont de cinq à sept pieds de hauteur et occupent une grande partie de la case. » (*Op. cit.*, t. Ier, p. 207.)

Ils ont des chiens, de la volaille, des chèvres, mais point de gros bétail ; leur temps se passe à la chasse, à la pêche, à la forge ; quant aux soins de la culture, c'est aux femmes qu'ils sont laissés, ainsi que la fabrication des cases. « Elles font de la même manière les tombes des morts, qu'elles établissent près des cases. Une éminence circulaire de trois à quatre pieds de hauteur marque l'endroit où repose le défunt, et l'indique jusqu'au moment où la violence des pluies en détruit la forme » (*Ibid.*, p. 209). Schweinfurth représente encore les Diors comme fort attachés à leurs enfants et respectant les vieillards.

Toutes les qualités que l'on peut leur supposer n'empêchent pas, comme l'assure Antinori, que le pays ne soit fort inhospitalier aux étrangers, aux musulmans et aux Européens, et que la confiance des indigènes ne soit très difficile à gagner [1].

LIX. — LES BONGOS.

Immédiatement au sud et au sud-ouest des Diors, soit par une latitude de 7°5′ à 6°5′, se trouvent les Bongos. Ils confi-

1. *Bulletins de la Société d'Anthropologie*, 1862, p. 458.

nent aux Golos vers le nord-ouest, aux Sehrés vers l'ouest. Ils sont séparés des Niam-niams, vers le sud-ouest, par les Bélandas. Au sud-est ils confinent aux Mittous.

Dans le récit de son voyage *Au cœur de l'Afrique*, Schwein-furth a décrit en détail les Bongos et leurs mœurs. On ne peut mieux faire ici que d'analyser rapidement ce passage. C'est surtout avec les Bongos que Schweinfurth s'est trouvé en rapport lors de son expédition dans l'Afrique centrale.

Lorsque les musulmans de Khartoun pénétrèrent il y a quelques années dans le pays des Bongos, ils le trouvèrent composé d'une foule de petites agrégations, sans rapport les unes avec les autres et qu'il leur fut facile de réduire. Moins noirs que les Dinkas, les Bongos ont la peau d'un brun rougeâtre, presque la teinte du cuivre ; cette coloration suffit à indiquer un ancien métissage. La taille moyenne de l'homme bongo est d'environ 1ᵐ 70 ; les membres sont vigoureux, la tête et les épaules massives. Le crâne est beaucoup moins allongé que chez les Dinkas : les Bongos ne peuvent même passer pour « dolichocéphales ». Les cheveux sont courts et frisés, laineux, de vrais cheveux de nègres ; les poils de la face sont rares et courts.

Les Bongos sont agriculteurs et vivent de la production de leurs terres ; hommes et femmes sont adonnés au travail des champs et cultivent principalement le sorgho. Les champignons sont fort estimés dans l'alimentation, ainsi que les fruits. « Quand leur provision de grain est épuisée, ou quand la récolte n'est pas suffisante, les Bongos trouvent dans les tubercules de leurs plantes sauvages une ressource précieuse. Ils en vivent alors exclusivement pendant des jours et des jours, et en font la base de leur nourriture lorsqu'ils traversent les lieux déserts ». L'excessive amertume de ces tubercules ne leur est d'ailleurs pas désagréable. Le tabac

est cultivé dans tout le pays et les indigènes en font un usage
constant. La pipe est passée à la ronde, de bouche en bouche :
« le tampon de filasse qui intercepte le jus du tabac, au lieu
d'être logé dans le tuyau de la pipe, se place dans la bouche
du fumeur et se transmet d'une personne à l'autre, en même
temps que l'appareil » (*op. cit.*, t. Ier, p. 261). Point de gros
bétail ; les Bongos n'ont que le chien, la poule, la chèvre.
Ils sont d'habiles pêcheurs et de non moins habiles chasseurs.
Pour leur nourriture, toute viande animale est bonne, sauf
la chair du chien : « Les restes du repas d'un lion, débris
putréfiés cachés dans la forêt, et dont l'approche des milans
et des vautours leur révèle l'existence, sont recueillis par
eux avec joie. Le fumet leur garantit que la viande est tendre,
et ils estiment que, dans cette condition, elle est plus nour-
rissante et plus facile à digérer que la chair fraîche... J'ai vu
les Bongos arracher avec calme les vers qui tapissent tout
l'appareil digestif du bétail de cette région, et s'en emplir la
bouche. Après cela je n'ai pas été surpris de ce qu'ils tiennent
pour gibier tout ce qui grouille et ce qui rampe, depuis les
rats jusqu'aux serpents, et de leur voir manger sans répugnance du vautour puant la charogne, de l'hyène galeuse,
des chenilles et des larves de termite à l'abdomen huileux »
(*ibid.*, p. 265).

La forme des huttes est toujours conique ; le diamètre
maximum ne dépasse guère vingt pieds, de même que la
hauteur. L'entrée est fort basse ; il faut ramper pour la
franchir : elle est fermée par une claie mobile. A l'intérieur,
le sol est formé d'argile battue. Le lit consiste en peaux d'animaux. « Dans chaque hutte le sommet de la toiture est
pourvu d'un bourrelet circulaire, fait en chaume avec le
plus grand soin, bourrelet qui sert de siège et porte le nom
de «gogne » ; il est entouré de six ou huit morceaux de bois
courbes, se projetant au dehors et formant une ceinture

cornue à la pointe du toit. De cette banquette, particulière
aux demeures des Bongos, vous embrassez du regard toute
la campagne. »

Les Bongos sont de très habiles forgerons, plus habiles
encore que les Diors : « Avec leurs soufflets primitifs, un
marteau qui, parfois, est une petite pyramide en fer, mais
qui, le plus souvent, n'est qu'un simple caillou roulé ; avec
de petits ciseaux, et, en guise de pinces, un morceau de bois
vert fendu dans une partie de sa longueur, ils font divers
articles qui soutiendraient la comparaison avec les œuvres
d'un ouvrier anglais[1]. »

Le commerce est assez important entre les Bongos et leurs
voisins du nord ; c'est là que va la plus grande partie des
produits de leurs forges : fers de lances, fers de bêches. Les
ornements de cuivre et de fer dont se parent hommes et
femmes sont fort bien fabriqués ; le bras de l'homme est
parfois orné d'un grand nombre d'anneaux superposés formant brassard. Depuis l'invasion islamite l'industrie des
Bongos semble, toutefois, avoir beaucoup perdu.

Hommes et femmes s'arrachent les incisives inférieures.
Le vêtement consiste généralement en un petit tablier de
cuir, ou en une bande d'étoffe dont les bouts retombent par
devant et par derrière. Cela pour les hommes ; les femmes
ne se couvrent que d'une branche souple, garnie de ses
feuilles, attachée à la ceinture, parfois même d'un simple
bouquet d'herbes ; aux jours de fêtes, la tête est ornée de
plumes. Il faut ajouter que les femmes sont remarquables
par un énorme développement des cuisses et de la région
fessière ; il n'est pas rare, dit Schweinfurth, d'en trouver
qui pèsent trois cents livres. A peine mariées, elles se percent
la lèvre inférieure et y introduisent une cheville cylindrique

---

1. Voir Petherick, *Egypt, Soudan*, etc., p. 395.

remplacée à plusieurs reprises par une cheville de plus en plus volumineuse. La lèvre d'en haut est également perforée, mais elle ne reçoit qu'un anneau, ou une chevillette de métal, même un simple brin de paille. On insère un anneau dans la cloison nasale, des brins de chaume dans les ailes du nez. Hommes et femmes se bordent d'anneaux les oreilles. Parmi les hommes il en est qui s'introduisent aussi des ornements dans la lèvre supérieure. « La peau du ventre au-dessus du nombril est généralement incisée de manière à recevoir un petit morceau de bois. » Les femmes se tatouent la partie supérieure des bras. Nombre d'hommes ne sont pas tatoués ; chez ceux qui adoptent ce mode de parure, le tatouage gagne parfois la poitrine et les flancs.

Comme armes, les Bongos ont la lance et l'arc ; ce sont de très habiles archers ; leur arme a quatre pieds de long, la flèche un mètre environ. Celle-ci est empoisonnée avec le suc d'une euphorbe.

Ils sont polygames, mais n'ont guère plus de trois femmes. Celles-ci sont, bien entendu, achetées à leur famille ; le prix est communément de vingt fers de lance. Les morts sont placés les genoux sous le menton, cousus dans un sac de cuir et mis dans une fosse disposée de façon à ce que la terre ne puisse les écraser. Au dessus de la fosse on élève un tas de pierres. Les tombeaux sont toujours dans le voisinage des cases. Inutile d'ajouter que les funérailles sont l'occasion d'un grand concours de personnes et de fortes libations.

Chez les Bongos aucune notion d'immortalité, aucune religion définie[1] ; ce qui ne les empêche pas de craindre des sortes d'esprits malfaisants habitant les forêts. Ils voient ces esprits sous la forme de tels ou tels animaux, le hibou, la

---

1. Schweinfurth, *ibid.*, p. 289. — Letourneau, *la Sociologie d'après l'Ethnographie*, pp. 240, 269.

chauve-souris, le ndorr. C'est du pur et simple fétichisme
animal. « Pour les Bongos, ainsi que pour tous les nègres de
ces contrées, il n'y a pas d'esprits bienfaisants ; la seule chose
que l'on puisse attendre du monde invisible, ou de ses repré-
sentants, est une influence maligne qui se traduit par des
actes plus ou moins cruels. Tous les esprits sont mauvais ;
ils n'en connaissent pas d'autres, et vous l'affirment. L'idée
d'un créateur ou d'un pouvoir suprême leur est absolument
étrangère. » Nulle part, ajoute Schweinfurth, la foi à la
sorcellerie n'est plus profonde, nulle part la recherche des
faits occultes n'est plus attentive, la punition plus rigoureuse :
« Il en résulte que chez les Bongos la vieillesse est relativement rare, et que, par l'effet du contraste, le nombre des
têtes blanches que l'on voit chez les Diors, leurs voisins, où
le peuple ne croit pas à la magie, semble étonnant. »

Aujourd'hui cette race intéressante disparaît par le fait de
la conquête nubienne.

LX. — LES GOLOS.

Ils habitent au nord-ouest des Bongos, entre 24° et 25° de
longitude, entre 7° et 8° de latitude. Leurs mœurs, leurs
coutumes se rapprochent beaucoup de celles des Bongos,
dont ils sont cependant différents par la langue. Schweinfurth
compare leurs huttes à celles des Niam-niams ; la toiture
dépasse le mur et s'appuie sur des poteaux qui forment une
colonnade autour de la case [1].

Les Sehrés habitent immédiatement au sud des Golos,

1. *Op. cit.*, t. II, p. 289.

qu'ils séparent des Niam-niams. Race vigoureuse et bien
bâtie, dit Schweinfurth (t. II, p. 329), et qui se distingue en
cela des Niam-niams; les Sehrés ne tiennent pourtant pas,
sous le rapport ethnographique, à leurs voisins les Golos et
les Bongos, et l'on pourrait fort bien ne pas les classer parmi
les nègres. Ils portent les cheveux longs à la façon des Niam-
niams; leur peau est de la couleur du « chocolat en tablette ».
Leurs cases sont construites avec art et grand soin [1]. Leurs
greniers sont particulièrement remarquables : « Le récipient,
construit en argile, et en forme de gobelet, est orné de mou-
lures non moins artistement faites que si l'ouvrier s'était
servi d'un tour. L'énorme vase repose invariablement sur
un pilotis, auquel il faut grimper pour atteindre le grand
toit de chaume débordant, qui se lève et se rabat comme un
couvercle. »

Comme les femmes de leurs voisins du nord et de l'est,
celles des Sehrés ont pour tout vêtement un paquet d'herbes
ou de feuillage pendant sur le ventre, un autre pendant aux
reins. Les ailes du nez, les lèvres, sont perforées et ornées des
singuliers bijoux dont il a été parlé ci-dessus. Pour armes,
la lance et un petit arc lançant des traits minuscules. Ni
chiens, ni chèvres; des poules seulement, en tant que bêtes
domestiques.

Nous poursuivons toujours notre route vers l'ouest. Les
Krédis forment la population négroïde du Dar Fertit (au sud
du Darfour). Leurs voisins du sud-ouest sont les Golos et les
Sehrés, leurs voisins du sud sont les Niam-niams. Le nom de
« Fertits » leur est donné par les Fôriens.

Ici encore nous sommes en présence d'une population
métissée, qu'on pourrait ne pas ranger parmi les nègres.
Schweinfurth les représente comme lourds, grossièrement

---

1. *Ibid.*, p. 329. — *Bulletins de la Société d'Anthropologie*, 1876, p. 51.

charpentés, de taille au-dessous de la moyenne ; le crâne est loin d'être allongé. Les lèvres sont très épaisses, la bouche est largement fendue. La peau est d'un rouge cuivré, beaucoup moins obscure que celle des Bongos et des Niam-niams.

Les incisives de la mâchoire supérieure sont limées en pointe, ou largement séparées ; celles d'en bas sont respectées, au contraire.

De tous les peuples de cette région, les Krédis, rapporte le même explorateur, sont assurément les plus laids, et sous le rapport de l'intelligence ils sont fort inférieurs aux Golos, aux Sehrés, aux Bongos. Ils seraient absolument nus si les hommes ne portaient un pagne étroit à la ceinture, et si les femmes ne se couvraient les parties sexuelles avec des feuilles d'arbres [1]. Ils dorment couchés dans la cendre et se lavent le matin. Aucune croyance, aucune religion : captifs, ils acceptent simplement celle de leurs maîtres.

Les Fertits ont pour voisins du nord des tribus arabes, pour voisins de l'ouest et de l'est des nègres, pour voisins du sud les Niam-niams.

LXI. — LES MITTOUS, LES MADIS.

A l'est et au sud-est des Bongos est le pays « moro » habité par les Mittous, par 6° de latitude. Ici encore nous sommes en présence d'une population métissée ; d'après Schweinfurth les Mittous « se rapprochent beaucoup des Bongos, et semblent former la transition entre ceux-ci et les Niam-niams [2] ».

Ils sont d'ailleurs beaucoup moins solides que les Bongos

---

1. Mohammed ibn-Omar el-Tounsy, *Voyage au Ouadây;* traduct. franç., p. 278. Paris, 1851.

2. *Op. cit.*, t. I, p. 378.

et offrent une très triste apparence. L'agriculture est chez
eux en honneur; comme animaux domestiques ils ne possèdent que le chien, la chèvre et la poule. Ce sont des archers
extrêmement habiles ; ils sont armés également de javelines,
mais n'usent point du bouclier. Leurs cases sont d'une
petitesse remarquable.

Fig. 16. — Femme moro (Phot. Bichter).

Nulle part plus que chez les Mittous la femme ne se pare
les lèvres et les oreilles d'appendices ridicules et incommodes.
Dans la lèvre supérieure elle-même on introduit des rondelles
souvent volumineuses, en pierre, en corne, en ivoire. Pour
tout vêtement, un paquet de feuillage ou d'herbes servant de
jupe. Les cheveux, chez la femme comme chez l'homme, sont
coupés assez ras.

Les Madis sont rapprochés des Mittous, de même les

Abakas, les Loubas[1], qui habitent par 5° de latitude. Les
Madis confinent à la pointe septentrionale du lac Albert,
c'est-à-dire au domaine bantou. Ce sont de bons cultivateurs.
Ils ont pour voisins de l'ouest les Lours, qui eux aussi confinent au lac, mais sur la rive occidentale du fleuve.

Fig. 17. — Femme moro (Phot. Buchta).

A l'est des Madis[2] citons enfin les Choulis, par 3° 5 de latitude, et, au nord de ceux-ci, les Latoukas, entre 4 et 5°.
Choulis et Latoukas ont pour voisins de l'est des Gallas,
population qui n'a rien de nigritique. Les Latoukas sont
regardés par divers voyageurs comme des Gallas métissés
(Reclus, t. X, p. 164); ils ne portent point de vêtements,
mais soignent leur coiffure d'une façon remarquable, la

1. Fr. Müller, *Allgemeine Ethnographie* : deux. édit., p. 118.
2. Chaillé-Long, *Central Africa. Naked Truths of naked People*. Londres,
1876. Carte du pays des Baris, des Madis, des Latoukas.

tressent avec des filaments d'écorce, l'ornent de verroteries,
de plumes ; les femmes s'arrachent les incisives inférieures.
Ce sont de grands beaux hommes. Ils sont, dit Baker, bien

Fig. 18. — Abaka (Phot. Buchta).

proportionnés, ont une physionomie agréable et se distinguent
facilement de tous les autres indigènes (op. cit., p. 96, 139).

LXII. — POPULATIONS DU NORD-OUEST DE L'ALBERT NYANZA.

Si l'on jette un regard sur la carte d'Afrique, immédiatement au nord-ouest et à l'ouest du lac Albert, on se trouve
en présence d'espaces encore inconnus, au moins pour la
plus grande partie. Vers le nord-ouest la région inexplorée
s'étend jusqu'au sud du Wadaï, du Baghirmi, de l'Adamawa.

Vers l'ouest elle s'étend presque jusqu'au pays côtier du golfe
de Guinée, c'est-à-dire jusqu'au haut Ogowé, jusqu'aux
montagnes qui séparent de l'Atlantique le Gabon et le pays
de Loango. Cette partie centrale et inconnue de l'Afrique
forme une bande large de 12 à 15 degrés, s'étendant pour
les deux tiers, ou les trois quarts, au nord de l'équateur.

Lorsque nous avons abandonné les peuples de la Guinée
(avec la région de   clar, par 4 ou 5° de latitude),
nous avons rencontré des populations qui forment la transition entre les vrais nègres guinéens et les noirs appartenant
au groupe bantou de l'Afrique méridionale[1].

De même, vers l'est, au nord-ouest du lac Albert, nous
trouvons des peuples qu'il est impossible de ranger parmi
les véritables nègres de l'Afrique sus-équatoriale. Ce sont
d'abord — au sud des Krédis, des Sehrés, des Bélandas, —
les intéressants Niam-niams que nous connaissons surtout
par le récit de Schweinfurth, et dont le nom propre est celui
de Sandés. Ce sont des hommes à cheveux laineux et longs,
et ayant la tête, non pas allongée, mais sensiblement arrondie,
la peau d'un rouge terreux. A la différence des noirs sus-
équatoriaux dont nous avons parlé jusqu'ici, les Niam-niams
sont anthropophages.

Anthropophages également leurs voisins du sud-est, les
Monbouttous, et cela à un extrême degré. La civilisation,
d'ailleurs, est relativement avancée chez les Monbouttous,

1. Appartiennent au groupe bantou, entre autres peuples : à l'ouest, ceux du
Loango, du Congo, d'Angola, de Benguela ; — à l'est, ceux qui se trouvent au
sud des grands lacs, ceux de Zanzibar, de Mozambique, les Zoulous, les Cafres
proprement dits ; — au centre, presque tous les peuples établis entre ceux qui
viennent d'être cités, par exemple les Bétchuanas. Il est à peine utile d'ajouter
que de nombreuses variétés doivent être signalées dans l'ensemble du groupe
bantou.

comme il est facile de le voir dans le livre de l'auteur que nous avons cité tout à l'heure, et auquel nous avons dû beaucoup emprunter en ce qui concerne l'ethnographie des peuples du Haut-Nil. Cette population a la peau nuance de « café en poudre », c'est-à-dire claire si on la compare à la peau du vrai nègre. La chevelure est laineuse, mais la barbe est généralement assez fournie. Souvent le nez est de forme recourbée. En somme, des métis très caractérisés de nègres et de Noubas, sans préjudice, d'ailleurs, d'intrusion de quelque autre élément ethnique encore à déterminer.

Au sud-est des Niam-niams, au sud des Monbouttous (soit au nord-ouest du lac Albert) se rencontrent les Akkas, « négrilles », selon l'expression de Hamy[1], qu'il faut nettement distinguer des nègres proprement dits. « Il est constant, lit-on dans la *Dissertation touchant l'origine du Nil*[2], que si quelqu'un parcourait toute l'Afrique, il n'y trouverait ni grues, ni pygmées ; néanmoins, comme l'on ne fait pas les fables sans fondement, et que la plupart du temps elles contiennent quelque chose de véritable, je crois qu'il en est ici de même : car il est certain qu'au delà des sources du Nil, l'on trouve des nains qui ne font pas la guerre aux grues, mais aux éléphants ; car le principal commerce qui se fait en ivoire, au royaume du grand Macoco, se trafique par ces petits hommes ; ils demeurent dans les forêts et percent avec leurs flèches ces animaux avec une merveilleuse adresse. Ils en mangent la chair, et en vendent les dents aux Jages, et ceux-ci à ceux de Congi et aux Portugais. L'on les appelle d'un mot propre Minos, ou bien Backebacke. Au reste, bien qu'ils soient fort petits de corps, ils ont néanmoins la tête fort grande ». Les « négrilles » qui étaient plus ou moins

1. *Bulletins de la Société d'Anthropologie*, 1879, p. 100.
2. Trad. du latin d'Isaac Vossius. Paris, 1664.

voisins des possessions portugaises n'étaient point les négrilles du haut Nil. Hamy a recherché et signalé, dans le mémoire plus haut cité, l'extension de la race pygméenne de l'Afrique équatoriale ; les Babonkos du Loango, les Bongos et les Akoas du bassin de l'Ogowé, les Akkas du haut Nil[1]. Ces petits noirs se distinguent notamment des vrais nègres par une tête plus ou moins arrondie et par une taille extrêmement petite, généralement de 1ᵐ 40 à 1ᵐ 50 pour les hommes.

D'autres populations pourraient encore être citées parmi celles qui habitent au nord-ouest du lac Albert, mais ce serait sans utilité, pensons-nous, que nous nous étendrions plus longuement en dehors du sujet spécial que nous avons à traiter.

---

1. Outre les auteurs déjà cités, consulter Dapper, *Description de l'Afrique*, trad. du flamand, p. 332, p. 358. Amsterdam, 1686. Schweinfurth, *op. cit.*, t. II, p. 77, p. 107. Erizzo, Marnö (cités par Hamy, *op. cit.*, p. 97, p. 98). Letourneau, *op. cit.*, p. 105. Marche, *Trois Voyages dans l'Afrique occidentale*, p. 106. *Revue d'Anthropologie*, t. III, p. 279, p. 462 ; t. IV, p. 726 ; t. VI, p. 363. *Mittheilungen* de Petermann, *Ueber Zwergvœlker in Afrika*, 1871, p. 139.

LIVRE II

La première partie de ce volume a été consacrée à la description particulière des différents noirs de l'Afrique sus-
équatoriale, nègres de Sénégambie, de Guinée, du Soudan,
du haut Nil.

Nous avons, dans une seconde et dernière partie, à dégager
de nos différentes études spéciales un tableau d'ensemble.
Nous avons à rechercher s'il est possible de tirer de la description particulière de chacun des principaux peuples nigritiques de cette région un résumé général.

Dans cette recherche nous commencerons par les caractères dits *physiques*, pour terminer par les caractères dits
intellectuels.

*
* *

Tout d'abord, l'ostéologie, et avant tout, en cet ordre de
matière, le crâne, la boîte osseuse du cerveau.

Le fait le plus frappant, au premier examen d'une série
de crânes de nègres et d'une série de crânes appartenant à
des individus de race blanche, est l'allongement prononcé

des premiers. Tandis que dans les races européennes la largeur la plus grande du crâne, comparée à la longueur, varie de 77 à 85 p. 100, chez les nègres sus-équatoriaux la proportion est généralement de 73, 74, 75 p. 100. La moyenne semble être un peu au-dessous de 74. Pour l'ensemble des noirs africains occidentaux, Broca donne un indice de 73. 4. Certaines races ont un crâne plus allongé (Wolofs, Assiniens, Krous, noirs de Sierra-Leone); d'autres un peu moins (Mandingues, noirs du Calabar); mais de l'ensemble de ces différentes races on peut légitimement dire qu'elles sont véritablement « dolichocéphales »; un peu moins, en

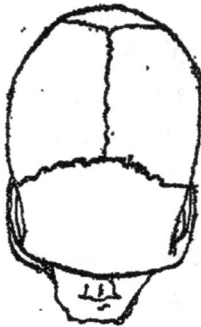

Fig. 19. — Crâne nigritique, allongé et prognathe.

tout cas, que ne le sont les races noires du sud de l'Afrique, races que l'on comprend sous le terme général de « groupe bantou ».

Quant aux noirs à tête arrondie, ou bien ce ne sont que des spécimens exceptionnels, ou bien ils appartiennent à des familles ethniques nettement distinctes de celles qui habitent l'Afrique sus-équatoriale. Nous n'avons donc pas à nous en occuper ici.

Il faut remarquer, d'autre part, que la femme a, dans les races qui nous occupent, le crâne un peu moins allongé que ne l'est celui de l'homme. Pour ne pas être considérable, cette différence n'en est pas moins réelle, sinon toujours, au moins en thèse générale.

A quelle cause doit-on attribuer l'allongement du crâne nigritique, allongement en rapport avec le développement exagéré de la partie occipitale? Chez le noir africain le cerveau antérieur n'offre pas la proportion qui se laisse observer en général dans les races européennes. Si l'on mesure la courbe antéro-postérieure de la voûte du crâne, partant du point où l'os frontal se joint aux os du nez, passant ensuite par le vertex et descendant par la ligne longitudinale de l'occiput, on constate immédiatement que la partie frontale de cette courbe est relativement moins considérable chez le nègre qu'elle ne l'est chez l'homme blanc, tandis que, au contraire, la partie occipitale est plus importante.

La signification de ce fait est claire. Les os moins développés de la partie antérieure sont appliqués à un cerveau antérieur moins développé : les facultés intellectuelles les plus élevées ont ici une importance moins considérable, toutes proportions gardées, qu'elles ne l'ont dans les races blanches.

Gratiolet avait cru constater que chez le nègre l'ossification des sutures avait lieu d'avant en arrière, tandis que chez l'Européen, elle avait lieu d'arrière en avant. C'est-à-dire que chez ce dernier les sutures de l'occipital s'oblitéraient avant que le phénomène ne se produisît pour les sutures frontales; tandis que chez le nègre le phénomène opposé se produisait[1]. Cette opinion ne semble pas en rapport avec les faits[2]. En tout cas, l'oblitération commence de bien meilleure heure chez le nègre que chez l'Européen, environ

---

1. *Bullet. de la Soc. d'Anthrop.*, 1860, p. 563. — Broca, *Mém. d'Anthrop.*, t. II, pp. 187, 210.

2. Ribbe, *Etude sur l'ordre d'oblitération des sutures du crâne*, 1888.

vers la vingt-cinquième année, comme chez les blancs étrangers à toute vie intellectuelle. Les os propres du nez se soudent aussi, chez les nègres, à un âge peu avancé. La suture métopique (entre les bosses frontales) est extrêmement rare[1].

Les sutures de la région du ptérion offrent beaucoup plus souvent que chez le blanc la forme renversée[2].

La capacité cubique du crâne des nègres est sensiblement inférieure à la capacité du crâne européen. D'après la méthode de Broca, le crâne de l'homme européen varie de 1,500 à 1,600 centimètres cubes, celui de la femme de 1,350 à 1,450. En moyenne, d'après Broca, la boîte crânienne du nègre de l'Afrique occidentale cube 1,430 centimètres pour l'homme, 1,250 pour la femme. Nous disons « en moyenne », car dans certaines races nigritiques la moyenne est plus forte, et dans certaines autres, elle est plus faible.

Voici, d'ailleurs, quelques mesures prises d'après le procédé ci-dessus indiqué, et portant les unes sur un nombre assez considérable de pièces, les autres sur un nombre peut-être un peu trop restreint :

	Hommes cent. c.	Femmes cent. c.
Wolofs	1490	1295
Mandingues	1460	1285
Krous	1445	....
Calabarais	1425	....
Nilotiques	1355	1275
Kanoris	1325	....
Achantis	1330	1145

En parlant plus haut des Kanôris du Bornou, nous avons signalé, pour les hommes, des moyennes de 1,355, de 1,330,

---

1. Anoutchine, *Revue d'Anthropologie*, 1883, p. 358.

2. *Notre Ancêtre*, deux. édit., p. 40. — Anoutchine, *Rev. d'Anthr.*, 1882, p. 357.

de 1,300 centimètres cubes. A prendre l'ensemble des crânes d'hommes de Sénégambie, de Guinée, du Soudan, il n'est pas douteux que le chiffre de 1,430 ne soit trop élevé, peut-être même celui de 1,400.

Le crâne est remarquable par l'épaisseur des os, et supporte, sans se rompre, des chocs extrêmement violents. Il rappelle sous ce rapport certains crânes préhistoriques.

Les orbites sont de forme moyenne, ni très allongées comme celles des Australiens, ni très arrondies comme celles des Polynésiens.

L'importance de la face est grande, comparativement à celle de la boîte crânienne; c'est là précisément ce qui donne à nombre de noirs un aspect bestial[1].

Non moins significatif est le caractère tiré des os du nez. Dans la moyenne des crânes européens, l'ouverture de ces os, en largeur, est environ de 46 p. 100 de leur longueur. Chez les noirs guinéens, elle est communément de 54, de 55 p. 100; souvent plus considérable. Certaines races nigritiques ont le nez plus large que d'autres; de ce nombre les Féloups, les Achantis, les noirs de Sierra Leone en général. Les Yorubans, les Wolofs n'ont pas le nez aussi disgracieux. En fait, pour trouver un indice nasal plus élevé, c'est-à-dire une ouverture encore plus large des os propres du nez, il faut gagner le sud de l'Afrique, le pays des Hottentots.

Le prognathisme exagéré distingue le visage du nègre de celui du blanc; par ce mot de prognathisme, pris d'une façon générale, on entend la projection en avant des maxillaires. Ici encore, pour trouver ce caractère plus accentué qu'il ne l'est chez les Guinéens et un grand nombre de Soudaniens, il faut aller dans l'Afrique australe, chez les Bochimans, chez

1. Touchard, *Bullet. de la Soc. d'Anthrop.*, 1866, p. 520.

les Hottentots. Les Australiens, les Néo-Calédoniens sont *moins prognathes que les nègres africains qui nous occupent.* Par contre, la saillie du menton est moins accentuée que dans les races blanches, qui, par conséquent, ont le menton moins fuyant. Les dents sont en général fort belles, blanches, et beaucoup moins sujettes à la carie que ne le sont les nôtres. *Les dents de sagesse apparaissent de meilleure heure que dans les races blanches, ce qui est un caractère d'infériorité*[1]. Les lèvres sont épaisses, charnues, imitant souvent des bourrelets, par exemple celles des Féloups. Le fait est moins sensible chez d'autres, par exemple chez les Sonraïs, chez les Yorubans.

Le bassin est moins large que chez le blanc, et affecte ainsi un caractère plus animal[2]. Ici la différence sexuelle ne paraît pas être très considérable.

L'angle de torsion de l'humérus (144°) est sensiblement inférieur à celui des Européens (160°); il est supérieur, toutefois, à celui des Mélanésiens et des Australiens.

Le radius, comparé à l'humérus, est plus long qu'il ne l'est chez l'Européen; de même le fémur.

Certaines anomalies musculaires, rappelant un état inférieur, apparaissent plus fréquemment chez les nègres que chez les Européens. Elles ont été particulièrement signalées par Chudzinski[3]. La couleur des muscles est un peu jaunâtre ou brunâtre.

En ce qui concerne les organes de la reproduction, on peut

1. Hovelacque et G. Hervé, *Précis d'Anthropologie*, p. 280. — Isert, *op. cit.*, p. 209.

2. *Précis d'Anthropologie*, p. 285. — Verneau, *le Bassin dans les sexes et dans les races*, 1875. — Corro, *la Mère et l'Enfant dans les races humaines*, p. 25.

3. *Revue d'Anthropologie*, 1882, p. 626.

dire que le pénis est plus volumineux que le nôtre, mais il se congestionne, dit-on, avec moins d'énergie. Les grandes lèvres de la négresse sont moins développées que celles de la femme blanche; c'est un caractère anthropoïde. Par contre, les petites lèvres sont parfois fort allongées. Le clitoris est souvent très developpé[1]. Le vagin est profond. L'époque de la première menstruation est plus hâtive que dans les races européennes, et coïncide parfois avec la douzième année. Les mamelles sont pendantes; la mère peut souvent rejeter ses seins volumineux par-dessus les épaules et allaiter ainsi l'enfant attaché à son dos.

La conjonctive est de couleur jaunâtre; la troisième paupière est plus prononcée que chez l'homme blanc.

Grâce au développement de l'appareil glandulaire, la peau est d'un aspect velouté. Elle offre de grandes variétés de coloration. Les Féloups, les Assiniens, les Kanoris sont noirs, les Fantis d'un beau noir; nombre d'autres ont une peau évidemment métissée, par exemple les Saracolais, les Haoussas. Dans les descriptions particulières qui ont été données ci-dessus, nous avons eu soin de parler de la couleur de la peau chez les différentes races nigritiques qui nous occupent. Quelques mots seulement sur la couleur de la peau chez le nouveau-né. A sa naissance, l'enfant d'un père et d'une mère noirs est beaucoup moins foncé qu'eux. Rochas affirmant qu'il est, le lendemain, aussi noir que ses parents[2], est contredit par les autres observateurs. A sa naissance, dit Simonot, le jeune Wolof « est d'un rose légèrement accentué d'une teinte bistrée qui déjà fait pressentir sa coloration future et ne permet pas de le confondre avec l'enfant européen[3]... Au

1. Corre, *op. cit.*, pp. 4, 8.
2. *Bulletins de la Société d'anthropologie*, 1860, p. 416.
3. *Ibidem*, 1862, p. 141. *Sur la coloration de la peau du nègre.*

bout de quelques heures, la nuance rose s'efface, et à mesure que la teinte bistrée se prononce davantage en se rapprochant de plus en plus du noir. Ce laps de temps a une durée variable, en raison des conditions dans lesquelles se trouve placé le nouveau-né. Quoi qu'il en soit, ce n'est qu'après plusieurs jours qu'il acquiert une couleur définitivement noire, qui s'accroît jusqu'à la fin de la première année au moins, et n'atteint même toute son intensité qu'au moment de la puberté. Au premier âge, la couleur est uniforme sur toute la surface du corps, et les tons plus prononcés qui, à la naissance, se présentaient au pli de l'oreille, aux aisselles, au mamelon, aux parties génitales, au pourtour des ongles, se sont fondus dans la nuance générale de la peau et ne reparaissent qu'à l'âge de la puberté... C'est à l'époque de la puberté que le nègre acquiert le maximum de sa couleur. » En naissant, dit Walckenaer (t. IV, p. 153), le Mandingue est olivâtre; un mois ou deux après, il est devenu noir. « Il naît blanc, rapporte Caillié (t. I, p. 252), seulement un peu jaune, et il noircit progressivement jusqu'au dixième jour, qu'il est tout à fait noir. » Au moment de leur naissance, les noirs du Kordofan sont d'un gris clair; ils sont complètement noirs au bout de quelques semaines (Rüppel). Corre traite de cette question dans son volume *la Mère et l'Enfant dans les races humaines* (p. 162) : « La coloration rougeâtre des téguments, chez le nouveau-né de race nègre, a été constatée par un grand nombre d'observateurs. Mais quelques médecins ont été beaucoup trop loin, lorsqu'ils ont prétendu que le nègre naissait blanc ou avec une coloration comparable à celle du visage des noirs adultes qui ont peur[1]. » L'enfant nègre, au sortir des voies maternelles, n'offre ni la coloration de l'enfant blanc, ni la prétendue pâleur des noirs adultes qui ont peur.

---

1. Thaly, *Archives de médecine navale*, t. VIII, p. 189.

La note juste nous paraît donnée par Depaul et par Rochebrune : « J'ai eu l'occasion de voir accoucher plusieurs négresses, dit le premier, et j'ai remarqué que, dans les premiers jours de la naissance, les caractères extérieurs de l'enfant ne sont pas ceux de la race nègre, ou, du moins, ils sont si peu prononcés, qu'on ne saurait affirmer l'origine. La couleur de la peau est, non pas noire, mais fortement rougeâtre ; on remarque seulement un cercle noirâtre autour du nombril, et la peau du scrotum a aussi une teinte plus foncée que sur le reste du corps[1]. » — « La surface cutanée est rosée, dit Rochebrune, mais d'un rose légèrement plus foncé que chez le blanc ; les teintes d'un blanc pâle signalées au cou, à la nuque, aux aisselles, aux aines, n'existent pas dès les premiers moments ; elles n'apparaissent jamais que trois ou quatre jours après la naissance. »

Bien auparavant déjà Labat avait dit, d'après Brüe, que les enfants des nègres sont, en naissant, de la même couleur que les jeunes blancs, et qu'ils n'ont de noir que les parties génitales (vraisemblablement le scrotum) et « un petit cercle à la naissance des ongles[2] ».

Des auteurs plus anciens avaient déjà signalé ce phénomène : « Généralement, dit l'auteur des *Voyages aux côtes de Guinée*[3], tous les nègres sont blancs à leur naissance ; mais ils deviennent noirs peu à peu, c'est-à-dire insensiblement ; de sorte que dès le lendemain de leur naissance on s'aperçoit du changement de leur couleur, qui augmente jusques à ce qu'ils soient devenus entièrement noirs. »

A la naissance, les enfants des noirs sont rougeâtres d'après R. Adams ; ils deviennent noirs en trois ou quatre jours[4].

1. *Clinique obstétricale*, p. 207.
2. *Nouvelle Relation de l'Afrique occidentale*, t. II, p. 267. Paris, 1728.
3. P. 149. Amsterdam, 1719.
4. *Nouveau Voyage dans l'intérieur de l'Afrique*, traduct. franç., p. 67. Paris, 1817.

Il est impossible de conclure à une taille moyenne pour toutes les populations nigritiques sus-équatoriales. Les Wolofs, les Bissagos sont de grande taille; les Baniouns sont moins grands, les Féloups également. Les Achantis sont petits. Nous ne parlons pas des Akkas, plus petits encore; ceux-ci sont rangés parmi les négrilles. En somme, la moyenne de 1ᵐ 72, donnée par Topinard pour les nègres de Guinée pris en général, demande à être discutée, et les facteurs qui la composent se prêtent difficilement à un groupement.

Le plus souvent le système pileux est peu développé, par exemple chez les Wolofs. Chez les Bambaras, chez les Sara-

Fɪɢ. 20. — A, Coupe de cheveu d'Indo-Chinois. B, Coupe de cheveu d'Européen. C, Coupe de cheveu de nègre africain.

colais, il a plus d'importance. Les Fôriens ont les cheveux assez longs. La chevelure nigritique ressemble à la laine vrillée; les cheveux décrivent des anneaux spiroïdes et s'entortillent avec leurs voisins pour former de petites touffes crépues. La coupe donne une forme elliptique.

Le cerveau est plus foncé que le nôtre. Il est étroit, allongé, se termine en avant par une pointe arrondie; les lobes antérieurs semblent raccourcis; le cervelet est assez volumineux. Le poids de l'encéphale est inférieur à ce qu'il est chez l'Européen.

La capacité pulmonaire est relativement faible.

L'odeur particulière du nègre, parfois extrêmement pénétrante, ne semble pas dépendre de la transpiration, mais la matière qui la produit est sans doute sécrétée par les glandes sébacées.

Sur la natalité, la longévité, la mortalité des nègres africains, on ne peut donner que des renseignements peu précis. Adanson, Winterbottom, affirment que le noir du Sénégal et de la Guinée vieillit de bonne heure et atteint rarement un âge avancé. « Les nègres, dit Bosman, possèdent en général une parfaite santé, mais ils deviennent rarement vieux, de quoi je ne saurais donner de raison. On voit dans ce pays-ci quantité de grisons et qui paraissent même vieux, mais qui cependant ne le sont pas. » (*Description nouvelle de la côte de Guinée*, t. I, p. 118.) En parlant des Mandingues, Mungo Park dit qu'ils arrivent rarement à une extrême vieillesse ; à quarante ans la plupart auraient des cheveux gris et seraient couverts de rides ; très peu dépasseraient la soixantième année. D'autres explorateurs disent avoir rencontré à la côte occidentale d'Afrique un grand nombre de vieillards octogénaires (Oldfield). Comme il est impossible de connaître l'âge d'un nègre autrement que par une estimation très approximative, cette dernière opinion ne nous paraît pas infirmer la première. Ce qui semble vrai, c'est que l'on trouve parmi les noirs un certain nombre d'individus présentant les caractères de la vieillesse, même de la décrépitude, mais dont il est impossible d'établir l'âge réel[1]. Carlier signale, en 1862, la longévité remarquable des esclaves noirs aux États-Unis[2] ; mais Corre affirme que le noir africain, chez lui, en quelque

---

1. Corre, *Revue d'Anthropologie*, 1882, p. 52.
2. *De l'esclavage dans ses rapports avec l'Union américaine.* Paris, 1862. Cf. *Bulletins de la Société d'Anthropologie*, 1864, p. 517.

condition qu'on l'étudie, fournit un chiffre de mortalité considérable (*op. cit.*, p. 52). La question, en somme, est encore obscure.

Ce qui, par contre, est acquis, c'est l'insensibilité physique dont font preuve les Sénégambiens, les Guinéens, les Soudaniens, lorsqu'ils sont sur leur propre terrain. « Que ces noirs sont heureux, dit Sanderval ; tout nus au soleil, tout nus à la pluie, nus le jour, nus la nuit, ils n'ont jamais chaud ni jamais froid. Évidemment, nous ne descendons pas du même anthropoïde, ou, s'il faut nous résigner à accepter une commune souche, ces noirs sont encore bien près de leurs origines[1]. » « Gens sans nerfs », dit plus loin le même voyageur (p. 368).

Nous n'avons pas à parler ici d'une façon détaillée des maladies auxquelles sont plus particulièrement soumis les nègres de l'Afrique sus-équatoriale. Il nous suffira de dire, en général, que chez eux les causes principales de mortalité sont les affections des voies respiratoires[2] et celles de l'appareil de la digestion[3]. L'éléphantiasis, différentes maladies de la peau, les ulcères scrofuleux, les ophtalmies[4], la petite vérole[5], se rencontrent également chez eux assez fréquemment. Ils sont éprouvés également par la singulière maladie du sommeil[6],

1. Sanderval (A. Olivier de), *De l'Atlantique au Niger*, p. 248 ; Paris, 1882.

2. Mondière, *Revue d'Anthropologie*, 1880, p. 643. — Boudin, *Bulletins de la Société d'Anthropologie*, 1860, p. 531. — Berchon, *Ibid.*, p. 524. — Bordier, *la Géographie médicale*, p. 461, p. 473.

3. Berchon, *Bulletins de la Société d'Anthropologie*, 1860, p. 524. — Bordier, *op. cit.*, p. 477. — Labat (d'après Brué), t. V, p. 333.

4. Berchon, *op. cit.*, p. 525. — Hartmann, *les Peuples de l'Afrique*, p. 247.

5. Barth, t. Ier, p. 266.

6. Corre, *op. cit.*, p. 40. *Archives de médecine navale*, 1877. *La Mère et l'Enfant dans les races humaines*, p. 231. Voir également *Rev. de Géographie*, t. X, p. 252. — Cf. Rey, *Notes sur la géographie médicale de la côte occident. d'Afrique*, in *Bull. de la Soc. de Géogr.*, 1878, t. I, p. 98.

par le « ver de Guinée[1] », par des vers intestinaux[2]. Ils contractent le choléra plus facilement que l'homme blanc.

Parmi les anciens auteurs qui ont écrit sur les nègres africains plus d'un a mentionné les maladies dont ils sont particulièrement affectés. Citons, entre autres, Villault de Bellefond[3], Labat d'après Brüe[4]. Nous renvoyons, d'ailleurs, au livre spécial de Bordier[5] et aux riches documents que contiennent les *Archives de médecine navale*[6].

Mais si les nègres africains sont particulièrement accessibles à telles et telles affections, ils jouissent, d'autre part, d'une immunité presque complète, et en tout cas, fort remarquable, vis-à-vis d'autres maladies. Deux de ces immunités doivent être spécialement signalées. L'une est relative à la fièvre jaune[7], l'autre au mal paludéen. On constate rarement chez eux la carie dentaire, le cancer[8], la diphtérie, la gravelle, la fièvre typhoïde.

L'albinisme se rencontre de temps à autre chez les nègres.

---

1. De la Croix, *Relation nouvelle de l'Afrique ancienne et moderne*, t. III, p. 108. Lyon, 1688. — Erdman Isert, *op. cit.*, traduct. franç., pp. 218, 336. — Gray et Dochard, *op. cit.*, p. 246. — Mungo Park, *op. cit.*, t. II, p. 29. — Labat (d'après Brüe), *op. cit.*, t. V, p. 337. — Browne, *Nouveau Voyage dans la haute et la basse Egypte, la Syrie, le Dar-Four*, t. II, p. 121, trad. franç., Paris, 1800. — Rüppel, *Reise in Nubien, Kordofan*, etc., Francfort, 1829. — Barth, *Voy. et Découv. dans l'Afrique sept. et centr.*, trad. franç., t. Ier, p. 156. — Schweinfurth, *op. cit.*, t. II, p. 302. — Galliéni, *Voyage au Soudan français*, p. 377. — Raph. Blanchard, *Associat. fr. pour l'avancement des sciences*; Congrès d'Oran, t. I, p. 42, 1888.

2. *Description et recit historial du riche royaume d'or de Gunea*, p. 80. Amsterdam, M.VIC.V. — Lander, *op. cit.*, t. II, p. 245.

3. *Relation des costes d'Afrique appellées Guinée*, p. 300. Paris, 1669.

4. *Nouvelle Relation de l'Afrique occidentale*, t. V, p. 333. Paris, 1728.

5. *La Géographie médicale*. Paris, 1884.

6. Voir particulièrement, tomes I, 362; II, 141 ; III, 505 ; IV, 534; VII, 394; VIII, 174; XXXIII, 480 ; XXXIV, 558 ; XXXVI, 379 ; etc. — Consulter également Dazille, *Maladies des nègres*. Paris, 1776.

7. Bertillon, *Bulletins de la Société d'Anthropologie*, 1864, p. 521. — Boudin, *ibid.*, 1863, p. 584. — Corre, *Revue d'Anthropologie*, 1882, p. 39.

8. Sinéty, *Bulletins de la Société d'Anthropologie*, 1879, p. 615.

Il a été signalé et étudié par bien des auteurs anciens et contemporains : Isaac Vossius[1], Brüe[2], Maupertuis[3], Demanet[4], Pruneau de Pommegorge[5], Erdman Isert[6], Durand [7], Villeneuve[8], Mollien[9], Landolphe[10], Caillié[11], Lander[12], Parsons[13], Raffenel[14], Mage[15], Skertchly[16], Schweinfurth[17], Sonderval[18], etc.

« On trouve aussi soit au Gabon, soit à Whidah, mais très rarement au Sénégal, dit Berchon, une assez grande quantité d'albinos appartenant toujours aux races nègres. Leurs cheveux sont crépus, rouge-fauve ou jaune-soufre, souvent secs et cassants, mais quelquefois assez beaux *relativement* et d'une longueur notable. Girard en a vu qui atteignaient vingt-cinq centimètres environ chez deux jeunes filles. Huard a vu l'albinisme héréditaire dans deux cas à Whidah. Le plus ordinairement la peau de ces individus est parsemée de taches blanches qui tranchent sur le fond noir du reste des téguments et produisent un effet étrange ; elle est quelquefois entièrement blanche[19]. »

1. *Dissertation touchant l'origine du Nil*, p. 71. Paris, 1667.
2. Labat, *Nouvelle Relation de l'Afrique occidentale*, t. II, p. 268; t. V, p. 140. Paris, 1728.
3. *Dissertation physique à l'occasion du nègre blanc*. Leyde, 1744.
4. *Nouvelle Histoire de l'Afrique française*, t. II, p. 67.
5. *Description de la Nigritie*, p. 60. Amsterdam, 1789.
6. *Voyages en Guinée*, p. 155. Paris, 1793.
7. *Voyage au Sénégal*, t. I, p. 122. Paris, 1802.
8. *L'Afrique*, t. II, p. 69. Paris, 1814. Sur une famille dans laquelle l'albinisme est héréditaire.
9. *Voyage dans l'intérieur de l'Afrique*, t. II, p. 113. Paris, 1822.
10. *Mémoires*, t. II, p. 83. Paris, 1823.
11. *Journal d'un voyage à Tembouctou*, t. I, p. 310. Paris, 1830.
12. *Journal d'une expédition*, etc., t. I, p. 204.
13. *Philosoph. Transact.*, XII, 190, 1765. *British Bibliogr.* de Watt, 734 v.
14. *Nouveau Voyage au pays des Nègres*, t. I, pp. 227, 273. Paris, 1856.
15. *Voyage dans le Soudan occidental*, p. 115. Paris, 1868.
16. *Dahomey as it is*, p. 487. Londres, 1874.
17. *Au cœur de l'Afrique*, t. II, p. 52.
18. *De l'Atlantique au Niger*, p. 202.
19. *Bulletins de la Société d'anthropologie*, 1860, p. 525. — L. Vincent a constaté l'albinisme héréditaire chez les noirs, *ibid.* 1872, p. 517.

L. Vincent a constaté l'albinisme héréditaire chez les noirs (*ibidem*, 1872, p. 517).

L'albinisme est, comme on sait, un simple défaut de pigmentation, dont l'effet est naturellement beaucoup plus visible chez le noir que chez l'homme blanc. Dans quelques parties de l'Afrique, les albinos sont regardés comme des prodiges, et, en conséquence, honorés et vénérés par leurs compatriotes. Ailleurs ce ne sont que de malheureux souffre-douleurs et des objets de risée.

Nous n'entrerons point dans de longues considérations sur les facultés acclimatives du nègre de l'Afrique sus-équatoriale. Il nous suffira de dire que, d'après les informations qui paraissent les plus autorisées, les Sénégambiens, les Soudaniens, transportés dans le nord de l'Afrique (au Maroc, en Algérie, en Égypte) sont loin de prospérer; une immigration constante est nécessaire pour que leur race se maintienne dans ces pays[1]. « Rien ne prouve mieux, dit Boudin, combien la race nègre est peu pliable, que la difficulté du nègre de l'intérieur de l'Afrique à vivre même au Sénégal, en pleine région tropicale, difficulté telle, que plusieurs officiers de la marine française ont été jusqu'à admettre que la mortalité du nègre y excède celle du blanc[2]. » Il semble, en définitive, que dans les contrées du nord de l'Afrique, c'est-à-dire au delà des régions désertes, les plus vigoureux parmi les nègres puissent seuls s'adapter aux conditions climatériques[3].

En Amérique, aux latitudes correspondant à celles de la Sénégambie, de la Guinée, du Soudan, rien n'est encore moins démontré que la faculté d'acclimatation du nègre . Par

---

1. Boudin, *Bulletins de la Société d'Anthropologie*, 1864, p. 835. — Corre, *Revue d'Anthropologie*, t. XI, p. 56.
2. Cf. Berchon, *ibidem*, t. I, p. 527. — Bertillon, *ibidem*, 1864, p. 524.
3. Cf. *Bulletins de la Société d'Anthropologie*, 1861, p. 517.
4. Boudin, *loc. cit.*, p. 838. — Corre, *loc. cit.*, p. 85, p. 93.

contre, toujours en Amérique, le noir africain paraît bien se trouver de la vie qu'il mène en s'éloignant des zones isothermes de son propre pays, lors, par exemple, qu'il est implanté aux États-Unis[1]. Il est évident, en tout cas, que la prospérité du nègre dans certaines parties des États-Unis d'Amérique a été une véritable « culture »[2].

La question des métis est en partie comme celle de l'acclimatement. Avec toutes les autres races qui les environnent les nègres se sont mêlés. Au nord, ils se sont rencontrés principalement avec les Berbers; il est à supposer que ces derniers, lorsqu'ils ont pénétré en Afrique venant du nord-est, ont gagné plus ou moins sur l'ancien domaine des races nigritiques, qui s'étendaient peut-être un peu plus au nord qu'elles ne le font aujourd'hui[3]. Le mélange des sangs est évident chez les Sonraïs (au sud-est des Touaregs, et dans la région la plus septentrionale du Niger). Plus à l'est, le population de l'Aïr est en partie négroïde, et plus au nord-est encore, jusqu'au Fezzan, il en est de même : ici le nez est souvent semblable à celui des races méditerranéennes, tandis que les lèvres sont celles des races nigritiques; la population de Mourzouk n'est qu'une population de métis. Nous nous sommes, ci-dessus, suffisamment expliqués sur le compte des Tibbous. Waitz a réuni un grand nombre de passages tirés des relations des voyageurs et indiquant les fréquents rapports des nègres et des Berbers.

L'ancienne population de Touggourt, dans l'Algérie du sud (33° de latitude), aurait été de race noire[4], et c'est sur cette

1. Corre, loc. cit., p. 92.
2. Cordier, Bulletins de la Société d'Anthropologie, 1864, p. 845. — Berchon, ibid., 1860, p. 528. — Martin de Moussy, ibid., 1865, p. 112. — Carlier, Mémoires de la Société d'Anthropologie, t. III, p. 58.
3. Waitz, Anthropol. der Naturvœlker, t. II, pp. 5, 8 à 13. Leipzig, 1860.
4. Daumas, le Sahara algérien. Paris, 1845.

population que se serait implanté l'élément berber, d'où les métissages actuels dans cette région.

Dans le pays du moyen Niger, les Haoussas, les Sonraïs, ont évidemment une part de sang berber. Plus à l'ouest, c'est-à-dire entre Tembouctou et l'Atlantique, le mélange s'est fait fréquemment entre les noirs et les Maures, qui sont eux-mêmes des produits d'Arabes et de Berbers[1].

Dans une grande partie de leur domaine central, depuis le sud du Bornou jusqu'aux approches de l'Atlantique, les nègres du Soudan et ceux de la Sénégambie ont subi de nombreux mélanges avec la race rougeâtre des Peuls[2], envahisseurs venant de l'est, et qui, de conquête en conquête, ont fini par aborder les établissements européens du Sénégal. Deux caractères principaux, entre bien d'autres, distinguent à première vue les Peuls des races noires qu'ils ont pénétrées; d'abord la couleur rouge cuivre de la peau, puis la chevelure, qui est droite et non laineuse et crépue. Barth rapporte que les unions sont assez fréquentes entre Peul et négresse, mais assez rare entre nègre et femme peule. Les « Peuls noirs » du Fouta ne sont que des métis de Peuls et de nègres, que ces derniers soient des Wolofs, ou qu'ils soient des Mandingues. Les *Toucouleurs* du Sénégal sont des peuls métissés de sang noir, ayant les cheveux crépus, les lèvres assez épaisses. Les *Torodos* ont pour origine des Wolofs, qui émigrèrent sur la rive droite du fleuve (Tautain).

L'habitude, dit Bérenger-Féraud, a réservé le nom de Toucouleurs, ou Toucoulors, aux habitants de la rive gauche du Sénégal « qui occupent la contrée appelée le Fouta sénégalais, en particulier le Fouta Toro, de sorte que le nom de Torodo

1. Faidherbe, *Bulletin de la Société de Géographie*, 1854, t. I. — *Revue archéologique*, 1857, p. 313. — Vivien de Saint-Martin, *Nouveau Dictionn. de Géogr. univers.*, art. MAURES, p. 728.
2. Tautain, *Rev. d'Ethnogr*, t. IV, p. 254.

ou de Toucoulor est synonyme dans la pratique[1]. » Les Kassonkés, ajoute le même auteur, sont des métis de Peuls et de
Saracolais; ajoutons aussi de Peuls et de Mandingues, de
Peuls et de Bambaras. Selon qu'ils sont plus ou moins mélangés de sang peul ou de sang noir, les Toucouleurs offrent
des différences bien tranchées : ils ne forment pas une race
proprement dite. Pour qu'une telle race se formât, il faudrait
que l'intervention des deux types constituants fût arrêtée, et
que les unions n'eussent plus lieu pendant plusieurs générations qu'entre produits de métis. Bérenger-Féraud représente
les Toucouleurs du Sénégal comme pleins d'orgueil et d'insolence, se croyant de beaucoup supérieurs aux vrais nègres;
ombrageux, impatients de la domination étrangère, méfiants
à l'excès. D'ailleurs, énergiques et ambitieux; ne reculant,
pour arriver à leurs fins, devant aucun moyen; musulmans
fanatiques et intolérants. « Les Toucouleurs obéissent, dans
le Fouta sénégalais, à un chef politique et religieux appelé
l'Almami, qui est élu pour un temps indéterminé, souvent
très court, par les chefs secondaires des provinces et des villages. Ces chefs sont, eux, nommés par hérédité, de sorte que
ce gouvernement est une république théocratico-aristocra-
tique. » (*Ibidem*, p. 268.) Quant à l'organisation sociale, elle
est à peu de chose près la même que celle que l'on rencontre
dans les contrées des vrais nègres. « Le Toucouleur torodo,
dit, pour conclure, Bérenger-Féraud, est un métis plus intelligent que le nègre proprement dit; plus énergique, ayant des
passions vives, violentes même, il présente pour l'Européen
des qualités et des défauts plus accentués que les autres peuplades sénégambiennes. »

A l'est de leur domaine, nous avons vu les nègres fortement mélangés avec d'autres races : avec les Nubiens de la

---

1. *Les Peuplades de la Sénégambie*, p. 253. Paris, 1879.

haute Égypte, avec les Abyssins[1]. Un peu plus au sud, leur contact avec les Gallas a produit d'autres métissages. Dans tout le pays du haut Nil, en un mot, un grand nombre de nègres ont dans les veines une part quelconque de sang étranger.

De leurs unions avec les blancs nous n'avons rien à dire ici; c'est une question qui est, en effet, plutôt du domaine de l'anthropologie physiologique que de celui de l'ethnographie. Disons seulement que sans l'immixtion constante de l'élément européen, il est bien vraisemblable que le type intermédiaire serait tout à fait compromis dans son existence[2].

*
* *

Nous avons à parler maintenant du *vêtement* et de la *parure*.

Dans la première partie de ce livre, nous avons vu que certaines populations noires vont entièrement nues, par exemple les Dinkas du Haut-Nil, du moins les hommes. Il n'en est point, par contre, qui n'aiment à se parer, soit au moyen de bracelets, d'anneaux, d'objets divers introduits dans telles ou telles régions du corps; soit au moyen de mutilations, soit au moyen de tatouages.

Parmi les peuples nègres qui se dispensent de tout vêtement, il faut citer les Dinkas, les Chillouks, certains Fôriens,

---

1. « Un savant abyssin me définissait ainsi un Changalla: C'est un homme à peau noire, à orteil ridé près de sa racine, à talon proéminent et dont les cheveux laineux ne dépassent jamais la longueur du petit doigt. Mais cette distinction s'efface souvent par les nuances insensibles qui relient le nègre à l'Éthiopien caucasique, et c'est cette difficulté même qui a forcé les Abyssins à recourir aux généalogies qu'ils précisent par huit mots spéciaux. » A. d'Abbadie, *Bulletin de la Société de Géographie*, 1855, t. II, p. 45.

2. *Revue d'Anthropologie*, 1879, p. 577; 1882, p. 54. *Bulletins de la Société d'Anthropol.*, 1861, p. 53.

certains Guinéens[1]. Chez nombre de tribus Sérères, rapporte Boilat, la nudité est signe de virginité. Quelques autres populations n'ont qu'un costume tout à fait rudimentaire, par exemple les Bertas qui portent par derrière une peau sur laquelle ils se peuvent asseoir moins à la dure; les Baris, vêtus de deux lanières croisées; les Diors, ornés de deux petites queues de veau pendant à une ceinture; les Bongos avec leur petit tablier de cuir, ou, chez les femmes, un simple bouquet d'herbes attaché à la ceinture, de même que chez les femmes des Sehrés et celles des Baghirmis. Cette quasi nudité se rencontre aussi, d'ailleurs, chez certaines populations sénégambiennes, par exemple chez les Féloups, chez les Papels, chez les Bissagos[2], chez les Bagas[3], et chez des peuples soudaniens tels que les noirs de Yaouri et les Marghis. Les indigènes du Beddé (à l'est des Haoussas) n'ont qu'un étroit tablier de cuir autour des reins (Barth, t. III, p. 172).

Parfois, comme chez les Baniouns, chez les Nalous, le costume est un simple pagne entourant la ceinture, ou, comme chez les Balantes, une espèce de culotte. .

« On a souvent dit, écrit Galliéni, que nos grisettes parisiennes savaient s'habiller avec rien; mais je défie bien la plus habile de se tailler une robe, même de bal, dans le peu d'étoffe qui suffit à une jeune Malinké. La femme du chef du village, que l'on nous amena, n'était pas plus habillée que

---

1. Boudyck-Bastiansee, *Voyage à la côte de Guinée*, p. 158. La Haye, 1853.
2. « Les hommes sont nus, ou à peu près, n'ayant pour tout vêtement qu'une bandelette-ceinture ornée de coquilles, large de 10 centimètres, sur le devant. Le bout de derrière est ramené entre les cuisses et repasse dans la ceinture en se terminant par une petite béquille en bois, ornement dont ils font saillir une extrémité en avant. Les femmes ont un jupon court de 20 centimètres de longueur, en tresses végétales ou chaume, attaché très bas et qui commence juste au point qu'il devrait surtout couvrir. » Sanderval, *De l'Atlantique au Niger*, p. 15.
3. « Les femmes ont pour tout costume une ceinture de perles et de verroteries ». Vigué, *Rev. scientif.*, 13 oct. 1888.

les gamins que l'on nous avait présentés la veille. Deux gros anneaux d'or aux jambes, un plus petit au nez, et un ruban de cotonnade autour des reins, formaient, je crois, tout son costume. » (*Op. cit.*, p. 87.)

Les Kitches, décrits avec soin par Baker, vont également presque nus. Les jeunes filles ne portent autour de la ceinture qu'un cercle composé de petits ornements bruyants. D'autres ont pour tout vêtement un petit morceau de cuir jeté sur les épaules (*op. cit.*, p. 48).

A Akra les hommes ont une ceinture de cuir à laquelle ils fixent une bande de coton ou de toile, large d'une demi-aune, longue d'une aune, entrelacée dans les jambes de façon à pendre partie devant partie derrière. On est d'autant mieux mis que pend plus bas le bout postérieur (Erdman Isert, p. 162). C'est le *téklé*. En outre, on a un grand pagne pour couverture; mais la décence veut que, durant le jour, toute la partie supérieure du corps reste découverte.

Parfois le costume se compose de plusieurs vêtements : chez les Mandingues, chez les Haoussas, chez les Biafars, une large culotte et une sorte de tunique; chez les Wolofs une longue chemise de coton, une culotte à larges plis, un pagne autour des reins.

Dans quelques régions on a des vêtements d'écorces. C'est le cas sur les frontières de l'Ounyoro (Baker, *op. cit.*, pp. 300, 303).

Notons que dans certaines peuplades les filles vont nues [1], parées comme chez les Choulis, chez les Yorubans, de simples verroteries ou de fleurs.

---

1. « Les enfants de l'un et de l'autre sexe vont nus, jusqu'à dix à douze ans; de douze à seize, les jeunes filles des riches portent un *dac*. Ce dac est composé de corail entremêlé de grains d'or et d'argent; c'est un collier qui se croise sous le sein et derrière les épaules; elles portent en même temps un petit morceau d'étoffe passé entre les reins qui tombe jusqu'à mi-jambe. Le reste du corps est à découvert. » Villeneuve, *l'Afrique*, t. IV, p. 150.

Le couvre-chef est presque partout inusité; là où on l'emploie, c'est tantôt un bonnet de calicot blanc, comme chez les Wolofs, ou un grand chapeau de paille, comme chez les Bambaras. Gray parle de Sénégambiens portant un bonnet de coton enduit de graisse, auquel on ajoute, en guise d'ornement, l'extrémité d'une queue de vache, teinte en bleu ou en rouge (*Voy. dans l'Afrique occid.*, trad. franç., p. 48).

La chaussure est très rare; on l'a adoptée là où a pénétré l'islamisme. Nous l'avons signalée chez les Bambaras. Le récit de Lander parle de la chaussure de certains habitants des rives du bas Niger, sur le côté dépendant du Yoruba : « Les principaux habitants portent de larges souliers de bois, quand ils sortent pendant la saison pluvieuse, à cause de la nature spongieuse du sol. Cette chaussure consiste en une planche de la longueur du pied, d'une espèce de bois très dur, soutenue et exhaussée à chaque bout par d'épais tasseaux. Une lanière en cuir, passée dans les trous pratiqués dans le bois, assujettit le gros orteil, et revient se nouer en dessus; une autre, passant sur le cou-de-pied, affermit le talon[1]. »

Caillié signale également des chaussures :

« Les habitants de Jenné, dit-il, ne vont jamais pieds nus, pas même les enfants ni les esclaves. Leurs souliers faits avec assez de goût, ressemblent aux pantoufles d'Europe; ils sont tous de différentes couleurs. Les cordonniers ne se servent pas de formes. Ils tirent leur cuir de Tembouctou, où il est apporté par les Maures du Maroc. » (T. II, p. 15.)

Dans un certain nombre de régions, les femmes portent autour de la taille, au-dessus des hanches, des ceintures de

1. *Journal d'une expédition au Niger*, trad. franç., t. III, p. 7. Paris, 1832.

coquillages ou de verroteries provenant d'Europe : « Au lieu
de faire valoir la finesse de leur taille, rapporte Villeneuve,
elles chargent leurs reins de trente ou quarante tours, soit
de vertèbres de requins enfilées, soit de verroteries de toute
espèce et de toute couleur; plusieurs de ces grains de verre
sont de la grosseur d'un œuf de pigeon : appliquées sur la

Fig. 21. — Coiffure d'un jeune Bernouan.

peau, ces verroteries font en marchant un cliquetis qui annonce une négresse de bon ton[1]. » Raffenel dit en parlant
des femmes d'Elimané, dans le Kaarta occidental, au sud de
Koghé (entre 13° et 12° de longitude, 16° et 15° de latitude) :
« Les femmes et les filles portent au bas des reins une cein-

1. L'Afrique, t. IV, p. 149.

ture qui fait sept à huit fois le tour du corps. Cette ceinture
composée de grains de verre transparents et incolores qui ne
servent qu'à cet usage, a pour objet de conserver la chasteté
des filles et d'assurer la fécondité des femmes[1]. » Cette même
coutume des ceintures de verroteries se retrouve en bien

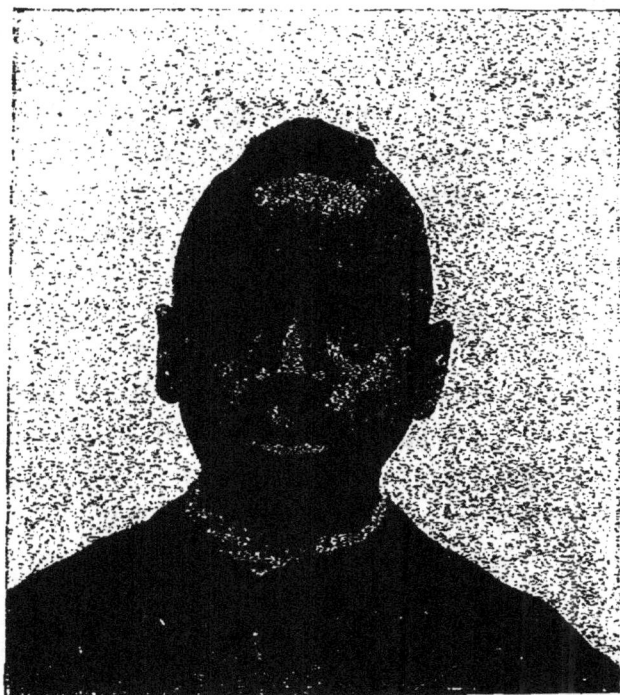

Fig. 22. — Coiffure d'un jeune Bornouan.

d'autres endroits, par exemple chez les Wolofs, chez les
Assiniens, comme nous l'avons vu plus haut.

Presque partout les anneaux, les bracelets, sont particulièrement appréciés; anneaux en métal, anneaux en ivoire[2].
On les rencontre en profusion aussi bien en Guinée, par
exemple à Grand Bassam, que chez les Dinkas du haut Nil.

1. *Nouveau Voyage au pays des nègres*, t. I, p. 222.
2. Erdman Isert, *op. cit.*, p. 165.

Les anneaux de bras sont répandus en nombre de contrées soudaniennes et nilotiques[1].

Nous avons parlé plus d'une fois des singulières modes de coiffure. Les Wolofs de Cayor ont la tête rasée. Au Dahomey il en est souvent de même. Chez les Baghirmis, chez les Chillouks, les cheveux de la femme sont rasés. Ils sont coupés chez les Assiniennes. Chez tous les Wolofs la femme est rasée jusqu'à ce qu'elle ait atteint l'âge de la puberté. Parfois une partie seulement du cuir chevelu est rasée ; certains Bornouans, par exemple, ne laissent pousser qu'une sorte de chenille partant de la nuque, rejoignant le front, et laissant à découvert les deux côtés de la tête. Les Bagas se rasent le devant de la tête, et laissent croître les cheveux de derrière, qu'ils graissent d'huile de palmier (Caillié).

Les différents bataillons d'amazones du Dahomey se reconnaissent à leur mode de coiffure, à la taille de leurs cheveux. Les Dinkas portent généralement une simple touffe au sommet de la tête. De même les Baris qui y plantent une ou deux plumes (Baker). A Grand Bassam les cheveux sont tressés en carrés ou en losanges, si bien que la tête a l'air d'une sorte de damier[2]. Dans certaines régions guinéennes, les vieux dont la tête commence à blanchir, dit Erdman Isert, la rasent à nu ; les jeunes laissent subsister quelques parties. Les uns ont sur la tête une fleur, les autres un bouquet, etc. Chaque semaine il faut renouveler l'opération sur les parties que l'on retranche ; les riches se font raser tous les jours. Chez ceux des Wolofs, des Dahomans, des Baghirmis qui conservent toute leur chevelure, on en forme des édifices laborieusement et longuement travaillés, graissés, huilés, parfois plâtrés, parfumés chez les Logons au moyen de clous de

1. *Revue d'Ethnographie*, t. III, p. 181.
2. *Revue maritime et coloniale*, t. IX, p. 40.

girofle. Le plâtrage, le graissage sont d'ailleurs usités en bien d'autres régions, dans le Yaouri (Lander, t. II, p. 33), sur le haut Nil (Baker, p. 445), etc. Ces constructions doivent durer souvent des semaines et des semaines, et l'on comprend quel est alors l'état de malpropreté de l'individu qui en est paré. Chez les femmes des Biddoumas cet édifice affecte communément la forme d'ailes de papillons. Ailleurs les femmes portent leurs cheveux en deux ou quatre touffes, des deux côtés de la tête, et les couvrent de beurre (Caillié, *op. cit.*, t. Ier, p. 178). A Guettala, dans le Kaarta, les cheveux, dit Mage, sont enroulés en mille petites tresses tortillées et, naturellement, graissées. Les Saracolais et les Kassonkés les portent séparés en plusieurs mèches tressées (*Bullet. de la Soc. de Géogr.*, 1877, t. Ier, p. 127). Parfois l'édifice de la chevelure rappelle une sorte de casque; des nattes forment mille figures (Lander, t. Ier, p. 96). Les Choulis entretiennent leur chevelure avec un soin extrême; ils la dressent parfois à plusieurs étages, l'ornementent d'herbe, de laine, d'anneaux de perles et osent à peine marcher pour ne point déranger cet édifice (Reclus, t. X, p. 158).

Chez les femmes du Kanem les cheveux pendent de toutes parts en petites tresses, ornées de petits grains de métal. Les femmes des Mosgous ont leur chevelure roulée, comme les Bornouanes, en trois grandes tresses qui vont du front jusque derrière le cou, celle du milieu plus grande que les deux autres (Denham et Clapperton). Le tout est souvent mastiqué avec de la cire.

Les Guinéennes, dit une très ancienne relation, sont « oultrecuidees orgueilleuses et fieres en leurs allures et accoutremens, dressans vng sommet dessus la teste par leurs cheveulx a la facon d'vng bonnet que les damoiselles dallemaigne souloyent porter en teste et tout autour du front font elles des lacetz ronds comme quasi vng bord, grands comme vng

daldere, les frottans et refrottans ca et la et se mirans au
miroir tant et si longuement quelles s'en complaisent et contentent, lesquelz lacetz estant puis apres frottez et oincts de
huile de palme, se monstrent comme cheveulx frisez elles
ont des peignes a deux dents loignetz, desquelz chacun dent
est long d'vn doigt, ceulx la mettent elles dedans les cheveulx, fouillant auec iceulx continuellement esdicts cheveulx,
a cause quelles sont vexees de poux[1]. »

Dans le Bénin, les hommes, au dire de Bosman (t. II,
p. 469) laissent croître leurs cheveux simplement ou en font,
parfois, deux ou trois boucles auxquelles ils attachent un
gros morceau de corail. Les femmes disposent sur le sommet
de la tête un grand nombre de petites boucles très travaillées.
Ces boucles sont ointes d'huile de coco, qui peu à peu leur
donne un brillant rougeâtre.

« Les femmes, rapporte Caillié, en parlant des indigènes du
haut Niger (au nord du Sangaran), mettent beaucoup de
soins à leur coiffure, qui consiste en deux touffes de cheveux,
une de chaque côté de la tête; plusieurs en ont quatre; elles
y ajoutent des grains de verre de couleur artistement arrangés.
Elles portent au cou un collier de petits grains de verre
noirs parmi lesquels elles mettent un peu de verroterie dorée;
ce collier est large de trois doigts et leur serre le cou comme
une cravate. Leur coiffure serait agréable, si leurs cheveux
n'étaient couverts d'une couche de beurre, dont elles se
graissent aussi le corps, ce qui leur rend la peau luisante et
leur donne une odeur forte. La plupart des femmes n'ont
pour vêtement qu'une bande de toile de cinq pieds de long
et deux de large, qu'elles se tournent autour des reins; pendant les jours de fête, elles en mettent une seconde sur leurs
épaules et se couvrent le sein : elles portent aussi des san-

---

1. *Description et recit historial du riche royaume d'or de Gunea*, p. 14.
Amsterdam, M.VIV.V.

dales. C'est à peu près le costume général des femmes de la
Nigritie. » Le dessus de la tête des négresses, dit Villeneuve[1],
est le plus souvent rasé : « Après avoir peigné les cheveux de
derrière qui frisent naturellement, elles prennent un tuyau de
paille le long duquel elles les roulent par petites touffes; elles
les graissent ensuite avec du beurre, ce qui leur donne
bientôt une odeur désagréable; elles retirent le tuyau de
paille dont les cheveux prennent la forme; ils présentent une
multitude de petits tuyaux flottant sur le cou et couchés les
uns sur les autres. Des grains de corail, des grains d'or et
d'argent sont enfilés dans le peu de cheveux que l'on con-

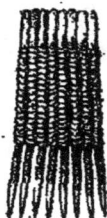

Fig. 23. — Peigne des Bongos, en bambou (*Artes africanæ*, tab. IV).
Hauteur : 12 centimètres.

serve sur le devant, et badinent sur le front et sur les joues.
Une journée entière suffit à peine pour disposer cette frisure
qui se conserve quelquefois huit ou dix jours. Les jeunes
filles en adoptent une plus simple, qui est de tresser les
cheveux et de former plusieurs dessins sur la tête... Dans
l'intérieur du pays la coiffure varie. A Bondou plusieurs
grains de verroterie blanche avec une petite plaque d'or sur
le milieu du front. Dans le Kasson, elles parent leur tête de
petits coquillages blancs. » Un autre auteur, Muiron d'Arcenant, s'exprime ainsi : « Lorsqu'une femme se fait coiffer,
voici comment on procède : elle s'étend par terre de son long,

1. *L'Afrique*, t. IV, p. 146.

la face contre le sol; la coiffeuse s'assied à la hauteur de la
tête et commence le démêlage avec un outil que, sans exa-
gérer, on peut appeler un rateau; pour .faciliter l'opération
et rendre les cheveux plus souples, on les enduit soit d'huile,
soit de beurre, car l'usage de la pommade est complètement
inconnu; ce travail terminé, et il ne dure pas moins de plusieurs heures, les cheveux sont séparés en petites mèches,
enroulées successivement chacune autour d'une paille; toutes
ces pailles sont ensuite ramenées derrière la tête et liées
ensemble. Là s'arrête la première séance, ce n'est·qu'un ou
deux jours après, lorsque les cheveux ont pu prendre le pli,
qu'on enlève les pailles pour donner le dernier lissage. Les
femmes toucouleures comme les Saracolaises portent une
petite tresse de chaque côté de la figure; au reste des cheveux
ramenés sur le sommet de la tête elles attachent des boules
d'ambre énormes, de la verroterie, voire même des pièces de
monnaie: c'est, en un mot, un vrai magasin. Les Kassonkéses
relèvent leurs cheveux des deux côtés, en les fixant au centre
de la tête, du front à la nuque, de telle sorte qu'elles paraissent
avoir un véritable casque sur la tête[1]. » Les femmes de la
région du bas Niger passent des journées entières à se coiffer
mutuellement. Elles façonnent des petites mèches, les
attachent au haut de la tête sur un gros boudin en étoupe, et
paraissent ainsi ornées d'un casque noir[2]. A Guidali, dans le
Bové (17° 2 de longitude occid.), « les femmes, rapporte Sanderval, ont une jolie coiffure relevée sur le sommet de la tête,
formant une arête tressée d'avant en arrière, plus ou moins
haute, suivant la longueur des cheveux, et semblable à une
carène renversée[3] ». On écrirait tout un volume avec ce qui
a été dit du mode de coiffure des nègres africains. Nous

1. *Bulletin de la Société de Géographie*, 1877, t. I, p. 127.
2. Viard, *Au bas Niger*, p. 165. Paris, 1886.
3. *De l'Atlantique au Niger*, p. 76.

nous en tiendrons à ces quelques indications caractéristiques,
en renvoyant, d'ailleurs, aux différentes monographies[1].

Les incisions, les entailles, dans telles ou telles parties du
corps, particulièrement du visage, sont usitées dans un grand
nombre de régions de l'Afrique noire sus-équatoriale. Tantôt
les cicatrices sont coloriées, tantôt on les laisse se fermer
elles-mêmes sans aucune opération de tatouage. Sans parler
d'un grand nombre d'autres peuples de la Sénégambie, de la
Guinée[2], du Soudan, citons, entre autres, les Yébous ornés
tantôt de raies longitudinales allant du ventre à la poitrine,
tantôt d'entailles au cou, tantôt d'incisions aux joues[3]; les
Nyféens dont le visage est paré d'une foule de petites incisions; les Biddoumas qui ont aux tempes deux petites cicatrices; les Bornouans, avec une vingtaine de minces entailles
de chaque côté de la figure, une sur le front, d'autres sur
telles et telles autres parties du corps; les indigènes du sud-
est du pays de Massina, avec une incision sous les yeux, du
nez à l'articulation de la mâchoire, ou encore trois aux
tempes, trois aux joues[4]; les Baghirmis, avec trois cicatrices
allant des tempes aux joues. Parfois, avons-nous dit, spécialement chez certaines tribus du haut Nil, on applique sur
la cicatrisation des substances irritantes : « La plaie bour-
geonne, et, les excroissances charnues une fois cicatrisées, il
reste un bourrelet indélébile[5]. » Tavano a donné une intéressante description du tatouage par incision et torsion chez les
nègres de la côte : « Ce tatouage se pratique seulement sur la
face. Le mode d'opérer est des plus simples; il consiste en

1. Voir également Isert, *Voyage de Guinée*. Paris, 1793; Berlin, 1790. —
Kœler, *Einige Notizen über Bonny*, p. 74. Gœttingen, 1848. — Baker, *op. cit.*,
p. 445, etc.

2. Erdman Isert, *op. cit.*, pp. 174, 210.

3. Voir ci-dessus, p. 122.

4. Barth, *op. cit.*, t. III, p. 293.

5. *Bulletins de la Société d'Anthropologie*, 1876, p. 55.

une torsion énergique de la peau, ajoutée à la méthode de
tatouage ordinaire par incision. Une longue et assez grosse
aiguille est introduite obliquement sous la peau, à une profondeur variant avec la grandeur du tatouage qui doit être
obtenu. L'aiguille est ensuite soulevée fortement dans une
direction normale à la partie piquée, entraînant comme un
levier la peau qui est incisée en dessous. Le lambeau ainsi
obtenu est fortement tordu et ramassé en boule autour de
l'aiguille, comme axe, et la contraction des tissus suffit à la
maintenir jusqu'à cicatrisation complète sous forme de
sphères plus ou moins régulières. Cette opération se pratique
le plus souvent depuis la partie inférieure et antérieure du
nez, en remontant en ligne droite, jusqu'à la naissance des
cheveux. Certaines tribus tatouent de la même façon les
lobules et le bord externe de l'oreille. C'est toujours sur les
enfants en bas âge, et le plus généralement sur les hommes
seulement, que ce tatouage est exécuté. » (Ibidem, 1877,
p. 334.)

Parfois les lèvres sont pointillées avec un instrument per-
forant et ensuite bleuies ; par exemple chez les Kassonkés[1].

Clarke décrit les cicatrices et les peintures, faites sur le
corps aussi bien que sur la face, qui servent de marques
ethniques chez un certain nombre de populations guinéennes[2]. Chez les Krous, par exemple, c'est une raie partant
du cuir chevelu, longeant le faîte du nez, passant sur les
lèvres et arrivant au menton ; de semblables lignes ornent
les coins externes des yeux et le corps est tatoué de figures
d'étoiles ou autres.

Un certain nombre de populations nigritiennes ont la coutume étrange de la « botoque », ornement de bois, d'os, de

---

1. Voir ci-dessus, p. 154. — Letourneau, la Sociologie, p. 74.
2. Sierra-Leone, p. 46. Londres, 1846.

métal introduit dans les lèvres, coutume que l'on retrouve chez plusieurs peuples américains (Botocudos, Chiriguanos et autres). Les femmes des Bambaras, ainsi que le rapporte Caillié[1], incrustent un morceau de bois dans leur lèvre inférieure; le morceau que l'on introduit est d'abord de faible dimension, on lui en substitue un autre de forme plus considérable, et on finit par un morceau de la grandeur d'une pièce de trente sous. Les femmes des Cumbriens[2], rapporte

Fig. 24. — Femme abaka avec un ornement de lèvre (Phot. Buchta).

le *Journal* de Lander, « se percent les deux lèvres avec une dent de crocodile dont la saillie en avant égale celle du nez » (t. II, p. 100). Chez les Marghis, au sud du Bornou, les femmes introduisent dans leur lèvre inférieure un morceau d'os, de bois ou de métal; de même celles des Musgos, un peu plus à

1. *Journal d'un voyage à Tembouctou*, t. II, p. 80. Paris, 1830. Cf. t. I, pp. 268, 270, 281.
2. Bords du Niger.

l'est. Chez les Bertas, au sud du Sennaar, les femmes ont également la lèvre perforée, et y insèrent des ornements de semblable nature ou même des brins d'herbe. De même celles des Nouers ; de même les Baris ; de même les femmes de Bongos et celles de Sehrés. Les femmes des Nouers, dit Baker (p. 40), se pratiquent une incision dans la lèvre supérieure et y portent, en guise d'ornement, un fil de fer long de quatre pouces couvert de perles. Les Choulis introduisent dans leur lèvre un bâtonnet ou quelque autre ornement de 7 à 10 centimètres qui se balance quand ils parlent (Reclus, t. X, p. 157). Mage rapporte d'après ouï-dire que, dans le Miniankala, pays sauvage au N.-N.-E. de Tengréla, les noirs se passent des morceaux de bois à travers les lèvres, et ensuite s'attachent la bouche par un fil enroulé aux deux extrémités de ces morceaux¹. Ailleurs on insère un morceau d'étain (Caillié, t. I, p. 281); ailleurs un long morceau de cristal (Baker, p. 149).

Les anneaux ornant le nez se rencontrent chez un grand nombre de populations nigritiques. Cet ornement, rapporte Mage, « est un anneau fendu, d'or, de cuivre ou même de cire, que l'on serre après l'avoir passé par un trou pratiqué dans la cloison nasale ». Cet usage adopté par les Soninkés, semble régner dans tout le Soudan central, mais n'a pas pénétré dans le bassin du Sénégal (*op. cit.*, p. 149). A Tengréla, à Ségou, les femmes portent cet ornement (*ibid.*, p. 349). Caillié l'a signalé chez les Bagas du Rio Nuñez. A Jenné, dit-il, toutes les femmes ont le nez percé ; celles qui ne sont pas assez riches pour y passer un anneau, le remplacent par un morceau de soie rose (t. II, p. 15). Chez les Musgos les femmes ont des aiguilles passées dans le nez (Denham et Clapperton). Au Sénégal, Gray et Dochard signalent de grands

1. *Op. cit.*, p. 349. Tengréla est par 8° de longit. occidentale et 9° de latitude.

anneaux de cuivre attachés aux cartilages du nez des enfants[1]. On retrouve cette même coutume dans le pays de Massina (entre les Bambaras et les Sonraïs), toujours d'après Caillié ; puis chez les Fôriens, les Diors, les Sehrés et nombre d'autres peuples du haut Nil.

Dans beaucoup de régions, non seulement le lobe de l'oreille est percé pour recevoir des anneaux, mais toute la partie bordant l'oreille est également ornée de mêmes bijoux. Nous avons vu que, chez les Marghis, on porte un roseau à travers l'oreille. Chez les Bagas, les femmes portent aux oreilles des pailles de riz (*Rev. scient.*, 13 oct. 88).

La mutilation des dents est un mode de parure assez fréquent. Les Baniouns de la Cazamance les taillent en pointe ; de même certains habitants des bords du Rio Grande (De la Croix, *Relation universelle de l'Afrique*, t. II, p. 460. Lyon, 1688). Gray et Dochard ont signalé, en Sénégambie, le limage des incisives (*op. cit.*, p. 5). Les Krous liment la partie interne des incisives médianes supérieures. Les indigènes de Tenda (au sud du Bondou), liment aussi en pointe leurs dents incisives du haut ; même coutume au Bénin (Lander, t. I, p. 67). Dans la région du Nil, autres déformations : les Dinkas arrachent leurs incisives inférieures, de même les Chillouks, de même les Bongos. Leurs voisins de l'ouest, les Krédis, liment en pointe les incisives supérieures. Les Choulis s'enlèvent les quatre incisives supérieures. D'autres nègres « partagent leurs dents en trois, en y faisant deux coupures[2] ».

Ces différentes mutilations nous amènent à parler d'une mutilation d'un autre genre, la circoncision. Ce serait une erreur de croire que cette pratique a été introduite en Afrique

1. *Voyage dans l'Afrique occidentale*, trad. franç., p. 5.
2. Erdman Isert, *op. cit.*, p. 209.

par l'Islamisme. Elle lui est certainement antérieure; on la rencontre, en effet, chez nombre de populations où l'influence mahométane ne s'est jamais fait sentir[1].

Disons tout d'abord que la raison de cette mutilation est loin d'être évidente. On a allégué des motifs de différentes sortes; rien encore n'est établi à ce sujet. On a parlé de précautions hygiéniques, « mais l'hygiène est ce dont le sauvage ou le barbare se préoccupent le moins[2] ».

On ne trouve pas la circoncision en pratique chez tous les noirs africains sus-équatoriaux. Il n'en est pas question, par exemple, chez les Haoussas[3]. Elle est exceptionnelle dans la Côte de l'Or[4]. Chez les Mandingues et chez les Bambaras, elle est pratiquée à quatorze ans sur les garçons, à douze ans sur les filles (à quatorze ans d'après Taulain); ci-dessus, p. 151, nous avons dit comment, chez les premiers, avait lieu cette opération et avec quelles cérémonies. Dans le Bambouk, elle est également l'occasion de fêtes. Les jeunes gens qui vont la subir sont vêtus d'une « grande robe bordée au bas d'un large galon de couleur tranchante, et d'un haut bonnet aplati et arrondi par le sommet, auquel sont suspendus de longs rubans. Les femmes portent le même costume[5] ». Un mois durant, le circoncis ne peut toucher à l'eau, on est obligé de lui donner à boire; pour lui apprendre à supporter la douleur on le frappe de verges, on l'accable de coups (ibidem). Chez les Sousous la circoncision a lieu vers le huitième jour après la naissance; cela, du moins, en général. Lorsqu'elle

---

1. Waitz, *Anthropologie der Naturvœlker*, t. II, p. 251. — Lopez, *Wahrhafte und eigentliche Beschreibung des Kœnigr. Congo*, p. 12. Francfort, 1597. — *Archiv f. Anthropol.*, t. XIII, p. 53. — *Zeitschr. f. Ethnol.*, 1883, p. 200.
2. Letourneau, *la Sociologie*, p. 81. Paris, 1880.
3. Waitz, *op. cit.*, t. II, p. 111. — Bosman, *op. cit.*, t. II, p. 213.
4. Corro, *la Mère et l'Enfant*, p. 175. — Müller (W.-J.), *Die africanische auf der Goldslücke gelagene Landschaft Fetu*, p. 186. Hambourg, 1676. — Erdman Isert, *op. cit.*, p. 193.
5. Raffenel, *op. cit.*, p. 240.

est opérée plus tard, les circoncis sont confiés à un marabout
qui, du matin au soir, leur fait dire des versets du Coran.
Lorsqu'ils sortent, ils tiennent à la main un long bâton et
saluent profondément les personnes qu'ils rencontrent
(Vigué, *Rev. scient.*, 13 oct. 88). Nous avons dit plus haut,
p. 33, que la circoncision donnait lieu à des fêtes chez les
Sérères, et comment, chez ce peuple, on la pratiquait sur
les filles. Plus au sud-est, en Guinée, nous la rencontrons
chez les Yébous. Dans la Nigritie orientale nous la trouvons
au Darfour et dans une partie du Kordofan[1]. Parfois, chez
les hommes, la circoncision est faite complètement, d'après
la méthode mahométane, par exemple chez les Baniouns,
chez les Papels[2]; parfois elle consiste en une simple entaille
au prépuce, comme chez les Bissagos et chez certains Féloups. Chez les noirs mahométans de l'ouest, il est rare, rapporte Labat d'après Brüe (t. II, p. 273), que la cérémonie
de la circoncision soit faite pour un seul enfant. On attend
qu'un certain nombre aient atteint l'âge voulu, quatorze ou
quinze ans. On les rassemble alors de différents villages, la
cérémonie est plus éclatante et tous ceux qui ont été circoncis ensemble se regardent comme alliés pour toujours. Le
prépuce est allongé, coupé au couteau et lorsque la plaie a
abondamment saigné on la lave à l'eau fraîche plusieurs
fois par jour; elle est guérie après deux semaines. Les patients tâchent de faire preuve de courage. Une fois remis, ils
vont à travers les villages à la quête de dons, extorquant de
chacun le plus de présents possible et se livrant à toutes
sortes d'excès. Corre a traité ce sujet dans le livre auquel nous
avons fait déjà plus d'un emprunt : « La circoncision est
exécutée, en pays nègre, avec un couteau ou un rasoir, et,

---

1. Pallme, *Beschreibung von Kordofan*, p. 52. Stuttgard, 1843.
2. *Bulletin de la Société de géographie*, 1849., t. II, p. 350. — Waitz, *op. cit.*, t. II, p. 251.

pendant tout le temps que réclame la cicatrisation, les sujets sont astreints à une surveillance sévère, sous un costume particulier et souvent bizarre, ainsi qu'à des soins de propreté rigoureuse et à des lotions fréquentes avec un liquide astringent (à Boké on lave la plaie avec un savon à l'huile de *Jatropha curcas*). Sur les garçons l'opération est exécutée par un marabout; sur les filles par une matrone, et loin de tout regard profane, quelquefois au plus profond des bois. La partie retranchée est brûlée, enfouie ou bourrée dans un fusil qu'on décharge en l'air. » (*Op. cit.*, p. 176.)

On ne sait pas toujours d'une façon précise en quoi consiste l'opération pratiquée sur les filles. D'après Corre, elle peut être de quatre sortes. En premier lieu, l'excision simple du clitoris, pratiquée à la côte de Guinée entre quatre et neuf ans : « La jeune fille est placée sur les genoux d'une femme, les jambes bien écartées, la vulve bien entr'ouverte; le clitoris est recherché avec soin, et, une fois reconnu, saisi entre deux morceaux de bambou disposés en forme de pince, tiré en avant et sectionné d'un coup de rasoir; on laisse l'écoulement sanguin s'arrêter de lui-même, on lave les parties alternativement avec de l'eau chaude et avec de l'eau froide, et la fille est maintenue couchée. » Autre procédé, l'excision des nymphes. Troisième procédé, excision des nymphes et du clitoris, pratiquée sur les adultes. Enfin excision des grandes lèvres, jointe ou non à l'une des précédentes opérations. Chez les Sousous l'abcision a lieu vers l'âge de douze ou treize ans. A cette occasion il y a des réjouissances publiques. Plusieurs nuits après l'opération sont consacrées à des danses, où les jeunes circoncises figurent dans leurs plus beaux atours. Tant que la plaie n'est pas cicatrisée, elles demeurent sous la surveillance d'une vieille femme (Vigué, *ibid.*).

Dans certaines parties du territoire nigritique oriental, la circoncision des filles est remplacée par l'infibulation, qui a peut-être été introduite par les Arabes[1] : on tranche une part des nymphes, qui sont ensuite rapprochées de façon à se souder, en laissant toutefois une petite ouverture. Cette opération pratiquée sur les toutes jeunes filles, est le gage de la virginité des futures épouses, qui sont libérées, au moment venu, par une incision longitudinale[2].

En beaucoup de régions la peau est graissée, huilée, couverte de beurre, de cendre. Gray et Dochard signalent un tel emploi de la graisse en certaines régions du Sénégal (*op. cit.*, p. 52). Caillié le mentionne chez nombre de Mandingues : « Ils ne marchent jamais sans s'être munis d'un petit pot de beurre végétal, qu'ils portent à leur ceinture; et tous les soirs, après s'être lavés à l'eau chaude, ils se graissent la tête, la figure et une partie du corps. Ils y sont tellement habitués que la route leur paraîtrait plus pénible s'ils ne prenaient pas cette précaution. » (T. I, p. 249; cf. pp. 178, 219.) Les Bagas se graissent tout le corps avec de l'huile de palme et en enduisent même leurs vêtements (*ibid.*, p. 120). Les Eliabs, dit Baker, se frottent le corps de cendre depuis les pieds jusqu'à la tête. Citer des faits semblables dans toute les parties de l'Afrique noire sus-équatoriale nous entraînerait indéfiniment.

***

Nous avons à parler maintenant de l'habitation.

En principe, la case du nègre est, pour la forme extérieure,

1. Waitz, *op. cit.*, t. II, p. 111.
2. Brun-Rollet, *le Nil Blanc et le Soudan*, p. 267. Paris, 1855. — Combes, *Voyage en Egypte*, t. II. p. 9. Paris, 1846. — Cailliaud, *Voyage à Méroë*, t. II, p. 279. Paris, 1826. — D'Escayrac de Lauture, *le Désert et le Soudan*. Paris, 1853. — Werne, *Reise durch Sennaar*, p. 25. Berlin, 1852. — Waitz, *op. cit.*, t. II, p. 111. — Corre, *Mémoires de la Société d'Anthropologie*, 1883, p. 68.

une sorte de ruche à abeilles ; la partie inférieure est une
muraille circulaire faite en branchages, en pieux, en bâtons
entrelacés, généralement recouverts d'une couche de terre
argileuse, aussi bien à l'intérieur qu'à l'extérieur. Le toit est
de chaume ou de feuillage, et de forme plus ou moins conique. Une seule ouverture, très peu élevée, sert tout à la
fois de porte et de fenêtre. D'un bout à l'autre de la case, 3,
4 ou 5 mètres, en général.

Telle est, dans sa simplicité primitive, l'habitation typique
du noir de l'Afrique sus-équatoriale.

Fig. 45. — Cases des Madis.

« Les cases des nègres, rapporte Labat, d'après André Brüe
(t. II, p. 311), sont rondes comme des colombiers et couvertes en pointe. Ils n'y font point de fenêtres, le jour n'y
vient que par la porte qui est assez basse ; elles sont bâties de
fourches de médiocre grosseur plantées en terre, jointes ensemble par une sablière d'un bois rond et pliant, pour faire
plus aisément la circonférence. Ils attachent sur cette sablière
des gaulettes qui servent de chevrons qui s'unissent au centre
et font la pointe. Ils les couvrent avec des feuilles de roseau
fort proprement, et font leurs couvertures assez épaisses,

pour n'avoir rien à craindre de la pluie et de la trop grande
chaleur du soleil. Les murs qui environnent les cases sont de
roseaux fendus, ou d'une espèce d'osier qui croît en abondance dans tout le pays. Ils y appliquent dedans et dehors
une couche de terre grasse bien battue, et ceux qui sont
propres et qui tiennent quelque rang y passent une couche
de chaux. Cela leur donnerait un air de propreté, s'il n'y

Fig. 26. — Village entre les lacs Albert et Victoria (Phot. Buchta).

avait pas toujours du feu comme nous l'avons dit ci-de-
vant; mais elles deviennent toutes noires en peu de temps, et
sentent si fort la fumée qu'il faut y être accoutumé pour n'en
pas être incommodé. Les meubles n'y occupent pas beaucoup
de place, on n'y voit pour l'ordinaire que des pots de terre et
des paniers. Ce qui n'y manque jamais, c'est un gris-gris pour
la préserver du feu et des autres malheurs qui y pourraient
arriver. »

Plus d'une fois, dans les diverses monographies qui ont précédé ce coup d'œil d'ensemble, nous avons eu l'occasion de décrire les humbles habitations nigritiques. Nous aurions pu, à tant d'autres relations, adjoindre celle qu'a laissée Loyer à propos des cases des noirs du cap Bernard :

« Une espèce de dôme, de la figure d'une ruche d'abeilles, en fait la couverture, dont le dessus est de feuilles de palmier, et le dessous du bois du même palmier, tressé et lassé l'un avec l'autre, comme un panier d'osier, le tout assez bien travaillé. Cette couverture est soutenue par cinq ou six fourchettes de bois plantées en terre, d'environ trois pieds de haut. La muraille est composée de roseaux et de paille, industriellement entrelassés. Ils n'ont d'autre ouverture, ou fenêtre, qu'un trou, semblable à celui d'un four, de la hauteur de deux pieds tout au plus, par où ils se glissent en rampant, pour y entrer ventre à terre, comme des serpents. Au milieu de cette case, qui doit déjà être étouffante, n'ayant aucun air, ils allument du feu avec du bois vert; dieu sait comme il y fume, n'y ayant aucune ouverture pour dissiper la fumée. Mais cette incommodité, qui nous est insupportable, est pour eux un agrément, dont ils ne se peuvent passer. Le plancher de leurs maisons est un sable mouvant, où l'on s'enfonce jusqu'à mi-jambe[1]. » « Les villes d'Afrique dit Mollien, diffèrent seulement entre elles par le nombre des habitants ; elles présentent toutes le même genre de construction... Qu'on se représente des milliers de nos meules de blé disposées sans symétrie[2]. » Tous les voyageurs modernes font le même tableau de ces habitations. Voici, par exemple, ce qu'en dit Muiron d'Arcenant : « Les noirs, rapporte-t-il en parlant de ceux du Sénégal, vivent dans des cases groupées en village, grossièrement faites, basses et sans la moindre

1. *Relation du voyage du royaume d'Issigny*, p. 51. Paris, 1714.
2. *Voyage dans l'intérieur de l'Afrique*, t. II, p. 108. Paris, 1822.

aération; leurs formes sont cylindriques, surmontées d'un toit en cône; quelques-unes dans le bas fleuve, presque toutes chez les Sarracolets et les Kassonkés, ont la partie cylindrique formée de pieux et de branches recouverts de terre argileuse; tout le reste est en paille. Là dedans grouillent hommes, femmes, enfants, voire même certains animaux domestiques; on y couche, on y fait la cuisine, on y mange, tout cela dans un espace restreint et non aéré, les odeurs s'y accumulent, s'y concentrent; du poisson, de la viande séchée, ramassés quelquefois dans un coin, contribuent encore à rendre l'accès d'une case insupportable pour tout Européen [1]. » Sanderval : « Les indigènes [Nalous] construisent leurs cases à peu de frais. Ils piquent en rond, en terre, par le bout étroit, quelques feuilles en éventail de rosniers, et sur cette frêle muraille ils installent un toit de chaume [2]. » Plus loin, parlant de son séjour dans un village du Timbo : « Ma case a 7 mètres de large; les murs sont en bambous et en paille, enduits de terre. Devant la porte est un petit préau en terre pétrie et battue, bien lisse, douce aux pieds nus. Comme partout, la porte n'a pas plus de 60 centimètres de haut; il faut se mettre presque à quatre pattes pour entrer. »

« Rien, dit Mollien en parlant des Sénégambiens (édit. de 1889, p. 61), ne distingue le palais d'un roi nègre de la case du dernier de ses sujets : de la paille et des roseaux en composent les murs et le toit; il n'y a d'autre plancher que le sol; des gris-gris suspendus en grand nombre aux parois, indiquent seuls que c'est la demeure du roi. »

Le type de la case cylindrique à toit de chaume se trouve chez les Wolofs. Chez les Mandingues la case est parfois carrée et distribuée en plusieurs pièces; il est évident que là s'est fait sentir une influence extérieure. Chez les Sousous égale-

---

1. *Bulletin de la Société de Géographie,* 1877, t. I, p. 127.
2. *De l'Atlantique au Niger,* p. 33.

ment elle est parfois quadrilatère et d'ailleurs assez grande ;
Nous avons dit plus haut que chez ces mêmes noirs le logis
était quelquefois divisé en plusieurs pièces. Les cases des
Assiniens sont relativement confortables : celles des Krous

Fig. 27. — Village de Baris.

assez propres, celles des Landoumas sordides. Celles des
Schrés sont faites avec soin ; celles des Dinkas sont grandes ;
celles des Chillouks sont remarquables par l'arrondissement
du toit. Celles des Akréens sont si basses, qu'on ne peut s'y
tenir debout (Erdman Isert, p. 26). Celles des Chirs (Baker,

p. 61) sont circulaires, avec des ouvertures si étroites, qu'on n'y entre qu'à quatre pattes.

Parfois la cabane est établie sur des pieux pour ne pas toucher le sol, et les habitants se trouvent ainsi préservés de l'humidité de la terre et des attaques des animaux (Lander, t. II, p. 101). Au mois d'août, lorsque les villages riverains du Bénoué sont inondés, les indigènes se façonnent des cabanes juchées sur de grands pieux. On y accède par des échelles de lianes. Parfois il faut vivre ainsi trois mois durant[1].

Le plus souvent, à côté de la case du nègre, se trouvent agglomérées celles de ses femmes, chacune de celles-ci vivant de son côté avec ses propres enfants. Le riche, ayant naturellement un plus grand nombre de femmes que l'individu misérable, a également un plus grand nombre de cases.

Dans certaines régions, aussi bien dans l'est que dans l'ouest, par exemple chez les Golos et chez les Sousous, le toit de chaume déborde parfois la muraille, et, venant s'appuyer sur une série de pieux disposés à un ou deux mètres autour de celle-ci, forme une espèce de vérandah le long même de l'habitation.

Ajoutons que, par crainte des incursions des voisins, les groupes de huttes sont souvent entourés d'une clôture protectrice.

« Dans les pays malinkés et bambaras, les populations, sans cesse exposées aux razzias, et forcées souvent de se renfermer dans leurs villages pour se défendre contre un ennemi mieux armé et supérieur en nombre, ont entouré leurs habitations d'une enceinte, dont le tracé, qui présente des formes diverses, est rarement rectiligne; les Malinkés ayant remarqué, non sans raison, que les courtines, longues et fragiles, sans renfoncement sur aucun point, seraient renversées par

---

1. Viard, *Au bas Niger*, p. 112. Paris, 1886.

les pluies torrentielles ou les vents violents des tornades, ont le plus souvent construit leurs enceintes en zig-zags. [1] » Au Sénégal, chez les Wolofs, ces enceintes sont appelées « tapades ». Chez les Féloups, chez les Balantes, l'enceinte est une sorte de palissade. Et ce n'est pas seulement dans la région du nord-ouest qu'on rencontre ces défenses. En Guinée, chez les Yorubans, les groupes de cases sont entourés d'un mur.

Les Musgos usent aussi de ces enceintes, et renferment les animaux domestiques dans l'enclos. Les Fôriens entourent de haies les groupes de 3, 4, 5 cases.

Dans certaines contrées, à côté des cases d'habitation se trouvent d'autres constructions, également fort légères, et beaucoup plus petites, dans lesquelles on entrepose les grains récoltés. Au Bornou, par exemple, ce sont des espèces de grands paniers de forme ronde : « Afin de mettre ces greniers mobiles à l'abri des atteintes des fourmis et des souris, on les isole sur une espèce de tabouret d'environ deux pieds de haut; et pour les garantir de la pluie, on les recouvre d'un petit toit conique en chaume pareil à celui des habitations. De là une apparence assez semblable à celle de nos ruches. »

Dans la plus grande partie du territoire nigritique, il n'y a point de véritables villages. Les agglomérations de cases que l'on rencontre chez les Féloups, par exemple, ou chez les Balantes, ne peuvent mériter ce nom. Parfois les villages sont plus ou moins fortifiés [2]; c'est souvent le cas, par exemple, chez les Mandingues, chez les Kassonkés. Le lieu retranché, ou *tata*, « est la demeure du chef, de sa famille, de ses esclaves et aussi

---

1. Galliéni, *Bulletin de la Société de Géographie*, 1882, p. 635.
2. Caillié, *op. cit.*, t. II, pp. 227, 262.

de son bétail. Il se compose d'un mur d'enceinte en terre et paille hachée, épais de quinze centimètres, crénelé et bastionné aux angles. L'entrée est fermée par deux ou trois portes, distantes les unes des autres de dix à douze mètres, si étroites et si basses qu'un cavalier ne les peut franchir sans s'incliner. Les places plus importantes ou exposées au danger sont encore entourées d'un mur fermé, derrière lequel, en cas de péril, on réfugie le bétail. » (Waitz, *op. cit.*, t. II, p. 92.) Barth décrit, dans le Soudan, de grandes clôtures faites d'épaisses haies d'épines (t. II, p. 59), clôtures de maisons et même de villes. Galliéni a donné une intéressante description de la fortification des villages chez les Bambaras[1] qui ont à se garder avec soin des incursions de leurs voisins.

Il est à peine utile d'ajouter que le mobilier du Sénégambien, du Guinéen, du Soudanien, est tout à fait rudimentaire. Le lit, rapporte Loyer, « est composé de bâtons gros comme un œuf, dont la plupart sont tordus, et semblent n'être placés que pour mettre à la torture ceux qui s'y veulent reposer. Ces bâtons sont liés avec une corde d'herbe d'un bout à l'autre, et soutenus par trois ou quatre petites fourchettes piquées en terre. À l'exception des gens de considération, qui pour matelas y étendent une natte simple, ou une peau de bête, tous les nègres s'étendent sur ce lit délicieux pour s'y reposer, sans chevet ni couverture[2]. »

Huit ou dix bûches alignées, dit Raffenel, et recouvertes de nattes[3]. « Le lit des noirs, dit Sanderval, est composé de quatre piquets s'élevant à trente centimètres du sol et portant un cadre sur lequel sont posés des bambous en travers;

---

1. *Voyage au Soudan français*, p. 552.
2. *Op. cit.*, p. 52.
3. *Nouveau Voyage au pays des nègres*. Paris, 1856.

c'est frais, mais peu moelleux. » (*Op. cit.*, p. 114.) Ces différentes descriptions se complètent les unes les autres et on ne
saurait rien leur ajouter de nouveau.

Pour le reste du mobilier citons encore Raffenel[1] : « Le
mobilier des nègres se compose ordinairement d'un mortier
en bois et d'un long pilon pour broyer le miel, de quelques
calebasses avec leurs couvercles en paille, de vases de terre
qu'on appelle canaris, de nattes grossières en jonc, quelquefois d'une espèce de canapé en jonc tressé, dont les pieds
n'ont que 3 à 4 centimètres de hauteur; les personnes de
distinction possèdent en outre, pour contenir leurs effets,
une espèce de coffre en bois qui a la forme d'un bahut. » On
met également les objets de quelque valeur, ou auxquels on
tient d'une façon particulière, dans des sacs de peau. Nous
parlerons plus loin des poteries et de l'art du potier. Caillié
fait mention (t. I, p. 267) de canapés faits d'un tronc d'arbre,
avec pieds, bras et dossier.

*
* *

On l'a souvent répété, et avec juste raison, le nègre, en ce
qui concerne la nourriture, fait passer la quantité avant la
qualité[2]. On cite les repas dégoûtants des Bagas de la Sénégambie, des Bongos du haut Nil. Davity dit en parlant des
Guinéens : « Ils aiment principalement la viande crue et
chaude, avalent des poignées entières de leur poivre, et un
verre plein d'eau-de-vie en une gorgée, et mangent aussi des
chiens et des chats et la chair des éléphants et des buffles,
même toute puante et pleine de vers[3]. » « Chez les Timanis,

---

1. *Voyage dans l'Afrique occidentale*, p. 96. Paris, 1846.
2. P. de M., *Description et récit historial du riche royaume d'or de Gunea*,
p. 17. Amsterdam, M.VIC.V. — De la Croix, *Relation nouvelle de l'Afrique*,
t. III, p. 117. Lyon, 1688.
3. *Description de l'Afrique*, p. 427. Paris, 1660.

rapporte un autre explorateur, nous fûmes invités à
manger d'un plat inconnu aux Européens, qui consiste en
chenilles frites, extraites d'une sorte d'énorme cocon de la
dimension d'un œuf d'autruche[1]. » Hecquard parle d'un
mets consistant en une sorte de mouches au corps long, à la
tête grosse et large, qu'on fait griller après avoir retiré les
ailes; c'est, paraît-il, un plat qui passe pour exquis chez les
Bambaras. Barth rapporte qu'il vit au Soudan des plats entiers
de libellules grillées « qui, dit-il, forment en grande partie
la nourriture des indigènes, surtout lorsqu'il y a disette de
blé ». Le poisson pourri se vend parfaitement sur les
marchés (Lenz, t. II, p. 129); les nègres, rapporte même
Bosman (t. I, p. 113) « ont accoutumé de laisser pourrir
leur poisson cinq ou six jours avant que de le manger ».
Les Kitches du haut Nil qui ne veulent pas tuer de bestiaux
ne mangent que de la viande d'animaux morts de maladies;
les os sont broyés entre deux pierres et réduits en une sorte
de pâte : « Lorsqu'un animal crève, on n'en laisse pas assez
même pour la nourriture d'une mouche. » (Lenz.) La viande
garnie d'asticots ne semble nullement répugnante à bien
d'autres (Lenz, t. II, p. 110). Rœmer rapporte que les noirs
de la Côte de l'Or se délectent particulièrement de la chair
de poissons demi-pourris[2]. Les nègres de Galam, disent
Gray et Dochard, ont la réputation de préférer surtout les
viandes avancées; ils parlent d'indigènes se battant pour le
partage d'un hippopotame « flottant sur la rivière dans un
tel état de putréfaction que l'atmosphère en était infectée »[3].
« Ils sont grands mangeurs, dit Caillié en parlant des Bagas;
leurs mets sont composés de poissons secs et d'huile de palmier, qui surnage toujours, et les rend si dégoûtants, qu'il

1. *Bulletin de la Soc. de Géogr.*, 1881, t. I., p. 115.
2. *Nachrichten von der Küste Guinea*, 1769.
3. *Voyage dans l'Afrique occidentale*, p. 260.

serait impossible à un Européen d'en goûter. Quand ils
tuent un mouton, ils mêlent la peau et les entrailles sans les
nettoyer, dans les ragoûts qu'ils préparent. » Le *Journal* des
frères Lander ne présente pas comme plus appétissantes les
denrées mises en vente au marché de Katunga (t. I, p. 248).

L'alimentation est principalement végétale chez un grand
nombre de populations nigritiques, par exemple au Dahomey
et chez les Achantis, chez les Mokinforés, chez les Diors. La
farine forme également la base de la nourriture des Kanoris
du Bornou. Le sorgho, le sarrasin (Barth, t. III, p. 317)
sont le fond de l'alimentation d'un grand nombre d'habitants du Soudan; certains consomment quantité de sésame,
d'autres quantité de fèves (*ibid.*, p. 120). La vigoureuse population des Krous se nourrit surtout de riz; de
même les Yorubans[1]. Le dîner des Mandingues se compose,
en principe, de riz à l'eau arrosé d'huile de palme (Caillié).
Les habitants de Bouré mangent du riz cuit à l'eau, sans sel,
auquel ils ajoutent une sauce faite avec du poisson sec pilé.
Avec le foigné ils font une bouillie très épaisse qu'ils nomment « tau », sanglet du Sénégal. Ils mangent leur tau avec
une sauce aux herbes ou aux pistaches (Caillié, p. 180). Les
noirs du Kordofan se nourrissent particulièrement de galettes
faites de farine de doura et arrosées d'une décoction de bananes sèches.

Plus haut, p. 9, nous avons parlé du couscous et de la
façon dont on le prépare. Aux textes que nous avons cités,
nous pouvons ajouter d'autres passages; celui-ci, par
exemple, tiré de Loyer : « Il est composé de millet bien
broyé et réduit en farine, qu'on met dans une jatte ou plat

---

1. Kœlor, *Einige Notizen über Bonny.* Gœttingen, 1848, p. 57. — Lander,
t. I, p. 80. — Sur l'huile de palme, voir Grisard et Vandon Bergho, *les Palmiers utiles*, p. 87. Paris, 1889.

de bois bien propre. On répand une goutte d'eau sur la
farine, et après avoir bien tourné on en répand encore un
peu, et l'on fait en sorte que toute cette farine s'arrondisse en
petites pelottes, moins grosses que la tête d'une épingle. On
met le tout à sécher : ensuite on le met dans un pot fait exprés,
percé comme un passe-purée, sur un pot, où l'on met de la
viande assaisonnée, et où le piment n'est pas épargné. Cette
sorte de mets n'est pas des plus mauvais que mangent les
nègres; et les blancs, qui demeurent avec eux, s'en accommodent assez bien, surtout avec du poisson[1]. » « Pour faire
le couscous, rapporte Mungo Park, on commence à humec-
ter la farine avec de l'eau; après quoi on la bat dans une
grande calebasse, jusqu'à ce qu'elle devienne grenue comme
du sagou. Alors on la met dans un pot de terre, dont le fond
est percé de beaucoup de petits trous; et ce pot étant placé
sur un autre qui n'est point percé, on les lute bien ensemble
avec de la farine délayée, ou même avec de la bouse de
vache; puis on les met sur le feu. Le pot de dessous est ordinairement rempli d'eau dans laquelle il y a de la viande, et
dont la vapeur pénétrant à travers les trous de celui qui est
au-dessus, ramollit et cuit le couscous. » (T. I, p. 16.)
Lenz aussi en donne une description : « Le couscous se fait
avec toute sorte de farine ; celle de froment, d'orge, de maïs,
de blé noir, et même, au Soudan, de sorgho. On mouille légèrement cette farine, et les femmes la pétrissent ensuite, par
un mouvement particulier du plat de la main et des doigts, en
petits grains dont le volume approche du gruau : d'ordinaire
on tamise toute la masse. Ce couscous grossier est alors séché
au soleil, pour se durcir. Quand on veut le préparer pour
l'alimentation, on ne le cuit pas, mais on le soumet à l'action
de la vapeur d'eau. Pour cela on a des vases spéciaux, en terre

---

1. *Relation du voyage au royaume d'Issigny*, p. 72. Paris, 1714. — Cf. La Coste,
Voyage au pays de Bambouc, p. 42. Bruxelles, 1789.

ou en fer, qui sont remplis d'eau; au-dessus est placé un deuxième vase, plus petit, percé de trous; puis le tout est recouvert et mis sur le feu. Il faut assez de temps pour que le couscous soit suffisamment cuit par la vapeur. » (T. I, p. 242). Quant au sanglet du Sénégal, il « se compose indifféremment, dit Raffenel, de riz, de miel, de maïs. Ces deux dernières graines sont préparées de la même manière que pour le couscous, mais avec moins de soin; le riz n'est pas pilé. On mêle au sanglet du lait, ordinairement du lait aigre, et on y ajoute du beurre, du sucre ou de la mélasse; il se mange chaud ou froid »[1]. C'est, dit Mollien, une bouillie de lait caillé et de mil. Pour l'ordinaire, le mortier dans lequel on réduit les céréales en farine, est un tronc creusé aux deux tiers, haut de un mètre à un mètre et demi. Le pilon est une branche de caïlcédra, longue de près de deux mètres et dont la partie centrale est moins épaisse que ne le sont les deux extrémités destinées à broyer. Les femmes seules s'occupent de cette besogne, travaillant souvent deux, trois ou quatre à la fois dans le même mortier (*ibidem*, p. 53).

Les indigènes de Lokodja (près du confluent du Niger et du Bénoué) mettent dans un linge fin la crème de leur lait et la déposent en terre, dans un trou; une trentaine d'heures après ils retirent leur dépôt et ont un beau beurre blanc (Viard, *Au bas Niger*, p. 84. Paris 1886).

Les Balantes vivent principalement de leur chasse; tous les noirs d'ailleurs aiment le gibier, mais ils ne se donnent point la peine de le conquérir si la poursuite en est trop difficile, et si la terre leur fournit, d'ailleurs, une alimentation facile.

La viande du bétail sert rarement à la nourriture; en prin-

---

1. *Nouveau Voyage au pays des nègres*, t. I, p. 54.
2. Letourneau, *la Sociologie*, p. 19. Paris, 1880.

cipe, dans la plupart des régions noires de l'Afrique sus-équatoriale, on n'abat point un bœuf pour le consommer. Cela n'a rien de plus étonnant que l'abstinence du lait de vache chez une grande partie des indigènes de l'Asie orientale. Par contre, en bien des régions, le chien est regardé comme un mets délicat : « Il s'en trouve, dit Dufay, en parlant de la Côte de l'Or, de toutes sortes de couleurs. Les nègres en mangent la chair et jusqu'aux intestins; de sorte qu'on les conduit au marché, comme les moutons et les porcs. Les nègres qui estiment les chiens d'Europe, à cause de leurs aboiements, s'imaginent qu'ils parlent; ils donnent volontiers un mouton pour un chien, et préfèrent sa chair à leurs meilleurs bestiaux[1]. »

Au Dahomey, la viande de chien est vendue dans les marchés[2].

Chez certains noirs nilotiques, la volaille ne se mange pas. On y peut l'acheter à raison d'une simple perle bleue la pièce, ce qui équivaut, dit Baker, à 150 poulets pour un shilling (op. cit., p. 357).

Dans certains pays côtiers le poisson est naturellement le fond de l'alimentation. Tel est le cas chez les Bissagos et chez un grand nombre de populations du bas Niger.

Chez les Akréens de la Côte de l'Or, les poissons se mangent tantôt frits à l'huile de palmier, avec du poivre long, tantôt en ragoût, « où l'on mêle, dit Erdman Isert, des tranches du fruit de l'hibiscus avant qu'il soit mûr; le poisson est séché avant de le cuire, jusqu'au point de la putréfaction: on y ajoute de l'huile de palmier et force poivre long. Ce mets est en grande estime tant parmi les nègres que parmi les habitants européens de la côte; on l'appelle flau-flau. La vue et l'odeur de ce mets est si désagréable aux

1. Dufay, *l'Afrique*, t. II, p. 86.
2. *Mémoires du règne de Bossa-Ahadé*, trad. franç., p. 114.

nouveaux venus à la côte, que cela suffit pour leur donner des nausées. Il y a encore une quantité d'araignées de mer ou de crabes; les nègres en tirent la chair, la mêlent avec d'autres viandes, en font un hachis où ils ajoutent leurs épices, c'est-à-dire de la malaguette et une sorte de poivre noir qu'ils tirent des nègres de la montagne, remettent ensuite le tout dans la coquille, le font rôtir, et cela fait un mets très agréable. Ils ont un autre ragoût qu'ils ne préparent que lorsqu'ils tuent un mouton ou une chèvre; ils en reçoivent le sang dans un pot où ils jettent quelques poignées de sel ou de poivre noir, et le remuent sans cesse à mesure qu'il coule, jusqu'à ce qu'il soit caillé; ils l'exposent ensuite quelques moments à la fumée du feu, et le mets est prêt. »

Le miel des abeilles est recherché; dans certaines régions on dispose des ruches dans les arbres, de façon à ce que les abeilles s'y viennent loger. C'est du moins ce que rapporte Caillié[1].

A la différence des peuples vraiment sauvages, Australiens, Bochimans et autres, qui mangent où ils peuvent, quand ils peuvent et à n'importe quel instant de la journée, les Sénégambiens, les Guinéens, les Soudaniens ont, presque tous, des heures fixes pour leurs repas. Les Wolofs ne mangent généralement qu'une fois par jour, au coucher du soleil; de même les nègres nilotiques[2]. D'autres, les Bambaras, les Bissagos, les Mandingues (Caillié, t. Iᵉʳ, p. 250), les naturels de Grand Bassam (Hecquard, p. 60), font deux repas quotidiens. Il en est qui en font jusqu'à trois, mais encore à telles heures déterminées[3]; par exemple à Tembouctou (Lenz, t. II, p. 128). Le nombre de deux repas est le plus commun.

---

1. *Op. cit.*, t. III, p. 111.
2. Brun-Rollet, *le Nil Blanc et le Soudan*, p. 252, 1855.
3. Mungo-Park, *op. cit.*, t. II, p. 93.

Une denrée fort rare dans la plus grande partie du territoire nigritique est le sel [1]. Dans quelques parties du Soudan
central on le connaît à peine. Les Landoumas le recueillent
précieusement pour en commercer; de même les Biddoumas
des îles du lac Tchad (Barth, t. IV, p. 225). Presque toutes
les peuplades maritimes le retirent de l'évaporation de l'eau
de mer. Aux environs de Bilma, chez les Tibbous, il existe
d'importants gisements de sel; les eaux des environs, satu-
rées de sel, se rassemblent dans de petits bassins et on les
fait évaporer dans des moules d'argile (*Ibid.*, p. 232; t. Iᵉʳ,
p. 278). A Tembouctou, rapporte le même explorateur, le commerce le plus important, après celui de l'or, est celui du sel,
qui vient de Taodeni, au nord, dans le Sahara. Sur la Côte de
l'Or on rencontre de grands magasins de sel, dit Erdman
Isert : « Lorsque la mer est haute et qu'elle s'étend au delà
de son lit, elle laisse une partie de son eau sur le fond de vase.
Les rayons du soleil ont bientôt pompé toute l'humidité, et
le sel reste sur la vase. Les nègres en emportent des croûtes
et les mettent en tas. Ils les jettent ensuite dans une fosse
qu'ils creusent dans le sable pur et sec, versent dessus de
l'eau de mer, laissent dissoudre le tout; le sel s'endurcit de
nouveau, à la faveur des rayons du soleil; les impuretés sont
restées au bord de la fosse. Ils enlèvent la croûte blanche
comme du cristal, et la mettent en magasin [2]. »

Ce que dit J.-B.-Léon Durand de la façon dont les Mandingues se procurent le sel est encore intéressant.

Labat a rapporté, d'après Brüe (t. IV, p. 367), le procédé
employé par les Mandingues pour se procurer du sel. Dans
des moitiés de calebasses, ou dans des pots de terre ayant peu
de profondeur, ils mettent de l'eau salée, puis exposent les

---

1. Caillié, t. I, pp. 180, 279. — Lonz, t. II, pp. 142, 157. — Baker, p. 248. —
Mungo Park, t. II, p. 34.
2. *Op. cit.*, p. 66.

vases au soleil. Sur la surface de l'eau apparaît une « crème,
qui se trouve être du sel très blanc et très naturel ». On lève
jusqu'à trois ou quatre fois cette couche, et l'on renouvelle
l'opération.

Chez les Bagas la récolte du sel incombe aux femmes.
A marée basse, rapporte Caillié, elles mettent en tas les parties de terre les plus salées. Elles façonnent de grandes jarres
avec de la paille et de la terre qu'elles mettent par dessus, et
y versent de l'eau qui, en filtrant, entraîne avec elle toutes
les parties salées. Cette eau, versée ensuite dans de grands
vases de cuivre, est soumise à l'ébullition jusqu'à ce qu'il ne
reste plus que le sel qu'on dispose alors en tas pour la
vente.

Dans la région des lacs (Baker, p. 339), les fosses d'extraction ont six pieds de longueur ; on en tire une vase noire et
sablonneuse que l'on dépose dans de grandes jarres d'argile,
percées au fond de petits trous, remplies d'eau et placées sur
des madriers. L'eau filtrée est mélangée avec de la vase fraîche
jusqu'à ce qu'il en résulte une saumure que l'on fait bouillir
et évaporer. Le sel est blanc mais amer.

Bosman parle également de la récolte du sel. On fait cuire
(sic) l'eau de mer dans des bassins de cuivre « aussi longtemps qu'elle se change en sel ». Là où l'eau de la mer se
répand souvent on la recueille, lorsqu'elle déborde, dans des
fosses profondes : « le plus fin ou le plus doux de cette eau
se sèche peu à peu par les ardeurs du soleil. » En d'autres
endroits on a des salines. Ceux qui ne possèdent point des
bassins de cuivre dont il a été question, prennent des pots
de terre « dont ils mettent dix ou douze les uns contre les
autres, et font ainsi deux longues rangées, étant attachés les
uns aux autres avec de l'argile, comme s'ils étaient maçonnés,
et sous ces pots il y a comme un fourneau, où l'on allume
continuellement du bois. Cette manière est la plus ordinaire

dont ils se servent... Le sel est extrêmement fin et blanc sur
toute la côte (si vous en exceptez du côté d'Acra), principalement dans le pays de Fantin, où il surpasse presque la neige
en blancheur. » (*Op. cit.*, t. II, p. 322.)

Dans certaines contrées, faute de meilleure salaison, on
emploie pour assaisonner les mets des cendres de bois (Lander, t. II, p. 103). Les Latoukas tirent leur sel du crottin de
chèvre réduit en cendres et bien saturé d'eau; on filtre et on
évapore. Une autre qualité s'obtient d'une sorte de végétal à
tige épaisse et charnue, dont les cendres donnent un sel fort
mélangé (Baker). Chez les Bambaras, on remplace souvent le
sel par une grossière potasse extraite de cendres (Galliéni).

Nous avons parlé à plusieurs reprises des diverses liqueurs
fermentées que le nègre aime avec passion. Les Bambaras,
comme le rapporte Caillié, fabriquent une espèce de bière ou
d'hydromel avec du mil fermenté et du miel. Leur *dolo*, dit
Galliéni, est le produit de la fermentation du gros mil arrosé,
séché, pilé, bouilli, auquel parfois on ajoute du miel; cette
boisson ne se conserve que très peu de jours. Les Malinkés
consacrent tout le mil qu'ils ne mangent pas, et souvent même
celui qu'ils devraient conserver pour le manger, à la fabrication du *dolo* dont ils se gorgent au delà de toute mesure (Colin, *Rev. d'Anthrop.*, 1886, p. 439). Les indigènes du Rio
Nuñez font fermenter la prune et en tirent une boisson enivrante, ayant quelque rapport avec le cidre (Caillié). Les Féloups emploient le miel qu'ils récoltent à faire un breuvage
enivrant, ressemblant fort à l'hydromel (Mungo Park).

La boisson favorite du noir africain est le vin de palme[1],
récolté au moyen d'une incision faite au haut de l'arbre. « La
sève des palmiers fournit un breuvage très estimé. Pour l'obtenir, on coupe les hautes branches de l'arbre, on perce un

1. Labat, *op. cit.*, t. III, pp. 13, 32.

trou dans le tronc ainsi dépouillé, et l'on y introduit un roseau creux à travers lequel le liquide coule en abondance, surtout le matin et le soir. On dit qu'un palmier peut donner journellement jusqu'à quatorze ou quinze quarts (16 à 17 litres) pendant deux années consécutives. Mais si, au delà de ce terme, on continue à l'épuiser ainsi, il se dessèche et meurt ». Le goût « rappelle celui de l'eau d'orge quand elle est très douce; on peut aussi le transformer, par la fermentation, en une boisson excellente qui ressemble au cidre[1] ».

Après avoir fait une incision au sommet du tronc, rapporte Laffitte[2], les nègres attachent au-dessous une calebasse qui reçoit la sève. Celle-ci épuisée au sommet, on fait une incision plus bas, une autre plus bas encore, sans aller pourtant jusqu'à complet épuisement de l'arbre dont on cicatrise les blessures avec de la terre grasse. Cette sève est pétillante, acidulée et fermente rapidement.

Très commun sur les bords de la Gambie et dans toute la partie du littoral qui descend vers le golfe de Guinée, le vin de palme est inconnu dans le haut Sénégal (Raffenel).

Dès le lendemain de son extraction, dit Loyer, il devient aigre. Les nègres, pourtant, le boivent volontiers encore pendant deux ou trois jours (*op. cit.*, p. 176).

Le procédé qu'emploient les indigènes pour atteindre le haut de l'arbre d'où ils extraient leur boisson préférée, est connu : « Le vin de palme, rapporte Pruneau de Pommegorge, se tire du haut de l'arbre nommé *palmister*. Les nègres y montent, avec une ceinture autour du corps, et très lestement, font une saignée dans le tronc de l'arbre; ils y font entrer une feuille ployée en forme de gouttière, par où dégoutte le vin de palme, dans un pot de dix à douze pintes qu'ils placent dessous. Ce pot se trouve presque toujours rem-

1. *Rev. britannique*, sept. 1851, p. 31.
2. *Le Pays des nègres*, p. 88. Tours, 1881.

pli dans les vingt-quatre heures; ils le vont chercher plein, et le descendent comme ils l'ont monté vide. C'est de ce vin qu'ils boivent à la fin du repas, avec lequel souvent ils s'enivrent, quand cette liqueur a été gardée deux ou trois jours[1] ».

Pour monter à l'arbre à vin, dit Labat, les nègres se servent « d'une sangle de gros fil de coton ou de feuilles de palmier amorties au feu ou au soleil, battues et tressées assez longues pour embrasser le corps de l'arbre et celui d'un homme tout à la fois et laisser encore entre deux environ un pied et demi de distance. Il y a une fente à un des bouts, et à l'autre un petit bâton de travers. Ils se lient donc à l'arbre avec cette ceinture, et s'aidant des pieds, des genoux et des mains, comme on fait ordinairement quand on monte à un arbre, ils poussent en haut une partie de la sangle, pendant que l'autre partie leur demeure au haut des cuisses et leur sert de siège ou au moins de ligature[2] ». Aujourd'hui encore le même procédé est en usage : « Très curieuse cette ascension, exécutée comme une vraie course le long d'un tronc vertical de quinze mètres de hauteur. Pour cette escalade d'un nouveau genre, le grimpeur se sert d'une longue ceinture faite de la nervure d'une feuille de palmier même. Cette ceinture le retient par les reins, tandis qu'il monte en appuyant les pieds sur les aspérités laissées au tronc par les feuilles antérieurement tombées. En même temps qu'il appuie les pieds, il élève d'un élan du corps et des bras la ceinture avec laquelle il embrasse l'arbre. Ces différents mouvements s'exécutent avec une régularité et une rapidité qui font que le grimpeur monte pour ainsi dire au galop[3]. »

---

1. *Description de la Nigritie*, p. 41. Amsterdam, 1789.
2. *Nouvelle Relation de l'Afrique occidentale*, t. III, p. 36. Paris, 1728. — Cf. J.-B.-Léon Durand, *Voyage au Sénégal*, t. II, planche 27. Paris, 1802.
3. Sanderval, *De l'Atlantique au Niger*, p. 18. Paris, 1882.

Erdman Isert lui aussi a parlé du vin de palme et de la
façon dont on se le procure. Ce qu'il dit à ce sujet vaut la
peine d'être rapporté : « Chaque père de famille se fait un
devoir d'envoyer tous les matins son fils, son esclave ou sa
fille, avec une calebasse de douze à vingt pintes pour la remplir de vin de palmier; on la consomme dans la journée. Le
père boit le premier et verse ensuite lui-même à toute la
famille, chacun suivant son âge, et ils boivent tous à sa santé,
assis devant lui sur leurs jambes. Les nègres se procurent
cette boisson qui leur est si agréable de deux manières.
D'abord ils déracinent un vieux palmier dont ils n'attendent
pas qu'il croisse davantage; ils couchent la tige de manière
que le milieu repose sur la fosse qu'ils ont creusée; ils y
font une taille carrée assez profonde pour atteindre jusqu'au
centre du tronc. Ils placent sous ce tronc un vase, où la
liqueur tombe perpendiculairement. Par cette méthode toute
simple, ils obtiennent les quatre premiers jours, dans l'espace
de vingt-quatre heures, seulement quelques pintes de
liqueur; mais dans les huit ou dix derniers jours, cela va
jusqu'à dix et quinze pintes; après quoi l'arbre meurt. S'il
ne veut pas d'abord distiller à souhait, on fait un petit feu à
l'entour, de broussailles et d'herbes sèches, ce qui précipite
la distillation. Le déchaussement d'un palmier est au reste
peu pénible, parce que ses racines sont des fibres assez minces
qui ne s'étendent guère au delà d'une aune et demie de sa
circonférence, et qu'il n'y en a aucune principale faisant corps
avec le tronc. L'autre manière de se procurer du vin de palmier consiste à abattre la couronne d'une autre sorte de palmier, de faire une fente à la tige et d'y insérer une de ses
feuilles. On courbe cette feuille par en bas, et le goulot que
cela forme aboutit à un vase ou à l'ouverture d'une calebasse;
le suc y descend goutte à goutte, et un arbre de moyenne
grosseur donne ainsi dans vingt-quatre heures deux pintes

de vin, mais on ne peut pas en faire usage plus de trois jours,
sans quoi l'arbre se dessécherait à l'ardeur du soleil. Cette
manière d'obtenir du vin de palmier est à la vérité plus
lente, mais le vin est plus doux et plus agréable[1]. »

Il est intéressant de citer également Bosman (t. II, p. 296).
Pour tirer le vin de palme « on coupe toutes les branches aux
arbres qui sont assez vieux, et on les dépouille entièrement.
Ayant demeuré dans cet état pendant quelques jours, on fait
un petit trou dans l'endroit le plus épais du pied, où l'on
fiche un petit tuyau fait de roseau, par où le vin de palme
tombe dans un petit pot qu'on a eu soin de mettre dessous,
mais en coulant goutte à goutte et si lentement que, dans
vingt-quatre heures, à peine en tire-t-on un pot. Un arbre
donne du vin pendant vingt à trente jours et quelquefois pendant plus longtemps. Quand l'arbre commence à couler plus
vite, on allume un feu dessous pour en tirer plus de vin et
avec plus de force ». Bu tout nouveau, ce vin est fort délicat
paraît-il, et en même temps très capiteux. Il en est de quatre
sortes, ajoute Bosman; celui du pays Fanti est plus fort et
incommode rapidement; celui des pays « d'Ante, de Jabi et
d'Adom » doit être bu sans trop tarder et a le goût du lait
doux.

Un mot enfin sur l'arbre à beurre. Plus haut, en parlant
des Mandingues, nous avons rapporté la description qu'en a
donnée Caillié. Mungo Park le compare au chêne américain.
Le fruit, avec le noyau duquel, séché au soleil et bouilli

---

1. *Voyages en Guinée;* Trad. franç., p. 264. Paris, 1793. Consulter également
sur le vin de palme et la façon de l'obtenir : *Description et recit historial du
riche royaume d'or de Gunea*, pp. 32, 75. Amsterdam, M.VIC.V. — Labat,
Nouvelle Relation de l'Afrique occidentale, t. III, pp. 12, 82. Paris, 1728. —
Adanson, *Histoire naturelle du Sénégal*, p. 107. Paris, 1767. — Landolphe,
Mémoires, t. I, p. 119. Paris, 1823. — Clarke, *Sierra Leone*, p. 53. Londres,
1846. — Boudyck-Bastiansee, *Voyage à la côte de la Guinée*, p. 213. La Haye,
1853. — Vigné, *Rev. scient.*, 13 oct. 1888.

dans l'eau, on prépare, dit-il, le beurre végétal, ressemble un peu à l'olive d'Espagne : « Le noyau est enveloppé d'une pulpe douce, que recouvre une mince écorce verte. Le beurre qui en provient, outre l'avantage qu'il a de se conserver toute l'année sans sel, est plus blanc, plus ferme, et, à mon goût, plus agréable qu'aucun beurre de lait de vache » (t. I, p. 321). Cet arbre ressemble beaucoup au chêne vert d'Algérie, dit Hecquard (*op. cit.*, p. 373) ; le fruit, de la grosseur d'un abricot, a un goût approchant celui de la datte : le noyau contient une pâte blanchâtre que l'on transforme en beurre. « Pour l'obtenir, on pile les noyaux dans un mortier, puis on les met sur le feu dans un vase rempli d'eau ; au-dessus de cette eau surnage, après l'ébullition, la graisse que contient la pâte des noyaux. Lorsque l'eau est refroidie, on forme des pains avec cette graisse qui s'est congelée, puis on les entoure de feuilles vertes. Ce beurre, appelé beurre de Galam par les habitants du Sénégal, se conserve très longtemps frais. Lorsqu'il est frais, il est assez agréable au goût ; les noirs l'aiment beaucoup, s'en servent pour préparer leur manger et l'emploient en frictions pour le traitement des douleurs. »

*
* *

Le sort de la femme, dans l'Afrique noire, est celui qui est réservé dans toute civilisation barbare à la moitié la plus faiblement musclée de l'humanité. L'homme use ici de sa force jusqu'à l'extrême limite, entendons jusqu'à l'extrême limite de l'abus.

« Dans l'Afrique moyenne, comme en Mélanésie, la femme ne partage jamais le repas de l'homme ; ses enfants la dédaignent, ne l'écoutent pas ; souvent le chef de la famille l'assomme sous le plus frivole prétexte. Partout aussi, la pauvre créature se soumet docilement à son triste sort, supportant

tout sans murmure : elle semble trouver fort juste toute
cette oppression. Dans les contrées, plus civilisées pourtant,
où domine l'influence des Maures, le sort de la femme n'est
guère meilleur. En Sénégambie, elles cultivent le sol, portent
les fardeaux, soignent même le bétail; elles n'ont point
l'honneur de manger avec leur mari, mais doivent lui présenter l'étrier lorsqu'il monte à cheval. On les bat et on les
répudie à volonté. Dans le Darfour, elles sont traitées de
même et souvent on les voit suivre à pied et chargées de provisions, de bagages, leur seigneur et maître voyageant commodément sur un âne. En revanche leurs maris les prêtent
volontiers aux étrangers, comme de juste moyennant une
rétribution convenable. Seules, en ce pays, les filles du sultan ont le droit de faire leurs quatre volontés, sans se soucier
de leur mari. Le pouvoir de leur père suffit à tout couvrir[1]. »

Tout ce que nous pourrons rapporter au sujet du sort des
femmes en Nigritie ne ferait que confirmer cette description
sommaire. La femme, chez les nègres, n'est, en somme, que
la première des esclaves. « Je pris soin, raconte quelque
part Du Chaillu, que les femmes fussent soulagées d'une
partie de leur fardeau, à leur grande surprise, et à celle de
leurs fainéants de maris qui ne comprenaient pas qu'on pût
trouver à redire à ce qu'une femme eût toute la charge »;
rien n'est plus caractéristique que l'étonnement même de
ces femmes, qui trouvent leur sort tout à fait légitime, tout
à fait naturel, et ne songent pas à s'en plaindre. Tel a été le
lot de leur mère, tel sera celui de leurs filles, tel aussi doit
être le leur[2].

Certaines populations du haut Nil traitent cependant leurs
femmes avec quelques égards, par exemple les Lours, les

---

1. Letourneau, *la Sociologie*, p. 163
2. Thulié, *la Femme*, Paris, 1885 (Biblioth. anthropologique). — Letourneau,
l'Evolution de la morale, p. 126 ss. Paris, 1887 (Biblioth. anthropologique).

Choulis, les Madis (Reclus, t. X, p. 158); mais c'est là un cas
assez exceptionnel.

En thèse générale, les filles, avant leur mariage, jouissent
d'une liberté absolue et profitent largement, et sans déshonneur, de cette liberté[1]. On en voit souvent qui cherchent à
gagner leur dot future en se livrant à ceux dont elles
peuvent espérer retirer quelque bénéfice. Le plus souvent,
en effet, la virginité de la femme que l'on épouse, n'est que
faiblement prisée, pour ne point dire que l'on n'y fait aucune
attention. Mais la séduction d'une fille dont on a abusé est
châtiée en quelques régions, par exemple dans le Bénin et au
Dahomey[2].

Le mariage est un achat pur et simple de l'épousée, achat
fait par l'épouseur à la famille de sa femme. Dans toute la
Nigritie c'est ainsi qu'est comprise l'institution. Chez les
Wolofs, par exemple, l'affaire est débattue comme une
affaire commerciale ordinaire. Chez les Krous le prix d'une
femme est ordinairement de trois vaches et un mouton.
Aussi bien dans l'ouest que dans l'est, en Sénégambie et au
Kordofan, on rencontre le mariage par achat[3].

Le prix est des plus variés. Tantôt on paye en esclaves,
tantôt en bétail. Chez les Landoumas, les parents troquent
leurs filles pour du rhum, du tabac, des étoffes, des noix de
kolas[4].

Chez les Mandingues, dit Caillié, les mariages sont faciles.
Le jeune homme gagne les bonnes grâces des parents en leur

1. La Coste, *Voyage au pays de Bambouc*, p. 51. Bruxelles, 1789.
2. Landolphe, t. II, p. 50. Paris, 1823. — Forbes, *Dahomey and the Dahomans*, p. 7.
3. Letourneau, *l'Évolution du mariage*, p. 137 ss. Paris, 1888 (Bibliothèque
anthropologique).
4. Caillié, *op. cit.*, t. I, pp. 227, 290. Cf. Gray et Dochard, *Voy. dans
l'Afrique occid.*, p. 55.

faisant des cadeaux. On convient d'un prix : un, deux, trois esclaves, suivant la beauté ou les qualités de la future (*op. citat.*,
t. I, p. 167; cf. 250). Quand un Bambara veut se marier,
rapporte Galliéni, il envoie au père de la jeune fille un
cadeau de dix kolas blancs. Le père, s'il accepte, répond par
un cadeau semblable; en cas de refus il envoie un kola
rouge. Le demandeur, s'il est agréé, ajoute un cadeau de
cauris et de poulets destinés au repas du mariage. Il peut
ensuite emmener sa femme, mais le père lui réclame aussitôt
la dot, fixée à 30 ou 40,000 cauris (*op. cit.*, p. 422). En
Assinie « l'individu qui veut se marier n'a qu'à donner aux
parents de la femme qu'il désire une certaine somme qui
dépasse rarement une once (96 francs), plus quelques étoffes
aux plus proches parents. Les femmes veuves ou divorcées
coûtent un peu moins cher, à moins qu'elles n'aient des
enfants[1]. Chez les Choulis du haut Nil, les filles ont le droit
de choisir l'époux qui les achètera de leurs parents (Reclus,
t. X, p. 158). Les sœurs du roi, chez les Achantis, choisissent
elles-mêmes leur mari qui, à leur mort, doivent les accom-
pagner (Bowdich, *Mission from Cape Coast Castle to Ashantee.*
Londres, 1819); mais, en règle générale, on ne tient compte
en aucune façon de l'inclinaison ou de la répugnance de la
future. Chez les Landoumas le père de celle-ci, après avoir
conclu le marché, la prévient seulement qu'elle va devenir
l'épouse de celui qui a envoyé les présents, et, le même jour,
sans être consultée, la jeune fille est emmenée.

Dans telles autres régions, il y a encore souvenir de l'ancienne union par capture[2], et la dot n'est envoyée aux parents
qu'après que leur fille a été enlevée par le prétendant[3].

1. Mondière, *Revue d'Anthropologie*, 1881, 73. — *Sur le mariage chez les nègres sénégambiens.* — Bérenger-Féraud, *ibid.*, 1883, p. 284.
2. Collomb, *Soc. d'Anthrop. de Lyon*, 1885, pp. 13, 159.
3. Pinet-Laprade, *Revue maritime et coloniale*, t. IX. — Cf. Gray et Dochard. *Voy. dans l'Afrique occid.*, trad. franç., p. 55.

« Chez les Sérères, le jeune homme qui trouve une fille à son gré, fait la demande à la famille ; obtient-il une réponse favorable, le soir il rassemble ses amis pour enlever sa prétendue. Celle-ci se tient renfermée dans sa case, environnée de ses compagnes. Là elles soutiennent un siège en règle, et ce n'est qu'après une forte résistance et des cris de convention que la place est rendue aux assaillants[1]. » Dans une localité du bas Niger, Viard assista à un mariage de cette nature. La future avait été cachée par ses compagnes sous un monceau de feuilles ; le fiancé s'approchant est reçu à coups de pierres : sautant sur un pied, et suivant une série de cercles concentriques, il gagne l'amas de verdure, saisit sa fiancée et s'enfuit en l'emportant. On s'élance à sa poursuite, et il gagne à toutes jambes son logis (*op. cit.*, p. 225). Parfois le rapt n'est que simulé et l'enlèvement est simplement symbolique[2].

Chez quelques populations, nous l'avons déjà relevé à plusieurs reprises, on aime, le lendemain du mariage, à montrer au public les signes qu'a pu laisser sur la couche conjugale la virginité de la fille. De vieilles femmes, chez les Landoumas, préparent dans la case des pagnes blancs qu'on exhibe, une fois l'union consommée, s'ils présentent le témoignage demandé. De même chez les Wolofs, de même au Dahomey. « Vers minuit, dit Mungo Park après avoir décrit un mariage mandingue, les matrones conduisent secrètement la mariée dans la hutte qui doit devenir sa demeure, et l'époux, à un signal qu'on lui donne, se retire de la compagnie. Le nouveau couple est ordinairement troublé, vers le matin, par les femmes qui s'assemblent pour examiner la couche nuptiale et danser à l'entour » (t. II, p. 15).

Dans certaines régions, par contre, on apprécie particuliè-

1. *L'Afrique*, t. IV, p. 112.
2. Bérenger-Féraud, *Revue d'Anthrop.*, 1883, p. 289.

rement, pour l'épouser, la fille qui a déjà été mère. C'est un
gage, en effet, pour l'avenir[1]. L'infécondité est pour une
négresse le dernier des malheurs, la dernière des humilia-
tions; femmes et filles, comme le dit Raffenel, portent en
bien des pays une ceinture de verroteries faisant plusieurs
fois le tour des reins et qui n'est autre chose qu'un fétiche
contre la stérilité.

L'homme est maître d'abandonner sa femme, de la renvoyer à la famille chez laquelle il l'a été prendre, cela en
restituant ce que la femme a pu lui apporter. « Un homme,
rapporte le *Journal* de Lander, peut toujours renvoyer sa
femme à ses parents sans alléguer de motif. Quand cette fantaisie lui prend, il use de mauvais procédés envers elle, la
traite avec mépris; elle comprend ce que cela veut dire, et va
d'elle-même trouver ses amis, et leur raconte ce qui se passe.
Ceux-ci se rendent en corps à la maison du mari, et le
somment de déclarer si c'est son intention que sa femme
retourne vivre avec eux. Si la réponse est affirmative, l'union
est dissoute, et la femme, libre, est considérée comme si elle
était fille; mais elle ne peut emmener ses enfants; ils restent
avec le père, qui les remet aux soins de ses autres femmes[2]. »
Mondière cite une coutume assinienne qui ne manque pas
d'originalité : « Quand un homme indigène ou un étranger
s'est marié à une femme du pays, il peut s'en aller dans une
autre contrée sans être tenu à autre chose que de laisser à la
femme la somme qu'il avait donnée aux parents pour
l'épouser. Souvent celle-ci s'est remariée dans l'intervalle;
mais si le premier mari veut la faire revenir avec lui, la
femme doit quitter le second à qui elle rembourse le prix
d'achat, et retourner au premier avec tous ses enfants, non

---

1. Des Marchais, *Voyage en Guinée*. Paris, 1730; Amsterdam, 1731.
2. Entre le Borgou et le Niger, t. II, p. 143.

seulement ceux qu'elle a eus de lui, mais avec tous ceux qu'elle a pu faire avec le second ou même avec d'autres; la chose n'est pas très rare[1]. »

Chez les Wolofs, comme chez presque tous les autres, le mariage se rompt très facilement. Toutefois, rapporte Bérenger-Féraud, il n'est pas rare que les époux divorcés se remettent ensemble. En ce cas la femme doit, dans l'intervalle, avoir été mariée à un autre individu. Mais on élude aisément cette condition au moyen d'un mariage fictif avec quelques amis du mari (*Rev. d'Anthropol.*, 1875, p. 487).

Parfois le mariage n'a donné lieu à aucune cérémonie, n'a été accompagné d'aucune formalité et est essentiellement passager : c'est le cas chez les Féloups. Ici la femme, lorsqu'elle en a assez, quitte son époux du jour au lendemain pour en suivre un autre : « Domestiques et esclaves plutôt que compagnes de leur mari, elles sont toujours bien reçues chez celui qu'elles choisissent et il n'est pas rare qu'après avoir cohabité avec plusieurs, elles reviennent à l'homme qui leur offre le plus d'avantages[2]. » A Akra, les filles riches sont libres de vivre avec qui elles veulent (Monrad, p. 51). Nous avons vu que chez les Balantes l'union a la durée d'un pagne que donne le mari à l'épouse. A elle de veiller avec plus ou moins de soin, selon son humeur, à l'entretien et à la durée de ce morceau d'étoffe. A Akra on s'entend pour des mariages à temps[3].

La femme, en effet, n'est pas toujours liée d'une façon indissoluble. Presque partout elle peut reprendre sa liberté en rendant au mari le prix d'acquisition auquel elle a donné lieu, et le mari ne peut alors la retenir malgré elle; parfois elle peut se retirer sans même avoir rien à restituer : c'est

1. *Revue d'Anthropologie*, 1881, p. 74.
2. Hecquard, *op. cit.*, p. 126.
3. Monrad, *Gemælde von der Küste von Guinea*, p. 51. Weimar, 1824.

en cas de mauvais traitements et d'abandon. Mais cela est loin d'être le lot commun, et, la plupart du temps, il n'en est pas ainsi. On cite même des contrées dans lesquelles, le jour des noces, la femme est successivement battue par son père puis par son mari, en signe de sujétion (Hecquard, p. 231). Chez les Krous, pour qu'une femme puisse quitter son mari, la famille de celle-ci doit rendre le double du prix d'achat[1]. Chez les Achantis, la femme qui s'est séparée ne peut plus se remarier[2].

L'époux tient d'ailleurs compte, avec le plus grand soin, de tous ses frais de mariage, afin, dit Bosman, « qu'en cas que sa femme le prît en aversion et l'abandonnât, il pût exiger la restitution de [la dépense qu'il a faite » (t. II, p. 202). S'il chasse sa femme, il perd tout, à moins d'alléguer des raisons suffisantes, et, en ce cas, ses frais lui sont restitués.

La polygamie est à peu près générale. On prend autant de femmes qn'on en peut entretenir; les plus pauvres n'en ont qu'une, d'autres en ont deux ou trois; d'autres encore un plus grand nombre[3]. Celui de quatre semble être assez ordinaire chez les Mandingues riches. Chacune de ces femmes vit avec ses enfants et ses esclaves dans une hutte immédiatement voisine de celle de son maître, et à côté des logis des autres épouses[4]. L'entente est communément cordiale entre les différentes femmes[5]. Chargées des travaux les plus durs et

1. Wilson, *Western Africa*, p. 114. Londres, 1856.
2. Bowdich, *op. cit.*, p. 354.
3. Wilson, *Western Africa*, p. 112. Londres, 1856.
4. Des Marchais, t. I. p. 6. — Cf. La Coste, p. 50.
5. « Il est rare qu'il y ait des discussions graves entre les femmes d'un même mari, et je ne connais qu'un seul fait d'empoisonnement d'une femme par une autre femme du même gynécée, et cela se passa à la cour. » Mondière, *Revue d'anthropologie*, 1881, p. 73. Cf. W. Smith, *A new Voyage to Guinea;* trad. franç., t. II, p. 37. Paris, 1751. — Hecquard, *op. cit.*, p. 68.

les plus pénibles, on comprend qu'elles voient sans difficulté une collaboratrice leur être adjointe, venant d'autant les aider et les soulager. « Nous avons vu la première des femmes de ce gouverneur, dit le P. de Saint-Lô, en parlant des épouses d'un chef noir, prendre un singulier plaisir à tresser les cheveux de cette nouvelle femme, afin de la rendre plus agréable à son mari. L'on voit quelquefois les plus grands du pays accompagnés de leurs femmes toutes en grande amitié, et dirait-on d'un coq sur un fumier environné d'une troupe de poules[1]. »

Ajoutons que la première femme épousée est, pour l'ordinaire, la première en titre (Des Marchais, *Voyage en Guinée*. Paris, 1730).

Les Baniouns sont monogames (Hecquard). Les Féloups n'ont qu'une femme à la fois, mais ils la changent souvent.

En général il est admis que ce que peut gagner une femme mariée lui appartient en propre. De plus, en certaines contrées, les traitements trop cruels lui donnent le droit d'abandonner son mari (Waitz, *op. cit.*, t. II, p. 119). Mais cela est loin d'être le cas commun, et, la plupart du temps, il n'en est pas ainsi. Chez les Thyapésis le mari qui ne trouve pas sa femme vierge peut la renvoyer dans sa famille (Hecquard); mais, en général, les noirs ne s'offusquent point des dévergondages antérieurs de celle qu'ils épousent. Beaucoup sont fiers, même, du nombre des amants que leur femme a pu avoir[2]; cela prouve, à leurs yeux, qu'elle n'est pas sans valeur et a su se faire estimer à son prix.

L'adultère est souvent sévèrement châtié[3], celui de la

---

1. *Relation du voyage au Cap Verd*, p. 83. Paris, 1637.
2. Bertrand-Bocandé, *Bull. de la Soc. de Géogr.*, t. II de 1849, p. 344.
3. « L'adultère chez les nègres est puni de l'esclavage. Quelquefois le mari qui a des preuves du crime de sa femme immole à sa fureur jalouse celui qui le déshonore. La femme est vendue, et cette punition s'exerce avec d'autant

femme s'entend, lorsque le mari ne s'y prête point. Mais ce dernier, lorsqu'il y trouve quelque profit, n'hésite pas à prêter sa femme, particulièrement aux étrangers [1]; pratique qui, d'ailleurs, est loin d'être en usage dans la seule Nigritie. « On retrouve chez les Assiniens, dit Mondière (*op. cit.*, p. 74), une sorte de prostitution hospitalière : car il est d'usage qu'un chef envoie à un visiteur un peu marquant une des filles de sa maison pour lui tenir compagnie pendant la nuit. Cela du reste n'empêche aucunement ces filles de se marier plus tard. »

« La continence, dit Galliéni, n'est pas la vertu dominante des Bambaras, des Malinkés et mêmes des Toucouleurs. Ils s'occupent peu de sauvegarder la chasteté de leurs femmes, ou, s'ils le font, c'est dans un but absolument intéressé, car ils les laissent le plus souvent libres de leurs actions, si de gros profits viennent les indemniser de leur indulgence. » (*Op. cit.*, p. 438.)

Viard rapporte que le mari incite parfois sa femme à l'adultère afin de la prendre en flagrant délit et de tirer du complice une réparation monétaire (*Au Bas-Niger*, p. 193).

plus de rigueur, que le profit est partagé entre le prince et les grands du pays. Celui qui s'est vengé rassemble des présents de la valeur d'un captif, va se jeter aux pieds du prince, et se remet à sa discrétion. Si celui-ci est content de ces présents, la grâce est accordée, sinon le jaloux est plongé lui-même dans les fers. Tout homme qui n'est pas assez riche pour obtenir son pardon est réduit à fuir dans un pays étranger; mais comme il craint d'y être arrêté comme un fugitif, il entre dans la maison du plus considéré de l'endroit, arrache un des pieux de la tapade, se jette aux genoux du maître, et se rend volontairement son esclave. En cette qualité il ne peut jamais être vendu, et fait partie de la famille plutôt que des esclaves. Souvent aussi la famille entière du coupable est obligée de prendre la fuite, chacun des individus qui la composent, devenant responsable du crime, et pouvant *sous ce prétexte* être réduit en esclavage. » *L'Afrique*, t. IV, p. 116. Cf. R. Norris, *Mémoires du règne de Bossa-Ahadée, roi de Dahomé*; trad. franç., p. 111. Paris, 1790.

1. Waitz, *op. cit.*, t. II, p. 114. — Dupuis, *Journal of a Residence in Ashantee*, p. 37. Londres, 1824.— W. Smith. *A new Voyage to Guinea*; traduct. franç., t. II, p. 37.

Dans certaines régions, l'adultère non autorisé se rachète
pour quelque somme d'argent. En Assinie, d'après Mondière, cette somme varie de six à cent francs. Une fois la
dette liquidée, tout est pour le mieux et personne n'a plus à
penser à l'incident. « Du reste, pour qu'il y ait droit à une
indemnité, il faut que le flagrant délit ait été constaté par le
mari assisté de témoins. » Chez les Torodos de Sénégambie
l'homme marié qui a des rapports avec une veuve ou une fille
étrangère à sa maison est puni d'amende ; la femme adultère
est fustigée, perd sa dot (Bérenger-Féraud). A Akra, rapporte
Erdman Isert, l'adultère est puni plus sévèrement que le vol :
« Lorsqu'un nègre ordinaire est attrapé auprès de la femme
d'un autre, ce dernier a le droit de le vendre, ou bien il doit
se racheter de la valeur de sa personne. Si l'adultère est
commis avec la femme d'un grand, il doit payer la valeur de
trois esclaves ; et si c'est une des femmes du roi, on fait
mourir le séducteur et sa famille est vendue. Le roi
et les grands entretiennent à dessein une quantité de
femmes, pour gagner quelque chose de cette manière, ce
qui est devenu une espèce d'industrie. Comme les femmes
y ont leur avantage lorsqu'elles dénoncent le coupable, elles
ne manquent point de découvrir toutes les galanteries que
l'on a avec elles. C'est pourquoi la plupart des nègres qui
sont requis par ces chastes dames de quelque jeu d'amour
caché, ont la précaution de manger le fétiche avant de
s'engager plus avant avec elles. Cette précaution a la plupart
du temps son effet. Elle engage les femmes à nier le cas ou à
garder le silence. » (*Op. cit.*, p. 199, trad. franç.) Marche
donne sur les Mandingues des renseignements qui vont assez
bien avec ceux-là. Les adultères sont fréquents, bien que
punis avec sévérité : l'homme coupable est bâtonné puis fait
esclave, ainsi que toute sa famille, au profit du mari. « Les
femmes ne sont pas punies ; au contraire. Aussi les traitants

prétcndent-ils que les Mandingues envoient leurs femmes essayer de les séduire, afin d'avoir un prétexte pour les piller, ce qui arrive souvent. » (*Op. cit.*, p. 69.)

Chez les Sousous, le complice de la femme adultère devient pour un temps esclave du mari trompé. Celui-ci l'attache dans ca case et resserre chaque jour les liens du prisonnier jusqu'à ce que la famille de ce dernier le vienne racheter (Vigué, *Rev. scient.*, oct. 1888).

Chez les Achantis on coupe le nez à la femme infidèle (Bowdich, *op. cit.*, p. 45), à moins qu'on ne la tue ou qu'on ne la vende. Elle est punie de mort chez les Baniouns (*Rev. d'Anthrop.*, t. XII, p. 291). Dans la région du Rio Nuñez le mari qui nourrit quelque soupçon menace sa femme du *simo* (voir p. 57): la peur d'être soumise à l'épreuve fait avouer la faute à celle-ci et lui fait dénoncer son complice. Ce dernier devient esclave du mari qui le met en vente (Caillié, *op. cit.*, t. Ier, p. 115).

Au Bornou, d'après Denham (*op. cit.*, t. II, p. 140), l'adultère serait rare. D'ailleurs le châtiment est terrible; on écrase l'une contre l'autre la tête des coupable. D'après Hecquard l'adultère serait inconnu chez les Thyapésis.

Dans la région de Grand Bassam — à l'ouest du pays d'Assinie, — la femme adultère, rapporte Hecquard, vient volontiers confesser sa faute au mari. Le complice est condamné à une amende; il n'est pas juste, prétend-on en effet, que le mari paye une dot pour que d'autres usent de sa femme. L'amende devient très forte si le mari lésé occupe une situation importante. Parfois même, en ce cas, le coupable y va de sa tête. Si celui-ci est un simple esclave, on le jette à l'eau.

Dans le Bénin, d'après Bosman (t. II, p. 472), chez les « gens du commun » la femme prise en flagrant délit est bâtonnée, chassée et va chercher fortune ailleurs; le complice tombe au pouvoir du mari avec tous ses biens. Chez les gens riches, la famille de la femme apaise le mari au moyen d'une indemnité; celui-ci conserve la femme moyennant ce versement, « après quoi la femme adultère passe pour aussi honnête qu'auparavant, et reçoit autant de caresses de son mari que les autres femmes ». Les chefs, par contre, sont beaucoup plus sévères; ils tuent sur-le-champ les deux coupables et jettent simplement les corps. Et Bosman ajoute : « Toutes ces punitions de l'adultère inspirent tant de crainte ici qu'on en voit peu d'exemples. Ils sont aussi bien que les autres nègres fort enclins à l'amour impudique, ce qu'ils font assez paraître par les discours sales qu'ils tiennent lorsqu'ils sont ensemble, quoique en termes couverts, ce qui les fait passer pour des gens d'esprit. »

Chez les Akréens, par contre, d'après le même auteur, les indigènes paraissent toujours fort contents de leurs femmes, et ne se mettent guère en peine de la question de leur plus ou moins de fidélité conjugale (*ibid.*, pp. 501, 503).

D'une façon générale, chez la plupart des noirs africains sus-équatoriaux, l'adultère de la femme ne passe pas pour entacher l'honneur du mari; on le regarde communément comme un préjudice porté à la propriété de celui-ci, préjudice qu'il faut racheter d'une façon ou d'une autre.

Le mariage, ou du moins les fiançailles, ont lieu souvent alors que la future est encore enfant. « Souvent les jeunes gens sont accordés très jeunes par leurs parents; il arrive même qu'ils se trouvent promis par leur père dès le ventre de leur mère, sous condition qu'elles accoucheront d'enfants de différent sexe; et ils sont obligés de remplir leur destinée, soient qu'ils aient du goût ou non, car les vœux des pères doivent avoir leur exécution. » (Erdman Isert, *op. cit.*, p. 202.) Caillié rapporte que chez les Bagas elles se font à l'âge de 7 ou 8 ans; les jeunes fiancés sont élevés ensemble dans l'idée de leur future union. On ne célèbre le mariage que lorsqu'on s'aperçoit que la jeune fille n'est plus vierge, ce qui a lieu vers 11 ou 12 ans. On se livre alors à de grandes réjouissances (*op. cit.*, t. I*er*, p. 119). Parfois, en Sénégambie, une fille est promise dès sa naissance (*Rev. d'Anthrop.*, 1883, p. 285). Chez les Bambaras le mariage a lieu pour l'ordinaire, de 17 à 20 ans pour les hommes, de 15 à 17 pour les femmes. Chez les Balantes la fille est parfois achetée à l'âge de 6 à 7 ans; le mari la nourrit jusqu'à la puberté (Vigué). Chez les Baniouns mêmes fiançailles précoces.

Durant la période du flux menstruel les femmes vivent généralement à part, parfois — comme en quelques contrées de la Côte de l'Or — dans des huttes destinées à cette relégation. « Les femmes qui ont leurs ordinaires ne sont pas seulement séparées de leur mari, mais il ne leur est permis d'entrer en aucune maison, du moins pour y passer la nuit. Et il y a des endroits où elles sont obligées de se tenir dans une petite hutte, tout près de la maison de leur mari ou de leur père. » (Bosman, t. II, p. 212.) Plus loin : « On tient ici (à la Côte des Esclaves) les femmes qui ont leurs ordinaires pour si souillées, qu'elles n'oseraient pendant ce temps-là entrer dans la maison du roi ni de quelque grand, et on punit de mort, ou du moins par un esclavage éternel, celles qui contreviennent à ces ordres. » (*Ibid.*, p. 371.) Et ailleurs encore : « Les femmes qui ont leurs ordinaires sont tenues pour si souillées, qu'il ne leur est pas permis d'entrer dans la maison de leur mari, ni de toucher la moindre chose, soit pour préparer à manger, soit pour nettoyer la maison. » (*Ibid.*, p. 475.) Le flux arrêté, elles se lavent largement avant de regagner le logis.

Les rapports sexuels sont aussi interrompus, communément, durant le temps de la grossesse[1] et celui de l'allaitement.

L'enfant, tant qu'il est au premier âge, est généralement fort aimé par ses parents; c'est ce que nous avons dit plus d'une fois déjà[2], par exemple en parlant des Mandingues de la Sénégambie et des Diors du haut Nil. « Il y a chez la négresse, dit Mondière (*op. cit.*, p. 74), un véritable et profond amour maternel pour ses enfants, qui le lui rendent bien, du reste, en tendresse filiale. Dire les soins, les cajoleries, les enfantillages de ces mères, dont la figure et les gestes semblent si peu se prêter à la chose, serait difficile. Ce sont des chansons modulées sur un rythme doux et tendre, des rires enfantins, des caresses de tous les instants. »

Le nom donné à l'enfant vient en certaines régions de celui de sa mère[3]; parfois le premier nom n'est que temporaire, et l'enfant en reçoit plus tard un autre tiré de quelque événement auquel il a été mêlé, ou qui le concerne d'une façon spéciale[4]. A Akra, rapporte Erdman Isert, lorsqu'un enfant a atteint l'âge de quatorze ans, on lui assigne le nom qu'il doit porter, jamais celui de la famille du père, chacun a le sien propre (*op. cit.*, p. 194).

Parfois, comme chez les Bambaras, c'est un griot qui choisit le nom de l'enfant et le lui impose (Raffenel).

Chez les Mandingues, Mungo Park a assisté à l'attribution d'un nom. L'officiant marmotta quelques phrases à l'oreille de l'enfant, lui cracha trois fois au visage, prononça le nom donné et rendit l'enfant à sa mère. La céromonie se termina

---

1. J. Smith, *Trade and Travels in the Gulph of Guinea*, p. 249. Londres, 1851.
2. Erdman Isert, *op. cit.*, p. 212. — Caillié, t. I, p. 252.
3. Winterbottom, *Nachrichten von der Sierra-Leone*, p. 201. Weimar, 1805.
4. Cruickshank, *Eighteen Years on the Gold Coast*. Londres, 1853. — Hutton, *A Voyage to Africa*, p. 94. Londres, 1821.

par une distribution de « dega », mets formé de maïs pilé et de lait aigre[1].

En tout cas, l'affection que témoignent les négresses pour leurs jeunes enfants ne les empêche pas de leur laisser, dès qu'ils savent marcher, une absolue liberté ; ils quittent la case, vont où ils veulent, à leurs risques et périls, même sur le bord de la mer pour apprendre à nager (Bosman, t. II, p. 128). La mère ne s'en met pas en peine et laisse ses enfants s'élever tout seuls, comme elle s'est élevée elle-même. On les laisse faire tout ce qu'ils veulent, sans s'en embarrasser en rien, et ainsi livrés à eux-mêmes, ils croissent à vue d'œil, deviennent robustes et forts[2].

Les négresses accouchent généralement avec un grand courage. « Elles se croiraient déshonorées si elles jetaient le moindre cri ou faisaient entendre le plus léger soupir. Malgré les douleurs de l'enfantement qu'elles sentent aussi vivement que les femmes de nos climats, elles affectent un air riant. Les louanges de leurs compagnes qui applaudissent à leur courage, leur font cacher des maux que nos femmes savent difficilement supporter. A peine délivrées de leur fruit, au lieu de s'assujettir à mille précautions, moins nécessaires peut-être dans un climat si chaud, elles vont se laver dans l'eau froide ainsi que leurs enfants. Elles le posent ensuite sur une natte, le couvrent de pagnes, mais sans le serrer. Dès le douzième ou quinzième jour elles le portent sur leur dos, en lui faisant passer les jambes sur les côtés, et l'entourent avec un pagne qui leur sert en même temps de jupon[3]. »

1. Cf. Erdman Isert, *Voyages en Guinée*; trad. franç., p. 212. Paris, 1793.
2. Labat, *Nouvelle Relation de l'Afrique occidentale*, t. II, p. 302. Paris, 1728. — Cf. Dapper, *Description de l'Afrique*; trad. franç., p. 235. Amsterdam, 1686. — De la Croix, *Nouvelle Relation de l'Afrique*, t. II, p. 425. Lyon, 1688. — W. Smith, *A new Voyage to Guinea* ; trad. franç., t. II, p. 169. Paris, 1751.
3. Villeneuve, *l'Afrique*, t. IV, p. 118. — Cf. Corre, *la Mère et l'Enfant*, p. 87. — Bosman, *op. cit.*, t. II, p. 129. — Labat, *op. cit.*, t. V, p. 389.

Lorsque les femmes des Bagas sont prises du mal d'enfant,
dit Caillié, elles se couchent par terre, même devant un
étranger, et elles enfantent sans pousser une seule plainte.
Aussitôt délivrées, elles vont laver l'enfant à la rivière et reprennent leurs occupations (t. Iᵉʳ, p. 119). Chez les Bongos,
ainsi que le rapporte Schweinfurth[1], la femme accouche debout, étendant les bras sur une pièce de bois à laquelle elle
s'appuie : « Le cordon, tranché avec un couteau, est coupé
très long et ne reçoit aucune ligature. » A la côte occidentale
d'Afrique, dit Corre (*op. cit.*, p. 137), « le cordon n'est coupé
qu'après l'expulsion du placenta; il est lié à une grande hauteur, quinze ou dix-huit centimètres; le plus souvent il est
tordu ou arraché dans la partie voisine du placenta; la portion demeurée adhérente à l'enfant est abandonnée flottante
sur le ventre de celui-ci. »

Parfois l'accouchement a lieu dans la case même; parfois,
comme chez les Balantes, la femme doit, à cette époque, se
retirer dans les bois (Vigué, *l. cit.*, pp. 452, 455).

L'allaitement est souvent très prolongé[2]; parfois l'enfant
est nourri au sein jusqu'à ce qu'il cesse de le réclamer. Bien
entendu d'autres aliments lui sont donnés en même temps.
Tout le temps de l'allaitement les rapports sexuels sont suspendus avec la femme nourrice[3]. Corre rapporte que dans le
pays du Rio Nuñez il a vu des femmes choisir elles-mêmes,
pour leur mari, une remplaçante destinée au temps de l'allaitement. Chez les Bongos, dit Schweinfurth, l'enfant n'est
jamais sevré que lorsqu'il peut courir seul : « La nourrice se
barbouille les mamelons avec une substance amère, et se
couvre les seins d'une pâte composée de la pulpe des feuilles

1. *Op. cit.*, t. I, p. 287.
2. Mungo Park, *op. cit.*, t. II, p. 11. — Erdman Isert, *op. cit.*, p. 212.
3. Voir, par exemple, Hecquard, *op. cit.*, p. 62.

de certaines capparidées, pétrie avec de l'eau, sorte de cata-
plasme qui fait passer le lait. » Dans presque toute l'Afrique
noire sus-équatoriale, lorsque l'enfant a une quinzaine de
jours, la femme le porte sur son dos, attaché dans une pièce
de toile. Au Sénégal, elle le garde ainsi quelque travail qu'elle
fasse. A la Côte de l'Or, c'est sur le dos également que le
jeune enfant est porté[1] : « La mère le porte sur son dos dessus
une petite planche, lui passant les jambes sous les aisselles,
liant ses deux petites mains sur le col, et ne le quitte que la
nuit[2]. » Tous les voyageurs ont décrit cette façon de porter
les nourrissons. Ici, dit Sanderval, « les petits enfants ne sont
pas si embarrassants qu'on pourrait le croire. En voici un qui
dort, retenu dans un pagne sur le dos de sa mère, pendant
que celle-ci pioche la terre. A chaque oscillation la tête du
bambin, comme le battant d'une cloche, frappe le dos noir
et suant de la piocheuse. Si la femme est en marche, la tête
du bébé est pendante en arrière, au plein soleil ou quelquefois coiffée d'une large calebasse[3]. » Les auteurs anciens
ont eu la naïveté d'attribuer à cette coutume l'aplatissement
du nez, propre au type nigritique. Villault de Bellefond, cité
un peu plus haut, le dit expressément. Avant lui Jannequin
l'avait déjà avancé : « La raison donc pourquoy ces hommes
sont camus, c'est parce que les femmes ayant tousjours leurs
enfans sur leur dos dans des pagnez de coton, elles battent
leur mil auec eux, et par la violence de leur mouuement, leur
cassent ainsi les tendrons, leur faisant continuellement donner du nez contre leurs épaules[4]. » Les femmes bongos
portent leurs enfants sur le dos, dans un sac en peau de chèvre.

---

1. *Description et recit historial du riche royaume d'or de Gunea*, p. 9.
Amsterdam, M.VIC.V.

2. Villault de Bellefond. *Relation des costes d'Afrique appellées Guinée*,
p. 234. Paris, 1669.

3. *De l'Atlantique au Niger*, p. 154.

4. Claude Jannequin, *Voyage le long du Niger*, p. 92. Paris, 1645.

Un mot enfin sur l'avortement et sur l'infanticide. Le premier est loin d'être pratiqué aussi fréquemment qu'en Nouvelle-Calédonie et chez certaines populations américaines ; pourtant il n'est pas inconnu. Fréquemment il est la conséquence du manque de ressources [1] ; on prévient ainsi la venue d'un malheureux et d'un affamé de plus. Dans certaines régions on le pratiquerait au moyen de la sève de cactus (Vigué, *loc. cit.*). Quant à l'infanticide, il n'est pas très répandu. Dans plusieurs régions de la Guinée les enfants contrefaits et les jumeaux sont presque invariablement sacrifiés [2] ; il est des pays où la naissance de jumeaux indique à coup sûr une culpabilité de la mère. Ailleurs, mais le cas semble rare, le dixième enfant d'une femme devrait être mis à mort si les neuf premiers sont vivants ; le fait se passe en Assinie, dit Mondière [3] ; à Bonny ce serait le cinquième arrivant [4]. Au Bénin une femme qui met au monde des jumeaux est perdue d'honneur [5].

**

Ce qui caractérise particulièrement la famille du nègre suséquatorien, c'est la puissance souveraine du chef qui agit en vrai despote, sans que personne y puisse trouver à redire. Il est maître de ses enfants, de ses femmes, tant que l'union avec celles-ci n'est pas rompue. Il les peut vendre à son gré

---

1. Corre, *op. cit.*, p. 253.

2. Bosman, *Voyage de Guinée*, t. II, p. 473. — Allen and Thomson, *Narrative of the Expedition to the River Niger in 1841*. Londres, 1848. — Schœn and Crowther, *Journal of the Expedition up the Niger*. Londres, 1841. — Kœler, *Einige Notizen über Bonny*. Gœttingen, 1848. — Monrad, *Gemælde von der Küste der Guinea*, p. 282. Weimar, 1824.

3. *Revue d'Anthropologie*, 1881, p. 75.

4. Smith, *Trade and Travels id the Gulph of Guinea*, p. 47. Londres, 1851. — Waitz, *op. cit.*, t. II, p. 124.

5. De la Croix, *Nouvelle Relation de l'Afrique ancienne et moderne*, t. III, p. 174. Lyon, 1688.

les uns et les autres et les faire partir en esclavage. On peut ajouter, d'ailleurs, qu'en règle générale, il laisse aux siens toute liberté tant que cela ne contrarie pas son bien-être personnel.

Les liens de parenté amènent fréquemment de véritables affections. Tant qu'ils vivent avec leurs parents, les enfants paraissent attachés et sont aimés. La solidarité familiale est parfois, d'ailleurs, une réalité inévitable, et dans bien des régions les parents ont à payer collectivement les fautes d'un des leurs [1].

En réalité, le système de famille est le « matriarcat », la forme la plus animale, la forme la plus simple de la parenté [2]. L'héritage d'un individu va, non pas à ses propres enfants, mais bien à ceux de sa sœur. C'est le cas chez les Fantis, dans le pays de Grand Bassam, chez les Saracolais [3], chez les Bambaras (Galliéni, p. 423) et dans un nombre considérable d'autres régions : les premiers successeurs sont les neveux. Chez les Mandingues, dit Tautain, l'hérédité est collatérale dans la ligne paternelle ; dans le cas même où, à défaut d'un frère de leur père, la succession passe aux enfants, l'héritage comprend les femmes du défunt (*Rev. d'Ethnogr.*, t. IV, p. 79). Dans certaines régions le fils hérite des femmes de son père, sauf de sa propre mère et de celle du défunt, mais durant une année il ne peut avoir de rapports avec elles [4].

Les enfants que les nègres ont de leurs femmes, rapporte Bosman, sont bien légitimes, mais ils n'héritent point de leur père ; il n'y a que dans le pays d'Akra où ils héritent. Il ne sert de rien ici d'avoir un père ou une mère fort riches « à moins que pendant leur vie ils ne donnent quelque chose à leurs

1. Waitz, *op. cit.*, t. II, p. 123.
2. Letourneau, *l'Évolution du mariage et de la famille*, p. 375. Paris, 1888.
3. Hecquard, *op. cit.*, pp. 124, 170.
4. Des Marchais, *op. cit.*, t. II, p. 168. — Hutton, *A Voyage to Africa*, p. 89. Londres, 1821.

enfants, ce qui arrive très rarement, et encore faut-il qu'ils le fassent en secret, car si les parents venaient à l'apprendre, ils le feraient rendre aux enfants jusqu'au dernier denier après la mort du père » (t. II, p. 206).

A Akra le fils aîné hérite de tous les biens du père, « et aussi de ses femmes, qu'il prend toutes pour lui, excepté celle qui l'a mis au monde, à laquelle il donne une maison à part et tout ce qui lui est nécessaire » (ibid., p. 363). Il est obligé d'ailleurs de donner un esclave au roi, qui le confirme héritier : « Il prend pour lui les femmes de son père, du moins celles qui lui plaisent et qui n'ont pas eu d'enfants; pour celles qui ne lui plaisent pas, il les prend aussi chez lui avec leurs enfants pour travailler, mais il n'a pas de commerce avec elles. » (Ibid., p. 477.)

***

Dans presque toute la partie de l'Afrique qui nous occupe, l'esclavage est une institution sociale, non seulement acceptée, mais encore regardée comme tout à fait naturelle et indispensable[1]. L'Adamawa passe pour la contrée où l'esclavage est le plus développé (Barth, t. II, p. 245). Les Sérères, qui n'ont point d'esclaves, les Féloups, les Papels, forment une exception remarquable[2]. Partout, ou presque partout ailleurs, l'esclavage est courant, fleurit et fleurira longtemps encore. « Je fis à Ruffisque, rapporte Sanderval (op. cit., p. 7), la connaissance du vieux roi Sangouné. Le monarque déchu était, quand je le vis, suivi de trois seigneurs de son ex-cour. Sangouné n'a plus d'illusions; il est convaincu, et le dit volontiers, que la suppression de

---

1. Aube, *Entre deux campagnes*, p. 43. Paris, 1881.
2. Allen a. Thomson, *Narrative of the Expedition to the River Niger in 1841*. Londres, 1848. — Boilat, *Esquisses sénégalaises*, p. 66. Paris, 1853. — *Bulletin de la Société de géographie*, 1846, 1849.

l'esclavage a ruiné pour jamais l'ordre social. » Et, remarquons-le, l'opinion du vieux roi n'est pas seulement l'avis des classes dirigeantes et des riches, c'est également celui du troupeau servile et des malheureux qui sont victimes de la civilisation de leur pays. C'est ainsi, nous l'avons vu plus haut, que les femmes, sorte de demi-esclaves, trouvent, elles aussi, leur sort légitime et équitable. L'esclave qui devient libre a pour premier souci, s'il possède quelque pécule, d'acheter à son tour des esclaves. Le Maire (*Voy. aux Canaries, au Cap-Vert*, etc., Paris, 1695) rapporte qu'un vieux nègre ayant résolu de vendre son fils et l'ayant conduit au comptoir, le jeune homme tira un facteur à l'écart et se mit en devoir de vendre son père. Le cas est peut-être rare, mais il n'a rien d'extraordinaire.

Les sources de l'esclavage, chez les noirs africains, sont multiples. En premier lieu il faut noter l'esclavage héréditaire. L'enfant d'un esclave, d'une esclave, naît esclave. Souvent les serfs sont recrutés au moyen de razzias organisées; c'est le cas un peu partout, mais particulièrement dans la région du haut Nil[1]. Le despote du Dahomey organise des incursions chez ses voisins pour ramener des captifs et les distribuer à ses guerriers. Souvent l'esclavage est la suite de l'insolvabilité[2], d'une condamnation, et la peine de quelque grave méfait. Depuis que le commerce des esclaves s'est étendu, écrivait Moore en 1730, « tous les châtiments ont été convertis en esclavage. On trouve un avantage à ces condamnations, en ce que l'on poursuit vivement le crime pour avoir le profit de la vente du condamné. Non seulement les criminels sont réduits à l'esclavage pour le meurtre, le vol et l'adultère, mais encore pour des crimes moindres. On

---

1. Schweinfurth, *op. cit.*, t. II, chap. XXIII. — Cf. Baker, *op. cit.*, p. 13.
2. Mungo Park, *op. cit.*, t. II, p. 57.

m'amena un jour un homme à acheter, qui avait volé une pipe à fumer... Un autre noir, voyant un tigre occupé à manger un daim qu'il avait tué et suspendu près de sa maison, tira un coup de fusil sur cet animal, et la balle alla tuer un homme. Le roi condamna non seulement ce noir, mais encore sa mère, trois frères et trois sœurs à être vendus pour esclaves[1] ». C'est la mise en pratique du châtiment profitable, mais celui qui en tire profit n'est précisément pas celui que la chose intéresse le plus directement. Si le maître ne bénéficie point de ses esclaves en les vendant, il les utilise au moins, comme il fait de ses femmes, pour le travail de ses champs, et se crée ainsi plus de repos et d'oisiveté, ce qui est pour lui le plus précieux des biens. Corre rapporte que les Landoumas et les Nalous n'ont pas chez eux d'esclaves de leurs races, mais ils vendent comme esclaves, hors de leur territoire, ceux d'entre eux qui se sont rendus coupables de certains délits ou crimes[2].

A Akra tous les esclaves sont des étrangers ; les naturels du pays ne peuvent être vendus : ils sont tous libres et sont seulement réputés serfs du roi (Bosman, t. II, p. 490).

Ajoutons que l'esclavage est parfois volontaire. A la perte de la vie un nègre préfère généralement la servitude, quelle qu'elle soit. En temps de famine, ce qui n'est point rare, on voit des nègres aliéner à jamais leur liberté, afin d'être au moins nourris. Bien entendu, c'est après avoir vendu au préalable leurs femmes et leurs enfants. « Il y a, dit Mungo Park (t. II, p. 57), plusieurs exemples d'hommes libres qui ont renoncé volontairement à leur liberté pour sauver leur vie. Pendant une grande disette qui dura près de trois ans dans les pays voisins de la Gambie, beaucoup de gens

---

1. Fr. Moore, *Voyages dans les parties intérieures de l'Afrique*, trad. de l'anglais.

2. *Mémoires de la Société d'Anthropologie*, 1883, p. 47.

devinrent esclaves de cette manière. Le docteur Laidley m'a
assuré qu'à cette époque nombre d'hommes libres étaient
venus le trouver, le suppliant de les mettre à la chaîne de
ses esclaves pour les empêcher de mourir de faim. De grandes
familles sont souvent exposées au besoin le plus absolu, et
comme les parents ont sur leurs enfants une autorité presque
illimitée, il arrive souvent dans toutes les parties de l'Afrique
que l'on vende quelques-uns de ceux-ci afin d'acheter des
vivres pour le reste de la famille[1]. »

Une fois entre les mains de son maître, l'esclave devient
une unité monétaire, que celui-ci lance, quand il le veut,
dans la circulation. Chaque pièce, dit Corre, vaut dans la
région du Rio Nuñez deux cents francs en moyenne, ou un
collier d'ambre de vingt-cinq à trente boules.

Le nombre des esclaves, dans certaines contrées, est considérable. D'après Mungo Park la proportion est de trois
esclaves pour un homme libre. Écoutons encore Lander :
« Il n'y aurait pas, je crois, exagération à dire que les quatre
cinquièmes de la population, non seulement à Boussa, mais
partout aux environs, se composent d'esclaves. Il y en a
plusieurs à qui on donne permission d'aller et de venir
librement, pourvu qu'ils soient prêts à se rendre au premier
appel du maître : ils se procurent leur subsistance, et consacrent une portion de leur temps au service de ceux à qui
ils appartiennent ; d'autres font le service intérieur et remplissent les fonctions de domestiques. Ils sont également
obligés de pourvoir eux-mêmes à leurs besoins. La reine de
Boussa a un grand nombre d'esclaves fellans ; les hommes
sont constamment occupés à soigner les troupeaux et traire
les vaches, tandis que les femmes vont vendre le lait. Moitié

---

1. Cf. Labat, t. II, p. 303. — Hœfer, *op. cit.*, p. 201.

de l'argent leur reste pour existe et comme récompense de leurs peines. C'est ainsi que les esclaves sont traités dans leur pays natal : ils jouissent d'une grande liberté, ont du loisir, ne sont jamais surchargés d'ouvrage, et sont rarement punis, même lorsqu'ils le méritent : on ne leur inflige que de légers châtiments. Un esclave qui s'enfuit, et qui est repris et ramené à son maître, est mis aux fers un jour ou deux ; seulement le propriétaire s'en défait, s'il peut, à la première occasion[1]. » Boussa, dont il est ici parlé, est située dans le Borgou, près de la rive droite du Niger. Dans quelques contrées, dit Raffenel, les hommes libres ne forment que le vingtième de la population : tout le reste est en état de servitude[2]. Le fait est qu'il existe en Sénégambie, en Guinée, au Soudan, des villages composés exclusivement d'esclaves, qui ne travaillent presque uniquement que pour leur propriétaire. Dans la province de Kano, dit Barth, le nombre des esclaves est égal à celui des gens libres.

Le sort de l'esclave noir est beaucoup plus doux en Afrique qu'il ne l'était, ou ne l'est encore, dans le nouveau monde. On traite les esclaves d'après certaines règles, certaines coutumes qui ont pris la valeur d'une loi. L'esclave né dans la maison même ne peut être vendu[3]. Au Kaarta il a pour lui deux jours de travail libre par semaine ; un jour même il a droit au lait des troupeaux dont la garde lui est confiée. Waitz a recueilli sur ce sujet des témoignages qu'il est intéressant de rapporter (op. cit., p. 213). Chez les Mandingues les esclaves nés dans la maison sont traités comme s'ils étaient de la famille et ne se distinguent souvent pas des

1. *Op. cit.*, t. II, p. 214.
2. *Op. cit.*, p. 149. Voir encore Kœlor, *Einige Notizen über Bonny*, p. 153. Gœttingen, 1848.
3. Mungo Park, *op. cit.*, t. II, p. 45.

hommes libres avec lesquels ils vivent [1]. Chez les Bambaras, les serfs conquis à la guerre peuvent passer à la condition plus heureuse d'esclaves domestiques, et échappent ainsi à des ventes pleines pour eux de hasard. Nous avons déjà dit (ci-dessus p. 19) le soin qu'ont les Wolofs de leurs esclaves; un homme libre épousant une femme esclave, celle-ci devient libre [2]. A Tembouctou, un esclave malmené peut réclamer sa libération. A Bonny, les rapports sont familiers entre maîtres et esclaves; les derniers épousent parfois une fille des premiers, et peuvent même arriver à certains degrés dans la hiérarchie sociale [3]. Chez les Achantis, l'esclave maltraité peut se donner à un autre maître [4]. Chez les Ibos, il a une partie de son temps, peut prendre plusieurs femmes, et ses enfants sont libres [5].

Quant à l'esclave acheté et à celui qui a été conquis à la guerre, leur sort est souvent tout autre. Les sacrifices humains des pays de la Côte de l'Or sont alimentés au moyen de ces malheureux, qui ont à subir alors de terribles supplices. Nous en avons parlé ci-dessus (p. 84, 107). Tant qu'il est entre les mains des marchands, l'esclave est regardé comme un simple bétail. « Tous ces négriers, dit Sanderval, braves négociants du pays, donnent le frisson avec leur fouet court à plusieurs lanières, et le bruit de ferraille qui révèle dans quelque coin de leurs nippes la présence d'entraves toujours prêtes. Ils ne sont pas plus sauvages que d'autres; ils ont pour les esclaves dont ils trafiquent les sentiments d'indifférence ou d'intérêt qu'ont les toucheurs de bœufs

1. Moore, *op. cit.*, p. 78. — Winterbottom, *op. cit.*, p, 170.
2. Mollien, *op. cit.*, pp. 49, 52, 83. — Durand, *Voyage au Sénégal*, p. 156. Paris, an X.
3. Kœlor, *Einige Notizen über Bonny*, p. 155.
4. Bowdich, *op. cit.*, p. 355. — Hutton, *A Voyage to Africa*, p. 320. Londres, 1821.
5. Schœn and Crowther, *op. cit.*, pp. 155, 187, 231.

pour leurs troupeaux. Ici, les captifs conduits ne sont pas
enchaînés ; ils sont trop loin de leur pays pour songer à
fuir. Il arrive parfois qu'un négrier conduisant sa triste
marchandise est assassiné au coin d'un bois ; l'assassin, le
fouet à la main, s'empare des captifs et leur impose des
marches forcées, poúr gagner au plus tôt un lieu éloigné du
crime [1]. »

Ajoutons avec Snelgrave[2] que lorsqu'une expédition a
capturé un riche butin d'esclaves et en redoute quelque
rébellion, on se débarrasse du trop grand nombre par le
moyen le plus simple, c'est-à-dire en les égorgeant ou en les
assommant. Parfois on abandonne les malheureux sur le
champ de bataille même, après leur avoir coupé une
jambe[3].

Mais une fois entre les mains de son maître définitif, qui a
tout intérêt à ne pas abuser d'une marchandise valant un
bon prix, l'esclave du nègre n'est généralement pas malheureux ; il ne comprend du moins pas son infortune, et n'en a
pas conscience. Citons encore Sanderval : « Les noirs, dit-il,
vivent comme des chevaux à l'écurie, sans rien faire, sans
penser à rien, causant des faits divers de la chronique lo-
cale, naturellement très restreinte. L'esclavage est immoral,
c'est incontestable, en principe surtout ; c'est une plaie hon-
teuse, je ne cesse point de le penser ; mais on se tromperait
si l'on s'apitoyait, comme s'ils étaient de notre race, sur ces
esclaves, qui au moral comme au physique n'ont pas de sen-
sations très supérieures à celles des animaux. L'esclave qui
n'est pas très maltraité oublie vite son état de misère. Il n'a
pas de souci, il ne peut ou ne sait penser. Il est heureux dans

---

1. *De l'Atlantique au Niger*, p. 145. Voir aussi Corre, *Revue d'Anthropologie*,
1882, pp. 54, 57.

2. *Account of some Part of Guinea*, p. 186. Londres, 1734.

3. Barth, *op. cit.* ; trad. franç., t. III, p. 37.

le repos de son esprit endormi, et de même que le croyant
attend tout d'Allah et fait fond sur son indolente et facile
prière, de même l'esclave attend tout de son seigneur et
maître. » (*Op. cit.*, p. 183.) Et ailleurs : « L'on est saisi de
compassion en voyant ces pauvres diables tristes, sans joies,
sans pensées à eux, sans famille, sans rien qui leur assure le
présent ou l'avenir, et leurs maîtres cependant ne leur sont
pas toujours supérieurs ! Chez l'esclave, tout sentiment finit
promptement par s'effacer; l'être humain s'éteint, la brute
seule reste. » (*Ibid.*, p. 126.) Tous les explorateurs de l'Afrique
ont été d'accord sur la vie relativement facile et toujours
insouciante de l'esclave domestique des nègres. Au surplus,
comme le remarque fort bien Lander (*op. cit.*, t. III, p. 190),
un grand nombre de noirs africains montrent la plus stupide
indifférence lorsqu'ils sont privés de leur liberté et enlevés
à leurs parents : amour du sol, affections familiales sont
alors pour eux choses à peu près étrangères.

**
* *

De l'esclavage à l'état social en général la transition est
aisée.

En ce qui concerne l'état politique, on remarque tout
d'abord que le despotisme le plus absolu règne sur une
grande partie des nègres sus-équatoriaux. Nous avons parlé
de ce despotisme chez les Dahomans (p. 99); il en est de
même au Borgou[1] et dans bien d'autres contrées. La conception de l'autorité est la conception même de l'état social au
Dahomey : il n'y a dans ce pays qu'une superposition de supérieurs et d'inférieurs, depuis le roi qui tient le haut de
l'échelle jusqu'au dernier des malheureux captifs destiné aux
sacrifices humains. Le roi de Dahomey est un être supérieur

1. Letourneau, *la Sociologie*, p. 440.

à tous les mortels. Il se considère et est considéré comme tel par tous ses sujets. A son arrivée au trône, Bossa fit exécuter tous ceux qui portaient ce même nom[1]. Dans ce même pays le roi est l'héritier universel de tous ses fonctionnaires[2]. Chez les Achantis le roi hérite de tout l'or de chacun de ses sujets (Bowdich, *op. cit.*, p. 344). Au Bénin, sur chaque succession le roi prélève un esclave (Bosman). Au Wadaï, le chef de l'État est un véritable saint et se trouve, comme tel, objet de la vénération générale. La cour des despotes noirs n'est pas faite, cependant, pour en imposer beaucoup au visiteur européen : « Le palais est un assemblage de trente ou quarante cases de paille distribuées çà et là sur un terrain assez vaste et entouré d'épines mortes. De petits murs de paille joignent ces cases l'une à l'autre, et en font des galeries. Des nattes de jonc, des pilons, des mortiers, des vases de terre aride et quelques mauvais coffres servent d'ameublement. Un nègre fumant sa pipe, vêtu de quatre aunes de toile de coton bleu grossièrement tissu, voilà le souverain : des princes mendiant avec bassesse et importunité de l'eau-de-vie, de la poudre et du tabac; des esclaves à demi-nus, voilà la cour et les valets[3]. »

Parfois le pays est partagé en une foule de petits despotes dont la tyrannie est d'autant plus insupportable qu'ils vivent plus rapprochés de leurs sujets. Ils les pillent, les enlèvent, les vendent (Mollien, édit. de 1889, p. 113).

Dans plus d'une région la puissance royale est au contraire fort limitée, presque nominale. Le roi, chez les Mandingues par exemple, ne peut se passer en bien des circonstances des avis d'un conseil; nous avons mentionné le même

---

1. Norris, *Memoirs of the Reign of Bossa Ahadee*, p. 6. Londres, 1789.
2. Dalzel, *The History of Dahomey*, p. 168. Londres, 1793.
3. *L'Afrique*, par R. G. V., t. III, p. 111.

usage chez les Landoumas. Il est vrai que bien souvent le roi
sait obtenir de ses conseillers l'opinion qu'il veut voir pré-
valoir, cela grâce à des arguments irrésistibles[1]. Chez les
Saracolais la noblesse est réellement maîtresse de l'autorité
royale. Chez les Achantis une aristocratie altière tempère
souvent la puissance du souverain. Chez les Mandingues la
monarchie est modérée par un conseil aristocratique (Caillié, t. Ier, p. 414; Mungo Park, t. Ier, p. 27), et le pouvoir
royal est loin d'être absolu[2]. Chez les Fantis un conseil d'anciens règle les affaires comme il lui plaît, sans s'occuper du
souverain nominal[3].

Ailleurs le pouvoir est réduit, pour le bonheur de tous,
des gouvernés comme des gouvernants, à sa minime expression; chez les Sérères, par exemple, ainsi que nous l'avons
exposé ci-dessus. De même au Bambouk[4]. Dans cette région,
dit Colin, la plupart des villages vivent complètement auto-
nomes, tout comme beaucoup de villages malinkés[5]. Chez
une partie des Féloups, les villages vivent les uns à côté des
autres en manière de fédération, mettant inconsciemment en
pratique l'état libéral vers lequel gravitent avec tant de peine
et à travers tant de difficultés nos sociétés européennes. Les
Sérères forment un certain nombre de petites républiques[6].

Chez les Balantes les villages ne se composent que d'un
très petit nombre de familles, d'une seule parfois; le chef ne
l'est que de nom (Vigué, op. cit., p. 453).

Dans certaines régions la forme républicaine est oligar-
chique, aristocratique. C'est la tyrannie des classes diri-

1. Letourneau, op. cit., p. 439.
2. Matthews, Voyage à la rivière de Sierra Leone; traduct. franç. Paris,
1797.
3. Bosman, Description nouvelle de la côte de Guinée, t. I, p. 64.
4. La Coste, Voyage au pays de Bambouc, p. 18. Bruxelles, 1789.
5. Rev. d'Anthropologie, t. XV, p. 434.
6. Faidherbe, Bull. de la Soc. de Géogr., 1885, t. I, p. 35.

geantes, de celles qui se dénomment chez nous l'élite intel‹
lectuelle et morale.

L'ordre de la succession au trône est communément
l'ordre collatéral. C'est ce que nous avons indiqué plus haut
en parlant de l'ordre de la succession dans la famille. Le roi
a pour héritier, non point son fils, mais le fils de son propre
frère ou de sa sœur; c'est le fait du matriarcat, doctrine lo‑
gique s'il en fut, et qui est mise en pratique dans bien
d'autres pays que le pays des nègres africains. Au Wallo, par
exemple, le successeur du roi est l'enfant le plus âgé de la
plus vieille sœur du défunt[1]. Chez les Saracolais, chez cer‑
tains Mandingues, la succession du roi passe à son frère
(Raffenel); de même au Bondou (Mollien). Chez les Achan‑
tis l'héritier du trône est d'abord le frère, puis le fils de la
sœur, puis le fils du défunt, puis le premier vassal (Bowdich).
Chez les Landoumas l'héritier du souverain est le fils de la
sœur (Caillié). Chez les Sérères c'est le frère de la mère qui
succède, puis le fils de la sœur (Faidherbe, *Bull. de la Soc.
de Géogr.*, 1885, t. Ier, p. 36).

Par contre, chez les Papels, le fils aîné du roi défunt lui
succède, puis le frère le plus âgé[2]. Au Bénin c'est également
le fils aîné du roi mort qui recueille la succession (Bosman).
A la mort du roi de Woulli, dit Mungo Park (t. Ier, p. 52),
son fils lui succède; si le roi mort n'a pas laissé de fils,
ou si ce dernier est encore enfant, les notables assemblés
proclament le frère du défunt ou son plus proche parent.
Mais, en somme, l'hérédité collatérale est la règle.

Des Marchais rapporte qu'au Dahomey le pouvoir passe
au fils qui est né au roi, non le premier en date, mais le pre‑·

---

1. Mollien. *Voyage dans l'intérieur de l'Afrique*; Paris, 1822. — Durand.
Voyage au Sénégal; t. I, p. 96. Paris, 1802. — Boilat. *Esquisses sénégalaises*,
p. 82. Paris, 1853.

2. *Bull. de la Soc. de Géogr.*; 1849, t. II, p. 340.

mier à partir de l'époque à laquelle a commencé à régner
son père; le fils né auparavant n'a point droit au trône.

Ajoutons que dans certains États monarchiques le souverain est électif; ainsi en est-il dans quelques régions du bas
Niger (Waitz, t. II, p. 151). Ces rois élus ont à leur côté
un conseil d'anciens. Chez les Balantes, le système héréditaire n'est pas absolu. A la mort du roi, le fils de celui-ci
n'hérite que s'il a consommé sans doute possible le poison
d'épreuve; il peut être supplanté par un autre prétendant.
« Le roi une fois désigné, dit Marche, a cependant encore des
épreuves à subir avant d'être proclamé. On l'enferme pendant trois jours dans une case bâtie à cet effet, et l'on cherche à l'effrayer par tous les moyens; on le menace avec des
armes, on le surprend la nuit, on feint de vouloir l'égorger;
malheur à lui s'il témoigne la moindre émotion; il est immédiatement percé de coups, et l'on passe à un autre prétendant.
S'il a résisté victorieusement à toutes les surprises et à toutes
les épreuves, on le fait sortir le troisième jour, et on le conduit au milieu du village. Là on l'étend à terre, couché sur le
ventre; tous les notables l'entourent, et posant leurs lances
sur son corps, lui jurent fidélité. Après cette cérémonie, si
c'est l'héritier du roi défunt, on le conduit dans la case de
celui-ci, et il prend possession de tous ses biens, y compris les
femmes; cependant sa mère est exceptée de l'héritage, et on
la renvoie du pays. Si c'est un parvenu, il est obligé de se
créer une cour. » (Op. cit., p. 72.)

Les Sousous élisent leur roi et ses ministres; les chefs des
villages sont désignés par le roi. Ce dernier, d'ailleurs, est
assisté d'un conseil d'anciens dont l'autorité est grande
(Vigué, op. cit., p. 457).

Une femme est rarement reine. Le cas pourtant se présente;
Bosman l'a signalé à Akra.

*
*   *

Partout nous trouvons organisé un système de castes, partout du moins où un État est constitué plus ou moins rudimentaire, plus ou moins développé; ce système est en parfaite corrélation avec celui de la hiérarchie et du servilisme.
Chez les Wolofs, à côté de la noblesse, existent quatre autres
castes : les forgerons, les corroyeurs, les pêcheurs, les chanteurs[1]. Chez les Sérères il y a cinq castes : les nobles, les
hommes libres, les demi-libres, les artisâns et cultivateurs,
les esclaves, ces deux dernières classes corvéables (*Rev.
d'Ethnogr.*, t. II, p. 11). Bosman parle des cinq castes
constituées chez les noirs guinéens (t. II, p. 138). Les
Bambaras, à côté des classes nobles et dirigeantes, ont trois
castes : celle des forgerons, celle des corroyeurs, celle des
chanteurs. Ceux-ci, comme ceux des Wolofs, ne sont autres
que les griots, dont nous nous sommes déjà occupés et dont
nous nous occuperons encore plus loin. Nous avons parlé ci-
dessus des guerriers et des marabouts des Mandingues, et
des castes professionnelles qui vivent auprès de ces deux
classes supérieures (ci-dessus p. 141). Nous avons mentionné
également les castes des Kassonkés (p. 155), celles des Achantis ; une plus longue énumération serait fastidieuse.

*
*   *

Nous avons parlé plus haut, à diverses reprises, de certaines
associations plus ou moins secrètes et religieuses. Elles existent
chez différentes populations, chez les Mandingues, chez les
Véis, chez les Timanis. Ce sont des sociétés policières et
justicières qui poursuivent les sorciers, les voleurs, et exercent

1. Wilson, *Western Africa*, p. 72. Londres, 1856.

généralement leurs fonctions durant la nuit. Telle est, chez les Sousous, la société dite « semo »[1] (Vigué, *Rev. scientif.*, oct. 1888). Il existe au vieux Calabar un ordre policier de même nature (Waitz, t. II, p. 136).

Caillié parle d'une semblable association chez les Bambaras. Les initiés se tiennent dans les bois, en sortent la nuit, parcourent les villages en hurlant, vont, les jours de fêtes, recueillir les présents que l'on se hâte de leur offrir (*op. cit.*, t. I, p. 286).

*
* *

Arrivons à dire quelques mots des différentes industries auxquelles se livrent les noirs artisans.

Le nombre est très restreint des populations noires suséquatoriales chez lesquelles ne se rencontre aucune industrie. Les Landoumas, entre autres, sont dans ce cas.

Les corroyeurs se trouvent un peu partout, particulièrement chez les Bambaras et dans le Soudan, par exemple à Katsena, où ils sont renommés (Barth). En certaines contrées ce métier est exercé par les femmes[2]. Ce n'est pas, en tout cas, la profession qui fait le plus d'honneur à l'industrie nigritique. Souvent les tanneurs sont ambulants et parcourent les pays. Ils trempent les peaux dans un mélange de cendres de bois et d'eau jusqu'à ce que le poil tombe. Ils emploient comme astringent certaines feuilles pilées, et, pour assouplir la peau, la frottent entre leurs mains, la battent sur une pierre (Mungo Park, t. II, p. 39).

Le métier de tisserand est plus répandu, et, généralement,

---

1. Matthews, *Voyage à la rivière de Sierra Leone*; trad. franç. Paris, 1797. — Winterbottom, *An Account of the natives Africans*, p. 180. Londres, 1803. — Gordon Laing, *Travels in Timanee*, p. 88. — Forbes, *Dahomey and the Dahomans*, p. 60.

2. Barth, *Reisen und Entdeckungen in Nord- und Central-Africa*, t. I, p. 497. Gotha, 1857.

beaucoup plus avancé. Les Wolofs, entre autres, passent, non sans raison, pour d'habiles tisserands. Au Sénégal les hommes travaillent le coton une fois que les femmes ont préparé le fil : « Ils font une étoffe épaisse et assez solide, d'une largeur de 20 à 25 centimètres, grossièrement tissée, qui sert à la confection de leurs vêtements; les hommes les cousent eux-mêmes, et vont jusqu'à les broder avec des soies de différentes couleurs qu'ils se procurent dans nos comptoirs, car en dehors de l'indigo qu'ils ne manient que d'une façon très primitive, ils n'ont aucune notion des teintures[1]. »

Les Saracolais sont renommés aussi pour leurs tissus[2]. « Les tisserands nègres du Sénégal, lisons-nous dans la *Revue maritime et coloniale*, tissent avec le coton indigène des bandelettes d'étoffes de 15 centimètres de largeur en moyenne. La réunion de plusieurs de ces bandelettes, longues de 2 à 3 mètres environ, forme un morceau d'étoffe nommé pagne, qui constitue le principal vêtement des indigènes des deux sexes. Les plus beaux de ces pagnes sont mêlés de fils de couleur qui forment des dessins très réguliers, et même assez compliqués. Le nombre des tisserands excède à lui seul celui de tous les autres ouvriers réunis[3]. » Et ailleurs : « Les tisserands fabriquent des étoffes de coton qui n'ont jamais plus de six à neuf pouces de large sur deux aunes et demie de long. Ils sont assis par terre, creusent un trou pour placer leurs pieds et faire aller leur métier qu'ils établissent avec quatre fourches, sur lesquelles ils placent souvent une natte pour se mettre à l'abri du soleil. La chaîne de l'étoffe est attachée à une forte pierre qu'ils tirent de temps en temps à eux. Leur métier et leurs navettes ne diffèrent pas beaucoup des nôtres[1]. » Gordon Laing signale particulièrement le filage

1. *Bulletin de la Société de géographie*, 1877, t. II, p. 128.
2. Gray et Dochard, *Voyage dans l'Afrique occidentale*. Paris, 1826.
3. T. VIII, p. 732.

du coton, tel qu'on l'opère dans le Kouranko : « La manière
de filer le coton est simple et ingénieuse; la femme le débarrasse d'abord de toutes saletés, en le plaçant sur la corde
d'un petit arc qu'elle avance et qu'elle retire de la même manière que si elle voulait faire partir la flèche; ensuite,
elle met le coton autour d'une quenouille qu'elle tient de la
main gauche, de la droite elle le tire, et fait mouvoir alternativement une sorte de fuseau autour duquel le fil se roule [2]. »
Erdman Isert décrit la pratique d'un tisserand guinéen :
« Quatre bâtons d'un bon pouce d'épais, plantés en terre, font les
quatre piliers d'un métier. Contre les deux de derrière, sont
affermis deux autres bâtons, de la longueur de deux pieds,
posés en travers, de façon qu'ils forment une croix avec les
autres. Dans cette croix on place un autre bâton horizontal
qui forme le banc sur lequel le maître s'assied. Ils n'ont
point d'ensuble, mais la chaîne est entortillée à une griffe,
qu'un aide tient éloignée de lui. Leurs peignes ont beaucoup
de ressemblance avec les nôtres; mais ils n'ont point d'yeux et
consistent en deux demi-boucles suspendues, entre lesquelles le
fil court. Ils les foulent comme nous avec les pieds, au moyen
de deux planchettes sur lesquelles le pied s'appuie. La
feuille est comme chez nous; deux fils courent toujours dans
chaque division. Leur tissu est extrêmement étroit, et a rarement plus d'un quart d'aune. Leur fil est du coton qu'ils
filent au fuseau. » (*Op. cit.*, p. 124.) Rappelons enfin ce que
nous avons déjà dit des Yébous, peuple industrieux, dont
les femmes tissent les étoffes avec art.

La coloration des tissus est à peine connue dans certaines
régions; dans d'autres contrées elle est assez perfectionnée.
Au Bornou on obtient de remarquables teintures bleues [1]; il

---

1. *L'Afrique*, t. IV, p. 179.
2. *Voyage dans la Timani ;* trad. franç., p. 196. Paris, 1826.
3. Ledyard et Lucas, *Voyages en Afrique ;* trad. franç. Paris, 1804. — Cf.
Barth, *op. cit.*, t. I, p. 327; t. II, p. 25.

faut citer également celles des Saracolais, des Achantis, des Haoussas, des Dahomans[1], des indigènes de Timé (Caillié). « Si le bleu, dit Erdman Isert, en parlant de certains Guinéens, ne surpasse pas notre indigo, il l'égale du moins. Ils le composent de certaines feuilles d'arbres et d'une sorte de racine, sur lesquelles ils versent une lessive de cendre de noix de palmier, font fermenter le tout à froid, ce qui se fait en peu de jours. La teinture ainsi préparée, ils y trempent leur fil à froid, le laissent sécher et terminent l'opération par le laver. Ils préparent aussi toutes les autres teintures connues, mais elles ne sont ni si belles, ni si durables. » Mungo Park parle de la teinture chez les Mandingues : « On pile dans un mortier de bois les feuilles d'indigo fraîchement cueillies, et on les mêle, dans une grande jarre de terre, avec une forte lessive de cendres de bois; quelquefois on y ajoute de l'urine. On trempe la toile dans ce mélange, et on l'y laisse jusqu'à ce qu'elle ait acquis la teinte désirée. Dans le Kaarta et le Ludamar, où l'indigo n'est pas abondant, on ramasse les feuilles que l'on fait sécher au soleil. Lorsqu'on veut s'en servir, on en réduit en poudre une certaine quantité que l'on mêle avec la lessive dont je viens de parler. La couleur qui résulte, tant d'une de ces opérations que de l'autre, a une teinte purpurine, et elle égale le plus beau bleu de l'Inde ou de l'Europe. » (T. II, p. 37.)

Les noirs de la région du Bénoué savent tirer de certains végétaux de belles couleurs rouge, bleue, verte, noire (Viard, Au Bas-Niger, p. 150).

L'art de la poterie est très peu avancé. « Ils n'en font que d'une seule espèce, dit Loyer, qui leur sert de marmite et de tout. Elle est ronde par le dessous et la bouche en est toujours fort petite, à proportion de la grosseur; de sorte qu'il

---

1. Robertson, *Notes on Africa*, p. 264. Londres, 1819.

est impossible de la faire tenir droite, si l'on ne met dessous quelque chose, pour l'appuyer[1]. » En effet, presque tous les pots faits par les nègres, — s'ils ne les copient sur des récipients d'origine étrangère — sont ronds et ont la bouche étroite. Pour les dresser, il faut donc ou les appuyer sur des pierres[2] ou les enfoncer dans le sable. N'étant pas cuite au four, la terre des pots est généralement mal prise et se casse facilement. Ce qu'ils font le mieux, dit Labat, ce sont les têtes de pipes. Au surplus, on ne fait guère de poterie que

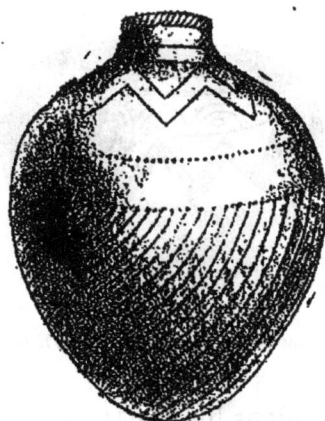

FIG. 28. — Vase dinka (*Artes africanae*, tab. 1). Hauteur : 1 mètre 3.

pour son propre usage, et le nombre est restreint des vases qui sont mis en vente.

Les Bambaras, toutefois, échangent contre du sel ou des noix de kolas, des pots de terre fabriqués par eux. Ils sont de forme ovale et assez profonds (Caillié, t. Ier, p. 254).

A Porto-Novo, il y a des usines où l'on fabrique en plein vent de la poterie usuelle et des alcarazas fort utiles dans un

1. *Relation du royaume d'Issigny, côte d'or, pays de Guinée, en Afrique*, p. 67. Paris, 1714.
2. *Nouvelle Relation de l'Afrique occidentale*, t. III, p. 333. Paris, 1728.

pays où l'eau, prise dans le puits, marque 25 degrés (*Rev. d'Ethnogr.*, 1887, p. 113).

Labat, dans son intéressant récit d'après André Brüe, parle, lui aussi, des potiers de terre du Sénégal : « Quoique presque tous les nègres sachent faire les pots dont ils se servent pour faire cuire leur couscous et leur sanglet, il y a pourtant quelques gens qui prennent la peine d'en faire pour les vendre. Presque tous les pots grands et petits sont ronds et ont la bouche étroite. Il faut les appuyer avec des pierres pour les tenir droits ; sans cette précaution ils se renversent

Fɪɢ. 29. — Vase des Bongos (*Artes africanae,* tab. V). Diamètre : 80 centimètres.

aisément. On trouve dans bien des endroits de la terre propre à la poterie ; ils ne la travaillent pas mal, mais n'ont point de four pour la faire cuire ; elle l'est ordinairement fort mal, et il s'en casse beaucoup. L'ouvrage auquel ils réussissent mieux, sont les têtes ou fourneaux des pipes. J'en ai du Sénégal et de Galam très propres ; ceux de Galam les font de la terre dont on a tiré de l'or, et on y voit encore bien des paillettes. » (T. II, p. 333).

On fabrique à Onitcha (6° de latitude) d'assez jolies poteries, au dire de Viard (*op. cit.*, p. 39).

Dans le Bové, sur le haut Cassini (10° 4 de latitude), San-derval a remarqué « de bonnes oulles en terre noire, pour conserver l'eau, faire la cuisine, etc. Ces vases ont l'aspect de vases étrusques, ils sont faits à la main sans tour ni moule ; la forme sphérique leur est donnée au moyen d'un petit cerceau[1]. » Ces oulles seraient solides ; elles sont fabriquées par les femmes des forgerons et on les fait cuire en tas.

Toute la Nigritie ne connaît point l'art du forgeron, mais dans certaines contrées il est très répandu.

Labat rapporte, d'après Brüe, que les forgerons transportent l'attirail de leur métier partout où ils trouvent de l'ouvrage. Cet attirail consiste en une petite enclume, une peau de bouc servant de soufflet, quelques marteaux, une tenaille, deux ou trois limes. L'enclume s'enfonçant à chaque instant dans la terre sous la frappe du marteau, il faut à tout instant qu'un compagnon la remette en bonne situation. On y perd la meilleure partie du temps. « Ils ne sont jamais moins de trois ouvriers qui travaillent ensemble. L'un souffle le feu, et se sert pour cela d'une peau de bouc partagée dans son milieu, ou de deux peaux jointes ensemble, dont les endroits des jambes sont liés étroitement, excepté un où il a une petite canule de fer ou de cuivre. Celui qui doit souffler est assis derrière son soufflet et appuie ses coudes ou ses genoux l'un après l'autre sur ces outres qui se remplissent de vent successivement à mesure qu'il en fait sortir par le canal de fer. Les deux autres sont assis vis-à-vis l'un de l'autre, l'enclume entre eux deux, sur laquelle ils battent la matière nonchalamment, et comme s'ils avaient peur de lui faire du mal. »

Loyer, au commencement du xviii⁰ siècle, parle de façon détaillée des artisans du cap Bernard : « Pour forger, ils s'assemblent trois ou quatre, plutôt afin de discourir que pour travailler. Ils se tiennent sous quelque arbre, où ils

---

1. *De l'Atlantique au Niger*, p. 116.

HOVELACQUE. — Les Nègres. 22

mettent d'ordinaire leur forge portative, n'ayant point de fourneau fait exprès pour cela, comme les nôtres. Dans ce lieu, la pipe à la bouche, qu'ils ne quittent presque jamais, ils allument un si petit feu, avec quelques morceaux de mauvais charbon, qu'à peine croirait-on qu'il fût possible d'échauffer un clou. Ils se servent, pour forger, de deux soufflets composés chacun d'une peau de cabri, taillée en forme de causse à filtrer, bien cousue, comme on en trouve dans nos boutiques d'apothicaires. Au bout étroit ils mettent un petit tuyau de fer, et à celui qui est large ils attachent une forte courroie, par où ils engagent leurs mains, et alors ouvrant les mains ils donnent le moyen à l'air d'y entrer, puis les refermant ils les poussent alternativement. Cet air ainsi comprimé, sortant avec impétuosité, souffle fort bien le feu et leur sert autant que feraient les nôtres.

« Leur enclume est un morceau de fer, de la pesanteur de vingt à trente livres, de la forme d'une natte de tisserand. Ils n'ont pas l'industrie de l'assurer bien, mais ils la mettent sur le sable à plate de terre ; ce qui fait qu'ils ne frappent pas longtemps dessus, sans qu'elle s'ensable ; en quoi ils perdent beaucoup de temps à la redresser ; car il est à remarquer qu'en quelque métier que s'exerce un nègre, il travaille toujours assis sur la terre, ce qui marque leur extrême paresse[1]. »

Mungo Park rapporte que le minerai de fer est jeté dans de grandes tours d'argile, hautes de dix pieds, ayant trois pieds de diamètre et consolidées par un entourage de lianes. Dans ce four est placée tout d'abord une couche de charbon ; sur cette couche arrive une couche de minerai, sur cette dernière une nouvelle couche de charbon, puis une autre de minerai, et ainsi de suite. La cuisson a une durée de trois jours.

1. *Op. cit.*, p. 65.

Lorsque la matière est refroidie, on abat le four et le fer apparaît sous forme de grande masse ; il est dur et cassant. On le forge alors. Le soufflet de la forge est fait de deux peaux de chèvres ; les tuyaux se réunissent avant d'entrer dans la forge et ils fournissent un courant d'air régulier et constant[1]. Voici, d'autre part, ce que relate Mollien : « La plupart des habitants sont propriétaires de fourneaux à fondre le fer ; c'est le genre d'industrie auquel les Serracolets s'adonnent le plus volontiers. Pour battre ce métal, on se sert de fragments de diabase granitoïde d'une forme arrondie, que l'on entoure d'une bande de cuir : cette bande est attachée à des courroies qu'un ouvrier tient dans les mains. Il soulève la pierre et la laisse tomber sur le fer, placé sur une enclume très basse, que l'on enfonce dans le sable. C'est par ce procédé grossier et fort long qu'ils forgent le fer, et en forment des barres longues de huit pouces[2]. » D'après Caillié, on casse avec un marteau les pierres qui contiennent du fer ; tout autour de ces pierres on fait un grand feu, et le fer étant fondu on lui donne la forme désirée ; les soufflets de forge sont faits de peaux de moutons ou de cabris[3]. « Jobson, dit Walckenaer, employa un de ces forgerons nègres pour briser une barre de fer en plusieurs parties. Le nègre apporta toute sa boutique. Elle consistait dans une paire de soufflets et une petite enclume qu'il enfonça dans la terre, sous un arbre fort touffu. Il fit un trou pour y placer ses soufflets, en faisant passer les tuyaux dans un autre trou voisin, qui était destiné à contenir le charbon. Un petit nègre ne cessait pas de souffler. Le fer fut coupé suivant les ordres de Jobson. Mais il avertit qu'il ne faut pas perdre le forgeron de vue,

---

1. *Voyage dans l'intérieur de l'Afrique;* trad. franç., t. II, p. 42. Paris, an VIII.

2. *Op. cit.,* t. II, p. 38.

3. *Journal d'un voyage à Temboudou,* t. II, p. 149. — Cf. t. I, p. 301, ce que le même auteur dit des forges des Bambaras.

si l'on ne veut pas qu'il dérobe une partie de la matière[1]. »

Le soufflet, en somme, est composé d'une peau de bouc coupée en deux, ou bien de deux peaux jointes l'une à l'autre, et laissant, à l'extrémité, un passage pour le tuyau. L'individu qui souffle, accroupi, presse les soufflets alternativement du genou et du coude. Les autres noirs frappent sur l'enclume. Le feu est médiocre, et de bois, faute de charbon. On passe la meilleure partie du temps à retirer l'enclume de la terre où elle s'enfonce naturellement à chaque coup.

Ce système assez primitif se retrouve par toute la Nigritie. C'est celui que décrit Sanderval pour l'avoir vu fonctionner dans le pays du Rio Nuñez, entre l'embouchure du fleuve et Boké : « Visité une forge indigène. Le feu est à terre ; le vent y arrive par un tuyau bifurqué en terre, terminé par deux outres en peau de chevreau. Ces outres font office de soufflet sous les mains d'un noir qui comprime et laisse se relever chacune d'elles alternativement. La soupape, des plus simples, n'est autre chose que la main même du noir, qui ouvre ou bouche l'ouverture extérieure de l'outre, suivant qu'il s'agit d'aspirer l'air ou de le refouler par la tuyère. Une petite courroie maintient la main fixée au point voulu de l'outre. C'est simple, mais il faut de l'habitude et une certaine dextérité pour que l'effet soit continu. » (*Op. cit.*, p. 54.)

Hecquard parle de forges de la Côte de l'Ivoire, un peu à l'ouest de la région de Grand Bassam. « Elles se composent, dit-il, de deux soufflets en peau ayant la forme de deux tambours, qui, au moyen d'une pression sur la partie supérieure, s'élèvent et s'abaissent alternativement. Ce mouvement est produit par un ressort à boudin composé d'une liane roulée sur elle-même et placée dans l'intérieur. Ils

1. T. IV, p. 205.

sont d'un assez grand volume ; leurs marteaux sont en fer et
d'une seule pièce ; ils ont des pinces très bien faites, forgent
avec goût et brâsent très proprement. » (*Op. cit.*, p. 46.) Le
passage mérite d'être cité à cause du mécanisme élémentaire
qu'il mentionne. Au reste, les noirs de cette contrée passent
pour les plus habiles de tous les forgerons de la Nigritie
occidentale.

Dans la Nigritie orientale nous avons à signaler particulièrement les forges *des Diors et de leurs voisins du sud, les
Bongos.* Schweinfurth les a décrites. Chez les Diors les fourneaux sont des cônes d'argile hauts de quatre pieds et dont
la partie supérieure s'élargit ; cette cuvette du haut communique par un étroit goulot avec la cavité inférieure, celle-ci
remplie de charbon. Le minerai est introduit par la cuvette
en petits fragments, et, le vide du fourneau descendant un
peu plus bas que le niveau du sol, au fur et à mesure de la
fusion la fonte descend à travers le brasier et tombe dans le
creuset du bas. On n'emploie pas de soufflet, et l'opération
est terminée en quarante heures [1]. Le procédé est bien supérieur chez les Bongos. Leur fourneau, toujours en argile et
haut de cinq pieds, est divisé en trois compartiments. Celui
du milieu reçoit le minerai en couches alternées avec des
couches de combustibles ; dans le compartiment du haut et
dans celui du bas on ne met que du charbon : « La chambre
centrale est séparée de l'inférieure par une espèce de cadre
posé sur une projection circulaire ; elle communique avec
celle d'en haut par une étroite encolure. A la base du fourneau, des trous, au nombre de quatre, permettent de retirer
les scories et d'introduire le bout des soufflets qui activent la
combustion. Une cinquième ouverture que l'on bouche avec
de l'argile et que l'on débouche à volonté donne issue au

---

1. *Au cœur de l'Afrique*, t. I, p. 203.

métal, qui, en fondant, a coulé dans le compartiment inférieur. » (*Ibid.*, p. 267.) Ce métal est homogène et malléable.
— Les Latoukas, au dire de Baker, sont de bons forgerons.

Le commandant Archinard a parlé des nombreux fourneaux soudaniens dans lesquels est traité le minerai de fer
(*Revue d'Ethnographie*, t. III, p. 249). Ces fourneaux sont
en terre, de quarante à cinquante centimètres d'épaisseur à
la partie inférieure, hauts de deux à trois mètres et offrent
l'aspect « de deux troncs de cône superposés, reliés entre
eux par un renflement du tronc de cône supérieur ». Quelques contre-forts consolident le fourneau. Dans la terre, au
milieu du fourneau, est creusé un trou où les morceaux de
fer tout imprégnés de scories viennent s'amalgamer. En
face de la porte du fourneau le fond de ce trou se raccorde
au sol par une pente, et c'est par cette porte que le forgeron
retire la masse de fer. Les scories et les liquides sortent par
une plus petite porte placée de l'autre côté et obturée avec
de la terre qu'on enlève au moment voulu. Cela va tomber
dans un trou fait à l'extérieur. Généralement un fourneau ne
fonctionne qu'une fois l'an, alors qu'il faut se procurer les
instruments nécessaires au travail de la terre.

Au Darfour la métallurgie est peu avancée. Le forgeron a
pour soufflet un sac de cuir auquel il adapte un tuyau de
bois. Le feu est dans un petit trou creusé en terre [1].

Ajoutons que certains peuples, les Achantis par exemple,
ignorant l'art de la fonte, connaissent au moins celui de la
forge et le pratiquent avec assez d'habileté. Nous parlerons
un peu plus loin des armes que se forgent les indigènes.

---

1. Browne, *Nouveau Voyage dans la haute et la basse Égypte, la Syrie, le
Darfour;* trad. franç. Paris, 1800.

***

Peu de populations nigritiques ignorent l'agriculture. On cite sous ce rapport les Fantis[1], les naturels de Bonni. Il est vrai que ces derniers habitent un pays ingrat qui ne se prête guère au travail de la terre. Les Fôriens se distinguent également peu sous ce rapport; de même les noirs d'Assinie et de Grand Bassam[2]. Par contre, il faut citer pour leurs qualités agricoles les Sérères (voir plus haut), les Timanis, les Bagas (Caillié), les Bambaras (Mungo Park, t. Ier, p. 320), les Mandingues, une grande partie des Dahomans, les Nyféens, les Yorubans, les indigènes de Katséna et de Vourno[3], les Baniouns (Vigué), les Sousous (*id.*, p. 462).

L'emploi de la charrue, comme instrument aratoire, est limité au tiers à peine de l'Afrique, soit à la partie septentrionale. En partant de la côte de l'Atlantique on peut tracer approximativement une ligne descendante, ayant son origine vers le trentième degré de latitude et arrivant un peu au sud d'Aghadès. Dans cette région de l'Afrique occidentale — c'est-à-dire non seulement dans tout le pays noir (y compris Tembouctou et le domaine sonraï), mais encore dans la plus grande partie du territoire des Maures, — la charrue est inconnue, à Aghadès elle est en usage (Barth). En gagnant l'est, la ligne de délimitation laisse au sud les noirs du lac Tchad, les noirs du haut Nil, et les sépare du Wadaï, du Kordofan, de l'Abyssinie ; dans ces dernières régions on emploie plus ou moins la charrue. On la connaît ainsi, à l'est, un peu plus bas que le dixième degré de latitude.

Chez un grand nombre de populations nigritiques on

1. Meredith, *An Account of the Gold Coast*, p. 116. Londres, 1812.
2. Hecquard, *Voyage sur la côte et dans l'intérieur de l'Afrique occidentale*, p. 75. Paris, 1855.
3. Barth, *op. cit.;* trad. franç., t. III, p. 201.

commence, avant de labourer la terre, par la nettoyer en mettant le feu à tout ce qu'elle porte[1]. On se sert alors d'une bêche ayant la forme d'un tranchet, et dont le fer ne pénètre

Fig. 30. — Bêche de fer des Bongos (*Artes Africanae*, tab. VI). Longueur : 50 centimètres.

pas plus profondément que deux ou trois pouces. Les travail-leurs marchent à la suite l'un de l'autre, ayant les pieds de

1. *Description et recit historial du riche royaume d'or de Gunea*, p. 49. Amsterdam, M.VIC.V. — Adanson, *Histoire naturelle du Sénégal*, p. 164. Paris, 1767.

chaque côté du sillon, levant successivement une petite bêchée
de terre et perdant, en futiles paroles, les deux tiers au moins
de leur temps. Presque partout la terre est légère et on la
remue sans peine. Parfois la cendre des herbes brûlées au
préalable est répandue sur le sol. La sorte de bêche ou de
houe qui sert à biner la terre, et est le seul instrument de
culture, est généralement de fer avec un manche de bois.
Chez quelques peuples, par exemple chez les Timanis, l'instrument est de bois tout entier[1], mais ce fait est exceptionnel.
Pour fabriquer les bêches, rapporte Labat d'après André Brüe,
on partage les barres de fer en douze parties, ayant sept à
huit pouces de long; chacune se subdivise en trois sections
(dialots) qui suffisent à faire une bêche. L'instrument est
petit et de peu de force, mais il répond à ce qu'on lui demande, égratigner la terre pour que le mil se recouvre d'un
peu de poussière. Ce peu de façon est largement suffisant.
La bêche affecte la forme d'un croissant; au milieu de
l'échancrure se trouve une douille dans laquelle est fixée une
hampe.

Les bêches dont se servent les Baniouns sont de bois, garnies d'une petite bande de fer plat (Labat, d'après Brüe, t. V,
p. 39). « Le seigneur, rapporte Demanet, ou le maître qui
fait travailler, est à la tête des ouvriers, armé comme dans un
jour de bataille. Il a auprès de lui ses guériots avec leurs
caisses, qui chantent à pleine tête et battent leurs
caisses de toutes leurs forces[2]. Le maître les seconde, autant
qu'il peut, de la voix et du geste; il encourage ainsi ses
gens qui sont tout nus et qui ont à la main une petite bêche,
faite en croissant, d'environ trois pouces dans son plus grand

1. Gordon Laing, *Voyage dans le Timani;* traduit de l'anglais par Eyriès et
Larenaudière. Paris, 1826.
2. Caillié parle aussi des esclaves travaillant la terre au bruit du tambour
(t. I, p. 171).

diamètre et de l'épaisseur d'une ligne au plus. C'est avec ce faible instrument qu'ils labourent, ou plutôt qu'ils effleurent et égratignent leurs terres, dont ils se contentent d'enlever les herbes avec une partie de leurs racines. A les voir on dirait cependant qu'ils font un travail des plus pénibles ; car ils font des mouvements et des contorsions plus ou moins grandes, selon que le son des instruments est plus ou moins vif ou pressé. Leurs terres, quoique travaillées si légèrement, sont d'une fertilité étonnante[1]. » C'est ce même spectacle que décrit Olivier de Sanderval : « Cinquante ou soixante noirs, en ligne, le dos courbé, frappent la terre ensemble avec leur petit fer qui reluit au soleil. A dix pas en face, marchant à reculons, les femmes chantent un air rythmé en frappant dans leurs mains comme pour la danse, et les pioches suivent le chant. Entre les travailleurs et les chanteuses, un homme court et danse, les jarrets repliés comme un clown, et fait le moulinet et autres fantaisies avec son fusil. Deux autres dansent aussi en pirouettant et en frappant la terre de ci de là, avec leur petite pioche. Tout cela est nécessaire pour conjurer les esprits et faire pousser le grain. D'autres groupes de trois ou quatre piochent pendant ce temps, toujours en ligne, mais sur des alignements divers, les parties que la grande ligne n'a pu atteindre. C'est tout une fête organisée et très originale[2]. » Nous rapporterons une autre description qui n'est pas moins intéressante : « Dans les pays mandingues les terrains cultivés sont gardés pendant le jour par les hommes disponibles, ou, lorsque ceux-ci sont empêchés, par les enfants du village. Les hommes préposés à la garde des cultures sont ordinairement armés d'un sabre ou d'un fusil ; ces gardiens se tiennent en observation sur une éminence, d'où ils surveillent une certaine étendue de cultures. Ils en

1. *Nouvelle histoire de l'Afrique française ;* t. II, p. 73. Paris, 1767.
2. *De l'Atlantique au Niger*, p. 336.

défendent l'approche aux animaux domestiques en leur lançant des cailloux ou des blocs de terre ou de bois, et aux oiseaux, en jetant de grands cris avec force gestes. Lorsque le terrain ne comporte pas d'élévation naturelle susceptible d'être appropriée à la surveillance, les indigènes élèvent avec des perches longues et solides, à une hauteur de 1^m,75 au-dessus du sol, une sorte de tremplin sur lequel ils se placent. Ils accrochent à ce tremplin, de distance en distance, des herbes sèches ou des lambeaux d'étoffe, qui, balancés par le vent, sont destinés à effrayer les animaux et les oiseaux. Quand des dégâts ont été commis, volontairement ou involontairement, par des habitants ou par leurs animaux domestiques, la constatation est portée devant le chef du village. Après examen sur les lieux, il fixe l'indemnité à allouer à la partie lésée, laquelle indemnité consiste en mesures de grains ; et, quelle que soit sa décision, une mesure au moins lui est attribuée comme rémunération de son office.

« La surveillance est plus particulièrement rigoureuse à l'égard des individus étrangers au pays, et le passage de leurs troupeaux est souvent l'occasion de fréquentes querelles entre les conducteurs et les gardiens. En cas de dommage causé, les chefs et les habitants se plaisent à montrer des exigences intéressées et à les satisfaire par voie de confiscation.

« Les palmiers sont soigneusement gardés par ceux qui se les sont appropriés. Ils s'entendent entre eux pour aller dans la forêt, par groupe de trois ou quatre, surveiller la récolte du vin de palme.

« Les chemins, ou plutôt les sentiers pratiqués dans ces forêts, et même ceux qu'on trouve près des cultures, sont si étroits, qu'un homme seul a parfois de la peine à y passer.

« Les chefs sont possesseurs d'une bonne partie des terres cultivées. Leurs champs sont mis en culture par les habitants du village, réquisitionnés à cet effet. Au temps voulu, chaque

chef de famille du village doit fournir un individu pour cette
corvée. Les travailleurs, au nombre de cinquante à soixante
pour un champ, se placent sur une seule ligne et avec une
sorte de houe tracent les sillons ou arrachent les herbes en
chantant. Généralement, deux griots vocifèrent à quelques
pas en avant en battant du tam-tam. Dans le Souna particulièrement, tous les travaux des champs sont exécutés avec le
même cérémonial. Le travail fait en une demi-journée, ou une
journée, selon la superficie du champ, suffit pour l'année
entière[1]. »

Barth rapporte que dans l'Adamawa l'ensemencement est
fait en commun par l'homme et la femme; le premier marche en avant, muni de sa pioche, creuse des trous dans le
sol, à égale distance l'un de l'autre : la femme, qui suit, y jette
des grains de blé (op. cit., t. II, p. 169).

Chez certains peuples le travail de la terre est laissé aux
femmes. C'est le cas chez les Krous[2], chez les Baghirmis[3],
au Bornou[4]. Ailleurs on n'emploie à l'agriculture que les
esclaves domestiques; par exemple dans quelques pays mandingues.

Dans différentes régions les terrains sont cultivés en
commun par tout le village[5] et le produit est divisé ensuite
selon certaines règles.

Le temps des semailles est l'occasion de fêtes et de réjouissances : « Le chef du village, dit Walckenaer[6], paraît à la
tête des ouvriers armé comme dans une bataille avec un cortège de guiriots qui battent de leur tambours, et qui ne font

1. Bour, *Bulletin mensuel de la Société de Topographie pratique*, t. II,
p. 184.
2. *Bull. de la Soc. de Géogr.*, 1852, t. I, p. 179.
3. Barth, *op. cit.*, t. III, p. 575.
4. Denham et Clapperton, *op. cit.*, t. II, p. 140.
5. Allen and Thomson, *Narrative of the Expedition to the Niger*, t. II,
p. 208. Londres, 1841. — Boilat, *Esquisses sénégalaises*, p. 303. Paris, 1853.
6. T. IV, p. 222. Cf. Adanson, *Histoire naturelle du Sénégal*, p. 145.

pas moins retentir le bruit de leurs chansons. Le chef imite leur exemple, pour encourager les laboureurs. Ils sont nus au travail ; et de leurs petites pelles ils grattent la terre plutôt qu'ils ne l'ouvrent. Cependant on s'imaginerait à les voir qu'ils travaillent avec beaucoup d'efforts. Ils font cent gestes et cent grimaces ridicules, suivant les différentes mesures des tambours. » C'est après les premières pluies qu'a lieu l'ensemencement. On creuse des trous de trois ou quatre pouces pour le plant des arachides et l'on ferme ce trou avec le pied. Trois ou quatre mois après on arrache le plant et on se contente de le secouer pour en détacher le sable.

L'arachide est une plante annuelle de la famille des légumineuses, qui ne s'élève pas au-dessus du sol de plus d'un pied ; elle produit une amande de la grosseur d'une petite aveline, que l'on désigne ordinairement sous le nom de pistache de terre, et dont on extrait une huile limpide, claire, inodore, moins grasse que l'huile d'olive, à laquelle on la dit supérieure. L'amande sert aussi de nourriture aux habitants, qui la font griller et en sont très friands[1]. »

La culture du mil et celle du sorgho sont des plus répandues ; de même celle du maïs et celle du riz. La culture de l'indigo est répandue aussi : « L'indigofère croît partout à l'état sauvage dans la Sénégambie ; les noirs le cultivent autour de leurs cases, recueillent les feuilles vertes avant la floraison, les pilent dans des mortiers et en font des boules qui sont d'un emploi général et l'objet d'un commerce, surtout en Gambie. » (*Ibid.*, p. 731.)

On cultive également le tabac, plante fort estimée. Caillié rapporte que les Mandingues et les indigènes de Tembouctou ne fument pas (t. Ier, p. 274 ; t. II, p. 64). Généra-

---

1. *Revue maritime et coloniale*, t. VIII, p. 729 (1863). Cf. Mavidal, *le Sénégal*, p. 171. — Grisard et Vanden Berghe, *Bulletin de la Soc. de géogr. commerc. de Bordeaux*, XIe année, p. 353.

lement ce plaisir est interdit aux femmes, mais il en est autrement, paraît-il, chez les Bambaras; ici, les femmes sont de plus forts fumeurs que les hommes. Communément d'ailleurs, on prise au moins autant qu'on ne fume. Labat dit cependant dans sa *Relation* (d'après Brüe) *de l'Afrique occidentale :* « Les nègres ne prennent de tabac ni en poudre ni en machication. Tout se consomme en fumée. Ils le pilent quand ils est mûr, et le mettent en pelottes... Il ne laisse pas d'être excellent. » Chez les Mosgous (Barth, t. III, p. 54), hommes et femmes aiment passionnément le tabac.

Les Saracolais cultivent deux sortes de tabac (Hecquard, p. 394); l'un à tige basse, ne servant qu'à priser, l'autre, plus haut de tige, plus foncé, devant être fumé [1].

Dans les régions fertiles de la rivière Falémé, la culture du tabac est très étendue, et on en obtient une bonne qualité. Les noirs le prisent avec une petite cuiller de fer (Mollien).

La culture du coton demande particulièrement, enfin, à être mentionnée [2].

***

Si de l'agriculture nous passons aux soins du bétail, nous constatons que ceux-ci sont beaucoup moins avancés. Parmi les peuples qui s'occupent le plus des troupeaux, ou du moins en ont le plus grand nombre, il faut citer les Mandingues, les Papels, les Krous, les Yébous, les Dinkas et d'autres peuples nilotiques. Le porc se trouve un peu partout, parfois en grand nombre comme chez les Logons (Barth); la chèvre se rencontre principalement dans l'est.

Les Sousous élèvent des volailles, des bœufs, des moutons (Vigué).

---

1. Sur la culture et la préparation du tabac, voir Caillié, t. I, p. 276.
2. *Revue Ausland*, 1857, p. 1033.

Quant au cheval, il a de tous côtés une assez grande valeur. Il n'est point rare pourtant en quelques régions, par exemple au Bornou, où les armées comptent un certain nombre de cavaliers.

En somme, le noir de l'Afrique sus-équatoriale n'appartient point aux peuples pasteurs.

*
* *

Le commerce, les marchés nous arrêteront plus longtemps.

Parlons d'abord de la monnaie, ou de ce qui en tient lieu. Plus d'une fois déjà, ci-dessus, nous avons eu à mentionner les cauris, coquillages d'origine indienne, en usage dans une grande partie de la Nigritie, dans le Kaarta et le pays de Ségou, dans le Bornou, sur toute la côte au sud du cap Palmas et dans une partie des populations du bas Niger [1]. A l'époque du voyage des frères Lander, à Katunga 2,000 cauris valaient à peu près 4 francs. D'après Ledyard et Lucas il fallait à Kachna, au commencement de ce siècle, 17,062 cauris pour représenter une once d'Angleterre [2]. Au Yoruba, rapporte miss Tucker, on met les cauris dans des sacs appelés « têtes », qui en contiennent chacun 2,000, d'une valeur d'environ 5 francs [3]. Au Bornou, dit Barth, 2,500 cauris équivalent à un florin d'Autriche ou un écu d'Espagne (t. II, p. 29). Il en faut 20,000, dit Viard (*Au bas Niger*), pour faire 25 francs. D'après d'autres explorateurs, 5 francs de notre monnaie représentent 1,000 et non point 2,000 cauris [4]. Sur la place de Bamakou, en 1884, une pièce de 5 francs valait 1,500, 1,600, 1,700 cauris (*Journal officiel* du 15 juin 1884, p. 3092);

---

1. Waitz, *op. cit.*, t. II, p. 104. — *Journal asiat.*, 4ᵉ série, t. I, p. 230. — Lenz, *Timbouctou*, t. II, p. 162.

2. *Voyages en Afrique;* trad. par Lallemand. Paris, 1804.

3. *Abbeokuta;* trad. franç., p. 25.

4. *Journal des missions évangéliques*, t. XXXVII, p. 430.

les achats importants étaient réglés en étoffes, en sel, ce dernier
valant de 60 à 75 francs les 20 à 25 kilogrammes. Chez les
Mandingues, d'après Collomb, 2,500 cauris valent 5 francs,
une barre de sel vaut 70 francs, un esclave vaut trois barres
de sel. « Le cauri, en bambara *koulou*, est, dit Mage, une
coquille univalve des mers de l'Inde, qui sert dans une grande
partie de l'Afrique de monnaie pour les transactions. Son
taux, ou sa valeur relative, varie énormément suivant les
localités et quelquefois à vingt lieues de distance.

« Elle arrive à la côte d'Afrique par chargements de navire
et sert au Dahomey à tous les achats des traitants qui, grâce
à cela, réalisent d'immenses bénéfices, surtout sur le commerce de l'huile de palme. Dans le bas Niger elle a également
sa valeur, mais dès qu'on arrive à Libéria et qu'on remonte
la côte, on n'en trouve plus trace qu'à titre d'ornements,
comme dans certains costumes des Yolas de la Cazamance et
dans la coiffure des Peuls. Ce n'est véritablement que dans
le bassin du Niger, c'est à dire de Tembouctou au nord,
jusqu'à Kong au sud, et du Bélédougou au lac Tchad, qu'elle
a un cours bien régulier. Sa valeur sur les bords du haut
Niger est de 3 francs le mille; mais quand je dis le mille,
il faut s'entendre, car les cauris ont une numération toute
spéciale. On les compte par 10, et il semble tout d'abord que
le système de numération soit décimal; mais on compte
8 fois 10 = 100; 10 fois 100 = 1,000; 10 fois 1,000 = 10,000;
8 fois 10,000 = 100,000; ce qui fait que 100,000 n'est en
réalité que 64,000, que 1,000 n'est que 800 et que 100 n'est
que 80; mais l'habitude fait qu'on arrive à compter assez
rapidement, même dans ce système. Quant aux gens du pays,
leur manière d'opérer est bien simple. Ils comptent par
5 cauris à la fois, qu'ils ramassent avec une dextérité et une
promptitude qu'on acquiert à la longue, et quand, en s'y prenant
ainsi, ils ont compté 16 fois 5, il font un tas, c'est 100. Quand

ils ont cinq de ces tas, ils les réunissent, en font cinq autres, réunissant le tout, c'est 1,000 [1]. »

On trouve aussi dans Barth (t. III de la trad. franç., p. 280) la mention de ce singulier système de numération. A Dore (ville principale du Libtako, 14° de latitude), dit-il, on compte comme à Tembouctou par 100 cauris effectifs, mais sur tous les autres marchés de cette contrée ces 100 cauris ne sont que nominaux et se réduisent à quatre-vingts. « On nous donnait généralement, rapporte Galliéni, de 3 à 5,000 cauris pour 5 francs, ou plutôt 2,400 à 4,000, car les indigènes comptent 80 au lieu de 100, etc. C'est du reste la monnaie la plus incommode que l'on puisse imaginer, et les marchands indigènes, malgré l'habitude qu'ils en ont, mettent un temps infini pour compter la quantité de cauris équivalant au prix d'un mouton par exemple (5,000 cauris). » Plus loin le même explorateur dit qu'au marché de Ségou une pièce d'argent de 5 francs vaut de 2,500 à 5,000 cauris, un captif de 100,000 à 140,000, un bœuf de 2 à 300,000, un poulet de 140 à 300, un fusil à pierre de 25 à 30,000.

Généralement, rapporte Lenz en parlant de son séjour à Tembouctou, généralement « on me changeait une pièce de 5 francs pour 4,500 kaouris, et lorsque, par exemple, on fait un achat de la valeur de 50 francs, on est forcé de compter réellement 45,000 kaouris [2] ». A Tembouctou, en effet, le cauri perd énormément de sa valeur et quelques voyageurs ont même écrit qu'il n'y avait pas cours [3], nous avons dit ci-dessus, en parlant des Yébous, que, d'après Robertson, il faudrait 16,000 cauris pour 100 francs, soit 800 pour 5 francs;

1. Du même explorateur, *Épisodes d'un voyage au pays de Ségou* (*Bulletin de la Société de géographie*, 1867, t. I, p. 78).

2. *Voyage du Maroc au Sénégal* (*Bulletin de la Société de géographie*, 1881, t. I, p. 217). Cf. *Timbouctou*, t. II, p. 144.

3. Raffenel, *Nouveau Voyage au pays des Nègres*, t. I, p. 233; t. II, p. 209. Paris, 1856.

tandis que d'Avezac, rectifiant cette appréciation, estime le
cauri à la valeur d'un centime, ce qui met les 5 francs à
500 cauris. Ces estimations, si différentes les unes des autres,
sont toutes basées, cependant, sur des observations person-
nelles ; elles confirment la variabilité du cours de cette monnaie selon les régions et même selon les localités.

Nous citerons encore comme représentant la monnaie
d'échange, chez les Assiniens la poudre d'or, à Bonni des
anneaux de cuivre[1], chez les Logons des lames de fer. En
Sénégambie on use de la barre, « monnaie idéale, dit Villeneuve, estimée 100 sols ; elle est représentée par un certain
nombre de marchandises, mais ces marchandises varient dans
leur prix[2]. » Lorsque les nègres, rapporte Mungo Park,
commencèrent à traiter avec les Européens, la chose dont ils
faisaient le plus de cas était le fer et ils apprécièrent d'après
le fer la valeur de tous les autres objets : « Ainsi une certaine
quantité de marchandise d'une ou d'autre espèce, paraissant
valoir une barre de fer, donna naissance à la phrase mercan-
tile d'une barre de marchandise. Par exemple, 20 feuilles de
tabac furent considérées comme une barre de tabac, un gallon
(4 pintes de Paris) de rhum comme une barre de rhum ; une
barre de marchandise quelconque fut estimée le même prix
qu'une barre de toute autre marchandise. » (T. Ier, p. 40.) On
accepte souvent aussi, comme valeur d'échange, du tabac, de
la cotonnade, monnaie primitive et un peu encombrante. A
Saraou, dans l'Adamawa septentrional (10° de longitude), la
monnaie de coquillages n'est pas acceptée et est remplacée
par d'étroites bandes de cotonnade indigène (Barth, t. II,
p. 211). A Aghadès le prix des marchandises s'évalue en calicot, en vêtements, en sarrasin (ibid., t. I, p. 257).

Les Logons plus au nord (sud du lac Tchad) se servent

1. Kœler, *Einige Notizen über Bonny*, p. 139. Gœttingen, 1848.
2. *L'Afrique*, t. I, p. 91.

aussi comme moyen d'échanges de bandes de coton, larges de
6 à 8 centimètres (*ibid.*, t. III, pp. 85, 101). Entre Tembouctou et le Libtako, au sud du pays sonraï, les bandes de coton
sont la monnaie courante (*ibid.*, t. III, p. 277); il en est de
même au Wadaï (*ibid.*, p. 139; t. IV, p. 288). Les Bongos
ont un numéraire véritable sous la forme d'un fer de bêche
discoïde, assez mince, large de 25 à 30 centimètres, et muni
d'une petite poignée[1]. Les Logons possèdent une monnaie
métallique consistant en minces plaques de fer affectant la
forme d'un fer à cheval. On les rassemble par paquets de 10
ou 12, dont la valeur varie à chaque marché.

Dans plus d'une contrée l'homme même est regardé comme
valeur monétaire : on paye en captifs, non seulement la future
que l'on achète à ses parents, mais toutes sortes de marchandises. Souvent l'on compte par captifs alors même que le prix
doit être réglé d'autre façon (*Rev. d'Anthrop.*, 1886, p. 444).

Dans toutes les localités importantes de la Nigritie, et
souvent dans de très modestes villages, se tiennent plus ou
moins périodiquement de grands marchés. Le nègre est
essentiellement commerçant[2]. Barth a raconté en détail le
négoce important qui se fait à Tembouctou. Dans certaines
localités on en est encore au mode élémentaire d'achat et de
vente, comme le rapporte Lander d'un marché du bas Niger :
les vendeurs d'ignames mettent à terre, par tas séparés, leurs
marchandises et se retirent; les acheteurs arrivent, inspectent
les différents tas, et déposent auprès de celui qui leur convient quelque autre objet; le vendeur revient, et si l'affaire
lui va prend cet objet : ne le trouve-t-il pas assez rémunéra-
teur, il s'arrête un instant, attend que l'offre soit augmentée;
en cas d'insuccès, il emporte son paquet d'ignames[3].

---

1. Schweinfurth, *op. cit.*, t. I, p. 268.
2. Lander, t. I, pp. 231, 247.
3. *Journal d'une expédition au Niger*; t. III, p. 180. — Cf. Winterbottom,

En certaines régions la vente n'est définitivement valable qu'après vingt-quatre heures écoulées[1]; aussi, s'il s'agit d'un achat de comestibles, faut-il se garder d'y toucher avant le temps accompli. Ailleurs, il n'est pas rare qu'après avoir offert un prix de la façon la plus ferme l'acheteur se rétracte et en arrive à ne plus vouloir verser que la moitié de la somme convenue. C'est un usage reçu, dit le *Journal* des frères Lander, et il n'y a pas moyen d'en appeler[2].

Le commerce avec les noirs et entre les noirs est, en somme, une lutte très serrée d'astuce et de mauvaise foi. Il faut, avant tout, une persévérance extrême. « C'est, dit Villeneuve, une affaire de la plus grande importance pour les nègres que de vendre un captif. Ils font d'abord des demandes exorbitantes: vingt fois ils changent d'avis, et après avoir annoncé leur désir, ils sont encore dans l'incertitude : il faut une patience à toute épreuve pour traiter avec eux. Le meilleur moyen de les décider est de leur offrir ce qu'on ne veut pas qu'ils prennent; par méfiance ils choisissent ce qui ne leur est pas offert. Pour terminer il faut avoir l'air d'être peu empressé de conclure le marché, les faire boire et manger, leur demander des nouvelles de leurs femmes et de leurs enfants sans savoir s'ils en ont : cela les rend accommodants[3]. Le moindre achat demande des pourparlers sans fin. Un nègre entre-t-il dans un magasin, dit Erdman Isert (p. 111), tout lui convient, il veut tout avoir; mais si le prix l'effraye, il s'assied des heures entières, fait de nouveaux choix, ne sait à quoi s'arrêter. Une précaution élémentaire est de ne rien vendre à crédit; la marchandise qui n'est point payée au

op. cit., p. 231. — Moore, *Travels into the inland Parts of Africa*, p. 87. Londres, 1738.

1. Hecquard, *op. cit.,* p. 177.
2. *Op. cit.,* t. I, p. 195.
3. *L'Afrique,* t. IV, p. 46.

moment même peut être considérée comme perdue [1].

Une partie du Soudan est constamment parcourue par des caravanes de noirs, portant leurs denrées aux pays côtiers, en ramenant vers l'intérieur des terres les produits de la côte et les importations européennes. Quelques idiomes sont devenus des langues commerciales, répandues au loin hors de leur pays d'origine; par exemple la langue des Haoussas. Les caravanes noires ont souvent un curieux aspect. « Dans toute l'Afrique, rapporte Caillié, les marchands ont adopté la coutume d'emmener une de leurs femmes pour préparer les repas de la caravane. Ces malheureuses ne marchent que chargées de pots en terre, de calebasses, de sel, etc., enfin elles portent les plus lourds fardeaux, tandis que les maris ne s'embarrassent de rien [2]. » Voilà bien le sort des femmes tel que nous l'avons dépeint ci-dessus.

Dans la région du bas Niger, les centres commerciaux les plus importants sont, du sud au nord, Abbo, Onitcha, Idda, Lokodja. A Onitcha il se tient deux fois la semaine un grand marché où arrivent une foule d'étrangers (Viard, *op. cit.*, pp. 39, 70). Le *Journal* de Lander signale les grands marchés d'Egga, de Warri (t. Ier, p. 171; t. II, p. 105).

On verra dans les écrits de Caillié, de Denham, de Barth, la description des grandes foires de l'Afrique centrale; nous renvoyons également pour plus de détails sur ce sujet au récit ancien et si intéressant de Villault de Bellefond [3].

<center>**</center>

Sa nature indolente et paresseuse détourne le Sénégambien, le Guinéen, le Soudanien des fatigues de la chasse. S'agit-il

---

1. *Description et recit historial du riche royaume d'or de Gunea*, p. 19. Amsterdam, M.VIC.V. — Mungo Park, t. I, p. 41. — Cf. Bosman, *op. cit.*, t. II, p. 462.

2. *Journal d'un voyage à Tembouctou*, t. I, p. 254. Paris, 1830.

3. *Relation des costes d'Afrique appellées Guinée*, p. 251. Paris, 1669. —

de pourvoir à sa nourriture, il la demande plus volontiers au monde végétal si facile qui l'entoure; s'agit-il de se livrer à un passe-temps, à un plaisir, il préfère de beaucoup à un exercice parfois pénible, les interminables discussions sur les sujets les plus futiles, les plus puérils. En principe donc il n'est pas chasseur [1].

Il faut mentionner, cependant, les chasses émouvantes à l'éléphant, que n'ont pas manqué de décrire les explorateurs de la Nigritie. On approche de l'animal en silence, et lorsqu'il est à bonne portée, tous les coups partent à la fois; les indigènes s'aplatissent aussitôt à terre et recommencent l'attaque autant de fois qu'il le faut [2]. Le *Journal* des frères Lander parle aussi de cette chasse :

« La méthode adoptée par les naturels pour tuer les éléphants est des plus simples. Ils enfoncent dans la terre le manche d'un long pieu ou harpon, laissent les pointes de l'instrument en dehors, dans une position inclinée, et les couvrent de paille ou de branches d'arbustes. Ils ont soin de placer cette espèce de piège au milieu du sentier ou ravin fréquenté par les éléphants qui se rendent de nuit au bord de la rivière. Le lourd animal, ne soupçonnant pas le danger, suit son chemin ordinaire, et rencontre les pointes du pieu qui lui déchirent le poitrail ou le ventre. L'éléphant, n'ayant pas la sagacité de se retirer, s'obstine dans ses efforts pour passer, et, malgré les douleurs, pousse en avant de tout son poids. Blessé alors grièvement il devient une proie facile [3]. »

Chez les Niambaras du haut Nil, un indigène caché dans un

Voir également *Description et recit historial du riche royaume d'or de Gunea*, pp. 24, 92. Amsterdam. M.VIC.V.

1. *Revue d'Anthrop.*, 1886, p. 443.

2. Mungo Park, *op. cit.*, t. II, p. 70. — R. Adams, *Nouveau Voyage dans l'intérieur de l'Afrique;* trad. franç., p. 57. Paris, 1817. — Baker, *op. cit.*, p. 195.

3. *Op. cit.*, t. II, p. 211.

arbre touffu attend que les rabatteurs lui amènent l'éléphant qu'il harponne lorsqu'il passe sous sa main (Reclus, t. X, p. 167).

Nous avons dit plus haut que les Sérères, après l'hivernage, entreprenaient de grandes parties de chasse. Les Balantes sont également chasseurs. Rappelons que, dans la région orientale du territoire nigritique, les Bongos sont d'habiles chasseurs. Chez les Mandingues, Caillié a noté la chasse au filet (t. I", p. 254).

De la chasse nous passons à la pêche.

Les Nigritiens qui se livrent à cette autre chasse y sont en général fort habiles, mais à part quelques populations guinéennes et les insulaires du lac Tchad, il n'y a pas chez eux de peuples pêcheurs comme on en rencontre ailleurs.

Brüe, d'après Labat[1], vit un nègre qui, debout dans un canot qu'il gouvernait avec un aviron, tenant de l'autre main un arc bandé, tirait le poisson dans l'eau et sans le manquer. Ailleurs Labat décrit une pêche opérée au Sénégal : « Quand les eaux sont à une hauteur qu'on juge ne pouvoir devenir plus grande, les nègres s'assemblent et barrent l'entrée des marigots et des petites rivières avec des claies d'osier, soutenues par des poteaux qu'ils enfoncent dans le lit des rivières, et attendent patiemment que les eaux se retirent. Alors le poisson qui était entré dans ces endroits demeure enfermé, il ne s'en échappe aucun... on trouve ces marigots pleins de toutes sortes de poissons, et surtout d'anguilles grosses et grasses. Les nègres les font sécher au soleil et à la fumée sans les saler, ce qui en gâte la meilleure partie. Ceux qui ont du sel commodément les saupoudrent, et puis les font sécher à la fumée. Ils trans-

1. *Nouvelle Relation de l'Afrique occidentale*, t. V, p. 41. Paris, 1728.

portent ces poissons au dedans du pays, et en font un commerce considérable. » (*Ibid.*, t. II, p. 335.)

Les naturels d'Akra, comme le rapporte Erdman Isert,
pêchent en mer et en rivière, au filet, à l'hameçon. Ils
prennent pour amorce une sorte de hareng et vont à 3 milles
de la côte[1]. Les fibres des feuilles d'ananas, rapporte-t-il plus
loin, leur fournissent la matière des filets. Ils prennent les
feuilles fraîches, les amollissent dans l'eau pendant quelques
jours, les sèchent, puis les battent « jusqu'à ce qu'il ne reste

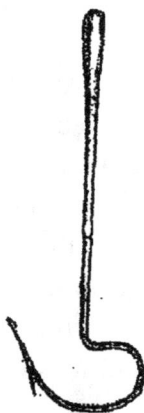

Fig. 31. — Hameçon de fer des Diors (*Artes africanae*, tab. II).

plus que la fibre filandreuse » (*ibidem*, p. 215). « Barbot,
dit Walckenaer, vit quelques esclaves qui, à l'aide de
quelques vieux morceaux d'étoffe, prenaient entre les rocs,
sur la surface de l'eau, une quantité incroyable de petits
poissons, dont le plus gros ne l'était pas plus qu'un tuyau de
plume. Ils les font bouillir dans un grand pot de terre,
jusqu'à les réduire en colle, et ce mets leur paraît excellent[2]. »

Ailleurs les indigènes, armés de sagaies, entrent dans

1. *Voyages en Guinée;* trad. franç., p. 202. Paris, 1793.
2. *Op. cit.*, t. IV, p. 55.

l'eau jusqu'à la ceinture, attendant sans bouger le passage d'un poisson qu'ils tâchent de harponner[1].

Mungo Park parle de la pêche des indigènes des bords du Falémé (entre le Bondou et le Bambouk). Ils se servent, pour prendre le poisson, de longs paniers faits avec des roseaux et placés dans le fort des courants. Entré dans ces paniers, le poisson, grâce à l'impétuosité du courant ne peut plus en sortir. « Pour les petits poissons (t. Ier, p. 78), les pêcheurs du Falémé emploient une autre méthode. Ils les prennent avec ces sortes de filets qu'on appelle éperviers, qu'ils font avec du fil de coton, et dont ils se servent avec une extrême adresse. Ces petits poissons ne sont pas plus gros que des sardines ; et ceux qui en font le commerce les préparent de plusieurs façons. Le plus souvent ils les pilent dans un mortier de bois, au moment où on vient de les pêcher ; ensuite ils en font des tas qui ont la forme d'un pain de sucre, et ils les mettent sécher au soleil. On doit bien s'imaginer que l'odeur de cette préparation n'est pas très agréable... Lorsque les Africains veulent en manger, ils en font dissoudre une certaine quantité dans de l'eau bouillante, après quoi ils la mêlent avec leur kouskous. » Plus loin (p. 333) le même auteur parle encore de la pêche au panier.

A Kakounda, rapporte le *Journal* des frères Lander, les habitants pêchent à la ligne armée d'un hameçon de fer. La corde est faite d'une herbe proprement tressée. Les Cumbriens harponnent au moyen d'un dard dont l'un des bouts est muni d'une pointe de fer barbelée (t. II, p. 102).

Les riverains de l'Albert N'yanza épuisent les forces des plus gros poissons avec des lignes fixes qui se déroulent (Baker, p. 361).

Corre raconte que les Landoumas prennent le poisson

---

1. Adanson, *Histoire naturelle du Sénégal*, p. 115. Paris, 1767.

dans des paniers cylindriques où il entre sans peine, mais d'où il sort malaisément à la baisse des eaux. Parfois encore ils le stupéfient en jetant dans l'eau les gousses de la récolte du houlla[1]. Caillié, pourtant, représentait comme peu adroits à la pêche les indigènes du Rio Nuñez (t. I", p. 117).

Sur le bas Niger Viard vit prendre le poisson dans des paniers de lianes fixés sous l'eau; l'animal s'y engageait et n'en pouvait sortir (op. cit., p. 63).

Sur la plage de Fadiouth, Corre vit des négrillons entrer dans l'eau, tenant les extrémités d'une longue et grosse corde de paille : après avoir fait tournoyer cette corde, ils en lançaient le plein dans l'eau, où leurs compagnons se précipitaient aussitôt avec force cris; on ramenait la corde vers le rivage et elle chassait devant elle quelques poissons affolés que l'on prenait à la main[2].

Parmi les noirs les moins habiles on cite les Kitches de la région du haut Nil. Leur manière de pêcher, rapporte Baker, est une affaire de pure chance, car c'est au hasard qu'ils lancent le harpon dans les roseaux. Ce harpon est pourtant fait avec soin (op. cit., p. 47).

Les Sousous, au dire de Vigué (op. cit., p. 463) sont grands amateurs de pêche. Ils se servent du filet et de l'hameçon, ou bien font avec des branchages des enclos qui à la marée basse retiennent le poisson à sec. Parfois, la nuit, armés d'un couteau et munis de torches, ils vont tuer les gros poissons qui fréquentent les bords.

Ce qu'on peut dire de l'art de la pêche chez les noirs africains sus-équatoriaux n'est, comme on le voit, ni bien original ni bien intéressant.

---

1. *Mémoires de la Soc. d'Anthrop.*, 1883, p. 69.
2. *Revue d'Etnographie*, t. II, p. 9.

*
* *

La navigation est encore, le plus souvent, à l'enfance de l'art[1], bien que quelques peuplades soient composées de hardis marins. Nous avons déjà cité sous ce rapport les Papels, les Krous et les Grébos, les indigènes des îles Bissagos, les habitants des îles du lac Tchad.

Gray et Dochard parlent de Sénégambiens qui, n'ayant aucune habitude de la navigation, mettent à l'eau de grandes calebasses, pour traverser les rivières, et s'y accrochent tandis que quelque indigène sachant nager les pousse devant lui (*op. cit.*, p. 145). Les Sérères possèdent d'étroites pirogues, creusées dans un tronc, ayant parfois, de chaque côté, un bordage en planches cousu par des lanières d'écorce au corps de l'embarcation. Elles portent de deux à quatre personnes et sont mises en mouvement au moyen de courtes pagaies à palettes larges ou d'une mauvaise voile (Corre, *Rev. d'Ethn.*, t. II, p. 9). Les Bagas que visita Caillié avaient des pirogues faites d'un seul tronc d'arbre, qui leur servaient à traverser d'une île à l'autre (t. I⁻, p. 121).

Les canots des nègres du Sénégal, rapporte Labat, d'après André Brüe (t. II, p. 127), n'ont au plus que dix pieds de longueur; « le fond est tout d'une pièce, mais les côtés y sont ajoutés et cousus avec de petites cordes faites d'écorces d'arbres, calfatés avec de la paille battue et de la terre grasse. Ils sont ordinairement cinq hommes dans chaque canot, c'est tout ce qu'il en peut contenir; l'un est assis à la poupe et gouverne d'une main avec une petite pelle ou pagale, pendant qu'avec une moitié de calebasse qu'il a dans l'autre main il vide sans cesse l'eau qui entre dans le bâtiment, ou par le clapotage des lames ou par les coutures qui font eau.

---

1. Labat, *op. cit.*, t. III, p. 355.

Les quatre autres sont debout, le visage tourné vers la proue; ils ont à la main des pagales, qui sont faites à peu près comme des pelles de four, et les plongeant dans l'eau ils la poussent derrière eux. Cette manière est plus pénible que celle des avirons dont on se sert dans les chaloupes, mais elle est bien plus propre à avancer et à virer promptement quand on le juge à propos, parce que chaque pagale aide le gouvernail et tient lieu d'autant de gouvernails, sans cesser,

Fig. 32. — Rame du Bénin (Ratzel, t. er, p. 593).

pour cela, de faire l'office des avirons. Ces canots sont extrêmement volages, c'est-à-dire qu'ils sont fort sujets à tourner sens dessus dessous, parce qu'ils manquent d'assiette; mais ceux qui les montent s'en embarrassent peu. »

Chez les Achantis, le canot est formé d'un simple tronc d'arbre creusé et ne demeure en équilibre que si les passagers se tiennent au repos (Ramseyer et Kühne, p. 67).

Nous avons parlé, p. 215, des légères pirogues des Chillouks, construites de quelques tiges d'ambatch.

Les rames des noirs guinéens sont décrites par Bosman comme une espèce de pelles « faites en forme de cœur, à peu près comme les houes avec quoi l'on remue la terre, et qui ont aussi un manche de la même longueur. Ils tiennent ces pelles avec les deux mains, et les enfonçant continuellement dans l'eau derrière eux ils font aller le canot fort vite » (t. II, p. 135). « Les Papels, rapporte Labat d'après Brüe, se servent de pagales, c'est-à-dire de petites pelles de bois pour ramer; ils font dans cet exercice une espèce de musique avec un refrain qu'on entend de loin et qui n'est pas désagréable. »

Chez les Bambaras, rapporte Mungo Park (t. Iᵉʳ, p. 311), les canots sont faits avec les troncs de deux arbres joints, non pas côte à côte, mais bout à bout : la jointure se trouve précisément au milieu du canot qui est ainsi beaucoup trop étroit pour sa longueur.

Pour l'ordinaire, les embarcations sont de petite grandeur. La pirogue sénégalaise est creusée dans un tronc d'arbre, « et les parois en sont rehaussées par une large bande d'écorce ajustée au-dessus du plat-bord, et fixée au moyen d'une couture[1] ». Sur une partie du cours du Niger on ne rencontre que de misérables canots, embarquant à chaque instant l'eau du fleuve; mais, dans d'autres parties, les pirogues ont jusqu'à cent pieds de long et douze ou quinze de large. Elles sont toujours mises en mouvement à l'aide de rames et de perches. Les embarcations des noirs de Bonni, faites d'un seul tronc d'arbre, peuvent contenir parfois près d'une centaine d'hommes et sont pourvues d'une voile rectangulaire; c'est à peu près ce que la Nigritie peut montrer de mieux en cet ordre de choses.

Caillié décrit, en détail, les pirogues assez importantes

---

1. Marche, *Trois Voyages dans l'Afrique occidentale*, p. 4.

qui font les transports aux environs de Tembouctou, en nombre souvent considérable (t. II, p. 29). Elles sont montées parfois par 15 ou 20 mariniers, et ne se recommandent pas, d'ailleurs, par leur solidité et leur façon de gouverner. « Tous les mariniers nègres qui naviguent sur le fleuve, dit Caillié, sont esclaves. Il y a aussi quelques patrons qui sont de cette classe; leurs maîtres leur donnent la moitié des salaires qu'ils gagnent. Les hommes libres croiraient se dégrader en se livrant à ce métier. »

***

Nous arrivons à parler des armes, des armées et du mode de guerroyer.

L'arme primitive du noir africain est la lance, ou la sagaie. Dans toutes les régions cette arme se retrouve; communément la lance est munie d'une pointe de fer : parfois le bois est simplement appointi et l'extrémité est durcie au feu. Comment l'arc et la flèche se sont-ils introduits? c'est ce que nous ignorons; le fait est qu'un certain nombre de populations nigritiques ne les connaissent point.

Si l'on se reporte à ce qui a été dit au sujet de l'ethnographie particulière de la plupart des peuples étudiés dans la première partie de ce livre, on verra quel est chez chacun d'eux le mode d'armement.

Le Wolof a principalement l'épée et le couteau; le Féloup, une épée droite, l'arc, la sagaie; le Papel, un grand sabre. Les Bagas sont armés de la lance; les Achantis de l'arc; les Dahomans de l'arc, du poignard. Les Mandingues ont l'arc, le sabre, le poignard; « les vieux s'arment d'une lance » (voir ci-dessus p. 138). Les noirs de Yaouri ont la lance, la massue, l'arc. Les Haoussas ont l'épée et le poignard attaché au bras comme l'ont également plusieurs peuples du Soudan septentrional, central

et oriental, par exemple les Tibbous. Ces derniers usent aussi
de la sagaie et d'une longue épée. Les Biddoumas des îles
du lac Tchad ont l'épée et la lance. Les Kanoris ont la sagaie,
l'arc, une longue lance. Le Marghi a la lance et l'arc. Le
Musgo, la massue et la lance. Le Baghirmi est armé de la
lance, de la hache d'armes. Chez les Foundjis on use du
gourdin. Les Changallas ont l'arc. Les Dinkas n'ont point
d'arc, mais bien le bâton, la massue, la lance. Ci-dessus,
p. 211, nous avons parlé de l'arme défensive toute particulière qui leur sert à parer les coups de massue, le « dang ».
Les armes des Nouers sont la massue et une longue lance.
Les Chirs se servent de l'arc, également les Baris; chez ces
derniers l'arc est long, recouvert de peau de lézard. L'arme
favorite des Diors est une lance à long fer. Chez les Bongos
les lances sont munies de fers barbelés, fabriqués non sans
art[1]; l'arc est également en usage. Les Sehrés ont la lance,
un petit arc, des flèches de courte longueur. Chez les Chirs,
la pointe des flèches est de bois dur, le métal étant fort rare.

Ajoutons que la pointe des armes est souvent empoisonnée
chez différents peuples nigritiques : par exemple chez quelques
tribus de Dahomans[2], du Borgou[3], du Kordofan[4], chez les
Bongos, chez certains Mandingues[5], chez certains Guinéens[6],
ailleurs encore[7].

La massue faite d'un bois dur et terminée en pointe est
l'arme favorite des misérables Kitches du haut Nil (Baker).
Les Latoukas, qui ne connaissent point l'arc, ont, avec la
lance et le sabre à longue lame, un énorme casse-tête.

1. Schweinfurth, *op. cit.*, t. I, p. 269.
2. Duncan, *Travels in West-Africa*, t. II. Londres, 1847.
3. Clapperton, p. 119.
4. Rüppel, *Reisen in Nubien, Kordofan*, p. 154. Francfort, 1829.
5. Tautain, *Revue d'Ethnographie*, 1887, p. 396.
6. Bosman, *Voyage de Guinée*, t. II, pp. 191, 485. Londres, 1705.
7. Labat, d'après Brüe, t. V, p. 258. Paris, 1728.

Une autre arme offensive est usitée dans le Soudan oriental et sur certaines parties du haut Nil, nous voulons dire la « koulbéda » à laquelle on donne d'autres noms en différents pays. D'Escayrac de Lauture en fait la description que voici : « Les Soudaniens possèdent une arme de jet d'un genre tout particulier. C'est une sorte de serpe à deux tranchants, quelquefois double, emmanchée de façon à rebondir si elle touche par terre. On cherche en la lançant à lui imprimer un mouvement circulaire, de façon qu'elle attaque plus d'un ennemi ; cette arme, qui déchire le corps des fantassins et tranche le pied des chevaux, est considérée comme très redoutable ; mais le jet en étant incertain, on ne peut s'en servir avec succès que contre des groupes assez nombreux : de plus, sa confection étant longue et difficile, ce qui ne convient guère à une arme de jet, les cavaliers riches en font usage ; ils en portent toujours un certain nombre suspendues à l'arçon de leur selle[1]. »

On rencontre cette arme particulière chez les Bornouans, les Marghis, les Baghirmis, chez une partie des Tibbous, chez les Foundjis, chez les autres peuples nigritiques qui avoisinent ceux que nous venons de citer, particulièrement au sud.

Le bouclier n'est pas d'un usage général ; nous l'avons signalé chez les Dinkas, chez les Foundjis, allongé ; rond chez les noirs de Yaouri. Les boucliers des Latoukas, faits de cuir de bœuf ou de peau de girafe, sont de haute taille. Les Musgos se fabriquent de forts boucliers de roseaux tressés.

Nous avons parlé aussi des espèces de cuirasses des Bornouans et des Musgos, des couvertures en coton des Baghirmis.

Inutile d'ajouter que la civilisation européenne a introduit chez les noirs les armes à feu ; pour l'ordinaire, d'ailleurs,

---

1. *Bulletin de la Société de Géographie*, 1856, t. I, p. 39. Au Bornou, on l'appelle *ngalio* ; au Mandara, *zouga* ; au Baghirmi, *ndjiga*.

armes de pacotilles sans valeur aucune, et dont les indigènes se servent maladroitement s'ils sont abandonnés à leur propre expérience.

Les armées des nègres, dit Walckenaer (t. IV, p. 232), d'après Barbot, « n'observent pas de discipline dans leur marche, ni d'ordre dans les batailles. C'est ordinairement au milieu d'une plaine qu'ils cherchent l'occasion d'en venir aux mains. Lorsqu'ils sont à la vue de l'ennemi, leurs guiriots font un grand bruit de leurs tambours et de leurs autres instruments. Les combattants, animés par ce prélude, déchargent leurs flèches et leurs dards. Ils se servent ensuite de la sagaie et des pieux. Parmi des gens nus et sans ordre, la mêlée est toujours fort sanglante, d'autant plus que la lâcheté passe entre eux pour une infamie. Mais leur courage vient particulièrement de la crainte de l'esclavage, qui est le sort inévitable de tous les prisonniers. Ils sont excités aussi par la confiance qu'il ont à leurs gris-gris ; car les moindres nègres sont persuadés que, par la vertu de ce charme, ils sont invulnérables et supérieurs à leurs ennemis ».

/ Braves lorsqu'ils ont affaire à d'autres noirs, les nègres lâchent souvent pied lorsqu'ils se trouvent en présence d'Européens ou de Maures. La bataille rangée n'est point ce qui leur convient ; ce qu'ils aiment, au contraire, c'est la guerre de surprise, la guerre de tirailleurs, la guerre d'incursion et de déprédation. Le grand succès, en pays ennemi, est d'incendier les villages, les cases isolées. Quand il y a mêlée, le sort de la bataille est souvent décidé lorsqu'une ou deux douzaines de combattants sont restés sur place. La plupart du temps on ne guerroie que pour faire des prisonniers, c'est-à-dire des esclaves ; ceux-ci enlevés, on regagne le pays. C'est souvent une besogne de huit ou dix jours[1].

1. Cf. Villault de Bellefond, *Relation des costes d'Afrique appellées Guinée*, p. 354. Paris, 1669.

« Les Akréens et les autres nègres, rapporte Erdman Isert[1], ont coutume, lorsqu'ils se rencontrent avec l'ennemi, de faire toutes sortes de singeries et de bravades : un de chaque parti vient faire le baladin à la face de l'ennemi ; il danse, saute, contrefait le fou, jette son fusil, le fait tourner en l'air comme une toupie, le reçoit dans la main, tombe sur l'herbe comme s'il eût été atteint, se relève ensuite, et recommence à se moquer de l'ennemi de ce qu'il ne sait pas mieux ajuster son coup. » Et plus loin : « Lorsqu'un parti s'ébranle et qu'il se voit à portée de faire son premier feu, le commandant jette un cri de joie, qui est accompagné par les cors et les tambours. Toute l'armée s'y joint ensuite et forme une mélodie aussi discordante qu'effroyable. Les soldats courent en même temps de toute leur force, comme s'ils voulaient joindre l'ennemi ; mais ils s'arrêtent tout à coup à la distance de cinquante pas, s'étendent en ligne, se mettent à genoux ou se baissent, font une décharge, reculent quelques pas, chargent de nouveau, lâchent un second coup et continuent ainsi cette manœuvre pendant toute la durée du combat. »

Dans le *Voyage de Guinée* de Bosman il est parlé à plusieurs reprises du mode de guerroyer chez les nègres. Aucun ordre dans le combat, chaque chef a ses gens serrés les uns contre les autres ; lorsque les voisins faiblissent, on prend généralement la fuite et les plus braves payent pour tous. Souvent les noirs combattent courbés, en rampant, et, une décharge envoyée, se replient à la hâte pour revenir ensuite au combat (t. II, pp. 185, 485). Le butin est le principal objet de la guerre qui n'est souvent entreprise, à l'improviste, que pour razzier un riche voisin.

Il y a deux sortes de guerres, rapporte Mungo Park, l'une ouverte et déclarée, qui se termine ordinairement en une

1. *Op. cit.*, p. 55.

campagne : on livre bataille, les vainqueurs emportent le
butin. Souvent on tue les chefs principaux et les captifs sans
valeur. L'autre sorte de guerre a pour cause des querelles
héréditaires. Ici les hostilités n'ont aucune raison particulière
et l'on ne donne aucun avis de l'attaque. Ces incursions sont
fréquentes vers le commencement de la saison sèche, quand
la moisson est finie.

Les Sousous, en cas de guerre, choisissent un chef qui
doit les guider. Des guerres d'un an ou deux ne coûtent souvent pas plus d'une dizaine de tués (Vigué, *op. cit.*, p. 458);
tout se passe en escarmouches.

Drôles de guerriers, dit Sanderval, que ces guerriers noirs
« remplaçant par un air farouche l'attirail militaire qui leur
manque. Les uns ont des fusils à pierre, les autres des sabres;
de moins favorisés n'ont qu'un arc de bambou, et la plupart
n'ont rien. C'est suffisant, la guerre consistant à aller crier
ou faire du tapage dans un bois, hors de la portée de l'ennemi,
qui probablement en fait autant de son côté, après quoi
chacun rentre vainqueur, sans morts ni blessés[1] ». Un passage
des *Voyages* de Marche est caractéristique : « J'allais oublier
de parler de nos volontaires; c'eût été vraiment dommage,
car ils sont là au moins trois cents, bariolés des pieds à la tête
de mille manières, et couverts de fétiches, surtout leur chef,
qui disparaît ainsi que son cheval, sous les gris-gris. Il est
rare qu'une colonne expéditionnaire se mette en marche sans
être escortée d'une foule de noirs soumis du pays qui l'accompagnent à titre de volontaires, dans l'espoir de prendre part
au pillage. Ce sont des auxiliaires dont on se passerait fort;
en effet ils ne servent qu'à gêner la marche de la colonne et
à compliquer les difficultés. Quelquefois même ils peuvent
être dangereux; il est arrivé plus d'une fois, quand nos

1. *De l'Atlantique au Niger*, p. 191.

hommes étaient obligés de céder sous le nombre, que nos alliés se sont joints à l'ennemi pour tomber sur eux. Aussi, le commandant les a-t-il prévenus d'avoir à rester sans bouger et sans tirer un coup de feu, en leur déclarant que s'ils désobéissaient on tirerait sur eux. Au moment où nous levons le camp, ils se précipitent sur le village où était l'ennemi quelques minutes auparavant; ne trouvant rien à piller, ils se contentent de mettre le feu à une case. » (*Op. cit.*, p. 36.)

Nous citerons encore un passage de Raffenel (*op. cit.*, p. 441) : « Les nègres ne sont pas d'une grande intrépidité dans leurs engagements avec leurs ennemis ordinaires, et, s'ils se mettent volontiers en campagne avec grand bruit de guerre, ils ne se montrent pas aussi volontiers disposés à l'attaque quand ils rencontrent ceux qu'ils cherchent, ou, du moins, qu'ils ont l'air de chercher. Cette petite comédie est également très commune : à voir les nègres se préparer au départ, à voir leur empressement à courir sur les traces de leurs ennemis, on dirait que tous ceux qui tomberaient entre leurs mains seront terriblement traités; mais vienne la rencontre, et cette fureur d'apparat fait place à la plus étonnante des couardises. »

On a vu cependant, surtout en Guinée, des combats extraordinairement acharnés. Des noirs se sont fait tuer sur place, plus d'une fois, plutôt que de lâcher pied. Ç'a été le cas, souvent, dans les guerres de la Côte de l'Or et dans celles de la Côte des Esclaves. Si la bataille dure quelque temps, si le sang est versé, la pitié est un sentiment inconnu et l'ennemi vaincu n'a droit à aucune grâce ; les prisonniers sont massacrés avec la dernière cruauté[1]. Au bas Niger, dans le lot

---

1. Bowdich, *Mission from Cape Coast Castle to Ashantee*, p. 402. Londres, 1819. — Cailliaud, *Voyage à Méroé, au fleuve Blanc*, t. III, p. 32. Paris, 1826.

des prisonniers, tout ce qui est trop jeune ou trop vieux, tout ce qui ne peut supporter la marche du retour est assommé sur place (Viard, *op. cit.*, p. 216). « C'est, dit Erdman Isert (*op. cit.*, p. 58), un usage parmi les nègres de couper la tête aux ennemis morts et aux blessés qui ne peuvent marcher ; cela se fait du plus grand sang-froid. *Ils emportent ces têtes avec eux, ils en ôtent toutes les chairs, les polissent très-proprement, attachent la mâchoire d'en bas à leurs cors, et la partie de devant à leurs grands tambours. Ils traînent avec eux ces instruments, ainsi décorés, dans tous les combats, et croient par là exercer une vengeance éclatante sur leurs ennemis ; comme si chaque fois qu'on sonne du cor ou qu'on bat le tambour, ils enduraient des souffrances indicibles.* »

Parmi la foule de traits caractéristiques qui signalent les guerres nigritiques, il faudrait encore parler des simagrées de toutes sortes que pratiquent avant le combat les sorciers et les griots, puis la coutume extrêmement prévoyante de placer au rang d'attaque une troupe d'esclaves voués aux premiers coups de l'ennemi. Inutile d'ajouter qu'on emmène souvent des femmes, destinées à préparer les aliments, et qui n'ajoutent pas peu de désordre à la confusion qui est déjà de règle.

Presque partout les armées ne se forment qu'au moment même de la guerre ; en fait partie qui veut s'y joindre et qui veut prendre part au pillage du pays ennemi. Parfois, pour constituer leurs troupes, les chefs du peuple opèrent ce qu'on appelle chez nous une presse, et les sujets sont enrôlés de bon ou de mauvais gré. Le nombre est restreint des États nigritiens où existent des corps permanents. On se souvient de ce que nous avons dit du royaume de Dahomey et de ses légions d'amazones ; à côté de celles-ci, le Dahomey possède une armée forte de 12,000 hommes en temps de paix, du double en temps de guerre. On trouve également des corps permanents au Kaarta, chez les Bambaras, au Bornou[1] ; chez les Wolofs, il y a une cavalerie organisée (*ibid.*, p. 163). Cela, en tout cas, n'est que l'exception, et les armées, comme les guerres, sont généralement improvisées à peu près au hasard.

*
* *

Nous avons à jeter un coup d'œil sur les fêtes, sur les danses.

Parlons d'abord des instruments de musique ; cors en défenses d'éléphants[2], trompettes de bois, flûtes, triangles, timbales, luths, balafons.

« Les nègres du royaume de Galam et de la rivière de Gambie, et généralement dans tous les endroits où les éléphants sont communs, ont des trompettes faites des dents de ces animaux. Il ne faut pas s'imaginer qu'ils emploient à cet usage les plus grosses. Ils n'auraient ni le souffle assez fort pour les remplir, ni des bras pour les porter, puisqu'on en trouve qui pèsent plus de deux cents livres. Ils ne prennent que les petites, ils achèvent de les percer, ou les râclent dedans et dehors jusqu'à ce qu'ils les aient réduites à l'épaisseur qu'ils souhaitent. Ils en ont de plusieurs grandeurs et grosseurs, afin de produire différents sons : avec toutes leurs précautions ils ne font qu'un bruit confus, et un tintamarre qui a plus l'air d'un charivari que de toute autre chose[3]. » Cet instrument, comme le rapporte Erdman Isert, est également en usage chez les Akréens[4].

Les Bongos, amateurs passionnés de musique, ont pour instrument un arc en bambou dont la corde est frappée par

1. Waitz, *op. cit.*, t. II, p. 162.
2. *Description et recit historial du riche royaume d'or de Gunea, autrement nommé la coste de l'or de Mina, gisante en certain endroict d'Africque*, p. 35. Amsterdam, M.VIC.V.
3. Labat, *Nouvelle Relation de l'Afrique occidentale*, p. 331. Paris, 1728.
4. *Op. cit.*, p. 33. — Cf. Caillié, t. I, p. 209.

un morceau de même bois : « L'une des extrémités de l'arc
est placée entre les lèvres, où elle est retenue d'une main, et
c'est la bouche . qui remplit l'office de corps résonnant.
D'autres fois l'arc est fiché en terre ; la corde est attachée au-
dessus d'une cavité, recouverte d'un morceau d'étoffe, ayant
une ouverture pour le passage du son. L'une des mains s'applique tantôt sur une partie de l'instrument, tantôt sur une
autre, pendant que la corde est touchée, grattée ou frappée
avec le brin de bambou. Il en résulte un sussure très diversifié, des modulations en sourdine, réellement agréables, et
que le musicien produit souvent pendant une heure de
suite [1]. »

Chez les Bongos encore, et, du reste, chez un assez grand
nombre d'autres populations, on fabrique des trompes de
bois, tantôt petites, tantôt fort grandes ; le haut du tube est
bouché, la partie du bas est ouverte, et l'orifice auquel on
applique la bouche, pour mettre l'air en mouvement, est
situé dans la partie supérieure de l'instrument, vers le premier quart. La tête de cet instrument est ornée de cornes, de
bois sculpté (*ibidem*, t. II, p. 338). Leurs tambours sont faits
avec le tronc d'un arbre assez gros, aminci par un bout et
vidé. Une peau de chèvre est tendue à chaque ouverture.
Chez les Akréens, la caisse est encore faite d'un tronc vidé,
mais un seul côté est couvert par une peau de mouton ; ces
tambours ont quelquefois, dit Isert, jusqu'à quatre pieds de
haut et deux pieds et demi de circonférence. Les tambours
des Wolofs, rapporte de la Croix sont faits d'un morceau de
tronc creux, long de quatre pieds environ, dont l'un des
bouts est couvert d'une peau et dont l'autre orifice reste
libre [2].

Le tambour de guerre des Mandingues est, dit Caillié

1. Schweinfurth, *op. cit.*, t. I, p. 276.
2. *Relation nouvelle de l'Afrique*, t. II, p. 427. Lyon, 1688.

(t. I⁰ʳ, pp. 155, 176), une large calebasse faite d'un tronc d'arbre, de trois ou quatre pieds de circonférence et de six à huit pouces de profondeur, recouverte d'un morceau de cuir de bœuf non tanné. Tantôt le tambour se bat avec la main, tantôt il se bat d'un seul côté avec un bâton en forme d'archet (Lander, t. I⁰ʳ, p. 165).

Bosman parle en plusieurs endroits (t. II, pp. 143, 481)

Fig. 33. — Tambours des Yorubans (au bas); du Gabon (à gauche); des Diors (à droite). (Raizel, t. I⁰ʳ, p. 617.)

des instruments de musique en Guinée : les cors, faits de dents d'éléphants et pesant parfois plus de trente livres ; les tambours, façonnés dans un morceau de tronc d'arbre, couverts d'un côté d'une peau de mouton, ouverts de l'autre [1], et que l'on frappe soit avec un soit avec deux bâtons ; de petites cloches de fer, des calebasses servant de castagnettes, une sorte de petite harpe, etc.

1. Cf. Erdman Isert, *op. cit.*, pp. 32, 206.

Le violon des nègres, dit Erdman Isert, consiste en une petite caisse de pièces rassemblées par une couture, de trois pouces de large sur six de long, dont le dessus est couvert d'une peau de mouton. Cette caisse est traversée dans sa longueur par un petit bâton de la grosseur du pouce, et d'une aune et demie de long, que l'on y place sur un plan incliné. Vers la pointe sont assujetties huit cordes, à la distance d'un pouce l'une de l'autre, de manière qu'elles courent le long de la peau de mouton, et viennent aboutir au bout extérieur du bâton. Au milieu de la peau est placé un chevalet qui sert à tendre les cordes, qui sont faites d'une espèce d'osier. Celui qui doit en jouer pose la caisse sur sa poitrine, la tient d'une main par le bâton, et pince les cordes de l'autre.

Chez les Tibbous, le tambour, de tronc creux de palmier, est à chaque extrémité muni d'une peau tendue. Sur l'une des peaux on frappe avec une baguette, sur l'autre avec la main.

Au Bénin le tambour est long de sept pieds et est muni d'une peau de chèvre aux extrémités[1].

Tous les habitants de la Sénégambie, dit Dufay[2], sont passionnés pour la musique et la danse. « Ils ont des trompettes, des tambours, des flûtes et des flageolets ; leurs tambours sont des troncs d'arbre, creusés et couverts, du côté de l'ouverture, d'une peau de chèvre assez bien tendue; ils se servent de leurs doigts pour les battre ; mais plus souvent ils emploient deux bâtons à tête ronde, d'un bois dur et pesant, tel que l'ébène. On voit des tambours de cinq pieds de long et de vingt ou trente pouces de diamètre, ils en ont de différente grandeur; mais, en général, le son en est mort. Dans la plupart des villes, les nègres en ont une autre espèce appelée *long-tong*, qu'on ne fait entendre qu'à l'approche de

1. *Mémoires du capitaine Landolphe*, t. I, p. 115. Paris, 1823.
2. *L'Afrique*, t. I, p. 174. Paris, 1825.

l'ennemi ou dans les occasions extraordinaires, pour répandre l'alarme. Le bruit du tong-tong se communique jusqu'à six ou sept milles. Les flûtes ou les flageolets ne sont que des roseaux percés ; ils s'en servent fort mal, et toujours sur les mêmes tons. Mais leur principal instrument est le *balafo*. Il est élevé d'un pied au-dessus de la terre et creux par-dessous. Du côté supérieur il a sept petites clefs de bois rangées comme celles d'un orgue, auxquelles sont attachés autant de fils d'archal de la grosseur d'un tuyau de plume, et de la longueur d'un pied, qui fait tout le tour de l'instrument ; à l'autre extrémité sont suspendues deux gourdes qui reçoivent et redoublent le son ; le musicien est assis par terre, vis-à-vis le milieu du balafo, et frappe les clefs avec deux bâtons d'un pied de longueur, au bout desquels est attachée une balle ronde, couverte d'étoffe, pour empêcher que le son n'ait trop d'éclat. Au long des bras, il y a quelques anneaux de fer d'où pendent quantité d'autres anneaux qui en soutiennent encore d'autres plus petits, et d'autres pièces du même métal ; le mouvement que cette chaîne reçoit de l'exercice des bras produit une espèce de son musical qui se joint à celui de l'instrument, et qui forme un retentissement commun dans les gourdes. Ceux qui font profession de jouer du balafo sont des nègres d'un caractère singulier, et qui paraissent également faits pour la poésie et la musique ; on les nomme *guiriots*...

« Les chansons et les discours ordinaires de ces guiriots consistent à répéter cent fois : Il est grand homme, il est grand seigneur, il est riche, il est puissant, il est généreux, il a donné du *sangara* (nom qu'ils donnent à l'eau-de-vie) ; le tout avec des grimaces et des cris insupportables. Ce qui est étonnant, c'est qu'avec tant de passion pour la musique, et tant de libéralité pour la payer, ils méprisent les guiriots, et, au lieu de les enterrer, ils mettent leurs corps dans le trou de quelque arbre creux où ils pourrissent bientôt. »

Nous reviendrons un peu plus loin sur les griots, dont, précédemment, nous avons déjà parlé. Rappelons seulement ce qu'ont dit du balafo, ou balafon, décrit par Dufay, un certain nombre d'autres auteurs. D'abord Labat, d'après Brüe : « Les gens de condition, dit-il en parlant des Sénégalais, ont un instrument sur lequel ils jouent pour se divertir ; il s'appelle *balafo*. Il est composé de seize règles d'un bois dur, larges d'un pouce, épaisses de quatre à cinq lignes, dont les plus longues ont dix-huit pouces et les plus courtes sept à huit. Elles sont rangées sur un petit châssis d'un pied ou environ de hauteur, sur les bords duquel elles sont arrêtées avec des courroies d'un cuir fort mince qui environnent aussi des petites baguettes rondes qu'on met entre les règles, afin de les tenir éloignées l'une de l'autre et dans des distances égales. On attache sous les règles des calebasses d'arbres, rondes, d'inégale grosseur, c'est-à-dire que l'on place les plus grosses sous les règles les plus longues, et ainsi de suite en diminuant. Cet instrument a quelque rapport à nos orgues, et rend un son agréable et diversifié selon les tons qu'on lui fait produire en touchant les règles avec deux baguettes, presque comme celles des timbales. Ils garnissent de cuir le bouton des baguettes, afin que les sons soient plus doux. » (*Op. cit.*, t. II, p. 332.) Nous lisons dans Moore : « Le *balafeu* est un instrument, qui, à la distance d'environ cinquante toises, résonne comme un petit orgue. Il est composé d'une vingtaine de tuyaux d'un bois fort dur, joliment ajustés et polis. Ces tuyaux vont en diminuant par degrés, tant de longueur que de grosseur, et sont liés ensemble avec des lanières d'un cuir très mince. Ces lanières sont entrelacées autour de petites baguettes rondes qu'on met entre chacun de ces tuyaux, afin de les espacer. On attache douze à quatorze calebasses de différentes grandeurs au-dessus des tuyaux, qui font le même effet que des tuyaux d'orgue. On joue de cet instrument avec deux bâtons recouverts de la pellicule mince du ciboa, ou d'un cuir, pour rendre le son moins dur et moins désagréable. Les hommes et les femmes aiment beaucoup à danser au son de cet instrument[1]. » Mage le décrit ainsi : « Celui du Sénégal est composé de cordes et de calebasses de diverses grandeurs... En frappant sur ces cordes tendues sur une espèce de châssis qui touche les calebasses, elles produisent des sons non définis, impossibles à rendre dans notre musique, et qui font les délices de la population noire.

» Le balafon de Bakana se composait de deux souches vertes de bananier, dépouillées de leur première enveloppe; des pointes de feuilles de palmiers, plantées à égale distance (environ 5 centimètres), formaient huit cases dans chacune desquelles on plaçait un morceau de bois sec; deux naturels, placés vis-à-vis l'un de l'autre frappaient ces morceaux de bois à contre-temps et produisaient une musique sinon harmonieuse du moins supportable[2]. » Raffenel dit de son côté :

« Le balafo tient à la fois du clavecin et de l'harmonium. Il est porté au-devant de l'homme qui en joue par le moyen d'une bretelle, de la même manière que les orgues de Barbarie. Ses touches, formées de bois très dur, sont au nombre de vingt environ; elles font bascule sous les coups d'une petite baguette, terminée par un bouchon de liège ou d'écorce molle, et font vibrer des cordes en crin d'inégale longueur, fixées par l'une de leurs extrémités à ces touches, et par l'autre à une moitié de calebasse. La grosseur de ces demi-calebasses est proportionnée à la longueur des cordes, les plus longues cordes correspondant aux plus longues calebasses. On obtient par cet instrument des sons assez doux et d'une harmonie qui contraste agréablement avec le bruit ordinaire du tamtam. Le balafo n'est pas commun; on

1. *Voyages dans les parties intérieures de l'Afrique*, p. 397. Londres, 1738.
2. *Bulletin de la Société de Géographie*, 1867, t. I, p. 555.

ne le trouve que chez les chefs puissants ou riches[1]. » Bérenger.
Féraud décrit aussi le balafon (balophon), dans son étude sur
les griots de la Sénégambie[2].

Nous aurions nombre d'autres descriptions à reproduire,
mais toutes se confirment, se répètent, et ce qui a été dit
ci-dessus suffit à faire comprendre ce qu'est ce curieux
instrument[3].

Quant au chant, qui accompagne souvent la musique
instrumentale, il a un caractère tout à fait expansif, et n'est,
souvent aussi, qu'un récitatif plus ou moins monotone. Le
noir y fait part, sans réticences, et à qui veut l'entendre, de
ses joies, de ses malheurs, de ses appétits et de ses appré-
ciations de toute nature.

Le *griot*, dont nous avons eu plus d'une fois déjà l'occasion
de parler, est le baladin, le chanteur de profession. Nous
renvoyons à ce que nous avons dit à ce sujet, particulièrement
en traitant des Wolofs (ci-dessus p. 151). Nous avons cité
Barbot, Caillié, Raffenel. Il serait facile de rapporter bien
d'autres passages. Mollien, par exemple, parle, lui aussi, des
griots : « Le griot du roi, dit-il, vint me réveiller par ses
chants; il était suivi d'un grand nombre de chanteuses; je
n'ose répéter les éloges excessifs qu'ils me prodiguèrent : ils
m'appelèrent fils du roi des blancs; ils vantèrent la beauté
de mes souliers, de mon chapeau; tous les nègres étaient
dans l'admiration des honneurs qu'on me rendait; ils sem-
blaient être dans l'ivresse; tous leurs mouvements étaient
convulsifs; ils remuaient la tête, fermaient les yeux, et dans

1. *Nouveau Voyage au pays des Nègres*, t. I, p. 160. Paris, 1856. — Cf.
Gray et Dochard, *Voyage dans l'Afrique occidentale;* trad. franç., p. 53. —
Mungo Park, t. II, p. 31.

2. *Revue d'Anthropologie*, 1882, p. 271.

3. Demanet, *Nouvelle Histoire de l'Afrique française*, t. II, p. 69. Paris,
1767. — W. Smith, *A new Voyage to Guinea;* trad. franç., t. II, planche.
Paris, 1751. — Cf. *Rev. d'Ethnogr.*, 1886, p. 374.

l'extase où les mettaient les sons de la guitare du griot, ils
s'écriaient : Ah! que cela fait du bien! Il n'est peut-être pas
de peuple sur la terre plus passionné pour la musique que
les nègres. Leur chant est assez maussade pour une oreille
européenne, puisqu'il ne se compose que d'un motif répété
à l'infini, et de deux ou trois sons au plus, qui reviennent
dans le même ordre. Pour me débarrasser du chanteur et de
ses bayadères, je leur donnai quelques feuilles de tabac; ce
présent leur parut si mesquin, qu'ils diminuèrent considéra-
blement les louanges qu'il m'avaient prodiguées[1] ». Ce qu'en
dit Marche n'est pas moins caractéristique : « Ces noirs
troubadours vivent comme nos poètes errants du moyen âge
aux dépens de ceux dont ils chantent les louanges... J'en ai vu
passer un, entre autres, qui emboîtait le pas d'un noir; celui-
ci se redressait dans ses boubous du dimanche, fier comme
Artaban, pendant que le griot lui chantait, ou plutôt lui criait
dans les oreilles de toute la force de ses poumons : « Tu es le
« fils d'un tel, qui était le fils d'un tel, qui était le descendant
« d'un grand chef, qui a tué beaucoup d'ennemis ! » Puis quand
le griot eut fini, il termina par une phrase qui est toujours
la même : « Ton aïeul m'aurait donné un cheval ou un captif;
« toi, qui n'es pas si riche, fais-moi du moins un beau cadeau,
« car je chante toi et les tiens, et je dirai à tout le monde que,
« comme tes aïeux, tu as le cœur grand et généreux. » Souvent
on voit un de ces industriels dépouiller ainsi peu à peu un
nègre, qui n'ose rien lui refuser, pour ne pas dégénérer de ses
ancêtres. Ils s'accompagnent sur des instruments à corde,
sorte de guitares, qu'ils pincent avec force grimaces et
contorsions. » (Op. cit., p. 16.)

Bérenger-Féraud a publié une étude sur les griots de la
Sénégambie[2]. Il y montre quel rôle important cette caste,

1. Op. cit., t. I, p. 202.
2. Revue d'Anthropologie, 1882, p. 266.

toute méprisée qu'elle soit, joue chez les peuples au milieu desquels elle exerce sa profession. En Sénégambie les griots reconnaissent des chefs particuliers auxquels ils se subordonnent et qui perçoivent sur eux des impôts. Ils se marient exclusivement dans leur caste, c'est-à-dire avec des filles d'autres griots. Les uns improvisent des chansons en honneur de qui veut bien les gratifier; d'autres jouent de la guitare, d'autres du tambour ou du tam-tam : « Il suffit de frapper fort, pour faire du tapage, et chez les nègres le bruit est déjà un élément de succès; il suffit même, à lui seul, pour assurer au griot des profits capables d'entretenir son existence dans les petites bourgades et chez les gens de la plus infime catégorie. » Les griots soninkés sont plus habiles que ceux du Cayor, du Oualo, et font une musique assez douce qui n'est point désagréable. Ceux des pays mandingues jouent parfois d'une grande guitare à douze, quinze et même vingt et une cordes; elle est faite d'une demi-calebasse recouverte d'une peau très amincie et armée d'un manche portant des anneaux de métal : les cordes sont de petites lanières de peau tordues. Dans quelques contrées situées plus au centre des terres, les griots s'accompagnent avec des cymbales de fer. « J'ai vu maintes fois, dit l'auteur auquel nous empruntons ces renseignements, un pauvre diable vêtu d'un simple fragment de toile d'emballage couvrant à peine les parties essentielles de son corps, servir de texte à une glorification ampoulée et fantastique qui lui prêtait l'origine la plus noble, les qualités les plus admirables. La vérité était que ces malheureux possédaient quelques très minces sous, modeste salaire d'une journée de travail passée à piocher la terre, à servir les maçons ou à charrier des sacs d'arachides sur le dos... Quand il a suffisamment préparé sa victime pour la louange, le griot entreprend de toucher la corde sensible et ajoute : « Toutes les « fois que mon grand-père chantait les louanges du tien, il

« recevait un beau cheval en cadeau. Ton père avait l'habitude
« de donner un captif au mien, dans toutes les circontances
« mémorables de l'année. Toi tu me donneras un franc, pour
« que j'aille acheter quelque friandise et que je dise au
« marchand : Sers-moi copieusement, car c'est avec l'argent du
« très noble et très brillant un tel que je paye. » Le griot est
de toutes les fêtes où il y a à récolter quelque chose ; de plus,
chaque petit souverain a son griot particulier et officiel. Le
griot jouit d'immunités nombreuses ; il va et passe partout,
et peut, à sa guise, duper tout le monde, critiquer et railler
tout ce qu'il lui plaît de censurer. »

Par contre, il est universellement méprisé, et la sépulture
terrestre lui est refusée. Le corps d'un griot empoisonnerait,
paraît-il, le sol et tous les produits de la terre. Dans son récit,
qui date de la première partie du dix-septième siècle, le Père
de Saint-Lô, capucin, parle de la mauvaise estime que l'on
a communément pour les griots et de leurs misérables funérailles. Voici ce court passage :

« Les griots qui les font dancer sont en ignominie parmy
le commun, et quand les François veulent fascher quelque
Negre, ils l'appellent Guiriot. Or ces Guiriots sont extréme-
ment importuns, car n'ayant pas accoustumé de voir quelqu'vn, ils l'accostent, et en luy chantant toutes les louanges
dont ils se peuuent aduiser, ne le quittent iamais qu'il n'ayent
receu quelque chose, et voyant que l'on ne leur veut rien
donner, ils crient si long temps aupres des personnes que à
la fin on est contraint de leur donner. Quand ils sont morts
l'on les estime indignes de sepulture, car on les met debout
dans quelque arbre creux, i'en ay veu le corps d'un en ceste
sorte de sepulchre[1]. » Citons enfin Pougeois : « Les Nègres font
un singulier usage du baobab. On vient de voir que la carie

---

1. *Relation du voyage au Cap Verd*, p. 87. Paris, 1637.

creuse quelquefois le tronc de l'arbre, dont la partie centrale se ramollit facilement. Les Nègres agrandissent les cavités qui se sont formées naturellement. Ils en font des espèces de chambres, où ils suspendent les cadavres de ceux auxquels ils ne veulent pas accorder les honneurs de la sépulture. Ces cadavres s'y dessèchent facilement, et deviennent sans préparation des espèces de momies. Ceux qu'on traite ainsi sont les griots, qui chez les Nègres, remplacent nos anciens jongleurs. Ils passent pour des sorciers, des ministres du diable; et c'est pour éviter la malédiction qu'ils attirent sur la terre, ou même sur les eaux qui auraient reçu leurs corps, que leurs dépouilles sont cachées dans le tronc des baobabs[1]. » Les Wolofs pensent que si on les enterrait, la récolte du miel manquerait infailliblement (Mollien).

Le griot, ajoutons-le, est essentiellement un produit de la Nigritie occidentale, mais c'est un voyageur accompli qui pénètre jusque dans le Soudan de l'est, exploitant partout avec la même facilité un public enfantin. Tout comme la Sénégambie, le Wadaï et le pays des grands lacs ont leurs chanteurs de profession.

Ils sont, avons-nous dit, de toutes les fêtes. Ce qui caractérise les réunions nigritiques, c'est le bruit, c'est la musique, ce sont les libations répétées, c'est la danse; danse mimique, danse monotone, lourde, souvent obscène[2], accompagnée maintes fois par les battements de mains des spectateurs. Fréquemment les danses ont lieu de nuit, et plusieurs nuits de suite. Les nègres, à ces sortes d'exercices, paraissent infatigables[3]. Aux descriptions de danses nigritiques que

1. *L'Abyssinie*, p. 69. — Cf. Marche, *op. cit.*, p. 16. — Béronger-Féraud, *op. cit.*, p. 268.

2. Labat, *Nouvelle Relation de l'Afrique occidentale*, t. II, p. 277. Paris, 1728. — *Mémoires du Capitaine Landolphe*, t. I, p. 116.

3. De la Croix, *Relation nouvelle de l'Afrique*, t. III, p. 113. — Gaby, *Relation de la Nigritie*, p. 44. Paris, 1689.

nous avons déjà rapportées, nous en aurions bien d'autres à joindre. Partout, à l'ouest chez les Wolofs et les Bambaras, au sud-ouest dans le vieux Calabar[1], au nord chez les Tibbous, au sud-est chez les Baris, nous trouvons la danse en honneur[2]. Isert ne manque pas de parler des danses des Guinéens : « Leur musique est de plusieurs genres. Une de leurs manières les plus remarquables à cet égard est de creuser une fosse en terre d'environ quinze pieds en diamètre. Ils placent sur cette fosse deux poutres de bois très dur; sur celles-ci, ils ajustent en travers divers bâtons de différente épaisseur, sans cependant les assujettir. On frappe en cadence sur ces derniers avec des baguettes, comme celles des timbales; l'accompagnement se fait avec des tambours. J'ai vu danser au son de cette musique, de jeunes filles pendant plus de trois heures, sans quitter la place, à la plus grande chaleur du jour[3]. » Partout, dit Demanet, partout les nègres, excédés même de fatigues, dansent pour se délasser; et, à les voir danser et faire toutes leurs contorsions violentes, on ne dirait pas qu'ils sortent du travail. Ils ont plusieurs sortes de danses, aussi fatigantes qu'immodestes : c'est un usage constant chez eux, de danser tous les jours depuis la chute du soleil jusqu'à minuit; ils ont un lieu destiné à cet effet, où chacun s'assemble au son d'une espèce de caisse qu'ils suivent pour diriger leurs sauts, leurs mouvements, leurs contorsions et leurs battements de pied avec tant de force, que la terre en est souvent creusée. Tous les spectateurs chantent et répètent sans cesse la même chanson, en frappant des mains relativement aux mouvements furieux de ceux qui dansent tour à tour[4]. » Villault de

---

1. Marche, *op. cit.*, p. 99.

2. Description de la danse dans le Kouranko, *Revue maritime et coloniale*, t. VIII, p. 299; d'une danse religieuse chez les Bambaras, Galliéni, *Voyage au Soudan français*, p. 330.

3. *Voyages en Guinée*, p. 150. — Cf. Aube, *Entre deux campagnes*, p. 21. Paris, 1881.

4. *Nouvelle Histoire de l'Afrique française*, t. I, p. 183. Paris, 1767.

Bellefond parle, de façon détaillée, des danses des nègres guinéens[1]. Le *Journal* des frères Lander décrit la danse telle qu'elle est exécutée aux bords du Niger, par 10° de latitude, chez les Borgouans :

« Je découvris quantité de jeunes filles et de femmes mariées, avec des enfants sur le dos, dansant, chantant, folâtrant et frappant des mains, selon la coutume du pays. Un groupe d'hommes, de leur parents, se tenait auprès d'elles comme juges et spectateurs. De temps en temps une femme se détachait tout à coup de la ronde, et, après avoir sauté et dansé avec ardeur jusqu'à ce qu'elle fût épuisée, retombait dans les bras de ses compagnes, qui, épiant ses mouvements, se tenaient prêtes à la recevoir; une autre, puis une autre encore, lui succédaient, jusqu'à ce que toute la bande eut dansé, chaque femme à son tour, et cet amusement fut soutenu avec tant de verve, que les éclats de rire, les cris, les transports de joie, ne cessèrent pas un moment pendant toute sa durée. La danse (si elle mérite ce nom) réunissait en commençant toutes les femmes, mariées ou non mariées; elles formaient d'abord une ronde, se tenant fortement l'une à l'autre par le bras, et tournaient lentement sans lever les pieds de terre. Cet exercice semble demander beaucoup de difficulté, si l'on en juge d'après la violente et singulière façon qu'ont les danseuses de balancer et de tortiller leur corps; plusieurs des jeunes filles, trop faibles, furent obligées de quitter le cercle presque aussitôt qu'il fut formé. Cette lenteur s'anime graduellement, jusqu'à ce que la ronde tourbillonne avec une telle rapidité, qu'elle est plus d'une fois brisée dans sa course, et plusieurs femmes sont lancées à terre avec violence. Les chants, ou plutôt les cris, les battements de main, et des accents encore plus sauvages et retentissants, se continuèrent

1. *Op. cit.*, p. 316. — Cf. P. de Marees, *Description et recit historial du riche royaume de Gunea*, p. 71. Amsterdam, M.VIC.V.

jusqu'au moment où, vers le lever du matin, une lourde averse renvoya chacun au logis[1]. » « A Tembouctou, rapporte Davity, les habitants du pays sont ordinairement d'humeur fort gaie et se plaisent à mener une vie douce, principalement ceux des villes, qui ont de coutume d'aller jouant de quelques instruments, et dansant par toute la ville depuis environ deux heures avant que le soleil soit couché jusqu'à une heure de nuit, ayant cependant plusieurs esclaves, tant hommes que femmes, qui travaillent à leurs affaires[2]. » A Bacocouda, près des rives du Niger, Caillié assista à une danse guerrière :

« Les hommes dansaient au son de deux tambours ayant chacun un bâton de quatorze pouces, dont ils appuient une extrémité au fond, et l'autre sur le bord ; ils sont tenus par des cordes faites en boyau de mouton, et ressemblent un peu à une guitare ; à l'extrémité de ce bâton, il y a nombre de grelots, de boucles et de petits morceaux de fer, qui font entendre un cliquetis qui accompagne le son du tambour, ce qui produit un effet assez agréable. Les musiciens chantent en frappant avec la main sur le tambour, ils excitent par leurs chants le courage des guerriers, qu'ils exhortent à bien se battre et à détruire les infidèles. Les acteurs de ces petites guerres tiennent un sabre nu à la main, et sont armés d'arcs et de fusils ; ils sautent et dansent au son des instruments, font des gestes menaçants, comme s'ils voulaient tuer leurs adversaires, tirent des coups de fusil et lancent des flèches : puis tout à coup, comme s'ils étaient vainqueurs, ils font des sauts et des danses en signe de réjouissance, et mille autres grimaces de ce genre[3]. »

Erdman Isert parle des ballets pantomimes chez les noirs

1. *Op. cit.*, t. II, p. 108.
2. *Description de l'Afrique*, p. 395. Paris, 1660.
3. *Journal d'un voyage à Tembouctou*, t. I, p. 360. Paris, 1830.

guinéens : « Dans le temps que les hommes d'Akra étaient à la guerre contre les Auguéens, leurs femmes dansaient tous les jours le *fétiche*. Elles représentaient des combats, armées de sabres de bois, se jetaient dans les canots à la côte, faisaient le geste de ramer, jetaient quelqu'un des assistants dans la mer; prenaient une truelle, et, faisaient semblant de mûrer. On conçoit l'allégorie : l'action de ramer voulant dire que les maris allaient passer la rivière Volta, pour se battre avec les Auguéens, et les noyer; la truelle et le travail du maçon indiquaient l'érection du fort Kœnigstein. »

Notons que l'exercice de la danse n'est point réservé au seul menu peuple. Dans beaucoup de contrées le roi danse devant ses sujets, devant ses femmes, à la plus grande admiration du public. Le *Journal des missions évangéliques* (1862, p. 388), mentionne une danse exécutée par le roi des Achantis. En un pays, au moins, à Falaba, dans la contrée de Soulima (au nord du Kouranko, par 9°5' de latitude et 13°4' de longitude), chez les Mandingues, la danse du roi a un caractère singulièrement pratique :

« Le grand roi de Sewa se dresse, et, quoique bien vieux, donne à ses hôtes et à ses sujets un spécimen de ses talents chorégraphiques. Nous remarquons qu'il porte sur l'épaule droite un fardeau qui semble assez lourd et gênant, mais qui ne l'empêche pas de faire des sauts surprenants et de mériter les applaudissements frénétiques de l'assemblée.

« Nous demandons à Joseph ce que signifie ce fardeau, et il nous apprend que dans toutes les cérémonies, le roi, d'après l'usage du pays, est tenu de danser avec cette charge pesante, pour prouver au peuple qu'il est toujours robuste et vaillant. Le jour où ses forces ne lui permettent pas de porter aisément cette charge, il est destitué et on lui nomme sur-le-champ un successeur. Cette coutume explique suffisamment pourquoi Sewa s'efforce, et non sans succès, de rivaliser d'entrain avec les danseurs qui l'ont précédé[1]. » Cette coutume a du moins l'avantage d'encourager dans les familles royales la pratique salutaire des exercices du corps.

Le *Journal* des frères Lander raconte une danse royale :

« Le roi commença avec beaucoup de roideur et de gravité et le peuple exprima son admiration d'un si beau talent par des cris de joie à percer la nue. Il est vrai que les tentatives du monarque pour plaire à ses sujets et les amuser méritaient bien cette vive sympathie... Le monarque a une taille majestueuse, marche avec aisance, monte bien à cheval, mais il a les pieds comparables, pour la grosseur, à ceux d'un dromadaire, et sa légèreté est à l'unisson. Quand la première danse fût terminée, le roi en commença une seconde, imitant le trot d'un cheval du pays partant pour la guerre. Cette imitation était des plus burlesques, mais elle ne dura pas longtemps. Au bout de quelques minutes, le monarque regagna une de ses huttes, toujours trottant à la manière d'un cheval, et disparut suivi de bruyantes clameurs d'admiration de toute la foule (t. II, p. 191). »

Attentive aux mouvements des danseurs, l'assemblée est là pour les blâmer, pour les louer, formant un rond autour des exécutants. La monotonie, la longueur des danses est impuissante à les lasser. Les gestes, les torsions de corps sont toujours à peu près les mêmes; ce qui jette quelque diversité dans le spectacle, ce sont parfois les entrées successives des guerriers, des jeunes gens, des femmes, des jeunes filles. Ainsi des ballets que l'on exécutait au XVIIe siècle devant le Roi Soleil, et auxquels ce dernier prenait part lui-même, comme un simple potentat mandingue.

Quant aux fêtes plus ou moins périodiques, elles sont

1. *Voyage aux sources du Niger*, par Zweifel et Moustier (*Bulletin de la Société de Géographie*, t. I de 1881, p. 181).

assez nombreuses chez certaines populations : fêtes des fétiches, fêtes des périodes lunaires, fêtes des récoltes. Nous avons dit plus haut comment ces réjouissances sont accompagnées, en quelques contrées de Guinée, de terribles sacrifices humains. A aucune, en tout cas, ne manquent ni les danses ni les longues libations. Lors des fêtes de circoncision il y a également des danses prolongées [1].

*
* *

Souvent aussi les funérailles sont l'occasion de grandes fêtes. « Lorsqu'un membre de la famille meurt, tous les parents se réunissent pour crier et se lamenter, en se roulant à terre, les cheveux défaits et déchirant leurs vêtements. Le village tout entier, parfois, prend part à ces démonstrations de deuil. Lorsque le mort est enterré, tout ce monde se met à danser, à boire, et cela dure souvent deux ou trois jours [2]. » Ces quelques lignes, écrites à propos des Timanis, pourraient l'être aussi bien au sujet de la presque totalité des populations nigritiques de la Sénégambie, de la Guinée, du Soudan : au sujet des Mandingues (Caillié, t. Iᵉʳ, p. 247), des indigènes du Rio Nuñez (*ibid.*, p. 116), de ceux du haut Nil (Baker, *op. cit.*, pp. 162, 167), de ceux de la Guinée (Erdman Isert, *op. cit.*, p. 196; Bosman, *op. cit.*, t. II, pp. 228, 509), etc.

Labat rapporte, d'après Brüe, les cérémonies qui eurent lieu lors de la mort d'un chef sénégalien : « A peine, dit-il (t. III, p. 72) s'en fut-on aperçu, qu'une de ses femmes mit la tête à la porte, et fit un cri qui fit plus d'effet que toutes les cloches d'une grande ville n'auraient pu faire : car on entendit dans l'instant des cris horribles dans tout le village, on vit sortir les femmes, qui en attendant qu'elles sussent de

1. Labat, d'après Brüe, *op. cit.*, t. II, p. 277.
2. *Bulletin de la Société de Géographie*, t. I de 1881, p. 107.

quoi il s'agissait, qui était mort, et de quelle manière cela était
arrivé, s'égratignaient toujours par prévision le visage, le sein
et les bras, et poussaient des cris comme si chacune d'elles
avait perdu père, mère, mari et enfants. Comme tout le
monde criait, il fallut du temps pour découvrir d'où était
parti le premier cri ; on le sut à la fin, et toutes les femmes y
coururent et firent avec celles du défunt un tintamarre qui
aurait empêché d'ouïr le tonnerre. Au bout de quelques
heures, le marabout du village entra dans la case du mort, lava
le corps, le revêtit de ses plus belles pagnes, et le mit sur son
lit avec ses armes à côté de lui. Alors les parents entrèrent
les uns après les autres, lui prirent la main et lui firent plusieurs questions, aussi inutiles qu'elles étaient ridicules. Ils
finissaient par des offres de services, et voyant qu'il ne répondait rien à toutes leurs honnêtetés, ils se retiraient en disant
d'un ton grave : « Il est mort. »

« Cependant, ses femmes et ses enfants se reposant sur les
autres du soin des funérailles, tuaient les bœufs et vendaient
ses marchandises, et même ses esclaves pour avoir de l'eau-
de-vie, car il est de l'essence de la cérémonie de faire folgar,
c'est-à-dire festin et réjouissance après que le corps a été
porté en terre. C'est ce que l'on ne manque pas de faire dès
que les compliments sont finis.

« Les Guiriots tambour battant commencent la marche, les
hommes armés jusqu'aux dents les suivent en silence, le corps
porté par deux hommes vient ensuite environné de tous les
marabouts qu'on a pu rassembler. Les femmes suivent le corps
et c'est à qui hurlera plus fort, et se déchirera mieux le visage.
Quand le corps doit être enterré dans sa propre case, ce qui
n'est accordé qu'aux princes et aux seigneurs, on fait une
petite procession dans le village, et dès qu'on est arrivé au
lieu où la fosse est creusée, le marabout du village s'approche
du mort, et lui dit quelques mots à l'oreille, et ce pendant

quatre hommes étendent des pagnes autour du corps et les
tendent à une hauteur qui le dérobe à la vue des assistants.
Ceux qui l'ont apporté le mettent dans la fosse, et le couvrent
de terre et de quantité de pierres, afin que les bêtes sauvages
n'en viennent pas faire la curée. Le marabout met ensuite les
armes du mort attachées à un piquet à la tête de la fosse, avec
un pot plein de couscous et un d'eau. C'est la provision pour
un an. S'il a été gourmand pendant sa vie, on lui apprend
ainsi à être sobre après sa mort.

« Dès que ceci est achevé, ceux qui tenaient les pagnes
les laissent tomber, et à ce signal, les pleurs, les cris, les hurlements et les égratignures recommencent de plus belle. On
les laisse faire pendant quelques moments; après quoi, le plus
ancien marabout commande aux Guiriots de battre la marche
pour retourner au village. Les pleurs cessent dans l'instant,
et on va manger le festin et faire *folgar* aussi tranquillement
comme s'il n'était rien arrivé.

« Il y a des endroits où l'on fait des fosses autour de la sépulture, sur le revers desquelles on plante force grosses épines,
afin d'empêcher les animaux d'en approcher. Mais comme on
oublie souvent de prendre cette précaution, il arrive aussi fort
souvent que le corps est emporté dès la nuit suivante. Dans
d'autres lieux, le deuil des funérailles, les cris et les pleurs
durent sept ou huit jours, et pendant ce temps, si c'est un
garçon qui est mort, ses compagnons courent par le village
avec le sabre à la main, feignant de le chercher, et frappent
leurs sabres les uns sur les autres quand ils se rencontrent. »

Parfois on immole sur la tombe des animaux domestiques;
parfois, particulièrement sur la tombe des rois et des grands,
leurs femmes et des esclaves.

« La coutume veut ici, rapporte le *Journal* des frères Lander (t. Ier, p. 154; trad. franç.), que le jour de la mort du
gouverneur deux de ses épouses favorites quittent le monde...

Les femmes du dernier chef, peu envieuses de ce bonheur, se sont enfuies avant les cérémonies des funérailles et sont restées soigneusement cachées. Cependant une de ces malheureuses a été découverte dans sa retraite. On ne lui a laissé d'autre alternative que de boire une coupe de poison ou d'avoir la tête fracassée par la massue du prêtre fétiche. » La série serait longue des citations qu'il y aurait lieu de faire ici [1].

Maintes fois l'on place dans la fosse, avec le corps, une partie du mobilier du défunt, ses armes, par exemple ; maintes fois on y dépose des aliments [2]. Nous parlerons plus loin de la croyance plus ou moins vague à une vie future. En fait, la plupart des noirs acceptent avec peine l'idée de la cessation de l'existence individuelle, et on pourvoit aux besoins du défunt, comme il y avait pourvu durant sa vie, cela au moins le jour des funérailles.

Les plaintes des survivants sont parfois sincères, mais, en tout cas, elles sont toujours extrêmement bruyantes [3]. Pour

1. Erdman Isert, *Voyages en Guinée*, etc.; trad. franç., p. 196. Paris, 1793. — Labat, d'après Brüe, t. V, p. 137. — Burton, *Central Africa*, t. I, p. 124; t. II, p. 25. *A Mission to Gelele, King of Dahome*, t. II, p. 18. Londres, 1864. — Wilson, *Western Africa*, pp. 203, 219, 394. Londres, 1858. — Laird and Oldfield, *Narrative of an Expedition into the Interior of Africa;* t. I, p. 294. Londres, 1837. — Landolphe, *Mémoires*, t. II, p. 55. Paris, 1823. — Allen and Thomson, *Narrative of an Expedition to the River Niger*, t. I, pp. 291, 328; t. II, pp. 244, 297. Londres, 1848. — Clapperton, p. 418. — Huntley, *Seven Year's Service on the Slave Coast*, t. II, p. 13. Londres, 1850. — Omboni, *Viaggi nell'Africa occidentale*, p. 306. Milan, 1845. — Des Marchais, *op. cit.*, t. I, pp. 101, 140, 315. — Durand, *Voyage au Sénégal*, t. I, p. 217. Paris, 1802. — Müller, *Die afrikanische auf der Goldstücke gelegene Landschaft Fetu*. Hambourg, 1676. — Hutton, *A Voyage to Africa*, p. 84. Londres, 1821. — Letourneau, *la Sociologie*, p. 212. — Tylor, *la Civilisation primitive;* trad. franç., t. I, p. 537.

2. Caillié, *op. cit.*, t. I, pp. 245, 290. — Bowdich, *op. cit.*, pp. 345, 364, 375. — Bosman, *op. cit.*, t. II, p. 509.

3. *Description et recit historial du riche royaume d'or de Gunea, aultrement nommé la coste de l'or de Mina*, p. 74. Amsterdam, M.VIC.V. — De la Croix, *Relation nouvelle de l'Afrique*, t. II, p. 470. Lyon, 1688. — Gaby, *Relation*

augmenter la manifestation, on loue à la journée des pleureurs, des pleureuses [1]. A Akra, les femmes, en signe de deuil, se peignent avec de la terre blanche (Bosman).

On a recueilli et cité un assez grand nombre de coutumes funéraires en usage chez les Nigritiens. Nous ne saurions les relater toutes. Les Mandingues enfouissent leurs morts, enveloppés de pièces d'étoffes dans leur propre domicile, ou bien en un lieu qui avait été particulièrement cher au défunt [2]. Les Sousous les enterrent auprès de leur demeure. Bosman mentionne ce même usage en Guinée. En Sierra Leone il y a de véritables cimetières; toutefois en certaines régions de cette contrée le mort est enterré dans son propre logis [3]. Les Bambaras lavent le corps avant de l'ensevelir. En Sénégambie certaines populations construisent une case pour chacun des morts [4]. Les Véis enterrent d'abord le cadavre dans sa propre hutte, l'y laissent plusieurs semaines ou même plusieurs mois, jusqu'à ce que les parents s'entendent pour une sépulture définitive [5]. Les Sérères ensevelissent leurs morts à quelque distance des villages, dans des cases en paille qu'ils recouvrent d'une couche épaisse de coquilles [6]. Chez les Yébous le corps est entouré de linges, en grand nombre si le défunt avait une position sociale élevée [7]. A Grand Bassam on opère une sorte

de la Nigritie, p. 68. Paris, 1689. — Bosman, *op.· cit.*, t. II, pp. 228, 509. — Erdman Isert, *op. cit.*, p. 197. — N***, *Voyages aux côtes de Guinée*, p. 67. Amsterdam, 1719. — Labat, *Nouvelle Relation de l'Afrique occidentale*, t. III, p. 72; t. V, p. 250. Paris, 1728. — Adanson, *Histoire naturelle du Sénégal*, p. 61. Paris, 1757. — Lander, *op. cit.*, t. I, p. 276. — Mungo Park, *op. cit.*, t. II, p. 18. — Galliéni, *op. cit.*, p. 133.

1. Labat, *op. cit.*, t. V, p. 250. — Saint-Lô, *Relation du voyage au Cap Verd*, p. 72. Paris, 1637. — Marche, *Trois Voyages dans l'Afrique occidentale*, p. 77.

2. Mungo Park, *Voyage dans l'intérieur de l'Afrique;* trad. franç., t. II, p. 50.

3. De la Croix, *op. cit.*, t. II, p. 487.

4. Durand, *op. cit.*, t. I, p. 89.

5. Kœlle, *Outlines of a Grammar of the Vei Language*, p. 114. Londres, 1854.

6. *Revue d'Ethnogr.;* t. II, p. 18.

7. D'Avezac, *Mémoires de la Société ethnologique*, t. II, 2e partie, p. 65.

d'embaumement[1]. Généralement le corps est étendu de son long, mais dans quelques régions on l'assied parfois : ainsi chez les Yorubans, dans le Borgou, dans le Bénin, chez les Balantes[2]; de même chez les Bongos.

Nous avons dit plus haut quelle importance avait chez certains peuples nigritiques la cérémonie des funérailles. Chez plusieurs, le noir pense fréquemment de son vivant à cette cérémonie, et s'il désire s'enrichir, c'est parfois pour obtenir après sa mort un service brillant. C'est le cas, avons-nous vu, chez les Sérères.

Dans quelques régions, les princes ne sont ensevelis d'une façon définitive qu'après la nomination de leur successeur[3]. Parfois le lieu de sépulture est excentrique, en raison du caractère de la mort : « Quand un Timné se noie dans un fleuve, l'usage exige que sa dépouille ne soit pas enterrée dans le village ; on creuse une fosse au bord du fleuve même, de façon à ce que l'eau passe dessus. Ils considèrent que le fétiche du fleuve ayant exigé cette victime, il faut la lui abandonner, sinon un autre individu du village subirait bientôt le même sort[4]. »

Il a été dit ci-dessus que les individus de la caste méprisée des griots étaient enfouis purement et simplement dans des troncs d'arbres creux, sépulture essentiellement infamante et qui évite à la terre d'être souillée par des restes abjects[5].

En somme, et un peu partout, tout finit en cette matière par des chansons et des beuveries.

1. Hecquard, *op. cit.*, p. 47.
2. Hecquard, *op. cit.*, p. 81. — Allen and Thomson, *Narrative of the Expedition to the River Niger*, t. II, p. 201. — Landolphe, *Mémoires*, t. II, p. 52. — Clapperton, *op. cit.*, pp. 85, 134.
3. *Journal officiel de la République française*, 20 février 1883.
4. *Bulletin de la Société de Géographie*, t. I do 1881, p. 107.
5. Ci-dessus, p. 384. Cf. Mitchinson, *The expiring Continent. A Narrative of Travel in Senegambia*, p. 162. Londres, 1881.

***

La religion des noirs africains sus-équatoriaux est le fétichisme le plus rudimentaire. La vue d'un être quelconque, d'un objet, d'un phénomène, émeut particulièrement l'individu, et celui-ci attribue à cet être, à cet objet, à ce phénomène une puissance particulière. On n'en est pas encore au spiritualisme et au spiritisme, on ne croit pas encore à des êtres immatériels, mais on est sur la voie de l'animisme. Dans le fétichisme, comme le remarque justement Letourneau, tout est généralement concret et visible[1] : « Il y a simplement une émotion forte et un raisonnement faux. L'émotion et le raisonnement du nègre adorant un animal dangereux, un fléau quelconque, et l'émotion et le raisonnement du chien, qui ayant commis une faute et craignant le châtiment, rampe aux pieds de son maître, sont choses parfaitement comparables. L'homme et l'animal raisonnent de la même manière; chacun d'eux, seulement, s'agenouille à sa façon. Mais l'homme, ayant plus d'intelligence, plus de mémoire, plus d'imagination, fait au sujet de l'émotion éprouvée un raisonnement un peu plus complexe. Longtemps il garde le souvenir de la terreur éprouvée, il en craint le retour et cherche les moyens de la prévenir. D'où les offrandes, les prières, les idoles faites à l'image de l'être redouté, s'il s'agit d'un être concret et tangible, et il en est toujours ainsi dans le vrai fétichisme. Toute cette psychologie est fort simple; elle ne diffère en rien de celle de l'animal. Ce sont les mêmes facultés, fonctionnant de la même manière, un peu plus puissantes seulement chez l'homme. Il

---

1. *Physiologie des passions*, 2ᵉ édition, p. 51. Paris, 1878. — Cf. André Lefèvre, art. ANIMAUX, ANIMISME du *Diclionn. des sciences anthropologiques*. Du même auteur : *les Mythes et les Religions*. Paris, 1889; *la Renaissance du Matérialisme*, p. 440. Paris, 1881.

n'y a encore rien là pour l'immatériel, rien même pour le surnaturel. » Tel est, en tout cas, l'origine du sentiment religieux. On dit, chez nous, d'un homme religieux, qu'il est crédule comme un enfant : rien de plus exactement vrai; le nègre fétichiste est simplement un enfant, attribuant aux phénomènes qu'il ne peut comprendre un pouvoir chimérique, une vertu fantastique.

Toute la religion nigritique se retrouve dans ce passage d'une lettre écrite par une religieuse catholique durant le siège de Gaëte, le 18 décembre 1860 :

« La première nuit que nous avons couché au palais, nous avons été joliment saluées par messieurs les Piémontais : ils ont lancé quantité de bombes; une est venue éclater à côté de notre chambre, on aurait dit le tonnerre qui tombait près de nous. La chère médaille de notre Immaculée Mère, que nous avions placée à toutes les portes et fenêtres, a éloigné le danger[1]. »

De même que chez les fétichistes chrétiens[2], les amulettes ont souvent, chez les noirs, leur propriété particulière : telle amulette vaut pour ou contre ceci, telle autre vaut pour ou contre cela. « Le grigri qui préserve de se noyer dans le fleuve ne préserve pas de la noyade en mer, et quand on redoute ce genre de mort, il faut acheter deux grigris[3]. » Mollien rapporte que dans un village nigritique les femmes venaient tremper le mors de son cheval dans de l'eau qu'elles faisaient boire ensuite à leurs enfants : c'était un remède contre la toux, paraît-il, et telle était peut-être la seule vertu de ce fétiche[4].

Un missionnaire catholique discutait un jour à la côte

1. Annales de la Congrégation des Missions, t. XXVII, p. 16.
2. Julien Vinson, art. FÉTICHES du Dictionnaire des sciences anthropologiques. Paris, 1883.
3. Pichard, Revue maritime et coloniale, t. XIII, p. 229.
4. Op. cit., t. I, p. 185.

de Bénin avec un féticheur noir, qui, naturellement, lui vantait ses talismans. Le chrétien, conscient de sa propre crédulité, ne cherche pas à vaincre par le raisonnement celle de son confrère; il se borne à déclarer que ce confrère, le prêtre noir, est inspiré par un *mauvais* esprit, tandis que lui, le féticheur européen, est inspiré par le *bon* esprit. Voici, d'ailleurs, ses propres paroles : « Toute la puissance des féticheurs, repris-je, leur vient du démon, et le démon est notre ennemi, l'ennemi de tous les hommes. S'il leur accorde parfois quelques faveurs, il les fait payer bien cher[1]. »

La religion des noirs africains n'est autre chose, en somme, que celle des couches inintelligentes de nos populations européennes; que ces couches appartiennent aux classes exploitantes et dirigeantes, noblesse, sacerdoce, magistrature, ou qu'elles appartiennent aux classes exploitées et dirigées, comme sont, par exemple, la plus grande partie des habitants de la campagne.

Des objets bruts, inanimés, servent fort souvent de fétiches[2]. Mondière signale comme tels un boulet de canon, un pompon, une fourchette, des queues d'éléphants[3]. Chez les Achantis, une queue de vache, ornée d'une poignée en cuir, est un fétiche estimé[4]. « Drôle de divinité que le fétiche du roi de Boubak, dit Sanderval. Une espèce de petit tabouret rond, avec dossier d'une seule pièce, surmonté d'une tête grimaçante, aux yeux faits de clous dorés ; le tout maculé du sang des victimes, poulets, bœufs et autres animaux[5]. » En

---

1. Thillier, *Annales de la Propagation de la foi*, 1872, p. 266.

2. Présid. de Brosses, *Du culte des dieux fétiches*, p. 18 (1760). — Baudin, *le Fétichisme ou la religion des Nègres de la Guinée* (in *Missions catholiques*, t. XVI, 1884); *Féticheurs* (*ibid.*). — Wilson, *Western Africa*, p. 209. Londres, 1856. — *Revue d'Ethnogr.*, t. III, p. 394. — Duncan, *Travels in West Africa*, t. I, p. 25. Londres, 1847. — Lander, t. I, p. 198.

3. *Revue d'Anthropologie*, t. X, p. 79.

4. *L'Explorateur*, t. III, p. 36. — Cf. Caillié, t. I, p. 229.

5 *De l'Atlantique au Niger*, p. 20.

somme, le premier objet venu peut constituer un fétiche, la première pierre venue, de forme bizarre, ou rencontrée dans une circonstance particulière. Aux abords des huttes, dans la région du bas Niger, des bâtons sont plantés en terre auxquels on suspend comme fétiches des os, des plumes, des coquillages (Viard, p. 63). Rœmer, rapporte Tylor, jeta un jour un coup d'œil par une porte entr'ouverte, et vit un vieux nègre assis dans son temple particulier au milieu de vingt mille fétiches. Le vieillard lui dit que, tout en reconnaissant les services que ces fétiches lui avaient rendus, il n'en connaissait cependant pas la centième partie; ses ancêtres et lui avaient recueilli tous ces fétiches, et chacun d'eux avaient eu son moment d'utilité. Le visiteur vit une pierre, grosse à peu près comme un œuf de poule, et le vieillard lui raconta l'histoire de ce fétiche. Un jour, il sortait pour une affaire importante; en passant le seuil de sa maison, il marcha sur cette pierre et se blessa. Il pensa que c'était un fétiche, et en conséquence, ramassa la pierre qui lui rendit de grands services pendant les affaires qu'il avait à traiter [1]. Mungo Park parle du culte qu'il a vu adresser à de simples poteries de terre. Il aurait pu citer parmi ces dieux rudimentaires de simples cailloux [2], des morceaux de bois, des boutons d'habits européens, des poils, des plumes d'oiseaux, enfin des objets de toute sorte élevés à cette dignité par la fantaisie la plus puérile. Dans la région du Rio Nuñez on montre des poteaux fétiches (Caillié, t. Iᵉʳ, p. 113).

Plus un homme est distingué, ainsi que le dit Erdman Isert (op. cit., p. 31), plus grand est le nombre des amulettes qu'il doit porter, plus haut est le prix que s'en font payer les féticheurs.

1. *La Civilisation primitive*, t. II, p. 206.
2. W. Smith, *A new Voyage to Guinea*, trad. franç., t. I, p. 52. Paris, 1751.

« Le nègre, dit Laffitte, demande un dieu; la besogne n'est pas longue : le féticheur prend une boule de terre, la pétrit de la manière la plus bizarre qu'il lui est possible d'imaginer, prononce sur ce bloc des paroles qui n'ont aucun sens, et cela fait, Voici ton dieu, dit-il au nègre. Le pauvre diable donne en échange une poignée de cauris, et emporte le précieux talisman dans sa case. » (*Op. cit.*, p. 26.)

Mungo Park a assisté à la naissance d'un fétiche. Cela mérite d'être rapporté. Il s'agit ici, non plus d'une amulette rencontrée au hasard du chemin, mais d'un talisman créé de toutes pièces. « A peine avions-nous fait un mille que les gens de ma suite voulurent s'arrêter pour préparer un charme qui garantît notre sûreté pendant notre voyage à travers le désert. Cette conjuration consistait à marmotter quelques paroles, et à cracher sur une pierre qui était jetée dans le chemin. Les nègres répétèrent trois fois la même cérémonie; après quoi ils se remirent en route avec la plus grande confiance. Tous étaient persuadés que, semblable au bouc émissaire, la pierre conspuée emportait avec elle tout ce qui aurait pu induire les puissances qui sont au-dessus de l'homme, à nous occasionner quelque malheur[1]. » Ajoutons que le fétiche est non seulement personnel, mais qu'il peut encore opérer au loin en dehors de la participation de celui qui l'a institué tel, et sans que celui-ci soit le moins du monde en cause : « Au cap Palmas, comme sur tous les autres points de la côte, les Fishmen refusent de vendre du poisson aux navires à l'ancre ou de passage. Ils croient que les débris des poissons mangés, étant jetés à la mer, effrayeront et feront fuir au loin les poissons vivants[2]. »

C'est une plante, fréquemment, une herbe, un arbre, qui

---

1. *Voyage dans l'intérieur de l'Afrique*; traduct. franç., t. I, p. 65. Paris, an VIII.

2. *Revue britannique*, 1845, p. 310.

est fétiche[1]. Ainsi il y a à Badagry des arbres fétiches entourés d'une clôture de bambous, et sous lesquels gisent exposés des crânes et des ossements humains[2] ». Les Bertas, à la nouvelle lune, dansent autour de grands arbres qu'ils regardent comme sacrés[3]. Au Dahomey, les arbres sont des fétiches de second ordre; on ne leur en fait pas moins des offrandes : les passants attachent aux branches des guenilles, toutes sortes d'objets. Ce culte se retrouve dans l'est chez les Changallas[4]. Des missionnaires virent, chez les Dinkas, une vieille femme sacrifiant à une misérable tige (Tylor, *op. cit.*, p. 211).

Isert a un passage intéressant sur les plantes fétiches du Dahomey : « Ils font porter des amulettes même à leurs chiens et à leurs brebis, parce que cela doit les garantir de toutes sortes de maladies. Tous les coins de leurs maisons sont remplis d'idoles de figure d'hommes, qu'ils se fabriquent de terre glaise ou de bois, et qu'ils peignent de diverses couleurs. Dans toutes les cours, à droite vers la porte, est un grand vase de terre rempli d'eau, posé sur un piédestal de terre, de figure conique, de la hauteur de deux à trois pieds, lequel est garni d'autres petits pots affermis très près l'un de l'autre. Dans l'eau du vase il y a toujours une plante consacrée, qui y pullule bientôt et remplit toute la capacité du vase sans le secours d'aucune terre. C'est sans doute cette propriété qui a engagé les prêtres des fétiches à regarder cette plante comme sacrée. Elle ressemble à l'oreille d'ours et a une faible odeur aromatique qui fortifie le cœur. » (*Op. cit.*, p. 121.)

Les eaux également peuvent être fétiches; c'est un culte répandu dans tout le Dahomey, non seulement sur le littoral de la mer, mais aussi le long des rivières[5]. Le *Journal de*

1. Landor, t. I, p. 198. — Galliéni, *op. cit.*, p. 429.
2. *Revue coloniale*, t. VIII, p. 19.
3. Hartmann, *op. cit.*, p. 175.
4. Girard de Rialle, *la Mythologie comparée;* t. I, p. 51.
5. Girard de Rialle, *op. cit.*, t. I, p. 42.

Lander mentionne à plus d'une reprise la vénération que les noirs ont pour certaines eaux [1].

De tous côtés nous voyons des animaux fétiches. Dans une partie du Dahomey, c'est le serpent [2], nous l'avons déjà dit : « Le serpent fétiche préside au commerce, à la guerre, à l'agriculture, aux maladies, à la stérilité, etc. On a établi des prêtres et des prêtresses pour le servir, et tous les ans on choisit quelques belles filles qui lui sont consacrées. Ces jeunes filles sont traitées d'abord avec douceur dans leur cloître ; on leur fait apprendre les danses et les chants sacrés qui servent au culte du serpent ; mais la dernière partie de ce noviciat est sanglante. Elle consiste à leur imprimer dans toutes les parties du corps, avec des pointes de fer, des figures de fleurs, d'animaux, et surtout de serpents. Leur peau devient fort belle après la guérison de tant de blessures ; on la prendrait pour un satin noir à fleurs. Les jeunes filles rentrent dans leurs familles ; lorsqu'elles deviennent nubiles, c'est-à-dire vers l'âge de quatorze ou quinze ans, on célèbre la cérémonie de leurs noces avec le serpent. Elles sont menées au temple. Dès la nuit suivante on les fait descendre dans un caveau bien voûté, où l'on dit qu'elles trouvent deux ou trois serpents qui les épousent au nom du grand serpent. Pendant que le mystère s'accomplit, les compagnes et les autres prêtresses dansent et chantent au son des instruments. Elles sont connues alors sous le nom de femmes du grand serpent, qu'elles continuent de porter toute leur vie [3]. » Ailleurs le tigre est fétiche (au nouveau Calabar) ; ail-

---

1. *Op. cit.* — Cf. Letourneau, *la Sociologie*, p. 268.

2. Cf. Laffitte, *le Pays des Nègres*, p. 29.

3. Dufay, *l'Afrique*, t. II, p. 126. — Tylor, *op. cit.*, t. II, p. 303. — Girard de Rialle, *op. cit.*, p. 90. — W. Smith, *A new Voyage to Guinea*, trad. franç., t. II, p. 139. Paris, 1751. — Bosman, *op. cit.*, t. II, p. 395. — N***, *Voyages aux côtes de Guinée*, p. 62. Amsterdam, 1719. — Galliéni, *op. cit.*, p. 412.

leurs l'hyène; ailleurs le cheval; ailleurs tel autre animal [1].

A tout ce monde fétichique, minéraux, végétaux, objets fabriqués de main d'homme, on sacrifie des victimes, on adresse des hommages, on offre des dons de toute nature. « Quand on dit aux nègres, rapporte Erdman Isert en parlant des Akréens, qu'il est fort inutile de porter dans ces lieux leurs offrandes, puisqu'ils voient eux-mêmes que le fétiche ne vient pas les chercher, ils vous répondent froidement que ce n'est pas leur affaire, qu'ils lui ont donné ces choses et que si elles lui faisaient plaisir il saurait bien se les procurer. » (*Op. cit.*, p. 189.) Voilà bien la foi dans toute sa vertu, foi nigritique, foi des Orientaux et des Occidentaux, également aveugle sous toutes latitudes, et profondément ancrée. « Ainsi que l'énonce le rév. Thomas Thomson, rapporte la *Revue coloniale*, le résultat de sa mission (en Côte d'Or, 1751 ss.) fut l'envoi en Angleterre de trois jeunes noirs destinés à y être élevés et instruits. La carrière de l'un d'eux présente quelque singularité; après avoir acquis les premiers rudiments de l'instruction, il fut placé à l'Université d'Oxford, y fit ses études, et fut ensuite ordonné; renvoyé dans son pays natal, il officia pendant plus de cinquante ans comme aumônier à Cape Coast. On ne saurait dire si son ministère eut du succès parmi les blancs ou les gens de sa couleur, mais il est certain qu'il dut mêler quelques restes de sa religion primitive à celle du Christ, car, à son lit de mort, il donna la preuve qu'il avait au moins autant de confiance dans l'influence des fétiches que dans la puissance du christianisme [2]. » Ce dont il était difficile de le blâmer. L'exemple, d'ailleurs, n'est pas unique. Tous les nègres soi-disant christianisés conservent profondément leur ancien fétichisme. Laffitte a représenté nombre de ces convertis n'ayant de chrétien que le baptême : « Ce qui était plus déplorable,

---

1. *Revue d'Ethnographie*, 1887, p. 402.
2. Tome X, p. 11.

dit-il, avec cet instinct craintif des nègres qui ne sauraient jamais trop s'appuyer sur une puissance supérieure, tout en continuant à adresser leurs prières au Dieu unique, ils ne se faisaient pas faute d'invoquer les divinités nègres, et portaient même sur leurs poitrines, avec les croix et les médailles, le signe du démon. » (*Op. cit.*, p. 45.) Un peu plus loin nous parlerons du résultat des missions.

Il faut enfin signaler les cases et les huttes fétiches (Waitz, *op. cit.*, t. II, p. 200).

Un fait assez curieux et qu'il faut indiquer est celui de l'interdiction jetée par la coutume sur un certain nombre de végétaux ou d'animaux, qui, ainsi, sont essentiellement fétiches. C'est l'équivalent du « tabou » polynésien. Snelgrave raconte que, parmi les populations qu'il avait visitées, les unes ne mangeaient point d'oiseaux ayant les plumes blanches, d'autres, au contraire, d'oiseaux ayant les plumes noires; d'autres, jamais de mouton, d'autres, jamais de chèvre [1]. Bosman cite ce même fait (*op. cit.*, t. II, p. 157). Mondière rapporte la même chose des noirs d'Assinie et des fétiches particuliers à telles ou telles familles; telle famille ne mange pas de poules blanches, telle autre ne touche pas au poisson; telle autre à certains fruits [2]. « Je me régalais, dit Mollien, de poules et d'œufs frais, tandis que mon hôte se contentait de son couscous. Au reste, je ne faisais envie à aucun nègre en mangeant des œufs, car jamais ils ne s'en nourrissent. »

Ainsi que le rapport Hecquard (*op. cit.*, p. 71), dans la région de Grand Bassam les sorciers seuls peuvent consommer du lait. La viande de cochon, de bouc, de chien est également interdite. On ne peut toucher l'igname avant que le chef n'en ait donné l'exemple, une fois la récolte achevée [3].

1. *Nouvelles Relations de quelques parties de la Guinée*, p. 69. Londres, 1734.
2. *Revue d'Anthropologie*, t. X, p. 78. — Cf. Waitz, *op. cit.*, t. II, p. 200.
3. Cf. Ramseyer et Kühne, *Quatre Ans chez les Achantis*, p. 189.

Jamais on ne tuerait une poule blanche. Si l'on mangeait la tête d'une volaille, on perdrait la faculté de pleurer.

Les habitants de Tissi (à l'ouest du Kaarta) interdisent à leurs femmes, au dire de Mungo Park (t. Ier, p. 119) de manger des œufs. Cette défense est rigoureusement observée, et la plus grande offense que l'on puisse faire à une femme, en ce pays, est de lui offrir un œuf. Les hommes avalent d'ailleurs les œufs en présence de leurs femmes sans le moindre scrupule.

C'est ici le lieu de parler des épreuves, qui ne sont, en réalité, qu'une pratique fétichiste.

« Lorsqu'on veut, dit Loyer, savoir la vérité de quelque chose d'un nègre, il n'y a qu'à faire semblant de brouiller quelque chose dans de l'eau, ou y tremper un morceau de pain, et lui dire de boire et de manger ce fétiche en signe de la vérité. Si la chose est véritable, il boira et mangera hardiment; si elle ne l'est pas, quand il irait de tout son bien, il n'en goûterait pas; parce qu'il croirait mourir sur l'heure s'il le faisait à faux. Quand ils veulent faire manger le fétiche à quelqu'un pour savoir de lui la vérité de quelque chose, ou pour garant de sa fidélité, ils raclent un peu leur fétiche, ou dans de l'eau, ou sur quelque morceau de pain, de fruit, ou autre chose qu'ils font mettre dans la bouche de celui qu'ils contraignent de jurer, sans qu'il soit obligé de l'avaler, et il passe pour l'avoir mangée; alors ils se fient à sa parole [1]. » Le P. Alexis de Saint-Lô parle, lui aussi, des épreuves [2]. Mollien rapporte que pour savoir si un accusé a dit vrai, on lui applique sur la langue un fer rougi au feu; supporte-t-il l'épreuve sans sourciller, c'est, évidemment, qu'il est innocent [3]. Parfois

1. *Relation du royaume d'Issigny*, p. 252. Paris, 1714.
2. *Relation du voyage au Cap Verd*, p. 162. Paris, 1637.
3. *Voyage dans l'intérieur de l'Afrique*, t. I. Paris, 1822. — Cf. Caillié, t. I, p. 196. — Bosman, *op. cit.*, t. II, p. 479.

il faut avaler un breuvage empoisonné ; une fois pris, peut-on le vomir, c'est encore signe d'innocence. Le Guinéen qui veut savoir à quoi s'en tenir sur la chasteté de sa femme, soumet celle-ci à l'épreuve. « S'il ne peult, dit une très ancienne relation[1], averer cecy de sa femme par descouurement d'aultres personnes, mais que apart soy il presume auculnement, tant peu que ce soit soupconnant, que la femme pourroit auoir eue a faire auec quelqu'vng aultre, il le faict proposer a icelle, et prendre du sel dessus auecq quelques autres coniurations de leurs idoles ou *Fetissos*, la femme se sentant incoulpable foict volontiers son serment, pour ne venir en male grace de son mary, mais s'en sentant souillee, elle n'ose faire le serment, craignant par son faulx serment quelle fairoit, que le fetisso la fairoit mourir, dont il appert que la femme se decele soy mesme, et cause le separement entre elle et son mary. » Mondière rapporte qu'en Assinie les femmes accusées d'adultère doivent prouver leur non culpabilité en buvant le fétiche; elles préfèrent, dit-il, s'en tenir au divorce. Le choix est prudent; maintes fois, en tout cas, la boisson est loin d'être mortelle. Dans la région de la Cazamance le poison d'épreuve, dit Marche, s'appelle *tali*. On le boit en grande cérémonie; les patients boivent jusqu'à ce qu'ils tombent morts où jusqu'à ce qu'ils rendent ce qui a été absorbé. En ce dernier cas, leur innocence est proclamée.

« Un noir accuse son voisin d'avoir jeté un sort sur lui ou sur ses troupeaux, en allant, la nuit, placer sur la porte de celui-ci trois épis de mil. L'homme ainsi dénoncé est obligé d'aller le lendemain se faire inscrire pour le prochain tali. S'il n'y va pas, le jour du départ pour la cérémonie, le roi le met à mort et confisque ses biens et sa famille en faveur de celui qui a accusé... Sur environ deux cents infortunés qui

---

1. *Description et recit historial du riche royaume d'or de Gunea*, p. 7. Amsterdam, M.VIC.V.

vont chaque année boire le tali, bien peu en réchappent : on me dit cinq ou six à peine ; mais il est, paraît-il, avec les sorciers des accommodements. Ceux-ci, moyennant un fort cadeau, vous donnent certains fétiches, et vous administrent des ingrédients qui neutralisent l'effet du tali et le rendent inoffensif. » (*Op. cit.*, p. 74.) Il a été parlé précédemment de l'usage de ces sortes d'épreuves à la Sierra Leone et chez les Krous (p. 70-72). Épreuves redoutables, et partout redoutées, comme on le conçoit. La *Revue coloniale* nous dit comment dans le pays de Grand Bassam on « fait le grand fétiche » : « Autour d'un plat rempli d'une eau préparée par le féticheur on réunit les chefs qui veulent traiter ensemble ; chacun ayant déposé dans le plat une certaine quantité de terre, « on y trempe les mains, et, à un signal convenu, on se jette à la figure une partie de cette eau. C'est un acte que ces populations sauvages n'accomplissent qu'en tremblant, car, dans leurs idées, après avoir fait le fétiche, le premier qui se rendrait coupable du moindre acte hostile envers une des autres parties périrait à l'instant même [1]. »

Le *Voyage* de Gray et Dochard fait mention du poison d'épreuve (le *tali*) : les gens soupçonnés de sorcellerie sont tenus de boire l'infusion dangereuse ; meurent-ils, ils sont reconnus coupables : « Ceux qui échappent à la mort, ne le doivent qu'à l'antidote administré à temps, ou à la faiblesse de la dose préparée adroitement par celui qui en est chargé, en reconnaissance d'un riche présent qui lui est remis avant la préparation. » (*Op. cit.*, p. 106.)

Le *korté*, poison d'épreuve, servait aux Malinkés et aux Bambaras pour empoisonner leurs flèches, usage à peu près tombé en désuétude [2]. On l'utilise surtout aujourd'hui pour se débarrasser des personnes gênantes.

. Tomo I, p. 9.
2. Dupouy, *Archives de médecine navale*, t. XLIII (1885), p. 153.

Dans la région de Porto Novo, outre l'épreuve du poison, plus ou moins violent selon la gratification reçue par le féticheur, il y a l'épreuve du chapeau pointu muni de clochettes. L'accusé doit, avec cette coiffure, faire un certain parcours. Son innocence est reconnue si aucune des sonnettes n'a tinté. Au cas contraire, il est coupable[1].

Dans la région de Grand Bassam, si les vieillards, en cas graves, ne tombent point d'accord, on applique un fétiche sur le ventre de l'individu en cause : l'accusé ne brave point cette épreuve s'il est vraiment coupable, et avoue infailliblement. En autres circonstances il lui faut boire le poison, et il succombe alors, innocent ou coupable, s'il n'a pu s'entendre avec le féticheur. De même chez les Féloups (Hecquard, *op. cit.*, p. 113); ici, en cas d'innocence démontrée, on a droit à une réparation, bétail ou captifs. La réparation est proportionnée, d'ailleurs, à la situation sociale du prévenu.

« Ils ont cette croyance aux prestres que rien ne peut les en desabuser, s'ils ont un bon morceau c'est pour eux, qui sont les seuls parmy les Mores qui ne travaillent point, estant nourris par les autres, qui leur donnent tout ce qu'ils peuvent, afin qu'ils prient pour eux, leur vendant ces Fetiches qu'ils leur font accroire avoir trouvees penduës à l'arbre de la Fetiche, et ils le croyent si fortement quand mesme ils verroient le contraire, ils se croiroient plûtost visionnaires, que de s'imaginer que les prestres les trompassent, tant il est vray que ces pauvres peuples sont des aveugles conduits par d'autres aveugles. » Ainsi s'exprime Villault de Bellefond au sujet des prêtres nigritiques[2]. C'est les croire tous de purs charlatans. Le jugement est un peu sévère; Voltaire, semble-t-il, a été plus équitable:

1. Hagon, *Rev. d'Ethnogr.*, 1887, p. 91.
2. *Relation des costes d'Afrique appellees Guinée*, p. 274. Paris, 1669.

« Y a-t-il eu des théologiens de bonne foi ? Oui, comme il y a eu des gens qui se sont cru sorciers[1]. »

En fait, ici comme ailleurs, ce sont des fourbes plus ou moins conscients, élevés dans la duperie, dupés d'abord, puis finissant par faire le commerce de dupeurs. Leur grand métier est la fabrication et la vente d'amulettes ; par exemple de morceaux de cuir munis de cauris et que l'on s'attache au col (Erdman Isert, p. 195). Ils ont encore pour mission d'obtenir, ou plutôt de procurer, un temps favorable aux récoltes (*Revue d'Anthrop.*, t. X, p. 78) ; de présider aux épreuves dont il a été parlé un peu plus haut et de les régler ; de traiter des maladies par des charmes et des sortilèges[2], de diriger les sacrifices aux fétiches. Il va de soi que le prêtre vit de l'autel et qu'en règle générale il consomme les victimes alimentaires offertes aux fétiches[3].

Le métier d'ecclésiastique peut d'ailleurs avoir ses inconvénients. On a vu plus d'une fois les faiseurs de pluie victimes, en cas d'insuccès, de la justice publique (Baker, *op. cit.*, p. 276).

La profession d'augure n'est point une sinécure. On consulte les fétiches sur l'issue des entreprises. Dans les sacrifices d'animaux, on reconnaît à certains signes ce que réserve l'avenir. « Lorsque les nègres, rapporte Bosman (t. II, p. 154), veulent commencer une guerre, ou entreprendre quelque voyage ou quelque chose importante, ils vont premièrement chez leur féticheur pour faire demander à l'idole si leurs desseins réussiront ; l'idole leur donne ordinairement bonne espérance et leur prédit rarement du malheur, de sorte qu'ils

---

1. *Le Dîner du comte de Boulainvilliers.*

2. Mungo Park, *op. cit.*, t. II, p. 27. — Bosman, *op. cit.*, t. II, p. 220. — Isert, *op. cit.*, p. 189. — Laing, *op. cit.*, p. 350.

3. Bosman. *Voyage de Guinée* ; t. II, p. 65 ; 1705. — Winterbottom. *An Account of the native Africans in the Neibourhood of Sierra-Leone.* Londres, 1803.

croient aveuglément tout ce que leur dit le féticheur, et ne font nulle difficulté d'exécuter ce qu'il leur ordonne, c'est-à-dire d'offrir à l'idole des moutons, des cochons, des poules, des chiens, des chats, et quelquefois des habits, du vin et de l'or, selon les besoins ou l'inclination du prêtre, car il prend tout cela pour lui, et ne donne à l'idole que l'ordure et les boyaux des animaux qu'il sacrifie. »

L'augure se tire, dit le même auteur, soit du jet de morceaux de cuir, dont il sait d'ailleurs diriger la suite, soit en jetant à pair ou non des noyaux de fruits sauvages. Au surplus ces adroits fripons ne sont jamais accusés de mensonge. Telle est la foi que l'on met en eux [1]. Souvent d'ailleurs on consulte le sort sans recourir aux offices coûteux des ministres de la religion. Sur les bords du Rio Nuñez, le père qui va marier sa fille prend un kola blanc et un kola rouge, les coupe par le milieu et jette en l'air la moitié de chacun pour en tirer un augure favorable (Caillié, t. Ier, p. 115). Les Achantis versent à terre du vin de palme et concluent au succès ou à l'insuccès d'après la forme qu'affecte le liquide répandu (Ramseyer et Kühne, *op. cit.*, p. 202).

On a souvent décrit les simagrées ridicules, mais pourtant, paraît-il, fort imposantes des prêtres féticheurs. Isert raconte comme suit une cérémonie religieuse d'épreuve : « Le prêtre inférieur arrive avec le fétiche. On dit que c'est une figure de *tête* d'homme d'or massif, enveloppée fort proprement dans une pièce de drap rouge, qu'il porte sur sa tête dans une corbeille.

« Le grand prêtre paraît comme possédé à cette vue; il va à la rencontre du fétiche avec des yeux égarés, il hurle et se lamente, fait des contorsions de tous ses membres, parle

---

1. Labat rapporte, d'après André Brüe (t. V, p. 107), une scène de consultation d'oracle. Il y a, dit-il, des moyens sûrs de les faire parler selon les besoins, et ces moyens Brüe ne les avait pas négligés.

continuellement avec le fétiche qui lui donne des réponses à
ce qu'il assure, mais que des oreilles profanes ne doivent
point entendre... Après toutes ces simagrées, il prend enfin,
tout tremblant, la corbeille de dessus la tête du prêtre inférieur, la pose sur la terre, et décrit à l'entour d'elle un grand
cercle de cendre sacrée; les candidats qui doivent manger le
fétiche entrent l'un après l'autre dans le cercle, après que le
grand prêtre les a de nouveau enfumés de sa mèche. Ils font
trois tours à l'entour de la corbeille, marmottent en même
temps quelques paroles inintelligibles; toute l'assemblée y
répond alors par des hurlements, sur le ton le plus disgracieux, qui est modulé par un mouvement de la main qui
ouvre et ferme la bouche. Là-dessus le grand prêtre entre de
nouveau dans le cercle, prend une bouteille d'eau-de-vie, en
verse quelques gouttes sur le fétiche dans la corbeille, prononçant encore quelques paroles inintelligibles, et donne à
boire de sa bouteille aux candidats. Enfin il tire de la corbeille deux pierres rondes et polies, il en frotte les bras, la
poitrine et les cuisses des candidats. » (*Op. cit.*, p. 191.) Le
Journal de Lander donne un récit non moins caractéristique.
La cérémonie se passe entre Badagry et le Yoruba : « Le prêtre-
fétiche de la ville est venu, en dansant, dans notre hutte, l'air
égaré et rugissant comme s'il était possédé du malin esprit.
Nous n'avons pris aucun souci des simagrées du saltimbanque
qui, peu content de la réception, nous a quittés après avoir reçu
l'aumône ordinaire de quelques cauris. Les habits, la figure
de l'homme, ainsi que les ornements bizarres qu'il porte, sont
admirablement bien calculés pour imposer à la crédulité et
à la superstition des habitants... Il porte sur les épaules une
énorme massue; à l'un des bouts de cette arme est sculptée
une tête d'homme, de nombreux rangs de cauris sont suspendus autour, et ces chapelets sont entremêlés de clochettes,
de peignes cassés, de petits morceaux de bois grossièrement

taillés en forme de figure humaine, de grands coquillages, de petites pièces de fer et de cuivre, de coquilles de noix, etc. ; le nombre de cauris qu'il a sur lui se monte peut-être à vingt mille, et il plie jusqu'à terre sous le poids de ces divers ornements. » (*Op. cit.*, t. I, p. 144.)

Il va de soi que dans toutes ces cérémonies rien n'est gratuit, et que les crédules Nigritiens ont toujours à payer plus ou moins largement les frais du culte[1]. Voilà qui est bien, si les consommateurs seuls participent à la dépense. Mais, en définitive, là-bas comme ici, la bêtise humaine est régulièrement exploitée. « Les augures, a dit Voltaire, boiront toujours le meilleur vin[2]. »

En Nigritie, les prêtres forment le plus souvent une caste distincte du reste du peuple, et le fils d'un féticheur est appelé à devenir lui-même féticheur. Il y a une éducation spéciale, une initiation, un costume, une façon de porter les cheveux. Dans certaines régions, l'influence de la caste sacerdotale est grande ; ailleurs elle est moindre, a déchu, et, si l'évolution est possible, le jour viendra où le prêtre, objet du mépris public, ne sera plus considéré que ce qu'il est en réalité sous tous les climats, un simple griot.

Il faut ajouter que tous les prêtres n'appartiennent pas au sexe masculin. On rencontre des féticheuses fort considérées[3]. Tylor, d'après Rœmer[4], parle des procédés opératoires d'une de ces dames : « Assise par terre, la tête entre les genoux, les mains sur la face, elle restait dans cette position jusqu'à ce qu'elle fût inspirée par le fétiche, puis elle se mettait à respirer bruyamment et à écumer. Alors celui qui venait la consulter pouvait lui adresser les questions auxquelles il

1. Miss Tucker, *Abbeokuta*, p. 106; trad. franç.
2. *Examen important de Milord Bolingbroke.*
3. Erdman Isert, *op. cit.*, p. 151. — Bosman, *op. cit.*, t. II, p. 110.
4. *Nachrichten aus der Küste Guinea.* Copenhague, 1769.

cherchait une réponse : Mon ami ou mon frère guérira-t-il
de sa maladie? — Que te donnerai-je pour que tu te charges
de le guérir? et autres questions analogues. La femme
fétiche répondait d'une voix faible et sifflante, en se servant
de vieux idiomes. Elle ordonnait, par exemple, de tuer un
coq blanc, de l'exposer à un carrefour où se croisent quatre
chemins, ou bien d'attacher ce coq pour que le fétiche
puisse venir le prendre, ou bien même, ce qui était encore
plus simple, d'enfoncer dans le sol une douzaine de chevilles
en bois pour y enterrer en même temps la maladie de son
ami[1]. »

Le *Journal* des frères Lander (t. II, p. 133) fait le récit
d'une procession où une femme prêtresse tenait le principal
rôle. Venant de boire l'eau fétiche, elle était portée sur les
épaules d'une acolyte et ses bras tremblants étaient soutenus par d'autres femmes. Des convulsions tordaient ses
membres; ouvrant des yeux hagards, elle laissait errer des
regards vagues et stupides.

En ce qui concerne, non plus les sorciers secourables et
bienfaisants, tels que le féticheur ordinaire dont il vient
d'être parlé, mais bien les sorciers malintentionnés, méchants
et nuisibles, ils sont l'objet d'une haine aveugle et terrible.
On n'hésite pas à les mettre à mort, ou à les réduire en esclavage, eux et leur famille[2]. Le noir africain, en effet, ne
croit pas à la mort naturelle. La maladie, la mort, le malheur
même sont dus à quelque sort adverse jeté par un ennemi,
par un être mauvais et nuisible, dont il importe de débarrasser le monde. Si un homme ne meurt pas de faim ou de
violence, c'est qu'il meurt sous l'influence d'un sortilège[3].

---

1. *La Civilisation primitive*, t. II, p. 410.
2. Cruickshank, *Eighteen Years on the Gold Coast*. Londres, 1853.
3. Letourneau, *la Sociologie*, p. 240. — *Nouvelles Annales des voyages*,
1856, t. IV, p. 299.

« Quand une vieille femme est soupçonnée de sorcellerie, relate miss Tucker en parlant des indigènes de Badagry, elle est saisie, traînée par les pieds à travers la ville, au milieu des cris et des invectives d'une populace enragée, jusqu'à ce que la mort ait terminé ses souffrances; et alors on jette son corps dans le bocage des fétiches. » (*Op. cit.*, p. 107.) Hecquard rapporte le malheureux sort qui attend, chez les Balantes, tout individu soupçonné d'avoir émis un sortilège; on le vend comme esclave, ou il doit subir la redoutable épreuve du poison, à moins, bien entendu, que, riche, il ne puisse apaiser et le féticheur et le délateur (*op. cit.*, p. 116).

Voici, enfin, un extrait du voyage aux sources du Niger de Zweifel et Moustier, qui mérite d'être reproduit. L'événement se passe dans le Limba, par 9° 5 de latitude, entre le Timani à l'ouest et le Kouranko à l'est :

« Dans les rues de Katimbo, nous entendîmes des cris effroyables; nous nous dirigeâmes du côté d'où ils partaient, et nous aperçûmes une vieille femme, n'ayant plus que les os et la peau, suspendue par les bras à un poteau auquel il est d'usage d'attacher les bestiaux. Une pierre lourde pendait à chacun des pieds de la malheureuse, qui étaient distants du sol d'environ 80 centimètres. Au moment où nous arrivâmes elle cessa de crier, et prononça quelques mots; vite, on la détacha, on l'assit par terre et on lui fit répéter ce qu'elle venait de dire. Nous demandons quel est le crime dont cette pauvre femme s'est rendue coupable.

« C'est une sorcière, nous dit-on. Il y a deux semaines elle s'est changée en léopard et elle a mangé le cœur du chef Cafogo. Elle vient de nous révéler les noms de deux de ses complices; déjà elle nous en a fait connaître huit, et, il y a quelques jours, nous avons brûlé le frère du chef tué et deux de ses parents et vendu leurs femmes et leurs enfants.

« Et qu'allez-vous faire de cette femme ?

« Nous la brûlerons quand elle ne nommera plus de coupables.

« Jolie justice ! disons-nous au chef. Ne voyez-vous pas que cette femme vous nommera des gens le plus longtemps possible afin de prolonger sa misérable existence, et que peu lui importe qu'ils soient innocents ou coupables?

« Nous insistons près de lui pour qu'il rende la liberté à la prétendue sorcière, et qu'il mette fin à cette odieuse torture.

« Ce sont affaires de noirs, nous dit-il; vous autres blancs vous ne les comprenez pas; vous feriez bien de ne pas vous en occuper.

« Dans la nuit, il envoya quelques hommes pour chercher les deux individus dont la femme avait cité les noms[1]. »

N'est-ce pas là toute l'histoire du moyen âge chrétien? Là-bas c'est affaire de noirs : ici c'était affaire de blancs. Nulle autre différence. Le bon, c'est le fort. Au plus faible de devenir à son tour le plus fort, c'est-à-dire de devenir le bon, et alors d'exercer son droit et de terroriser les mauvais.

A plusieurs reprises déjà nous avons eu l'occasion de parler des sacrifices de toute nature offerts aux fétiches, des libations répandues à terre (Lander, t. II, p. 246), des immolations de victimes humaines. C'est un sujet sur lequel nous n'avons pas à revenir : nous nous contenterons de rappeler que cette dernière coutume règne particulièrement chez les Guinéens[2].

---

1. *Bulletin de la Société de Géographie*, t. I de 1881, p. 116.
2. Rœmer, *Nachrichten von der Küste Guinea*, p. 65. — Bosman, *op. cit.*, t. II, p. 483. — Adams, *Sketches taken during ten Voyages to Africa*, p. 25, — Laird and Oldfield, *Narrative of an Expedition into the Interior of Africa*, t. II, p. 190. — Holman, *A Voyage round the World*, t. I, p. 378. — Waitz,

Nulle part, en tout cas, il n'est possible de trouver la croyance en une divinité bien définie et plus ou moins analogue à celle des Juifs, des mahométans, des chrétiens. En ce sens on peut dire que le nègre est athée. Un de ces hommes, dit le rapport d'un missionnaire anglican[1], natif d'une contrée lointaine de l'intérieur, en exposait ainsi l'état moral : « Chez nous il n'y a ni prêtres, ni culte, ni idoles, ni gris-gris, ni autels, ni sacrifices; nous mangeons, nous buvons, nous dormons, nous combattons, et au delà de ces choses nous ne savons rien et nous ne nous occupons de rien. » Telle n'est point la condition générale de la Nigritie, tant s'en faut; mais bien des peuplades en sont restées à cet état primitif. Les Bongos ne distinguent pas de cause physique efficiente autre que celle d'une vague fatalité. Le professeur de théologie Lesserteur[2] a parlé récemment, et non sans raison, de ce qu'il appelle « les athées négatifs ». A la vérité, il y a loin de cet athéisme inconscient à l'athéisme raisonné de certains Cafres[3]. « Je n'ai jamais pu leur faire comprendre, dit Baker de certains noirs africains, l'existence d'un bon principe. » (*Op. cit.*, p. 154; cf. Waitz, t. II, p. 169.) Si l'on s'adresse seulement à des dieux malfaisants, c'est pour empêcher qu'ils ne nuisent (Ménager, *Bullet. de la Soc. de Géogr.*, t. I de 1878, p. 165.)

Le fétichisme amène naturellement les individus qui y sont adonnés à ce qu'on nomme aujourd'hui l'animisme[4], c'est-

---

op. cit., t. II, p. 197. — Miss Tucker, *Abbeokuta*, pp. 123, 35. Londres, 1858, — Clapperton, *Second Voy. dans l'intérieur de l'Afrique;* trad. franç. Paris, 1829. — Schœn and Crowther, *Journal of the Expedition up the Niger and Tshadda Rivers*, p. 49. Londres, 1845. — J. Smith, *Trades and Travels in the Gulph of Guinea*, pp. 60, 86. Londres, 1851. — Kœler, *Einige Notizen über Bonni*, p. 133. Gœttingen, 1848. — Etc.

1. *Journal des Missions évangéliques*, 1885, p. 140.
2. *La Connaissance de Dieu est-elle universelle?* Paris, 1883.
3. Letourneau, *Science et Matérialisme*, p. 383. Paris, 1879.
4. André Lefèvre, *la Renaissance du matérialisme*, p. 440, Paris, 1881.

HOVELACQUE. — Les Nègres. 27

à-dire au spiritisme ou spiritualisme, en un mot à un ensemble de conceptions chimériques dont le matérialisme scientifique débarrasse peu à peu l'humanité.

Nombre de populations noires de l'Afrique sus-équatoriale n'ont aucune idée d'une vie future, d'une survivance. Les Mandingues l'admettent sans avoir à ce sujet autre chose que des idées fort vagues. Lorsque ce monde, dit Mungo Park, ne leur offre ni jouissances ni consolations, ils tournent des regards inquiets vers un autre qu'ils supposent devoir être mieux assorti à leur nature, mais sur lequel ils ne se permettent ni dissertations ni vaines conjectures (t. II, p. 26). Les Bambaras honorent les mânes de leurs ancêtres[1].

Les nègres, rapporte Bosman (t. II, p. 159), ne sont pas tous d'un même sentiment au sujet de la vie à venir. La plupart croient, pourtant, qu'après la mort on gagne un autre monde et que l'on y jouit du même rang et des mêmes honneurs. Certains pensent que les morts sont transportés au pays des blancs et y sont changés en hommes blancs. C'est parce qu'ils pensent que la vie à venir est la continuation de la vie actuelle que les noirs procèdent parfois, lors des funérailles, à des sacrifices humains : les femmes, les esclaves immolés doivent suivre le défunt dans sa pérégrination.

D'autres, par contre, proclament bien qu'après la mort tout est fini (Letourneau, *op. cit.*, p. 252). Schweinfurth cite en exemple les Bongos du haut Nil. Les Latoukas, métis de nègres et de Gallas, nient nettement toute vie ultérieure. L'entretien qu'eut Baker avec Commoro, un de leurs chefs, mérite d'être rapporté :

Je lui demandai pourquoi on laissait sans sépulture les corps des guerriers tués sur le champ de bataille. — C'était une coutume qui

1. Raffenel, *Nouveau Voyage au pays des Nègres*, t. I, p. 396. — Letourneau, *la Sociologie*, p. 240.

avait toujours existé, mais il ne pouvait pas m'en expliquer le motif.

— Mais, répliquai-je, pourquoi déranger les os de ceux qui ont déjà été enterrés et les exposer hors de la ville?

— C'était l'usage de nos aïeux, et nous l'avons conservé, répondit-il.

— Ne croyez-vous pas à une autre existence après la mort? Et cette croyance n'est-elle pas exprimée par l'acte de déterrer les os, après que la chair est tombée en pourriture?

COMMORO. — Existence après la mort? Est-ce possible? Un homme tué peut-il sortir de son tombeau, si nous ne le déterrons pas nous-mêmes?

MOI. — Croyez-vous qu'un homme est comme une bête brute, pour laquelle tout est fini après la mort?

COMMORO. — Sans doute; un bœuf est plus fort qu'un homme, mais il meurt et ses os durent plus longtemps, ils sont plus gros. Les os d'un homme se brisent plus promptement; il est faible.

MOI. — Un homme n'est-il pas supérieur en intelligence à un bœuf? n'a-t-il pas une raison pour guider ses actions?

COMMORO. — Beaucoup d'hommes ne sont pas aussi intelligents qu'un bœuf. L'homme est obligé de semer du blé pour se procurer de la nourriture; le bœuf et les bêtes sauvages l'obtiennent sans semer.

MOI. — Ne savez-vous pas qu'il y a en vous un principe spirituel différent de votre corps? Pendant votre sommeil ne rêvez-vous pas? ne voyagez-vous pas par la pensée dans des lieux éloignés? Cependant votre corps est toujours au même lieu. Comment expliquez-vous cela?

COMMORO (riant). — Eh bien! comment expliquez-vous cela, vous? C'est une chose que je ne comprends pas, quoiqu'elle m'arrive chaque nuit.

MOI. — L'esprit est indépendant du corps, le corps peut être garrotté, non l'esprit; le corps mourra et sera réduit en poussière ou mangé par les vautours; l'esprit vivra pour toujours.

COMMORO. — Où?

MOI. — Où le feu vit-il? Ne pouvez-vous pas allumer du feu en frottant deux morceaux de bois l'un contre l'autre; pourtant vous ne voyez pas le feu dans le bois. Cette flamme, qui est sans force et invisible dans le bois, n'est-elle pas capable de consumer le pays entier? Quel est le plus fort, le petit bâton qui produit le feu ou le feu lui-même? L'esprit est l'élément qui existe dans le bois; l'élément est supérieur à la substance où il se trouve.

COMMORO. — Ah! pouvez-vous m'expliquer ce que nous voyons souvent la nuit, lorsque nous sommes perdus dans le désert? Je me suis égaré, et, errant dans l'obscurité, j'ai vu un feu au loin; en m'approchant, le feu a disparu; je n'ai pu en savoir la cause, ni retrouver l'endroit où j'ai cru voir le feu.

MOI. — N'avez-vous aucune idée de l'existence d'esprits supérieurs à l'homme ou aux animaux? Ne croyez-vous aucun mal hors celui qui provient de causes physiques?

· COMMORO. — Je crains les éléphants et les autres animaux quand je me trouve de nuit dans un fourré; mais voilà tout.

MOI. — Alors vous ne croyez à rien, ni à un bon ni à un mauvais esprit? Vous croyez qu'à la mort, l'esprit périt de même que le corps; que vous êtes absolument comme les autres animaux, et qu'il n'y a aucune distinction entre l'homme et la bête. Tous deux disparaissent, et la mort les anéantit également?

COMMORO. — Sans doute.

MOI. — Ne voyez-vous aucune différence entre les bonnes et les mauvaises actions?

COMMORO. — Si; chez les hommes et chez les bêtes il y a les bons et les mauvais. ·

MOI. — Croyez-vous que les hommes bons ou mauvais aient le même sort? qu'ils meurent les uns et les autres, et que c'est ainsi fait d'eux pour toujours?

COMMORO. — Oui; que peuvent-ils faire? Comment peuvent-ils s'empêcher de mourir? Nous mourons tous, bons et mauvais.

MOI. — Les corps périssent mais les esprits subsistent : les bons dans le bonheur, les mauvais dans la peine. Si vous ne croyez pas en la vie à l'avenir, pourquoi un homme serait-il bon? Pourquoi ne serait-il pas méchant, si sa méchanceté lui est une cause de prospérité?

COMMORO. — La plupart des hommes sont mauvais; s'ils sont forts, ils pillent les faibles. Les bons sont tous faibles; ils sont bons parce qu'ils n'ont pas assez de force pour être méchants.

— Un peu de blé avait été tiré des sacs pour la nourriture des chevaux, et comme il s'en trouvait quelques grains sur la terre, j'essayai de démontrer à Commoro la vie à venir, au moyen de la sublime métaphore dont saint Paul fait usage. Creusant avec le doigt un petit trou dans la terre, j'y déposai un grain. Ceci, dis-je, c'est vous lorsque vous mourrez. Puis, recouvrant le grain d'un peu de terre, ce grain, continuai-je, périra; mais de lui sortira la plante qui produira sa forme première.

COMMORO. — Très bien. Je comprends cela. Mais ce grain que vous avez enfoui ne reparaît pas; il se pourrit comme l'homme, et meurt. Le fruit produit n'est pas le grain qui a été enseveli, c'est le résultat de ce grain. Il en est ainsi de l'homme. Je meurs, je tombe en corruption, et tout et fini; mais nos enfants croissent comme le fruit du grain. Quelques hommes n'ont pas d'enfants, et quelques grains périssent sans donner de fruits; alors tout est fini.

Je fus obligé, ajoute Baker, de changer le sujet de la conversation. Ce sauvage n'avait pas même une seule idée superstitieuse sur laquelle je pusse enter un sentiment religieux. Il croyait à la matière, et son intelligence ne concevait rien qui ne fût matériel. Il était extraordinaire de voir une perception aussi claire unie à tant d'incapacité pour saisir l'idéal.

Letourneau a justement précisé la portée de ce curieux dialogue : les réponses de Commoro sont de tous points comparables aux raisonnements théologiques d'un enfant de six ans, chez qui le jugement non encore faussé, mais borné comme l'intelligence, se traduit en répliques qui embarrasseraient Thomas d'Aquin lui-même [1].

Pas plus que les Baniouns, pas plus que les Féloups, les Balantes n'ont, rapporte Vigué, la pensée d'un au-delà. Si l'on ferme la case d'un défunt, c'est simplement afin qu'avant le partage entre les membres de la famille, les féticheurs qui ont présidé aux funérailles puissent prélever la part à laquelle ils ont droit (*Revue scientif.*, 13 oct. 1888).

Quant aux noirs qui acceptent une idée de survivance, ils en sont tous encore à la première phase de cette conception ; ils ne peuvent admettre, en dépit de toutes les apparences, la disparition complète de la personnalité du mort, qui, pour eux, ne peut se défaire de ses anciens besoins et de ses anciennes passions.

Beaucoup de noirs africains croient à l'existence d'esprits, toujours malfaisants, et dont on ne peut se garantir que par des enchantements et des sortilèges. Ces esprits sont diversement incarnés ; Labat raconte, par exemple, que certaines populations ne laissent pas tuer les lézards autour de leurs

1. *Science et Matérialisme*, p. 317. Paris, 1879 (*Pensée nouvelle* do 186*).

villages, persuadés que ces animaux incarnent les esprits des proches parents. Bien d'autres auteurs ont relaté cette singulière croyance : Wilson [1], Brun-Rollet [2], etc. Les nègres de la Côte de l'Or, dit Tylor, « croient que l'âme vitale devient à la mort un fantôme, qui peut continuer à hanter la maison pour persécuter les vivants et leur causer toutes sortes de maladies, jusqu'à ce qu'il se décide à partir ou soit chassé par le sorcier ; il se rend alors sur les rives du fleuve Volta, où les fantômes construisent des maisons qu'ils habitent. Toutefois, ils peuvent quitter ce séjour des âmes et revenir chez les vivants. Parfois ils se réincarnent dans un nouveau corps humain et l'âme qui a habité le corps d'un pauvre pendant une première existence, va habiter le corps d'un riche pendant la seconde. D'autres, enfin, ne reviennent pas habiter le corps des hommes, mais celui des animaux. Ces nègres sont si parfaitement persuadés de cette seconde vie de l'âme, que, pour consoler une mère qui a perdu son enfant, on se borne à lui dire : « Il reviendra [3]. » Burton rapporte qu'au vieux Calabar la femme qui met au monde un enfant peu de temps après en avoir perdu un autre, croit fermement que le second est le premier qui revient. Chez les Yorubans le nouveau-né n'est considéré que comme un revenant (*Ibid.*, p. 5).

Quant à la mort même, nous avons déjà dit que le nègre ne croyait pas à une mort naturelle : l'homme qui périt autrement que d'un mauvais coup et de mort violente, a été nécessairement victime d'un sortilège. Cette conception enfantine se retrouve dans toutes les parties de l'univers chez les peuples dont la civilisation est rudimentaire.

Quelles que soient les croyances des noirs africains, quelle que soit la puérilité de leurs conceptions religieuses, il faut

1. *Werstern Africa*, p. 210, 218. Londres, 1856.
2. *Le Nil blanc et le Soudan*, p. 200, 234. Paris, 1855.
3. Tylor, *la Civilisation primitive* ; trad. franç., t. II, p. 11.

au moins reconnaître qu'à la différence de nombre de civilisés,
ils savent tolérer chez eux tous les cultes. Les missionnaires
ont reconnu franchement que, même chez les barbares Dahomans, il leur était loisible de procéder, au su et au vu de tous,
à leurs propres sacrifices et incantations (Laffitte, *op. cit.*,
p. 96).

Lors des cérémonies de circoncision, on a soin, rapporte
Labat, d'après André Brüe, de prendre le décours de la lune,
vu que, dans ce temps-là, les plaies sont regardées comme
moins malaisées à guérir[1].

Ajoutons que chez nombre de noirs africains sus-équatoriaux on regarde certains jours comme néfastes et funestes.
Mungo Park en fait mention ; nombre d'autres explorateurs
en parlent également[2]. Bosman dit, par exemple : « Les nègres
distinguent le temps d'une manière plaisante, savoir en temps
heureux et en temps malheureux. Il y a quelques pays où le
grand temps heureux dure dix-neuf jours, et le petit (car il
faut savoir qu'ils y mettent encore de la différence) dure sept
jours ; entre ces deux temps ils comptent sept jours malheureux, qui sont proprement leurs vacances ; car ils ne voyagent
point pendant ces jours-là, ni ne se mettent point en campagne, ni n'entreprennent rien de considérable, mais demeurent tranquillement sans rien faire. » (*Op. cit.*, t. II,
p. 163.)

***

Le tableau que trace Demanet du caractère du noir africain
est peu flatté, mais bien saisi ; il mérite d'être rapporté :

---

1. *Nouvelle Relation de l'Afrique occidentale*, t. II, p. 273. Paris, 1728.
2. Rœmer (*Nachrichten von der Küste Guinea*, p. 71, 1769). — Bowdich en
parle également (*Mission from Cape Coast Castle to Ashantee*, p. 363. Londres,
1819).

« Cet Africain, qui est d'un caractère naturellement gai, d'un esprit vif et pénétrant, qui d'ailleurs ne regarde point comme un crime le vol et le larcin, est assez violent pour porter sur lui-même des mains suicides, s'il ne peut faire éclater autrement sa vengeance. Il est ami de ses amis, aussi prompt à remplir ses promesses qu'il l'est à les violer lorsqu'on lui manque de parole. Il est tellement paresseux que, s'il travaille, ce n'est que par contrainte, non pour amasser des richesses, mais pour vivre ; sans quoi il terminerait sa carrière dans l'oisiveté, dans les divertissements et dans la danse, qui fait toutes ses délices. Ainsi il passe sa jeunesse dans les plaisirs et la débauche, le moyen âge dans l'oisiveté, et sa vieillesse est presque sans remords. Il conserve une tranquillité inconnue à la plupart des hommes ; il ne regrette pas le passé, dont il prétend avoir bien disposé, et n'appréhende pas l'avenir. Nul projet de fortune ne l'occupe : il ne connaît que celui de vivre au jour le jour ; et dès qu'il a du riz ou du mil, il a tout. Si on y ajoute l'eau-de-vie, il est au comble de sa joie. Il est riche sans bien ; sa peau lui sert de vêtement [1]. »

D'une façon générale, le vrai signe du caractère nigritique est sa disposition véritablement enfantine. D'un naturel communément assez bon, le nègre ne devient mauvais que par accident [2] : c'est l'homme du premier mouvement, mais destiné à rester sa vie entière « avec les illusions, les passions et les irréflexions égoïstes de l'enfance [3] ». Les noirs, dit Sanderval, sont comme des enfants qui jouent à la poupée : « Dès qu'ils ont une minute, ils plient, déplient, examinent les bagages qu'ils ont à eux. Pour les uns ce n'est qu'une très petite quantité de tabac, noué dans un coin de leur boubou ; pour les autres c'est un sac gros comme le poing, renfermant des

---

1. *Nouvelle Histoire de l'Afrique française*, t. II, p. 5. Paris, 1767.
2. Raffenel, *op. cit.*, t. II, p. 139.
3. Bérenger-Féraud, *op. cit.*, p. 364.

grigris, des bouts de guenilles, du tabac[1]. » Tous ceux qui ont pu observer le développement des facultés intellectuelles des jeunes nègres ont reconnu, qu'avec l'adolescence, ces facultés subissaient un arrêt très sensible : « Je considère le nègre adulte, a dit justement A. de Quatrefages, comme un être dont l'intelligence est restée, par une sorte d'arrêt de développement, au point où nous l'observons chez les adolescents de race blanche... Le nègre conserve toute sa vie la légèreté, la versatilité et l'étourderie de l'enfant[2]. »

« Je crois, dit Baker (*op. cit.*, p. 200), que pendant la période de l'enfance, le nègre dépasse en intelligence l'enfant blanc du même âge ; mais son esprit ne prend aucun développement ; le fruit est là, il ne mûrit pas ; le corps se fortifie, l'esprit reste stationnaire. »

Mondière, après bien d'autres, a tracé le même tableau : « Toute cette aptitude, toutes ces promesses d'une intelligence qui semblait si compréhensive, tout cela disparaît vers la dix-septième année au plus tard. Il ne reste guère des choses apprises que ce qui peut servir à tromper le voisin. Les idées ont disparu, et le jeune noir qui à douze ou treize ans paraissait si intelligent, si disposé à comprendre, est devenu un vrai nègre dès qu'il en a dix-huit ; nègre supérieur, toutefois, à celui qui n'a pu profiter de pareils éléments d'instruction[3]. »

L'infériorité intellectuelle du nègre, en comparaison de l'Européen, se trahit avant tout par une grande incapacité d'attention soutenue. Le nègre réfléchit difficilement, et, comme l'a fort bien remarqué Bérenger-Féraud (*op. cit.*,

---

1. *De l'Atlantique au Niger*, p. 143.
2. *Bulletins de la Société d'Anthropologie*, 1860, p. 428.
3. *Revue d'Anthropologie*, t. IX, p. 646. — Cf. Touchard, *Bulletins de la Société d'Anthropologie*, 1866, p. 526. — Waitz, *op. cit.*, t. II, p. 234. — Raffenel, *op. cit.*, t. II, p. 240. — Leonard, *Records of a Voyage to the W. Coast of Africa*, p. 59. Edimbourg, 1833.

p. 357), il manque essentiellement d'esprit de comparaison, c'est-à-dire, en réalité, de jugement. On ne peut donc, sans injustice, attendre de lui ce que l'on peut attendre d'un individu de race blanche.

« Il ne faut exiger de l'Africain que ce qu'il peut donner ; il ne faut point le presser de questions sur des faits qu'il doit ignorer ; il ne faut point fatiguer son esprit peu accoutumé à la réflexion, et s'il se trompe, il ne faut point discuter avec lui son erreur, ce serait perdre son temps ; il la corrigerait par complaisance, ou se troublerait et ne dirait plus que des sottises [1]. »

Un très grand nombre de nègres n'ont qu'une fort vague notion du temps et ne connaissent point leur âge (Bosman). Il en est pourtant qui savent grouper les jours en semaines, celles-ci en mois, ceux-ci en années, par exemple les Yébous [2].

Le nègre a pour l'ordinaire une mémoire prodigieuse [3] ; c'est là encore un côté enfantin de ses dispositions naturelles. Il est grimacier et possède un remarquable talent d'imitation. Il apprend les langues étrangères avec une facilité extrême [4], au moins les phrases usuelles et les mots, les tournures qui peuvent lui servir dans ses rapports avec les commerçants européens. Il ne manque d'ailleurs pas d'imagination : « Il deviendrait beaucoup plus facilement poète que calculateur ; son discours s'enjolive volontiers d'images et de peintures saisissantes ; il prend vite feu dans la conver-

1. D'Escayrac de Lauture, *Bulletin de la Société de Géographie*, t. II de 1855, p. 94.
2. D'Avezac, *Mémoires de la Société ethnologique*, t. II. « Divisée en trois saisons, l'année des Yébous compte douze mois ; chacun de ces mois a 6 semaines à 5 jours. »
3. Raffenel, *op. cit.*, t. II, p. 239.
4. Allen et Thomson, *Narrative of the Expedition to the River Niger*, t. I, p. 393.

sation et arrive à une excitation, à une volubilité très remarquables, mais là s'arrête sa capacité. Aussi, après avoir fait
un brillant palabre, les affaires ne sont souvent guère plus
avancées par lui[1]. »

Le nègre se signale encore par une grande inconsistance
d'esprit ; aucune régularité dans sa conduite : a-t-il, un jour,
accompli une tâche de telle façon, il y a les chances les plus
grandes, pour que, livré à lui-même, il s'y prenne le lendemain d'une autre manière. « En lui, dit Baker, les bonnes
et les mauvaises qualités de la nature humaine paraissent
sans aucune régularité, comme les fleurs et les épines du
désert. » Abattu au moindre échec, il reprend courage pour
un rien. Mungo Park rapporte un fait bien caractéristique :
« Plusieurs des esclaves qui portaient des fardeaux sur leur
tête étaient très fatigués. Quelques-uns faisaient claquer leurs
doigts, ce qui, parmi les nègres, est un signe certain de désespoir. Sur-le-champ, les *slatées* les mirent tous aux fers.
Ceux qui avaient donné le plus de marques de découragement
furent mis à part, et on leur attacha les mains. Le matin on
trouva qu'ils avaient repris courage. » (*Op. cit.*, t. II, p. 113.)
Traité énergiquement lorsqu'il fait mine de résister, le noir
ne tarde pas à céder, et bientôt, comme si rien n'avait eu lieu,
il reprend le meilleur naturel possible.

Sa vanité, son amour-propre sont extrêmes et le rendent
souvent insupportable[2] ; les moindres oripeaux excitent son
orgueil. Bien vêtu, paré d'ornements qu'il n'a point l'habitude de porter, sa fierté ne connaît plus de bornes, et il passe
son temps à parader devant ses semblables.

Il est passionné pour les louanges et se laisse prendre aux

1. Bérenger-Féraud. *Op. cit.*, p. 357.
2. *Revue maritime et coloniale*, t. IX, p. 335.

flatteries les plus grossières ; nous avons vu quel parti savait tirer de cette disposition puérile la caste abjecte des griots.

Par dessus tout, il respecte l'étiquette et la hiérarchie. Il périrait de faim et de soif, dit Isert, plutôt que d'y manquer[1]. Aplati devant celui qu'il regarde comme son supérieur, il est, par contre, d'une arrogance inouïe avec ses inférieurs : s'il leur parle, c'est pour leur ordonner de se taire, comme s'il se croyait déshonoré en conversant avec eux[2].

Sa paresse, son apathie sont proverbiales, et à juste titre[3]. Pour lui, le travail est le lot du captif et du seul captif. L'homme libre n'a qu'une mission, s'étendre au soleil et fainéantiser, tandis que sa femme ou ses femmes pourvoient aux soucis de la vie alimentaire. « Le nègre, rapporte Baker, n'apprécie pas les bienfaits de la liberté. Il ne montre pas le moindre signe de reconnaissance envers celui qui a brisé ses fers... Son horizon restreint ne renferme à ses propres yeux que lui, le nègre, et par conséquent sa vanité lui fait croire que le monde entier est aux prises à cause de la question nègre. Il en résulte qu'il se regarde comme le seul personnage d'importance en ce bas monde; il est beaucoup trop distingué pour travailler. C'est sur ce point surtout qu'il laisse percer toute sa nature. » (Op. cit., p. 202.) S'il travaille, ce n'est généralement que pour satisfaire à ses besoins immédiats[4]. A-t-il de quoi manger, il se refuse opiniâtrément à tout labeur; est-il à jeun, il se met au travail pour le moindre salaire[5]. Les Mandingues, rapporte Caillié (t. Iᵉʳ, p. 225), aiment mieux se passer de manger une partie du jour que de s'as-

1. Voyages en Guinée, p. 250. — Ibid., p. 91.
2. Dufay, l'Afrique, t. II, p. 54.
3. Bosman, op. cit., t. II, p. 124.
4. Adanson, Histoire naturelle du Sénégal, p. 117. Paris, 1767. — W. Smith, A new Voyage to Guinea; traduc. franç., t. I, p. 57. Paris, 1751.
5. Laffitte, le Pays des nègres et la Côte des Esclaves, p. 73. Tours, 1876.

sujettir à la culture. Ils prétendent que ce travail les détournerait de l'étude du Coran! Cette fainéantise et cette imprévoyance amènent fatalement de temps à autres d'effroyables
disettes[1]. Les populations nigritiques qui se livrent à un
labeur quelconque dans le dessein d'amasser des provisions,
forment des exceptions assez rares, les Krous par exemple.
« La première qualité, selon les nègres, dit Mollien, est la
patience. La vivacité n'est à leurs yeux qu'un vice; ils nous
le reprochent sans cesse. Ne te presse pas, est l'axiome qu'ils
ont sans cesse à la bouche; il est parfaitement adapté à leur
caractère paresseux et apathique. » (T. II, p. 41.) Un passage
du *Journal* des frères Lander les montre également bien sous
leur vrai jour : « Avec un peu de travail, le sentier qui n'est
guère qu'un ravin formé par des pluies répétées, deviendrait
une route commode; et en jetant un arbre de loin en loin sur
les ruisseaux et les marais, on les traverserait aisément et
sûrement; mais les naturels semblent n'avoir aucune idée
d'amélioration. Ils préfèrent s'embarrasser journellement
dans d'épaisses broussailles, s'enfoncer dans des mares d'eau
et de fange, à l'ennui de réparer le chemin. Il arrive souvent
que des arbres tombent et encombrent le sentier; mais au
lieu de les enlever, les gens font un long circuit à l'entour.
Il n'y a pas jusqu'à une fourmilière qui ne soit pour eux un
obstacle formidable, et ils la laissent occuper le milieu de
l'étroit passage. » On parle ici d'une population qui habite,
par 7° de latitude, au nord-ouest du Bénin[2]. A vrai dire,
l'apathie du nègre procède plus encore d'une paresse d'esprit que d'une paresse du corps, ainsi que l'a justement remarqué Raffenel[3]. Une fois leur récolte terminée, les Wolofs,
au dire de Mollien, restent neuf mois étendus, à se reposer,

---

1. Golborry, t. I. p. 248. — Proyart, p. 11.
2. T. I, p. 170.
3. *Op. cit.*, t. II, p. 230.

employant le temps à converser; le besoin seul les contraint
au labeur. Les Sousous, de même, ne travaillent que pour se
procurer la nourriture quotidienne; chaque année les provisions sont épuisées avant la nouvelle récolte, il règne une
disette générale et les voleurs se donnent libre carrière
(Vigué).

Quant à l'esclave noir, force est bien pour lui de travailler,
mais il ne fait que céder à un maître et tâche naturellement
de lui dérober, pour son propre repos, le plus de temps possible. Il se fait d'ailleurs assez vite à la condition servile et
tombe facilement dans une complète apathie. « Les Africains,
en général, dit Lander, montrent la plus stupide indifférence,
quand ils sont privés de leur liberté et enlevés à leurs parents :
l'amour du sol semble aussi étranger à leur âme que les dispositions sociales et les affections domestiques. » (Op. cit.,
t. III, p. 190.)

La curiosité est encore un des caractères puérils du nègre.
Tous les voyageurs qui ont parcouru les régions nigritiques
point ou peu fréquentées ont eu souvent à se défendre contre
des investigations extraordinairement indiscrètes. Mollien
rapporte qu'un roi l'ayant fait asseoir à ses côtés, commença
par examiner attentivement toutes les parties de son vêtement, étonné surtout par la couture : « Tantôt il me levait un
bras, tantôt une jambe; et, si je l'eusse souffert, il m'eût entièrement déshabillé pour s'assurer si mes habits n'étaient pas
cousus à ma peau. » (Op. cit., t. Ier, p. 200.) Avec cela d'une
grande défiance : « La prudence m'obligeait, rapporte Caillié,
à me retirer dans les bois pour écrire mes notes et les mettre
en ordre; j'ai toujours eu la même précaution dans le cours
de mon voyage, chacune de leurs paroles me prouvait combien il eût été dangereux d'éveiller leurs soupçons[1]. »

1. T. I, p. 257.

Le nègre est intempérant et imprévoyant. Il consomme sur-le-champ les quantités les plus inattendues de viandes ou de boisson enivrante que le hasard lui procure; c'est un ivrogne de premier ordre et qui sacrifiera tout à un litre d'eau-de-vie de traite. « Un père moribond, dit Vallon, trouve à vendre son fils pour une bouteille de tafia, et meurt ivre[1]. »

« Chaque année, quand les traitants wolofs reviennent des escales, ils ont assez d'argent pour assurer une existence aisée, à eux-mêmes et à leur famille, jusqu'à la prochaine saison de traite; s'ils voulaient mettre, chaque année, de côté, une part très minime des bénéfices qu'ils réalisent, ils atteindraient vite à une situation très enviable : ils songent bien à cela! A peine arrivés dans la ville, ils ne s'occupent qu'à « faire faraud », selon leur expression. Revêtus de riches costumes, les doigts couverts de bagues, les pieds chaussés de bottes ou de souliers à talon d'or massif, ils parcourent les rues sur des chevaux magnifiquement harnachés; ils jettent l'argent à pleine main, ils n'ont qu'une préoccupation, celle d'éblouir les badauds. Puis, au bout de quelques jours, ils apparaissent tristes et vêtus de loques, dans ces mêmes rues où ils se sont montrés si arrogants : ils ne possèdent plus la moindre ressource et sont réduits à mendier quelques sous, si les commerçants ne consentent pas à leur avancer une petite somme sur les bénéfices probables de la prochaine traite. C'est là un trait de mœurs des plus caractéristiques[2]. »

Ce que rapporte Corre dans ces quelques lignes est confirmé par ce que l'on peut lire dans les récits de tous ceux qui ont voyagé dans la Nigritie africaine : « Quand un nègre, dit Erdman Isert en parlant des indigènes de la Guinée (p. 62), a pêché pendant quelques jours, il reste à la maison pendant tout un mois, boit, mange, fume du tabac et fait la cour à ses

1. *Revue maritime et coloniale*, t. IX, p. 381.
2. Corre, *Revue d'Anthropologie*, t. XI, p. 14.

femmes. » Moore, parlant des naturels de la Gambie, dit que
ne songeant pas à emmagasiner des provisions pour les temps
de disette, ils préfèrent vendre tout ce qu'ils ne consomment
pas sur l'heure; la famine arrive : il leur faut alors jeûner
des deux et trois jours et remplacer la nourriture par de la
fumée de tabac[1]. Chaque année, dit Bérenger-Féraud, des
Sérères apportent aux traitants des arachides et vendent tout
ce qu'ils possèdent pour obtenir quelques colifichets. Quatre
mois après, quand il faut cultiver les terres, ils ont vendu
jusqu'à leur dernière graine et il leur faut revenir aux comptoirs européens pour acheter de la semence à un prix exor-
bitant : mais la leçon ne profite pas et chaque année on agit
avec la même imprévoyance (*op. cit.*, p. 358).

La réputation d'impudicité que l'on a faite au nègre africain est assez justifiée par sa vie oisive. Nous avons vu, ci-
dessus, que le noir n'hésite point, pour un léger bénéfice, à
prêter sa femme ou ses femmes à un homme blanc. « Les
maris, rapporte Loyer, ne sont point jaloux de leurs femmes
à l'égard des blancs ; au contraire ils les leur prostituent volontiers, et pour fort peu de chose, aussi bien que leurs sœurs
et leurs filles, dès leur plus tendre jeunesse, et tiennent même
cela à grand honneur. Mais il n'en va pas de même entre eux,
car un tel affront ne se répare que par la mort de l'un ou de
l'autre, ou par quelque présent considérable[2]. » Et Dufay :
« La plupart des nègres regardent comme un honneur que les
blancs de quelque distinction daignent coucher avec leurs
femmes, leurs sœurs et leurs filles. Ils les offrent souvent aux
principaux officiers des comptoirs[3]. » Presque partout la
chasteté d'une fille qui n'est pas mariée est de nulle valeur.

1. *Voyages dans les parties intérieures de l'Afrique.* Londres, 1738.
2. *Relation du royaume d'Issigny*, p. 71. Paris, 1714.
3. *Op. cit.*, t. I, p. 189.

Gardons-nous toutefois de tenir comme cynique une façon
de vivre qui chez nous peut passer pour telle, mais n'a, sous
d'autres latitudes, rien de révoltant ni de choquant. La conception nigritique n'est point la nôtre : cherchons à l'expliquer, à l'interpréter, mais ne la blâmons point de prime
abord ; notre temps serait mieux passé à l'investigation des
restes de sauvagerie et de barbarie que nourrissent encore
nos civilisations occidentales.

Le noir africain est un voleur émérite [1]. « Comme la plupart des nègres marchent pieds nus, dit Dufay (*op. cit.*, t. I,
p. 153), ils acquièrent autant d'adresse dans cette partie du
corps que nous en avons dans les mains. Ils ramassent une
épingle à terre ; s'ils voient un couteau, des ciseaux et toute
autre chose, ils tournent le dos à la chose qu'ils ont en vue ;
ils vous regardent en tenant les mains ouvertes ; pendant ce
temps ils saisissent l'instrument avec le gros orteil. » Un passage de Labarthe complète celui que nous venons de citer :
« On ne court aucun risque de se faire justice des voleurs
qu'on surprend en flagrant délit, parce que, dans ce pays, la
maladresse est regardée comme une faute très grave et qu'elle
ne trouve point de défenseurs [2]. » A la Côte de l'Or le vol est
puni d'esclavage [3]. « Le larcin, dit Bosman (t. I, p. 173), se
punit en restituant ce que l'on a dérobé, et outre cela en
payant une amende proportionnée à la grandeur du vol, au
lieu où il a été commis, et à la personne à qui et par qui il a
été fait. » Un roi guinéen conseilla franchement à cet explorateur de se mettre en garde contre ses sujets : « Ils ne vous

1. *Description et récit historial du riche royaume d'or de Gunea*, p. 41.
Amsterdam, M.VIC.V. — Ramseyer et Kühne, *Quatre Ans chez les Achantis*,
p. 309. Paris, 1876.
2. *Voyage à la côte de Guinée*, p. 76. Paris, 1803. — Laffitte, *le Pays des
Nègres*, p. 101.
3. Meredith, *An Account of the Gold Coast of Africa*, p. 28. Londres, 1812.

assassineront pas, lui dit-il, comme pourraient le faire nos
voisins, mais veillez à vos marchandises; tous mes gens sont
des voleurs. » (*Ibid.*, p. 365.) « La principale vertu d'un Balante
est de savoir voler. Celui qui a volé un chien gardien de la
maison, sans que le maître s'en aperçoive, a donné la meilleure preuve de son talent, et trouvera facilement à se marier
dans son pays. » (*Bull. de la Soc. de Géographie*, t. I de 1840,
p. 350.) Vigué confirme cette réputation des Balantes; par
contre il donne les Baniouns comme beaucoup moins sujets
à caution. Le même auteur (*op. cit.*, p. 462) rapporte que
chez les Sousous le vol est puni, selon sa gravité, soit de
l'amputation de la main, soit de la fustigation, après épreuve
judiciaire. Toutes les personnes désignées par le sorcier in-
quisiteur plongent la main dans un vase plein d'huile chaude;
à l'examen des blessures le sorcier reconnaît le coupable. Ce
dernier démontre-t-il son innocence, on recommence sur
d'autres l'investigation.

A la vérité, le vol dont on rend victime un autre noir, un
compatriote, est formellement criminel; il appelle souvent
une répression énergique. Mais si la victime est un blanc, un
étranger, la face de la question est toute changée : le vol
devient alors parfaitement licite et louable, il est élevé, en
quelque sorte, à la hauteur d'une institution. Nous avons déjà
signalé cette singulière appréciation en parlant des Balantes
(p. 42), des Mandingues (p. 146); nous pourrions citer
bien d'autres exemples[1]. Inutile d'ajouter que l'Européen doit
être toujours sur ses gardes lorsqu'il trafique avec un noir :
celui-ci n'a qu'une visée, tromper son client dans la plus large
mesure possible. Il est vrai que le trafiquant blanc cherche
de son côté à abuser à l'excès, mais, en somme, il n'est point
de taille à lutter d'astuce et de fourberie avec le négociant

---

1. Hecquard, *op. cit.*, p. 113. — Dufay, *op. cit.*, t. II, p. 53.

noir : à peine vole-t-il le nègre une simple fois, quand celui-
ci l'a déjà volé par deux et trois fois au moins. Le noir africain a pour l'appropriation indue du bien de l'étranger un ir-
résistible penchant.

Quelle que soit sa condition sociale, le noir africain est un
mendiant de premier ordre. Les princes mendient comme les
derniers de leurs sujets[1], et non moins effrontément. « L'u-
sage des chefs nègres, dit Mollien, est de faire longtemps attendre leur décision à ceux qui leur demandent une grâce ;
ils espèrent par ce moyen en obtenir de nouveaux présents[2]. »
Les jours d'arrivée du courrier, le roi de Dakar entouré de
ses femmes, se tient chez lui et reçoit les visiteurs européens
auxquels il ne manque pas de demander « un petit dix sous[3] » ;
c'est la première distraction des passagers des paquebots.
« Le moindre cadeau, s'il est propre à les faire remarquer
parmi leurs compatriotes, les rend joyeux comme des enfants,
de même que le refus des choses les plus insignifiantes les
fait bouder comme un gamin qui n'aurait pu obtenir une
tartine ou une image enviée[4]. »

Laisse-t-on reconnaître à un noir que l'on a sérieusement
besoin de ses services, il devient immédiatement intolérable
et ses exigences ne connaissent plus de bornes. Espérer le
rassasier et le satisfaire est le comble de la crédulité ; jamais
il ne se dira content, jamais il ne se lassera de quémander,
jamais un refus ne le rebutera. C'est surtout lorsqu'il fait un
cadeau qu'il faut se tenir sur ses gardes ; jamais ce cadeau
n'est désintéressé : le noir n'offre qu'à bon escient et pour
recouvrer à bref délai dix fois plus qu'il n'a donné.

1. Labat, d'après Brüe, op. cit., t. V, p. 131.
2. Op. cit., t. I, p. 199. Cf. Landor, op. cit., t. I, p. 81.
3. Marche, Trois Voyages dans l'Afrique occidentale, p. 9.
4. Corre, Mémoires de la Société d'anthropologie, 1883, p. 46.

Le nègre africain est un parleur infatigable; pour la
moindre transaction il causera des heures entières; dans les
réunions oisives qui occupent souvent une bonne partie du
temps il entame des récits dont la fin ne saurait être prévue.
Tous les voyageurs qui ont parcouru la Nigritie africaine ont
raconté les explications interminables qu'il leur a fallu avoir
avec les chefs noirs pour obtenir ce que quelques instants
d'entretien auraient pu facilement régler. Les ouvrages de
Mungo Park, Mollien, Clapperton, Caillié, Lander, sont
pleins de narrations de ces loquacités et de ces interminables
parlementations. Ce sont des remises de jour en jour, de
semaine en semaine, de mois en mois, et des *palabres* toujours renouvelés et toujours inefficaces. L'acquisition d'un
canot coûta à Lander sept semaines de pourparlers; on dispute au sujet du colifichet le plus insignifiant comme s'il s'a-
gissait des questions les plus graves et les plus pressantes.
Sanderval raconte qu'arrivant dans un village du Timbo épuisé
de fatigue et de faim, il donne l'ordre à ses gens d'acheter un
vieux bouc au prix qu'on en demandera : le propriétaire met
trois heures à se décider : « C'est de l'ambre qu'il veut, puis
c'est du corail, puis c'est du corail et de l'ambre, puis des
gourdes, etc., et chaque fois il faut qu'il aille montrer à sa
femme, dont la case est plus loin, ce qu'on lui offre. » (*Op.
cit.*, p. 369.) Et ailleurs : « Payer demande des explications
et des discussions interminables. En admettant même que le
blanc accepte toutes les conditions, encore faut-il y mettre
des formes spéciales, sinon le noir croit à un piège. On perdrait ainsi huit jours dans chaque village, si ce n'est plus. »
(*Ibid.*, p. 382.)

Malgré tous les palabres et toutes les conventions, le noir
cède souvent à ses instincts de fourberie; parfois même il ne
recule nullement devant la trahison. « Le poison, rapporte

Hecquard, est fréquemment employé chez eux. Comme ils se servent de la main droite pour manger, ils l'entretiennent toujours propre, tandis qu'ils laissent pousser les ongles de la main gauche qui sert aux usages immondes. Or, il arrive souvent qu'ils cachent sous le pouce de celle-ci un poison subtil qu'ils laissent ensuite tomber dans le vase avec lequel ils présentent à boire ou à manger à ceux dont ils veulent se débarrasser. Aussi est-il d'usage chez ce peuple (Grand Bassam) de goûter les mets et les boissons qu'ils offrent à leurs convives, et s'ils vous vendent ou vous donnent un fruit, ne pouvant le goûter, ils en sucent la peau. Il est prudent d'ailleurs, lorsqu'on est en relations fréquentes avec eux, de veiller sur leur main, et de ne pas les laisser s'approcher des endroits où se préparent les aliments[1]. »

D'ailleurs, menteurs incorrigibles, presque tous du moins[2]. Certains, comme les Bambaras, sont bien fidèles entre eux à la parole donnée, mais nullement envers les étrangers, Européens ou Maures[3].

En somme, c'est par l'apparat de la force, c'est par la crainte, qu'on est le mieux assuré de leur tenir tête. L'obéissance du noir à l'Européen est en raison de la crainte que celui-ci lui inspire[4]. Avec quelque aplomb on a vite raison, le plus souvent, de l'insolence des noirs. « Lorsqu'ils voient, dit Caillié, un étranger qui ne parle pas leur langue, ils s'imaginent qu'ils peuvent impunément l'insulter ; mais il suffit de leur montrer de la fermeté pour les rendre plus traitables. » (T. II, p. 25.) « Une intelligence d'enfant peut venir à bout des

---

1. *Voyage sur la côte et dans l'intérieur de l'Afrique occidentale*, p. 71.
2. Amat, *Bullet. de la Société d'Anthropologie*, 1884, p. 695. — *Revue d'Anthropologie*, 1886, p. 438.
3. Raffenel, *Nouveau Voyage au pays des nègres*, t. I, pp. 199, 428. Paris, 1856.
4. *Ibid.*, t. II, p. 239.

nègres, n'oubliez point que vous êtes fétiche ou sacré pour
eux ; les deux dangers à craindre sont le climat et le poison;
soyez certain qu'un nègre n'en viendra jamais à des voies de
fait. Soyez juste envers tous et ne cédez jamais si l'on vous en
impose. Quand un nègre infime vous dit une impertinence,
jetez-le à terre, et l'on vous applaudira. Soyez sincère et
calme ; un maintien digne vous mènera bien loin parmi les
sauvages 1. »

Le récit de Sanderval est plein d'aventures caractéristiques :
« Au premier ruisseau, chacun pose à terre son fardeau et
s'assied. J'attends deux minutes, puis je donne l'ordre de re-
partir; personne ne bouge. Je saisis alors une caisse, je la
charge sur la tête d'un porteur que j'arrache à son siège, et
je pousse l'homme dans le sentier. J'en fais autant à un
deuxième, les autres ne s'en émeuvent pas davantage. Je comprends qu'il faut faire acte de vigueur et d'autorité. Sautant
sur le plus grand de la bande, je lui administre une série de
coups de poing bien appliqués et le secoue d'importance.
L'argument est tout puissant ; le noir cède en poussant de
petits cris d'étonnement, et tout le monde part. » (*Op. cit.*,
p. 87.) Paraître leur être supérieur d'une façon quelconque,
avoir un prestige qu'ils ne sont pas habitués à rencontrer dans
leur entourage, voilà le secret de l'autorité que l'on peut
exercer sur eux. Le noir a un respect invincible pour le chef
qui a su s'imposer à lui et prouve par ses actes qu'il est capable de le conduire.

Parmi·les bonnes qualités du noir africain il faut citer sa
disposition naturelle à l'hospitalité (Labat, t. V, p. 332), là
surtout où il n'a encore eu que peu de rapports avec les Européens (Hecquard, *op. citat.*, pp. 11, 13, 113). Nous avons

1. Laird, cité par d'Abbadie. *Bulletin de la Société de Géographie*, t. I de
1867, p. 291.

mentionné cette qualité chez les Sérères, chez les Assiniens, chez les Bambaras. Quelques populations forment ici une exception, par exemple les Diors, mais ce cas est rare. « L'hospitalité, dit Isert, est exercée dans un haut degré. Mon hôte ne fut pas le seul qui s'y distingua, en me fournissant en abondance tous mes besoins, et autres commodités tant pour ma personne que pour mes nègres. Mais encore les étrangers lorsqu'il m'arrivait, pour mon plaisir, de parcourir la ville, les personnes distinguées accouraient à ma rencontre, et me priaient avec instances de leur faire l'honneur d'entrer dans leur maison et d'y agréer un rafraîchissement de vin de palmier. Et lorsque je me laissais persuader, toute la famille ne pouvait assez m'exprimer par leur mine joyeuse et leurs manières obligeantes la reconnaissance dont ils étaient pénétrés pour la satisfaction que je leur procurais de me laisser comtempler plus à leur aise. Quelque empressement qu'ils eussent au reste à me voir, je ne puis pas dire qu'ils aient jamais manqué envers moi aux égards qu'ils témoignent à leurs grands[1]. »

Un individu qui a faim trouve toujours à manger, plus ou moins, dans la case des gens plus heureux chez lesquels il pénètre[2]. Mollien loue à maintes reprises l'hospitalité nigritique ; elle n'a point de bornes, dit-il, et nul ne songe à s'en faire un mérite : une fois que l'étranger a soupé dans une case, il y pourrait rester un mois entier sans qu'on lui fasse sentir qu'il est à charge. Tous les voyageurs sont d'accord sur la grande hospitalité qu'exercent les noirs vis-à-vis les uns des autres : « L'étranger qui passe devant une case, le nègre, s'entend, peut, s'il a faim, entrer et s'asseoir comme les autres devant le plat : tout le monde s'écarte pour lui faire une place ; on

1. *Voyages en Guinée*, p. 268. Paris, 1793. Cf. Adanson, *Histoire naturelle du Sénégal*, p. 118. Paris, 1767.
2. Corre, *Mémoires de la Société d'Anthropologie*, 1883, p. 46.

ne lui demande ni qui il est, ni d'où il vient. Plus d'une fois il m'est arrivé de voir un nègre ne possédant pour acheter son déjeuner qu'un sou ; il allait chercher un biscuit ; si un autre venait s'asseoir auprès de lui, il lui offrait aussitôt une part de sa maigre pitance. Gayrard m'a raconté qu'il avait souvent entendu des noirs qui venaient lui acheter un biscuit et un morceau de sucre lui dire : Donne-moi un coin où je puisse me cacher pour manger seul, parce que j'ai bien faim [1]. »

Par contre, assez insensible au mal en ce qui le concerne, il est excessivement indifférent aux souffrances d'autrui, et ne sait point ce que c'est que la compassion. Cette insouciance l'amène naturellement à la cruauté, et la vie d'un de ses compatriotes est pour lui peu de chose. Lui demander un dévouement quelconque à ceux qui sont atteints par la maladie serait peine perdue : un malade n'est bon qu'à être abandonné ; à lui de se tirer d'affaire comme il le pourra. « Les nègres, dit Loyer dans son ancien récit, ne sont pas ordinairement fort touchés des infirmités de leurs confrères. Ils ont assez de dureté pour eux pendant leurs maladies pour leur refuser tout secours. Ils se contentent seulement de les barbouiller de diverses couleurs par tout le corps à l'honneur de leurs fétiches, ce qui leur sert de tout pendant qu'ils sont malades [2]. » « Ils se voient mourir les uns les autres, dit Dufay, sans témoigner la moindre compassion. Leurs femmes et leurs enfants sont les premiers qu'ils abandonnent dans ces circonstances, et le malade demeure seul lorsqu'il n'a pas d'esclaves prêts à le servir, ou d'argent pour s'en procurer ; cette désertion de ses parents, de ses amis, n'est pas même regardée comme une faute. Si sa santé se rétablit, ils recom-

---

1. Marche, *Trois Voyages dans l'Afrique occidentale*, p. 20.
2. *Relation du royaume d'Issigny*, p. 234. Paris, 1711.

mencent à vivre avec lui comme s'ils avaient rempli tous les devoirs de la nature et de l'amitié[1]. »

Le témoignage unanime de tous les explorateurs qui ont écrit avec bonne foi sur la condition intellectuelle et sociale des noirs de l'Afrique sus-équatoriale, est qu'il ne faut guère se flatter de les voir arriver définitivement à une civilisation comparable à la nôtre.

« La civilisation européenne plaît au nègre, il en reconnaît la supériorité ; néanmoins il ne demande pas à ce qu'on l'introduise chez lui. Bonne pour blancs, dit-il, elle est mauvaise pour noirs[2]. Baker le dit fort justement, en essayant de devenir un homme blanc, il perd ses bonnes qualités naturelles (*op. cit.*, p. 208), et, une fois abandonné à lui-même, après avoir été initié à notre culture, il rétrograde immanquablement : comme un cheval en liberté, il devient sauvage (p. 202). Une qualité lui reste au moins : autrefois il buvait peu d'eau-de-vie, aujourd'hui il en boit beaucoup[3].

*_**

Au dire non moins unanime de tous les auteurs désintéressés, le résultat des missions chrétiennes a été nul ou exécrable. « Les missions protestantes, pas plus que les nôtres, rapporte Vallon, n'ont pu porter la lumière au delà de l'atteinte des baguettes de leurs constables[4]. » L'influence, au Sénégal, de la mission française du Sacré-Cœur de Marie, n'a pas franchi les limites dans lesquelles le gouvernement peut la couvrir de sa protection immédiate[5], et les missions por-

1. *L'Afrique*, t. II, p. 55. Comparez *Revue d'Anthropologie*, 1882, p. 45. — *Mémoires de la Société d'anthropologie*, 1883, p. 46.
2. Hagen, *Rev. d'Ethnographie*, 1887, p. 115.
3. Laffitte, *op. cit.*, p. 103.
4. *Revue maritime et coloniale*, t. IX, p. 378.
5. *Ibidem*, p. 376.

tugaises n'ont laissé aucun résultat appréciable[1]. Au cap Palmas les missionnaires catholiques, français et irlandais, ont échoué non moins complètement[2]. Que de faits caractéristiques nous pourrions citer !

« Du temps que j'étais à Fida, rapporte Bosman (t. II, p. 411), il y avait un prêtre de Saint-Thomé, de l'ordre de Saint-Augustin, pour convertir les nègres, s'il lui était possible ; mais sa peine fut inutile ; le point de la polygamie leur tenait trop au cœur pour y renoncer ; ils auraient passé le reste, mais pour cela, c'était un morceau de trop dure digestion.

« Ce prêtre invita un jour le roi pour lui voir célébrer la messe ; ce que le roi fit, et comme je lui demandai à son retour comment il avait trouvé la messe, il me répondit que cela était fort joli à voir mais qu'il aimait mieux s'en tenir à la fétiche.

« Ce même prêtre étant entré en conversation avec un des grands de la cour, qui était un fin compère, dit comme pour le menacer, que si les habitants de Fida continuaient à vivre comme ils avaient fait jusqu'alors sans se convertir, ils iraient infailliblement auprès du diable en enfer pour y brûler ; à quoi ce grand répondit : — Nos pères, grands-pères, et jusqu'à l'infini ont vécu comme nous vivons, et ont servi les mêmes dieux que nous servons ; s'il faut qu'ils brûlent à cause de cela, patience, nous ne sommes pas meilleurs que nos prédécesseurs, et nous serons contents d'avoir le même sort qu'eux. Cela fit bien voir au prêtre qu'il n'y avait rien à faire pour lui à Fida, ainsi il me pria de lui procurer son congé auprès du roi, qui le lui donna peu de temps après. »

Labat, d'après Brüe, attribue aux mauvais exemples des blancs l'échec des missionnaires ; la défaite est de valeur médiocre.

1. *Ibidem*, année 1863.
2. Mouléon, *Revue coloniale*, t. VI, p. 63.

« Un des endroits, rapporte la zélée chrétienne miss Tucker en parlant des peuples guinéens, un des endroits les plus fréquentés par les missionnaires était un grand arbre à ombrelle, où souvent on parvenait à assembler un grand nombre d'auditeurs; mais fréquemment après un appel à leurs consciences ou quelque touchante exposition de l'amour de Christ, leurs cris de : « Nous avons faim ! Nous avons faim ! » venaient décourager le messager de bonnes nouvelles et lui montrer que la semence était tombée sur le bord du chemin [1]. » Et en note : « Il leur arrivait souvent de demander qu'on les payât pour aller à l'église. » On sait, d'ailleurs, de quels moyens convaincants usent les missionnaires protestants pour accroître le nombre de leurs néophytes [2].

« Beaucoup de noirs, dit encore la *Revue coloniale* (t. II, p. 436), assez disposés à se rendre aux instructions (religieuses) dans les heures précédemment consacrées au travail, préfèrent, le dimanche et pendant les autres moments qui leur appartiennent, aller cultiver leurs jardins ou vendre leurs denrées. »

Boudyck-Bastiaanse rapporte le cas d'un Fanti, qui enlevé du milieu des siens à l'âge de huit ans, transporté en Europe, éduqué chrétiennement, étudia habilement la théologie, prêcha à la Haye et en d'autres villes de Hollande avec un succès considérable, et fut enfin envoyé comme pasteur dans son pays. On espérait tout de son zèle et de sa foi. A peine débarqué, il retournait à la vie paternelle [3].

Le missionnaire Laffitte reconnaît sans peine les résultats négatifs de la catéchisation des Dahomans [4]. C'est le secret de Dieu, ajoute-t-il avec résignation, qui se réserve de faire

1. *Abbeokuta*, p. 109. Londres, 1858.
2. *Revue maritime et coloniale*, t. IX, p. 377.
3. *Voyage à la côte de Guinée*, p. 200. La Haye, 1853.
4. *Le Dahomé*, p. 180. Tours, 1874.

éclater à son heure, sur cette terre délaissée, les prodiges qui
ont jeté au pied de sa croix les nations païennes. Il voit aussi
pour une part — insuffisante ajoute-t-il d'ailleurs — une
marque de la malédiction terrible que Cham a transmise à la
race dont il est le père. « Le nègre, dit-il un peu plus loin, ne
voit que son corps, et quand sa machine va bien, tout est pour
le mieux. A-t-il une âme ? Que doit devenir cette âme ? Ce sont
là des questions dont la solution lui importe fort peu... »

Dans un ouvrage plus récent, le même missionnaire fait des
aveux plus significatifs. Il relève tout d'abord les échecs de
ses concurrents protestants. « Les ministres protestants, dit-
il, ont l'habitude de compter leurs adeptes par le nombre de
Bibles qu'ils distribuent. Certes voilà un apostolat commode,
apostolat largement rétribué, du reste. Mais qu'arrive-t-il ?
Le nègre prend la Bible, qui ne lui coûte rien, la dépose dans
un coin de sa case, et va porter ses adorations aux fétiches[1]. »

Ailleurs : « Et toi, lui dis-je, est-ce que tu ne voudrais pas
le connaître aussi ce dieu qui est bon, et abandonner les
fétiches qui, n'étant rien, n'ont aucune puissance ? — Oh ! je
sais, reprit-il, que ton dieu est bon, qu'il vous a tout donné ;
mais c'est le dieu des blancs, et les fétiches sont les dieux des
noirs. — La réponse du chef est habituelle à tous les nègres
à qui nous parlons de religion. » (*Op. cit.*, p. 43.) Ailleurs
encore il confesse que les noirs catéchisés sont volontiers de
votre avis tandis que vous les prêchez, mais qu'il ne faut point
pour cela croire à leur conversion : c'est l'habitude des nègres
d'être toujours de l'avis des blancs, alors qu'ils n'ont aucun
intérêt à les contredire, mais ils n'en gardent pas moins leur
opinion (p. 32). En fin de compte, le missionnaire quitte
Porto Novo « l'âme navrée » (p. 85). Corre a donné les mêmes
renseignements sur l'échec des missions à Porto Novo[2], Ellis

1. *Le pays des Nègres*, p. 135. Tours, 1881.
2. *Revue d'Ethnographie*, 1887, p. 115.

sur la mission anglaise de Bonny : « Among the natives of Bonny the missionaries make no converts ; some will attend the services for a few weekes, from curiosity or from the hope of obtaining something, and then return to their old habits. » (*Op. cit.*, p. 121.)

Tout aussi heureuse est la mission wesléyenne de Cape Coast, au dire de Hertz : « Je demandai à ces messieurs s'ils étaient satisfaits du résultat de leur mission. Ils me répondirent qu'elle était très brillante et que chaque jour leur école était pleine de noirs de toute espèce, qui venaient y chanter des cantiques. Ils me conduisirent, en effet, dans quatre ou cinq salles où, je dois le dire, les cantiques méthodistes étaient fort bien rendus par des chœurs de natifs. J'en étais vraiment édifié, mais j'appris plus tard que, si l'on faisait aisément chanter les noirs, c'était à peu près tout ce que l'on pouvait obtenir d'eux. Les enfants se laissaient volontiers catéchiser par indolence, mais, devenus adolescents, oubliaient tout, et ne croyaient plus ni à Dieu, ni au diable, ni au méthodisme, ni au fétichisme, ni aux missionnaires, ni aux sorciers : *rhum* et *shelling*, voilà à quoi se bornait dès lors leur religion. Pour le reste, ils vivaient de la vie de leurs pères, ne pensant qu'à manger, boire et dormir, et cultivant la paresse avec l'apathie des lézards[1]. »

Henri Buckle, dans son *Histoire de la civilisation en Angleterre*, a très judicieusement traité cette question : « Des hommes animés d'excellentes intentions, pleins d'un zèle fervent, quoique dévoyés, ont cherché et cherchent encore à propager leur religion parmi les habitants des pays barbares. Grâce à une activité hardie et incessante, grâce souvent à des promesses, souvent même à des cadeaux, ils ont en beaucoup de cas amené des hordes sauvages à professer la

---

1. *Sur les côtes de Guinée*, p. 123 (2ᵉ édit.).

religion du Christ. Mais tout homme qui rapprochera les récits triomphants des missionnaires de la longue succession des faits que nous ont apportés des voyageurs compétents, verra bientôt que cette profession du christianisme est purement nominale, et que si, à la vérité, ces tribus ignorantes ont adopté les cérémonies de la religion nouvelle, elles n'ont nullement adopté la religion elle-même : ce qu'elles accueillent ce sont les pratiques extérieures; elles ne vont pas au delà. Ils se peut qu'elles baptisent leurs enfants, reçoivent les sacrements et courent en foule à l'église; oui, dis-je, elles peuvent remplir toutes ces dévotions et n'en être pas moins éloignées de l'esprit du christianisme qu'à l'époque où elles pliaient le genou devant leurs antiques idoles. Les rites et les formes de toute religion sont à la surface : frappant du coup les regards de ceux qui sont incapables de pénétrer jusqu'aux profondeurs qu'elles recouvrent, elle sont rapidement apprises et aisément imitées. Seul, ce changement plus profond et intérieur est durable, et comment le sauvage pourrait-il subir cette transformation tandis qu'il est plongé dans une ignorance qui le ravale au niveau des brutes qui l'entourent? » (Traduct. franç., t. I, p. 290. Paris, 1831).

En fait, le plus clair du résultat des missions, aussi bien des missions protestantes que des missions catholiques, a été mis en relief d'une façon fort instructive dans les curieux débats qui ont eu lieu en mars 1863 à la Société anthropologique de Londres[1]. Nous donnerons ici une rapide analyse de ces débats.

Même dans les circonstances les plus favorables, dit tout d'abord Winwood Reade, une entreprise de mission est une misérable chimère (*a wretched bubble*) et le christianisme ne pourra jamais vivre sur un sol sauvage. Tous mes arguments,

---

1. *Journal of the Anthropological Society of London*, t. III, p. CLXIII; 1865.

ajoute-t-il, sont fondés sur une expérience personnelle.
Ce fut sous le toit de deux missionnaires que se passa mon
séjour au milieu des noirs; ces deux missionnaires n'étaient
point des gens incompétents comme les Wesléyens de Gambie,
mais des hommes d'un esprit cultivé parlant avec facilité les
langues des populations auprès desquelles ils vivaient; ils
savaient construire des maisons, conduire des bateaux, faire
tout ce qui pouvait les rendre supérieurs aux yeux des
blancs et des noirs : « Il me fut impossible de découvrir
que les membres de leur petite congrégation fussent plus
honnêtes, plus loyaux, plus sobres ou plus vertueux que
leurs frères païens. Je trouvai que mes serviteurs chrétiens,
bien qu'ils vécussent en Jésus, et refusassent de travailler le
jour du sabbat et chantassent des hymnes en voix de fausset
fort élevée, faisaient des réserves mentales sur le huitième
commandement, et que leurs femmes, selon tout ce que j'ai
entendu et vu, étaient également prêtes à enfreindre le huitième. En termes clairs, je trouvai que toute négresse chrétienne était une prostituée, et tout nègre chrétien un voleur.
Les missionnaires avouent qu'aucun changement moral chez
leurs paroissiens n'est reconnaissable à l'œil nu. Mais me dit
l'un deux, vous ne pouvez mesurer le montant d'influence
morale qu'exercent nos enseignements. Il avait parfaitement
raison. Vous ne le pouvez pas. Il n'y a rien pour mesurer cette
influence morale. On la peut représenter par x, qui en algè-
bre signifie un nombre inconnu. Je donnerai un exemple
qui prouve combien peu de pouvoir réel peuvent exercer ces
missionnaires sur la superstition païenne. Dans l'Afrique
occidentale lorsqu'un homme d'importance meurt, on dit
qu'il est mort par suite d'un sortilège. Le féticheur accomplit
certains rites et finit par accuser quelques personnes de
sorcellerie. L'accusé est soumis à une épreuve judiciaire que
l'on a souvent décrite, et si le verdict est défavorable (comme

c'est le cas ordinaire), l'accusé est mis à mort avec plus ou
moins de barbarie. Au Gabon les autorités françaises ont déjà
aboli cette ancienne coutume en menaçant de la pendaison,
mais à Corisco M. Mackey a travaillé en vain pendant douze
ans pour y mettre arrêt au moyen d'arguments de raison et
de religion. Quand j'étais à Corisco je l'entendis plaider sans
succès pour la vie d'une femme et de son enfant condamnés
à mort en tant que sorciers. Quel est l'intérêt d'une mission
chrétienne, si un homme va à l'église le matin et brûle vive
une sorcière l'après-midi? A première vue il ne paraît pas
y avoir de raison pour que l'Afrique païenne ne devienne pas
chrétienne au moins de nom. Les nègres ont de certaines
pratiques, de certaines imaginations religieuses, mais ils
n'ont pas de foi à laquelle ils soient attachés, comme les Mahométans, comme les Bouddhistes, comme les Juifs. Ils supposent que chaque peuple a son propre dieu, et que celui
des blancs est plus puissant que le leur, par ce motif que les
blancs sont plus riches qu'eux-mêmes ne le sont. Aussi, quand
on leur enseigne que s'ils abandonnent leur dieu et rendent
hommage à celui des blancs, celui-ci les accueillera dans le
paradis des blancs, ils ne montrent pas de répugnance à agir
ainsi. Quand les Portugais colonisèrent l'Afrique pour la
première fois, les Jésuites comptèrent les conversions par
milliers; tellement que l'un d'entre eux écrivit chez lui, en
Europe, se plaignant de ce que dans tout ce vaste empire il
n'y eût pas un seul nègre qui n'eût été baptisé. Mais bien
qu'ils fussent tout prêts à se laisser baptiser (la plupart pour
manger du sel, dont ils étaient très friands et ce qui faisait
partie de la cérémonie), et à s'appeler eux-mêmes chrétiens, ils
refusaient en définitive d'abandonner la polygamie, et s'in-
dignaient énergiquement de l'impertinence des étrangers qui
leur faisaient une telle proposition. Ils ne pouvaient apercevoir
de connexion entre le mariage et la religion, et les femmes,

particulièrement, étaient furieuses. En Afrique l'Église protestante excommunie ceux de ses membres qui peuvent être polygames, et cela seul peut empêcher l'Afrique de devenir nominalement chrétienne. La position sociale d'un nègre est marquée par le nombre de ses femmes; en Afrique la polygamie est l'état naturel de l'homme marié : la monogamie exterminerait le nègre. Et comment celui-ci pourrait-il saisir les dogmes du christianisme, comprendre par exemple un dieu en trois personnes? On ne peut, ajoute M. W. Reade, on ne peut venir en aide à l'Afrique noire qu'en établissant une mission commerciale dont les ateliers seraient les églises et dont les artisans seraient les prêtres. La conclusion de M. Reade est que la pièce d'or donnée pour les missions est un argent jeté en pure perte, que l'envoi d'un missionnaire dans l'Afrique occidentale est le sacrifice d'une vie qui, ailleurs, pourrait être utile, si le missionnaire était capable de faire quelque autre chose que son apostolat.

M. R.-B. Walker, qui a séjourné quatorze ans chez les nègres équatoriaux, vient à l'appui du précédent orateur. Il cite l'aveu d'un missionnaire qui déclare qu'après vingt-trois ans il n'a pu faire aucune conversion sincère; les noirs les mieux éduqués étaient devenus les plus coquins de tous. L'orateur cite quelques prétendues conversions, faites toutes en vue d'obtenir quelque bénéfice ou quelque faveur, et il constate la persistance continue des pratiques païennes chez ceux que l'on croyait acquis au christianisme.

Un évêque missionnaire, dit sir G. Denys, employa les plus grands efforts à la conversion d'un chef noir, et l'invita, pour commencer, à congédier plusieurs de ses femmes. Ce renvoi opéré, le nègre en question, pouvait être considéré comme chrétien. Le chef résistait, il voulait retenir deux de ses favorites, mais impossible à l'évêque d'accepter ce compromis. Le noir arrive un jour à l'évêque et lui annonce que s'étant débarrassé d'une de ses femmes, il est prêt à se faire chrétien ; l'évêque apprend bientôt que la femme qui a disparu a simplement été mangée. Il serait désirable, pense sir G. Denys, avant de chercher à initier les indigènes aux mystères chrétiens, de leur donner le goût du bœuf et du mouton.

Le Très Révérend lord évêque de Natal fait observer que nombre de natifs africains ont un goût prononcé pour le bœuf et le mouton, et il pense que l'anecdote de la femme mangée a été racontée primitivement non d'un chef africain, mais bien d'un Néo-Zélandais. Il pense que M. Reade a rendu un grand service en attirant l'attention sur les résultats des efforts des missionnaires en Afrique. Il diffère sur quelques points des opinions exprimées par M. Reade. Mais il est important que les missionnaires sachent ce que pensent de leurs travaux des laïques qui ont séjourné maintes années en Afrique et qui ont envisagé leurs efforts sous un point de vue différent du leur.

Le capitaine Burton est d'avis que la mission française de Whidah n'a pas fait une conversion. Les missionnaires espagnols établis à Fernando-Po n'ont même pu persuader à une femme noire d'ajouter un pouce à son demi-pied de parure. Au Congo les anciennes chaires des seizième et dix-septième siècles sont vides ; çà et là un crucifix pendu au cou d'un nègre raconte l'histoire du passé. « Lorsque marchant vers les cataractes de la rivière Congo, en 1863, j'interrogeai mon guide sur la signification d'un pot de graisse garni de plumes et fixé dans un arbre : « Cela, dit-il, est *meu Deus*. » Partout, en somme, dans l'Afrique noire occidentale les missions ont échoué. On peut imaginer quel est leur succès à Coumassi, quand le roi sacrifie un homme par jour, sauf à l'anniversaire de sa naissance. Comparés aux nègres païens, les nègres christianisés de la côte africaine occidentale sont de beaucoup plus dépravés, et chez eux le fétichisme règne absolument. Le capitaine Burton signale une mission qui, après une dépense de 12,000 livres, put produire un converti; c'était un noir à mine sauvage dont la vue fit mettre au capitaine la main sur son couteau-poignard. Burton apprend qu'il a été prédisposé à recevoir le christianisme par une attaque de folie causée par la mort de tous les siens. Le peuple anglais considère le missionarisme comme un devoir sacré et ne fait pas attention à l'insuccès : comment aujourd'hui faire opposition à l'opinion de millions d'individus? Mais notre devoir à nous, comme voyageurs et citoyens, est de témoigner de la vérité, quelque désagréable soit-elle.

M. J. M. Harris charge fort les soi-disant christianisés de la côte africaine, ceux particulièrement du pays de Sierra Leone, où il a habité dix ans durant. Tous les christianisés qu'il eut à son service ne manquèrent point de le voler; il n'y a point de nègres pires que les nègres convertis.

M. B. Owen prétend à l'aide de statistiques officielles réfuter l'accord des précédents orateurs. La question est de savoir si ces statistiques piétistes ont quelque vertu contre le témoignage de voyageurs absolument désintéressés.

M. Harris réplique. « Le nègre, dit-il, est un être essentiellement imitatif. Il singe celui qui l'enseigne, mais voilà tout. Le mariage, que l'on prétend institué chez les Guinéens, est une plaisanterie, une comédie. Eux-mêmes, les missionnaires, sont polygames. Chez les naturels convertis la persistance des croyances anciennes ne cesse jamais, et les jeunes noirs élevés dans les missions sont simplement les pires de tous lorsqu'ils retournent au milieu des leurs.

« Durant ma résidence à la côte, j'ai employé comme clercs au moins vingt indigènes; presque tous venaient des écoles de mission, et je n'en pourrais citer un qui ne m'ait volé et n'ait commis toutes sortes de méfaits. Un jeune homme m'avait été envoyé de Freetown, chaudement recommandé par la société de la mission : il ne boit pas, assiste assidûment aux offices, est un bon disciple, un honnête homme. Parfait, me dis-je, son traitement sera augmenté. Je l'envoyai à une factorerie. Un mois ne s'était pas écoulé qu'on me faisait savoir que mon saint était quotidiennement en état d'ivresse, et que si je voulais sauver mon argent, je n'avais qu'à ne rien envoyer par lui. En moins de six mois, c'était devenu le plus mauvais garnement du pays. Un autre me fut donné par M. Brooks, membre de la mission américaine; je le croyais un brave et honnête homme, en un mot un autre saint. Je ne l'avais pas depuis un mois qu'un autre de mes indigènes me vint dire : « Monsieur, Charles est un voleur (Massa, daddy Charles da « thief). » Non, je ne veux pas le croire! La fin du palabre fut qu'il me mena derrière un des magasins, et là me fit voir, pendant à des poutres, des vêtements tout prêts à être enlevés. Charles prit la clef des champs. A Gallinas, il partit avec de l'argent confié à ses soins. Ce ne sont là, messieurs, que des spécimens. De la mission de Mendi j'eus trois garçons, cousins de Charles, qui me volèrent également. L'un est maintenant esclave; les autres sont redevenus de parfaits sauvages, bien plus mauvais que ceux de leurs compatriotes qui n'ont point passé par la vie civilisée. Des douzaines de gars de la mission de Mendi, je n'en pourrais citer un seul qui n'appartînt pas à ce qu'il y avait de pis dans le pays. En fait, j'ai maintenant deux ou trois indigènes qui sont d'assez bons praticiens, mais ils n'ont pas été à l'école des missionnaires. » En somme, ajoute M. Harris, les sacrifices énormes faits pour les missions n'ont produit aucun résultat.

Le capitaine Burton confirme tout ce qui vient d'être dit : le nègre converti est infiniment plus dépravé qu'il ne l'était auparavant. C'est également l'avis de M. Walker, qui arguë de son expérience de vingt-trois ans et rapporte l'aveu d'insuccès complet fait par des missionnaires eux-mêmes.

La discussion se prolongea durant trois séances, pleine de faits, pleine de révélations, souvent humouristique, comme c'est le cas dans les débats entre Anglais. En fin de compte, il demeura acquis que le plus clair résultat des missions était la dépravation et l'abjection des soi-disant convertis. Et ce résultat n'est-il pas tout naturel? « A chaque type physique humain correspondent nécessairement des aptitudes morales et intellectuelles rigoureusement corrélatives. Entre les points extrêmes, d'une part l'athéisme inconscient par absence presque complète d'idées ou le fétichisme grossier, et d'autre part, les aptitudes philosophiques et scientifiques, qui occupent le plus haut degré, s'échelonne toute l'humanité, les races aussi bien que les individus. C'est lentement, très lentement, par sélection naturelle, et à travers la série des siècles, que s'est élevé jusqu'à présent le niveau cérébral des races. Y a-t-il des moyens scientifiques propres à activer cette évolution? Peut-être, mais ils sont encore à déterminer, et l'on peut affirmer que procéder sans aucune méthode à l'implantation brutale et instantanée, au milieu d'une race nécessairement fétichiste, des systèmes religieux et sociaux des races supérieures, est aussi raisonnable que de vouloir enseigner le calcul différentiel à un bambin de cinq ans[1]. »

Qu'on suppose, dit Bowen, tous les nègres convertis au christianisme et qu'on les abandonne demain à leur propre initiative : en quelques années ils seront revenus à leurs superstitions et à tous leurs vices[2]. Il suffit de voir ce qu'est devenue rapidement la République de Libéria. Les citoyens de Monrovia, dit Marche, n'ont vu dans la liberté que le droit de ne rien faire, et surtout de ne pas payer leurs dettes[3].

---

1. Letourneau, *Science et Matérialisme*, p. 392. — Cf. *Bulletins de la Société d'Anthropologie*, 1868, p. 123.

2. *Central-Africa*, p. 322. Charleston, 1857.

3. *Op. cit.*, p. 94. Cf. Stetson, *The Liberian Republic*, p. 23. Boston, 1881.

Corre, qui a bien observé les noirs de la côte, les représente comme inaccessibles à toute suggestion sensée : peine perdue que leur prêcher une réforme quelconque ; ils ferment même les oreilles aux conseils qui intéressent le plus directement leur santé : « Nulle part, dit-il, le nègre n'a franchement éprouvé l'ascendant d'une civilisation supérieure, il n'emprunte à celle du blanc que pour satisfaire ses instincts, jamais pour développer son intelligence. Il recherche nos liqueurs pour s'enivrer, notre poudre et nos armes pour guerroyer avec tapage, nos vêtements pour briller ; je n'ai jamais rencontré un de nos livres entre les mains d'un nègre adulte, au sortir de nos écoles du Sénégal[1]. » Races marquées au sceau de l'immobilité morale, dit Vallon de son côté : « Nous les trouvons ce qu'elles étaient il y a quatre cents ans, mille ans peut-être : mêmes huttes, même nourriture, même costume ou absence de vêtements, même caractère, mêmes habitudes[2]. » Est-il utile d'augmenter le nombre de semblables témoignages ? Tous ceux que nous pourrions accumuler, sans peine aucune, ne feraient que confirmer ce qui vient d'être rapporté. On peut conclure avec Bérenger-Féraud que le noir africain est un grand enfant sur lequel il n'y a point d'espérances à fonder, et que l'on s'abuserait étrangement en pensant le pouvoir modifier d'une façon profonde : « Il est bien démontré par l'expérience, aujourd'hui, qu'il est un point très voisin de l'état demi-sauvage que le nègre ne peut dépasser, soit qu'on le laisse vaguer, soit qu'on cultive avec soin son esprit. » (*Op. cit.*, p. 357.) En somme, il s'éternise dans son immutabilité ; et la civilisation européenne n'est adaptée ni à ses besoins ni à son caractère[3].

(Le missionnaire Laffitte déclare franchement que la civili-

---

1. *Revue d'Anthropologie*, 1882, p. 97.
2. *Revue maritime et coloniale*, t. IX, p. 378.
3. Porier, *Bulletins de la Société d'Anthropologie*, t. I, p. 454.

sation n'a fait que rendre le nègre plus ivrogne (*le Pays des Nègres*, p. 103), sans doute le genre de civilisation que lui et ses confrères ont la prétention d'apporter. Plus loin, il est vrai, il reconnaît que si l'on prétend civiliser les noirs, ce doit être par le commerce (p. 187). Telle est l'opinion formelle et raisonnée de Baker[1] et de quiconque envisage froidement la question.

Pour démontrer à quel point est exacte cette assertion que la culture européenne n'est pas appropriée aux peuples noirs, il suffit de rappeler avec quelle difficulté la notion de la propriété terrienne est établie dans l'Afrique noire. Nous ne parlons pas seulement de peuples à peu près sauvages, comme les Papels, les Bagas et certains Féloups, mais bien de populations tout autrement cultivées. « Les Soudaniens ne possèdent d'autre sol que celui de l'enclos qui environne leurs cabanes; le champ qu'ils ont semé ne leur appartient que jusqu'à la récolte. Depuis cette récolte jusqu'aux semailles prochaines, il n'a point de maître : le droit d'y semer s'acquiert en y plantant sa lance et en semant le même jour. Cet état de choses n'amène que rarement des contestations, car, dans le Soudan, ce n'est point, comme chez nous, la terre qui manque à l'homme, mais l'homme qui manque à la terre[2]. » Chez les Wolofs eux-mêmes, nous l'avons dit plus haut, la propriété terrienne n'est pas fixe : un chef répartit chaque année entre les membres de la tribu les terres à cultiver. Letourneau a traité de la propriété chez les noirs africains dans son volume *l'Évolution de la propriété*, pp. 106-111 (Bibliothèque anthropologique, t. VIII. Paris, 1889). On n'en

1. « Si l'Afrique doit être civilisée ce sera seulement par le commerce. » *Op. cit.*, p. 480.

2. D'Escayrac de Lauture, *Bulletin de la Société de Géographie*, t. II de 1855, p. 221.

est plus, assurément, au temps du régime communautaire, on reconnaît divers genres de propriété individuelle, mais on est loin de concevoir comme nous le faisons la propriété foncière. En réalité, dans les États noirs monarchiques, « les antiques droits de la collectivité ont été absorbés par le chef despotique, qui revendique le domaine éminent et est à la fois le grand propriétaire et le grand héritier. »

L'abstraction est absolument en dehors de sa faculté de conception : point de mots abstraits dans son langage ; seules les choses tangibles ont le don de le saisir. Quant à généraliser, quant à tirer de l'ensemble des phénomènes matériels une systématisation quelconque, il ne faut pas le lui demander.

Traduire autrement que par des à peu près les mots que nous employons pour exprimer les idées de croyance, d'espérance, de vertu, de conviction, lui est absolument impossible. Ce que Schweinfurth rapporte à ce sujet des Bongos, des Niamniams, pourrait valoir de tous les Nigritiens. On juge de ce que doivent dire à leur esprit les traductions de la Bible, et comme il est simple de leur faire entendre qu' « au commencement, l'esprit de Dieu flottait sur les eaux » !

« Il semble, dit Sanderval, que les noirs n'aient pas de vie dans le cerveau, pas d'association dans les idées. Ainsi je ne peux pas dire au prince : Tu es plus mal logé que mes poules... Il faut pour être compris, que je dise : J'ai des poules ; j'ai une maison pour loger mes poules ; la maison de mes poules est meilleure que la tienne. » (*Op. cit.*, p. 193.) Ce n'est point de la faculté d'abstraction que manque ici le nègre, c'est de la faculté de grouper en une phrase complexe un certain nombre d'idées simples.

Quant à la numération des nègres sus-équatoriaux, elle est souvent quinaire, c'est-à-dire que l'on compte 1, 2, 3, 4,

5, puis 5 + 1, 5 + 2, etc. C'est le cas chez les Wolofs, les
Kanoris, les Timanis, les Baris, les Dinkas. Ainsi dans la langue
des Wolofs, *ben* vaut 1, *nyar* vaut 2, *dhirom* vaut 5, et 6 se dira
dhirom ben (soit 5 + 1), 7 se dira *dhirom nyar* (soit 5 + 2).
Certains idiomes en sont arrivés au système décimal; ceux,
par exemple, des populations assiniennes. Le Mandingue, le
Bambara, le Sousou passent de la méthode quinaire à la
méthode décimale, et le Véi à la méthode vigésimale [1].

Envisagées sous le rapport de la structure, les langues
nigritiques sont loin d'être toutes au même degré d'évolution.
Il en est, comme le dinka, qui sont à peine agglutinantes, et
viennent seulement de quitter la période du monosyllabisme.
Rien ne distingue ici la qualité de nom ou de verbe, de
sujet ou de régime; il faut s'en rapporter — comme dans les
langues isolantes — à la position qu'occupe le mot dans la
phrase et à des particules plus ou moins explétives. La soi-
disant déclinaison montre un système tout à fait rudimentaire
d'agglutination [2]. L'idiome des Baris n'est pas plus avancé en
évolution; les procédés syntactiques ne sont pas encore
remplacés, la plupart du temps, par des différenciations dans
la forme même des mots; dans cette langue chaque syllabe
est, en principe, prononcée avec un accent particulier.

Le wolof est à peine plus avancé. A une étape supérieure
nous trouvons l'évé, le ga, le yoruban, l'iḅo, le timani, mais
nulle part la langue n'est aussi décidément, aussi franchement
agglutinante que ne le sont les idiomes des peuples altaïques
ou bien l'escuara. Les idiomes du système bantou — parlés
par les noirs africains sous-équatoriaux (Cafres, Bétchuanas,
etc.) — sont beaucoup plus avancés sous le rapport morpho-
logique, que ne le sont les idiomes des noirs sus-équatoriaux.

1. Fr. Müller, *Grundriss der Sprachwissenschaft*, t. I, 2ᵉ partie, p. 155.
Vienne, 1877.
2. *Ibidem*, p. 48.

Au surplus il faudrait bien se garder de voir dans ces derniers idiomes les descendants d'une seule et même langue mère. On a groupé, non sans raison, certaines de ces langues : l'évé, le ga, le yoruban; l'ibo et le nyféen; le boullom et le timani; mais jamais on n'a pu scientifiquement réunir tous ces idiomes en une seule famille. Le lexique et la structure ne permettent point cette unification. D'où viennent ces divers idiomes, comment se sont-ils formés? tel est le problème qui demeure à résoudre.

*
* *

Est-il besoin de déclarer, maintenant, qu'en traçant cette esquisse ethnographique nous n'avons été ni détracteur systématique ni ami aveugle du frère noir?

Que par leur développement intellectuel et par leur civilisation les nègres africains soient inférieurs à la masse des populations européennes, personne évidemment n'en peut douter.

Personne ne peut douter non plus que, sous le rapport anatomique, le noir ne soit moins avancé que le blanc en évolution[1].

Les nègres africains sont ce qu'ils sont : ni meilleurs ni pires que les blancs; ils appartiennent simplement à une autre phase de développement intellectuel et moral.

Ces populations enfantines n'ont pu parvenir à une mentalité bien avancée, et à cette lenteur d'évolution il y a eu des causes complexes. Parmi ces causes, les unes peuvent être recherchées dans l'organisation même des races nigritiques, les autres peuvent l'être dans la nature de l'habitat où ces races sont cantonnées.

---

1. *Précis d'Anthropologie*, pp. 221-353. Paris, 1887 (Bibliothèque anthropologique, tome IV).

Toutefois, ce que l'on peut assurer avec expérience acquise, c'est que prétendre imposer à un peuple noir la civilisation européenne est une aberration pure. Un noir a dit un jour à des voyageurs blancs que la civilisation blanche était bonne pour les blancs, mauvaise pour les noirs. Aucune parole n'est plus sensée.

Il est impossible de le nier, là où ont pénétré les missions chrétiennes, aussi bien les missions protestantes que les catholiques, elles n'ont fait que porter l'hypocrisie et un raffinement de dépravation.

Est-ce à dire que la destinée du noir africain doive nous laisser indifférents, et que nous ne devions pas songer à le faire bénéficier de nos progrès? En aucune façon.

Il s'agit, tout au moins, d'épargner l'eau-de-vie de traite, les missions religieuses et les coups de fusil à un grand enfant crédule et inconstant, auquel il ne faudra de longtemps, semble-t-il, demander les qualités de l'homme fait.

FIN

TABLE ANALYTIQUE

Imprimeries réunies, B, rue Mignon, 2.